國家社科基金重大項目《荆楚全書》編纂成果

李廉方 著
郭戈 編校

李廉方集
（一）

荆楚文庫編纂出版委員會
華中師範大學出版社

李廉方集

LILIANFANG JI

圖書在版編目(CIP)數據

李廉方集 / 李廉方著；郭戈編校 .
—武漢：華中師範大學出版社, 2021.11
（荆楚文庫）
ISBN 978-7-5622-9114-5

Ⅰ. ①李…
Ⅱ. ①李… ②郭…
Ⅲ. ①教育學—文集
Ⅳ. ① G40-53

中國版本圖書館 CIP 數據核字（2020）第 141583 號

責任編輯：魏耀武　郭志剛　石亞培　熊　然
整體設計：范漢成　曾顯惠　思　蒙
責任校對：張懷東
責任印製：劉　敏
出版發行：華中師範大學出版社
地　址：湖北省武漢市洪山區珞喻路 152 號（湖北·武漢）
電　話：027-67863426（發行部）　郵政編碼：430079
録　排：桂子工藝
印　刷：湖北新華印務有限公司
開　本：720mm×1000mm　　1/16
印　張：234.75　　插頁：2
字　數：3255 千字
版　次：2021 年 11 月第 1 版　2021 年 11 月第 1 次印刷
定　價：995.00 元（全八册）

《荆楚文庫》工作委員會

主　　　任：王瑞連

副　主　任：王艷玲　許正中　梁偉年　肖菊華　尹漢寧
　　　　　　郭生練

成　　　員：韓進　陳亮　盧軍　陳樹林　龍正才
　　　　　　雷文潔　趙淩雲　謝紅星　陳義國

辦公室

主　　　任：陳樹林

副　主　任：張良成　陳明　李開壽　周百義

《荆楚文庫》編纂出版委員會

主　　　任：王瑞連

副　主　任：王艷玲　許正中　梁偉年　肖菊華　尹漢寧
　　　　　　郭生練

總　編　輯：章開沅　馮天瑜

副總編輯：熊召政　陳樹林

編委（以姓氏筆畫爲序）：　朱英　邱久欽　何曉明
　　　　　　周百義　周國林　周積明　宗福邦　郭齊勇
　　　　　　陳偉　陳鋒　張良成　張建民　陽海清
　　　　　　彭南生　湯旭巖　趙德馨　劉玉堂

《荆楚文庫》編輯部

主　　　任：周百義

副　主　任：周鳳榮　周國林　胡磊

成　　　員：李爾鋼　鄒華清　蔡夏初　王建懷　鄒典佐
　　　　　　梁瑩雪　黃曉燕　朱金波

美術總監：王開元

出版説明

湖北乃九省通衢，北學南學交會融通之地，文明昌盛，歷代文獻豐厚。守望傳統，編纂荆楚文獻，湖北淵源有自。清同治年間設立官書局，以整理鄉邦文獻爲旨趣。光緒年間張之洞督鄂後，以崇文書局推進典籍集成，湖北鄉賢身體力行之，編纂《湖北文徵》，集元明清三代湖北先哲遺作，收兩千七百餘作者文八千餘篇，洋洋六百萬言。盧氏兄弟輯録湖北先賢之作而成《湖北先正遺書》。至當代，武漢多所大學、圖書館在鄉邦典籍整理方面亦多所用力。爲傳承和弘揚優秀傳統文化，湖北省委、省政府決定編纂大型歷史文獻叢書《荆楚文庫》。

《荆楚文庫》以"搶救、保護、整理、出版"湖北文獻爲宗旨，分三編集藏。

甲、文獻編。收録歷代鄂籍人士著述，長期寓居湖北人士著述，省外人士探究湖北著述。包括傳世文獻、出土文獻和民間文獻。

乙、方志編。收録歷代省志、府縣志等。

丙、研究編。收録今人研究評述荆楚人物、史地、風物的學術著作和工具書及圖册。

文獻編、方志編録籍以1949年爲下限。

研究編簡體橫排，文獻編繁體橫排，方志編影印或點校出版。

《荆楚文庫》編纂出版委員會
2015年11月

李廉方先生

前　言

一、李廉方的生平略歷

李廉方（1878—1958）是中國近現代一位傑出的人民教育家、教育改革家，也是辛亥革命的先驅、國語運動的先鋒。李廉方一生親見我國數次遭受帝國主義侵略，多次經歷了爲改造中國社會而進行的重大革命，以及與此伴隨的文化教育和學術思想的更新運動，如辛亥革命、反袁復辟、新文化運動、北伐戰爭、抗日戰爭、國共合作、解放戰爭、新中國成立等，屢次面臨何去何從的選擇，而他始終能夠順應時代的車輪，每一步都留下深深的腳印。作爲辛亥革命的元老，李廉方主要走着一條通過文化教育和學術事業改造中國社會、拯救勞苦大衆的進步道路。

李廉方，原名步青，字福廷，號蓮舫，後改名爲廉方。1878 年 12 月出生於湖北省京山縣曹武鎮鄉鄧李場一個知識份子家庭。其父李茂秀爲舉人，以塾師營生，養活一家六口人。李廉方 6 歲從父讀書，初奠國學基礎，12 歲考取安陸府秀才第一名，有"神童"之譽。1896 年入武昌經心書院，後轉入兩湖書院。1902 年 5 月，李廉方與黃興、張繼煦、李書城等湖北三書院高材生被張之洞派往日本東京弘文學院速成師範科學習。留學期間，參與創辦革命刊物《湖北學生界》（後改爲《漢聲》），與藍天蔚、黃興等十餘人在同盟會未創立前，密結排滿盟約。

1903 年夏，李廉方因排滿嫌疑被勒令返國。在其武昌花園山寓所，組織進步師生 20 餘人秘密集會，討論革命方略，儼然以領導自任。張難先記載："花園山李廉方處，爲當年軍學界青年聚集之所，而黨人往來尤密，如胡秉柯、朱和中、呂大森、李書城、時象晉、賀子才、時功璧、張榮楣、時功玖、吳炳宗、陳開、余德元、張春霆、劉伯剛、范鴻泰、屈德澤、郭肇明,其最著者也。"①"花園山集會"啓迪和培養了一批革命青年,開了湖北革命組織的源頭,得到了辛亥革命史研究者的高度評價。幾十年後,李廉方詩《七絕·花園山》(1947)寫道:"花園山上聚同心,喚起千軍萬馬奔。引爆春雷成巨響,迎來紅日照乾坤。"②

不久,集會被清吏察覺取締,其骨幹被分別遣散,李廉方應同學胡元倓、黃興之邀,赴長沙明德學堂任教,並主經正學堂教務,與同事劉佐輯、張繼、王正廷、蘇曼殊等繼續從事革命活動。1906年春,張之洞創辦兩湖總師範學堂,李廉方返鄂任該學堂歷史教習,後歷任湖北省視學、方言學堂教務長兼齋務長(實際主持校務)、藝師養習所總理等職。期間,他參與營救被捕的日知會成員,聯合學界發起成立"湖北教育會"、"湖北憲政籌備會"和"湖北商辦鐵路協會"。1908年冬,李廉方與姚晉圻、張繼煦、時象晉等18位學者在武昌成立了中國近代最早的史學社團——"湖北史學會",研究範圍包括普通史、國別史、史料、考證等十類,擬"先編專門史長編及普通史教科書"③。

辛亥武昌首義時,李廉方被推舉爲鄂都督府首任秘書長,任事不及一月,偕季雨霖成立安襄鄖荆招討使行署,任軍事顧問官。革命黨收復鄂西北大片土地後,李步青一度任襄陽衛戍司令兼署襄陽道。南北議和,李廉方被任命爲湖北教育司副司長,但因新政府裡舊派人物太多而不就任。1912年7月,李廉方代表湖北出席"徵集全國教育家於北京"④的全國臨時教育會議,會上力主將武昌首義日定爲國慶日,力排政府擬定的三個日期的提案,獲得大會及後來國會的通過,從而成爲民國"雙十節"的首倡者。並且,與張繼煦、向大錦、王式玉、金華祝等合作籌辦

---

① 張難先:《湖北革命知之録》,商務印書館1946年,第43頁。
② 選自黃成平、黃松編著:《浩氣長存壯士雄——辛亥武昌起風雲英烈贊詩》,武漢出版社2011年。
③ 《湖北史學會簡章》,《中華新報》1908年11月28日。
④ 《教育雜誌》民國三年12號"記事",1912年12月。

武昌共和編譯社，編寫出版了一些教科書。

不久，李廉方應陸費逵之邀到新創的上海中華書局擔任教材編輯（編輯長范源濂），與商務印書館競爭。李廉方在該書局不僅編輯校閱了大量書籍，而且編寫出版國文、修身、教授法、教育史等近十種，數十本中小學和師範教材。1914年，北洋政府教育部設教科書編纂處，聘李廉方、熊崇煦、陳潤霖、黎錦熙、毛邦偉等爲編纂員。1915年底，"帝制作，不辭而去"①。袁世凱死後，湯化龍任內務部長，邀李廉方任秘書長。1917年春，李廉方回教育部任視學。9月，教育部公佈《教育廳暫行條例》，任命21個省的教育廳長，但其中李廉方、黃炎培和錢家治辭而不就。1919年2月，李廉方出任教育部視學會議駐處專員。4月，李廉方與張一麐、吳稚暉、蔣維喬、袁希濤、胡適、錢玄同、黎錦熙等當選爲北京政府國語統一籌備會委員，走在了"國語運動"的前列。

1920年8月，李廉方出任河南省教育廳廳長，擬定了三個改革方案：《整理河南教育計畫書》《新式國民學校計畫書》和《義務教育實施程式》。兩年下來成績不菲：在其經營下，豫省義務教育跨入全國先進行列，他本人被選爲中華教育改進社義務教育委員會副主任；河南在全國率先獨立教育經費，獲得教育界的高度評價；廣開講習會，引進歐美新教育及其心理測量和考試新法，並開辦六所義務學校試驗"設計教學法"。1922年9月，教育部指派李廉方等爲學制會議會員，主要從事新學制即"壬戌學制"的制訂工作，並改任教育部編審員兼審查股幹事。

1923年夏，李廉方應武昌高等師範學校（此後簡稱武昌高師）校長張繼煦之邀，返鄉任該校教授兼事務主任，盡力協助校長管理和改革校務。不久，武昌高師改名國立武昌師範大學（此後簡稱武昌師大），他又任教務長，撰寫有《武昌師大成立的經過及今後改進的計畫》②，在哲學教育系主講小學教育和教學法等課，還作爲武昌師大代表擔任了湖北省

---

① 《時人彙誌·李廉方》，《國聞週報》14卷23期，1937年6月。
② 《教育叢刊》3卷1期"武昌師大成立紀念號"，1924年4月。

教育會的臨時主席，並主持了中華教育改進社在湖北方面的教育測驗和調查工作。北伐時期，李廉方在武昌積極回應，1928年7月，應革命老友張繼之邀任新政府的北平政治分會首席代秘書長。1929年元月，李廉方又與蔡元培、吳稚暉、李石曾、胡適、錢玄同、趙元任、周作人、林語堂、劉半農、許地山、黎錦熙等當選爲南京政府國語統一籌備委員會委員。

1929年8月，李廉方再次赴汴任河南中山大學文科主任兼教育系主任。他一上任便改革文科教學工作，試驗"大學研究室實施計畫"，提出"教育系附設實驗學校計畫"，其中教育研究室的工作頗有成效。翌年8月，河南中山大學改稱河南大學，李廉方爲第一任文學院長兼教育系主任。在校前後四年，"文學院教師隊伍實力雄厚"、"開設的課程也最多"①。李廉方在教育系主講現代教育、實驗學校設計、小學課程論和教學法等課，並擔任學生教育研究會和社會學研究會的指導員。

1931年9月，經李廉方提議，河南省教育廳成立小學教育實驗指導部，由他兼任主任並主持實驗工作。1932年10月，李廉方將其擴大爲開封城廂小學及民衆教育實驗區，旨在負責關於這方面的調查、視導、設計、研究和實驗事宜，其中以"二重制"實驗最有影響。爲此，他先後創辦了《教育週刊》、《開封教育旬刊》。其間，出任河南大學反日救國會主席，指導出版《河大抗日救國旬刊》和揭露日本帝國主義侵華罪行的《抗日血鐘》；組織中學國文教材討論會、小學教育討論會、國語教學研究會；與邰爽秋教授聯合全國教育界名人發起6月6日爲教師節，並成立教師節開封籌備會等。

李廉方爲全身心實驗其教育設想，創造新的教學體系，於1933年夏辭去河南大學文學院院長職務，專職開封教育實驗區主任，將《開封教育旬刊》改爲《開封實驗教育月刊》。雖然後來面臨經費、人員、機構裁減等困難，但他們頂住種種壓力，在兩處"極貧窮的"農村和小手工業

---

① 《河南大學校史》，河南大學出版社1992年，第44頁。

區集中的地方和小學腳踏實地地搞實驗。事實昭示，受過實驗教育的學生在各方面的進步都比一般學校的學生快得多。其在課程教材、教學的方法、過程和編制等方面的實驗與當時的教學體系不大相同，因其"以一般小學學齡兒童二年半授課時數修完部定四年課程"，經濟而有效，初名"二年半制"；它在識字教學上頗有成效，且不採用課本，應用卡片之處甚多，又稱"卡片教學法"或"卡片識字教學法"；又因實驗課程有合科、綜合的思想和組織，遂名之曰"合科教學法"。1936年10月，河南省召開教育行政會議議決，正式更名爲"廉方教學法"。而且，以上稱謂均有相應論著。開封教育實驗區及其兩所實驗學校曾引起當時國内教育界和新聞界的關注，一時間影響很大，參觀學習者絡繹不絶，特別是教育名家黄炎培、江問漁、俞子夷、艾偉、孟憲承、周邦道、朱有光、王秀南以及教育部長王世杰等，都給予高度評價。李廉方創立的"廉方教學法"被現代海峽兩岸教育學者譽爲"教學法中國化時期"或"國人自創教學法"的主要代表[①]，其教育實驗很早就被教育專家認定爲中國八大教育實驗之一[②]。

1938年，日寇進犯中原，開封教育實驗區遷到河南西南部的鎮平縣。9月，教育部頒發第7988號訓令《各地小學附設卡片教學實驗班辦法》，推廣"廉方教學法"。李廉方也應聘任教育部實驗教育教材編輯組主任。他先赴武漢，後隨部入川，專門負責辦理實驗教育訓練班，並編寫有關材料十餘種，進一步從理論上總結他的教育實驗成果。同年，教育部實驗教材編輯組改爲教材編譯組（嗣後併入教科用書編輯委員會），李廉方繼續任主任，並兼任教育部特約編輯、國民教育輔導研究委員會委員。1940年至1945年間，李廉方被推舉爲代表湖北省的第二、三屆

---

① 徐珍：《教學方法演進》，臺灣復興書局1974年，第100、102頁；司琦：《中國國民教育發展史》，臺灣三民書局1981年，第228、283頁；丁證霖：《新教學法在中國》，華東師範大學1980級碩士論文。
② 王秀南：《十年來中國教育實驗的回顧與展望》，《中華教育界》復刊1卷1期，1947年1月。

國民參政員，積極主張國共合作，反對一黨專制。此外，抗戰勝利前後，他還兩次兼任"中華大學董事會的董事"①。

日本投降後，李廉方返鄉出任湖北通志館總纂兼副館長，主持"鄂故叢書"的編纂工作，出版有《張文襄公治鄂記》《辛亥武昌首義紀》等書，並積極編纂家鄉《京山縣新志》，發表多篇回憶辛亥革命的論著。新中國成立前夕，李廉方與李書城、張難先等辛亥元老帶頭參與贊成中共八項和平條件的簽名和反蔣和平運動，成立和平促進委員會，後又投入反搬遷、反破壞鬥爭。

1949年9月，李廉方作為特邀代表出席了第一屆全國政治協商會議。建國後歷任中央文化教育委員會委員、中南軍政委員會委員兼教育部副部長、中南高教局副局長、湖北省第一屆政協副主席等職。他雖患重病，但仍為新中國教育特別是工農教育盡心服務，撰有識字教學、精減課程、重建學制及文字改革等方面的文章。1958年12月27日，李廉方因病在武漢逝世，終年80歲。湖北省人民政府莊重公祭，省政協贈送挽聯："遺著猶新，與辛亥革命歷史共存；此生無憾，見祖國社會主義實現。"

綜觀李廉方的人生歷程，可以發現他在政治立場上始終是民主的、進步的，一生與時俱進，順應歷史潮流，在歷次重大社會變革中都作出了正確的選擇。他在學術研究和教育事業上是執著的、堅定的，有著深厚的終身從教、孜孜以求的情懷，他熱愛祖國的語言、文化和歷史，熱愛家鄉和平民，並長期致力於這方面的研究，特別是對小學教育、平民教育、語文教學、教育實驗和鄉土教育一往情深、持之以恒。他在學術研究上是革新的、中國化的，具有強烈的銳意進取、不斷開拓的創新精神，在諸多領域能夠破舊立新、敢闖敢試，開風氣之先和首創性的事情比比皆是。他在治學方法上是科學的、實證的，能夠立足國情，注重實

---

① 馬敏、黃曉玫、汪文漢：《華中師範大學校史（1903—2013）》，華中師範大學出版社2003年，第114、118頁。

驗，能夠秉持科學的態度和方法，而且還有百折不撓、鍥而不捨的頑強意志。正如他所言："世俗誰知實驗難，歲終檢討倍辛酸。頻年煉石天何補，容我傳薪路正寬。海內爭相求著述，老來猶自耐飢寒。今宵合共家人樂，待剪庭燎夜已闌。"①

二、《李廉方集》的主要内容

據編者查考，李廉方自 1903 年至 1951 年間創作的作品共計 270 多種，有著作、論文、演講、談話、報告、書序、譯文、題辭、賀詞、信函、呈文、傳記、題辭、啓示、散文、詩詞、回憶錄等，内容涉及教育、心理、地理、歷史、語言文字、編輯出版、政治、文化、外交、文學、民俗、方志等諸多領域。李廉方主要是一位元教育家，形成了系統的、創造性的、理論與實踐相統一的教育思想，並突出表現在小學教育、平民教育、語文教育、實驗教育、課程教材和教學法等方面，而且對中國語言文字、政治思想、編輯出版、辛亥革命史、鄂豫地方志、中華民俗、地理和文學等領域也作出了重要貢獻。《李廉方集》選取了李廉方在新中國成立之前創作的大部分作品，與編者以往編纂的李廉方教育文集比較，既在内容上大大擴展，體現出了多學科性，又在體裁上體現出了多形式，即便是其中的教育論著，也增加了許多新發現的論著，可謂目前匯集李廉方作品最全面、最豐富的一部文集。下面，大致按照時間先後順序加以簡介。

（一）關於各級各類教育方面的著述

1. 清末民初編纂的中小學和師範教材

《李廉方集》收錄李廉方最早撰寫的教育論著，是 1903 年參與編寫

---

① 李廉方：《除夕有感——應梁園詩社值課》，《河南博物館館刊》第 7、8 集合刊，1937 年 4 月。

的《師範講義》（四册）中的序言及其記錄整理的《課外講義》。這套由湖北留日師範生編輯出版的《師範講義》，"版權捐贈昌明公司，曾暢銷數年，獲利兩萬元以上"①，是中國近代最早出版、影響較大的師範學校教材之一②，也是較早由國人自編的教育著作，"從日本詳細地介紹了赫爾巴特派'五段法'"，"對清末新教育制度的建立影響更大"③。

民國初期，是李廉方創作的第一個高峰期，也是他先後在武昌共和編譯社、上海中華書局和教育部教科書編纂處工作，專心從事教科書編寫的時期。本書收錄的《初等小學國文教科書》（1912、1913）和《初等小學國文教授書》（1912）由武昌共和編譯社出版，在民國頒佈新學制後國內小學使用的國文教材中佔有一席之地。《新制修身教本》（1914）、《中華女子修身教科書》（1914）、《新制各科教授法》（1914）、《新制教育史》（1915）、《實用修身倫理學講義》（1915）、《新式國文教科書》（1915），均由中華書局出版，是當時影響較大的中小學修身、國文教科書和較早的教學法、教育史著作或教材，曾多次再版，並得到了現代學者的充分肯定。如"《中華女子修身教科書》是中華書局開局的作品之一，也是中華民國成立未幾新學制下的新生兒，故以此來瞭解近代中國女生的小學教育，富有意義"④。《小學校修身教科書編纂商榷書》《初等小學校修身教科書編纂綱要草案》《初等小學校國文教科書編纂綱要草案》《高等小學校國文教科書編纂綱要草案》《師範學校國文教授要目草案》等，是李廉方、黎錦熙等編纂員共同草擬的文件和報告，也是民國時期比較早的有關學科教材編纂的標準和原則，很有史料價值。據黎錦熙記載，他們"編訂《初小國文讀本綱要》和《國民學校修身教科書》第一、二、三

---

① 李廉方：《辛亥武昌首義記》，湖北通志館1947年，第2頁。
② 王有朋主編：《中國近代中小學教科書總目》，上海辭書出版社2010年5月初版，第784頁。
③ 陳景磐：《中國近代教育史》，人民教育出版社1983年，第150、260頁。另見王策三：《教學論稿》，人民教育出版社1985年，第47頁。
④ 侯勵英：《〈中華女子修身教科書〉與民初女子教育》，張宏生編：《人文中國學報·第24期》，上海古籍出版社2017年8月。

册。當時國內紛亂，此種教科書僅曇花一現，未能推行"①。

其間，李廉方的兩篇教育文稿也值得關注：一是1914年初教育雜誌社以"實用主義教育之新研究"爲題，舉辦懸賞徵文活動，李廉方的《今日學校教育應否採用實用主義》獲得頭獎，後作爲該雜誌增刊專號的頭篇發表。該文發展了李廉方於清季提倡的實用教育思想，全面論述了民初急需解決的實用主義教育問題，觀點獨到，材料豐富，辨析有理有據。二是在《中華教育界》（1916年1、2月）上連載的《國民學校國文教授之新研究》，主要論述了中國文字和文法問題。其中前者包括我國文字的特質、特殊教授之方法以及字數、字體、字音和筆順等，後者包括漢語文法教授的經過、各國文法教授之沿革及文體，爲李廉方第一篇系統研究小學語文教學的文章。

2. 研究教育政策制度和國文教學的著述

1917—1923年，李廉方先後任教育部視學或編審員、河南省教育廳廳長，發表了一系列有關教育政策管理和國文教學的論著。本書收錄的《考察日本實業補習教育記要》（1918）出版於商務印書館，不僅詳細介紹和分析了日本實業補習教育的情況，而且就我國發展實業補習教育提出了許多有益建議。《對新學制草案職業與補習教育部分的意見》（1922）刊載於《教育與職業》，談論的主要是新學制中等教育職業組織、補習學校、職業準備、職業教員養成、學制系統表等問題，也是研究民初國家實業教育發展的重要資料。《答陸規亮君〈答文實分科案質疑書〉》（1918）、《爲論中學文實分科制答童斐先生》（1918）刊登於《時事新報》"學燈"副刊，是清末民初多有反覆的中學文實分科制爭鳴的一個亮點。刊載於《教育雜誌》和《新教育》上的《中學校制度之商榷》（1920）、《與貢沛誠君討論中學級任制》（1922），是李廉方對中學體系的整體看法和相關研究的進一步擴展。《關於教育的若干問題——在瀋陽高師的演說詞》（1920）、《兒童教育論》（1920），反映了李廉方對當時中小學教育一

---

① 黎錦熙：《國語運動史綱》，商務印書館1934年，第107頁。

些重要問題的思考。

　　本書收録了這段時間李廉方撰寫的一些關於國文教學的文章，如《小學國文教授實際之研究》（1919）、《與京師小學教員之談話》（1920）、《參觀吉林省區小學國語教授之意見》（1920）等。其中，《小學國文教授實際之研究》連載五期於《中華教育界》（1919年9月至1920年1月），是李廉方在《國民學校國文教授之新研究》（1916）基礎上的深入探索，該文分五大部分：第一文字，包括字音（發音、反切、四聲、注音字母、音之比較練習）、字形（筆順、部首、字體、類似之字）和字義；第二文法，包括句讀、篇章法、虛字等；第三教順，即教學之順序；第四教式，如發問式、提示式、訂正式等；第五自習，包括自習的旨趣、種類、地點、時間與時數、關於預習與練習筆記簿之研究以及參用分團式教授法等，彙聚了李廉方十多年來的經驗與研究，爲其早期探索中國語言文字及其教學的代表作。

　　李廉方自1920至1922年主政一方教育時的幾篇論著也收入集中。《整理河南教育計畫書》（1921）是其改革豫省教育的施政綱領，從教育經費、考核和教學三方面加以闡述。教育部對之評價曰："條理井然，籌畫周至，具見熱心……目前計畫不事擴張而重整理，用意尤是。"① 《新式國民學校計畫書》（1921）則從課程、編制、設備和教師四方面論述了改革國民學校和義務教育的觀點。教育家俞子夷評價甚高："他的這種計畫書才是真正研究教育，才是真正計畫義務教育……這計畫書在中國官廳出版物裡，可以算得破天荒的著作；就是民間出版物裡也没有和他一樣的有系統、有組織。"② 《義務教育進行計畫案》（1922）是李廉方參加中華教育改進社第一次年會時提交的兩個議案之一，論述了普及教育的要義、經費計畫、師資計畫、設學計畫和促進義務教育的根本方法，既是對全國普及義務教育的總體建議，也是其在河南實施義務教育、促使

---

① 《教育公報》8年6期"命令"，1921年6月。
② 俞子夷：《和李廉方先生討論新式國民學校計畫書》，《教育雜誌》14卷1期，1922年1月。

豫省教育經費獨立的經驗總結。

3. 探討小學、大學教育的文章與國語課本

1923年之後，李廉方在武昌高師和武昌師大工作，集中探討了小學教育的一系列問題。本書收錄的刊登在《江漢潮》創刊號及《新教育》雜誌上的《小學教材之商榷》（1923），是李廉方在湖北寒期講演會上的演講稿，詳細論述了教材組織與教學方法、預定教材與科目分合的關係等，爲其最早專門研究教材問題的論文。發表在《中華教育界》或《初等教育》雜誌上的《小學教育經費問題》（1924）、《教學歷程應如何組織》（1924）、《小學國語文學讀本之研究》（1925）、《小學教育根本改造論》（1925）等文，基本上體現了李廉方關於小學教育改革和發展的觀點，也是他在武昌師大教育哲學系講授小學教育和教學法課程的結晶。

关於國語課本，本書收錄的《初級國語文學讀本》（1925—1928）、《高級國語文學讀本》（1927—1928）及其相應的部分教學參考書，以及《國語文學讀本說明書》（1925），是李廉方根據教育部改小學國文爲國語的政策變化，爲中華書局編寫的"新小學教科書"，是當時影響很大的一部語體文教材，曾經多次再版，對促進國語教學乃至"國語運動"起到重要的促進作用。此外，收入的《批評陳鶴琴氏初小默讀測驗之不合》和《初小國語測驗預備材料及方式之說明》，爲李廉方不多的關於小學國語測驗，特別是識字和文法測驗標準的文章。

關於高等教育，本書收錄了他在河南大學撰寫的《用研究室代教室的一個初步試驗》（1929）、《大學研究室實施計畫》（1930）、《河南大學附設實驗學校計畫》（1930）、《河南大學附設實驗學校預備工作之計畫》（1930）。其中，《大學研究室計畫》近兩萬字，從研究室設置的原則、工作、時間計算及配置、預定工作計畫、工作過程、設備及表簿、附帶的問題八個方面論述了設立大學研究室、促進學生研究能力提高的設想，對推動河南大學文科各系特別是教育系學生的研究工作起到了重要的指導作用。該文爲李廉方改革大學教學的代表作，也是民國高等教育教學改革實驗不可多得的文獻，因爲該計畫在實際中得以有效試驗和實施，

而且"這種辦法在大學中還算是初次成立"①。

3."廉方教學法"和民眾教育實驗的系列作品

從1931年到1940年,是李廉方集中從事小學和民眾教育實驗、創立和推廣"廉方教學法"的時期,也是他創作的黃金時代。《李廉方集》收錄了不少這方面的論著,其中的文章有:《在小學實驗指導部第一次會議上的報告》(1931)、《我所希望於開封教育區的開始工作》(1932)、《"開封"釋名》(1932)、《開封教育實驗區成立之宣言》(1932)、《在開封城廂省立小學及民眾學校談話會上的致詞》(1932)、《開封城廂各小學校初步改造的建議——試用二重制度》(1933)、《開封城廂小學及民眾教育實驗區工作計畫》(1933)、《寫在這次的調查報告之前——關於小學課外作業問題》(1933)、《本區一年來工作報告》(1933)、《改造小學國語初步課程方案》(1933)、《改造小學國語初步課程方案續》(1934)、《改造小學國語初步課程方案再續》(1934)、《河南省立教育實驗區》(1934)、《寫在本區教學實驗報告之前》(1935)、《本期季刊所有實驗資料的旨趣》(1935)、《本區實驗小學國語課程實驗標準》(1935)、《大杏兩校測驗結果與新舊法比較》(1935)、《答黃壽山學友大花園教育村參觀印象記的平話》(1935)、《答客問二年半修畢四年課程標準》(1936)、《致各界熱心改造小學事業人士的信》(1936)、《以一般小學學齡兒童二年半授課時數修完部定四年課程之試驗經過》(1936)、《開封教育實驗區的兩個小學》(1936)、《編輯兒童讀物應有的認識》(1938)、《合科教學法》(1938)、《卡片教學與三個研討問題》(1939)等。

本集收錄的相關著作有:中華書局出版的《小學低年級綜合課程論》(1934)、《合科實驗的廉方教學法》(1939),開封教育實驗區出版的《改造小學國語課程一期方案》(1934)、《改造小學國語課程二期方案》(1935)、《改造小學國語課程三期方案》(1935)、《在鎮平講演錄》(1937)、《廉方教學法筆順基本練習》(1937)、《廉方教學法習字基本練習緒論》(1937,

---

① 《河南大學一覽》,河南大學1931年,第70頁。

選錄），湖北教育廳印行的《最經濟的合科教學法》(1940)，以及教育部國民教育司印行的《初小習字範本說明書總論》(1943，選錄)等。其中，《小學低年級綜合課程論》(1934) 不僅是我國早期課程論研究的重要著作之一，還是"我國對綜合課程的研究起步較早"的代表作，"對綜合課程的基本設計、基本教材和基本態度進行了系統的研究"[①]。《改造小學國語課程方案》(三期，1934、1935) 是"廉方教學法"或"合科教學法"實驗的主要依據。《合科實驗的廉方教學法》(1939) 和《最經濟的合科教學法》(1940) 則是實驗成果總結的主要反映。

此外，本書還收錄了"廉方教學法"實驗的配套教材，即由李廉方親自主持編寫的"小學教學活動綱領及參考資料"，如《龍亭》《岳飛與朱仙鎮》《九一八國恥紀念》《雲南起義紀念》《淝水之戰》《民族英雄史可法》《新年》《端午》《禹王台與繁塔》，以及《相國寺》的部分內容。以上這些都是瞭解和研究李廉方小學教育實驗、國語教學改革、課程教材和教學法以及民眾教育實驗等思想和實踐的主要文獻。

同時，本書還收錄李廉方論述教師、課程教材、學科教學、義務教育、鄉村教育、教育史等方面的一些論著，如《〈教育週刊〉發刊詞》(1932)、《兒童節的感言》(1932)、《三民主義與教育改造》(1932)、《貢獻開封小學教師們》(1932)、《提倡六月六日爲教師節敬告同胞》(1932)、《教師節發起人李廉方等呈教育部文》(1932)、《我們爲什麼要規定教師節》(1932)、《教材研究》(1932)、《教學單元應有的基本認識》(1932)、《在教學研究會發起會上的致詞》(1933)、《就單級課程和國語教學問題答高天錫》(1933)、《寫在卷首——小學生書信練習之感言》(1933)、《答森君問——關於學校教育問題》(1933)、《我所主張的鄉村教育》(1933)、《爲小學教師待遇又進一說》(1933)、《對於勞作科課程及教學之意見》(1933)、《單級教學》(1933)、《函復教育廳指導各小學二部教學最新式

[①] 張廷凱：《我國課程論研究的歷史回顧：1922—1997》，《課程·教材·教法》1998 年第 1、2 期。

實施辦法》(1933)、《對於憲法草案國民教育章之意見》(1934)、《函復教育廳詳釋實施二部制疑難之點》(1934)、《對王部長〈中國教育的現狀〉之探討》(1934)、《吳稚暉先生的改革教育創議是三民主義下應該有的政策嗎》(1935)、《教育法令只是官樣的文章嗎》(1935)、《一堆新名詞的中國教育發明家》(1935)、《民衆識字教育討論會廿一日閉幕後之感想》(1936)、《中國古代的小學教育》(1937)、《中國推行義務教育應有的基本認識》(1938)等。其中不少篇目和内容仍與"廉方教學法"的實驗有關,而且有些文章具有重要的文獻價值。

(二)關於政治、語文和歷史等方面的著述

《李廉方集》收錄的其最早撰寫的一組文章,是1903年發表在《湖北學生界》月刊的《中國地理與世界之關係》《黄河》《中國地理與國民性格之關係》《揚子江》。該刊1903年1月由李廉方、劉成禺、張繼煦等湖北進步留日學生在東京共同發起創辦,"以世界知識及民族主義唤起内地學生覺醒"爲主旨,辟有政法、軍事、教育、經濟、實業、地理、歷史、理科等欄目,"是留學界中創辦最早、影響最大的革命刊物之一"①,並且"辛亥時期的革命刊物用省命名的,以它爲最早"②。李廉方爲《湖北學生界》"地理欄"主筆,所撰文章與其他欄目的文章一樣文筆犀利,指意宏達,傳誦一時;名義上探討了地理問題,實爲清末革命啓蒙和宣傳的文獻,對於研究辛亥革命史尤其是李廉方早年革命思想都是不可或缺的。

關於政治,本書收錄的李廉方1925年在《甲寅》週刊上發表的《考試》(即《李廉方致章士釗》),指出了當時考試制度的弊端,對科舉制、代議制、科道制與彈劾制,以及宣導共和、反對專制等問題都提出了自己的主張。他在北伐勝利後擔任北平政治分會代秘書長時撰寫的《三民

---

① 吳劍傑:《辛亥革命在湖北》,湖北人民出版社1981年,第18頁。
② 丁守和主編:《辛亥革命時期期刊介紹》第1集,人民出版社1982年,第239頁。

主義綱要》（1929）一書出版於中華書局，以講演體的方式撰寫，對孫中山宣導的民族主義、民權主義、民生主義的內涵和實施進行簡要而通俗的解讀。該書共分三篇：第一篇講的是民族概論、中國所受列強的壓迫情形、中國民族主義消滅的原因、世界弱小民族與中國民族之責任；第二篇講的是民權概論、民族和自由的關係、民權和平等的關係、歐美近來所爭得的民權及其進步、研究民權根本辦法、權和能分開的原理及其組織；第三篇講的是從學理推論民生和共產的異同、從辦法推論民生和共產的異同、實行農業政策解決吃飯問題、實行工商政策解決穿衣問題。發表在《抗日血鐘》創刊號的《血鐘第一聲》（1931），是李廉方反擊日本侵略中國暴行、呼喚救亡圖存的宣言書。

關於出版，本書收錄了《就開辦武昌共和編譯社致教育部、內務部呈並批》（1912）和《〈心音〉雜誌題辭》。其中前者是李廉方1912年申請武昌共和編譯社（又稱武昌雄楚樓共和編譯社）成立的緣由、開辦簡章的案呈，並附有教育部、內務部的批文，為研究民初出版事業尤其是湖北出版史的不可多得的文獻。

關於外交，本書收錄了《全國教育聯合會等團體代表致英庚款會調查團函》（1926）和《全國教育聯合會等團體代表致胡適、丁文江、王景春函》（1926），這是以李廉方領銜，與查良釗、陶行知、高仁山、馬敘倫、陳寶泉等諸多學界名人連署呼籲保衛國權、敦促英國無條件放棄庚子賠款的公開信。

關於中國語言文字，本書收錄了《廢漢字改羅馬字拼音是否違背遺教》（1934）、《異哉中國文字拉丁化運動》（1939）、《全國識字運動初步方案的建議說明書》（1949）。其中《異哉中國文字拉丁化運動》由獨立出版社出版，是"抗戰建國小叢書"之一，為李廉方反對廢除漢字、主張中國文字引入拉丁字母的重要著作。此外，他在《國民學校國文教授之新研究》（1916）、《小學國文教授實際之研究》（1919），以及《改造小學國語課程方案》（三期，1934、1935）等論著中，對我國文字的字音、字形、字義和文法等，也都有很多的探討。

關於方志和民俗，本書收錄了《新修京山縣志草例》（1947）、《京山新志·輿地志》（1949）。此外，上面提到的"廉方教學法"實驗的配套教材，即"小學教學活動綱領及參考資料"中的《龍亭》《岳飛與朱仙鎮》《九一八國恥紀念》《雲南起義紀念》《淝水之戰》《民族英雄史可法》《新年》《端午》《相國寺》《禹王台與繁塔》等，也涉及這方面的内容。

關於辛亥革命史，本書收錄的主要是李廉方在湖北省通志館做總纂時撰寫的回憶錄、詩詞和專著，如《十九之夕》（1946）、《辛亥武昌首義紀》（1947）、《湖北宣導革命的幾個典型人物》（1947）、《七絶·花園山》（1947）等。其中《辛亥武昌首義紀》一書，記述了辛亥革命前湖北革命團體建立、活動情況與辛亥武昌首義經過及湖北軍政府初期史實，並附有大事年表，敘事頗爲詳實，所收資料多爲他書所不載者。該書分上下卷，最早有湖北通志館 1947 年刊本，後有台北大美印務公司 1961 年印本，其中關於革命團體及會員表、組織軍政府和推定都督、陽夏戰役等章節，爲海峽兩岸多部辛亥武昌首義史編所轉錄，實爲辛亥革命史研究的重要文獻，而且不少論著稱該書內容"較爲可信"[①]。

本書還收錄了李廉方的詩詞 15 首，其中絕大多數是其在 20 世紀 30 年代創作的。另外，本書還附有李廉方作品索引，以及一些專家的書信和評論，以供研究者參考。

三、李廉方文集的整理過程

2014 年，湖北省高瞻遠矚，決定編輯出版《荆楚文庫》，由章開沅、馮天瑜兩位學術泰斗領銜組成的《荆楚文庫》編委會，議定編纂出版《李廉方集》，並交由華中師範大學出版社具體負責編輯出版。時任社長

---

① 薛君度著，楊慎之譯：《黃興與中國革命》，湖南人民出版社 1980 年，第 116 頁；章開源、林增平：《辛亥國民史》下冊，人民出版社 1981 年，第 63 頁。

的范軍教授聯繫了我，希望由我來完成《李廉方集》的編纂工作。我過去對於該叢書的情況一無所知，與范軍教授也不熟悉，可能是因爲我曾經編過《李廉方教育思想研究》（教育科學出版社 1995 年）、《李廉方教育文存》（人民教育出版社 2006 年）和《李廉方語文教育論著選》（語文出版社 2006 年）的緣故吧。研究李廉方，總結其生平，收集其作品，是導師李秉德先生交給我的任務，也是本人博士學位論文的選題。爲此，我曾於 1990 年用了整年的功夫，數次到全國圖書館查閱相關資料。那時候交通和科技都不發達，資料來源渠道很單一，全靠兩腿和手工，書籍是一本一本地借，報刊是一頁一頁地翻，從"大海撈針"到逐步"有的放矢"，從零的起點到擁有相當可觀的"戰果"，最後找到廉方先生發表的大約 200 種作品及其他有關文獻。2005 年，因爲工作變動有了半年的空檔時間，爲了編輯出版廉方先生的教育文集，我又沿着他走過的地方——武漢、上海、北京、開封、重慶等，重新查找並復印了其教育論著和一些照片，又發現了不少過去未見過的作品。在這個過程中，我也進一步擴展和加深了對於廉方先生教育思想和學術貢獻的認識和體會，並撰寫和發表了幾篇文章。有了上述的經歷和基礎，我想由我編纂《李廉方集》，應該是義不容辭的事情。

廉方先生早年（1903—1930）和晚年（1949 年以後）發表的作品大都署名"李步青"，中間近 20 年（1931—1948）發表的作品則大都署名"李廉方"。這次整理其文集按照《荆楚文庫》編委會要求，統一使用"李廉方"這個稱謂，將其文集定名爲《李廉方集》。編纂《李廉方集》顯然要在原有兩次工作的基礎上，儘量全面收錄廉方先生的所有作品。與前兩次查閱資料不同的是，這次主要利用了現代網絡技術和人教社圖書館的優勢。時代變化真大，現在信息技術很發達，在互聯網和數字文獻搜索平臺上查閱資料很方便，由於將傳統搜集方法與現代化的手段相結合，我大大提高了工作效率，并且新發現了不少廉方先生發表的作品，其中包括其論述教育和教育之外的問題的論著，同時將過去沒有涉及到的李廉方編寫的一些中小學和師範教材（包括教科書、教授書和説明書）

也納入其中。如上所述，李廉方自 1903 年至 1951 年間創作的作品 270 多種，內容涉及教育、心理、地理、歷史、語言文字等，幾乎涵蓋了李廉方一生的學術成就和社會貢獻。這些文獻資料主要來源於全國部分省市和大學、研究院、出版社的圖書館以及相關數字文獻平臺，均爲編者先後數次查找所得。除了其中一些論著因爲種種原因不能見到原稿，加上還有一些相互之間有重複的内容之外，李廉方的作品篇目基本上都被收錄到本書當中。《李廉方集》各卷所選文章大都刊載於清末民初的諸種報紙或雜誌，所選書籍或單行本則由新中國成立前多家出版機構出版，其中不少爲這次編纂工作新發現的作品。其中，有的文章的多個出處和著作的多家版本，在每卷中儘量加以注釋，並表明本書選用的依據。少部分選取現代書刊的篇目，也特別加以注明。

在《李廉方集》的編纂過程中，編者主要做了作品復製、文獻校勘、論著編排、篇目注釋以及大部分文字輸入和校對等工作。原計劃一年編完了事，把現有的李廉方作品編排爲教育文章、教育著作、中小學教材、師範和鄉土教材、綜合論著等幾卷稿子交給出版社即可。可是《荆楚文庫》的編纂和出版程式繁多，出版社又十分嚴謹，且不説舊時出版物的繁體豎排、無標點和注釋的缺項的修正，以及大量文字的輸入和校對，就是每卷涉及的一些圖表、附件和以往繁瑣的注音符號、各式各樣的字形等，都要求一一體現和落實。如此一來，本書編纂工作量大增，卷數也做了調整，斷斷續續竟然做了五六年。也因爲有了這麼長時間，爲了體現完整性，編者又不時尋摸並還陸續增補了一些文獻篇目，這算是比較欣慰的事情。在此過程中，深感編好大型文集或全集實在費力費時，文獻整理工作真是個慢工細活。但是，本書仍有一些瑕疵或遺憾：一是李廉方一些論著如《改"注音字母"名稱案》（1919 年 4 月國語統一籌備會第一次會議材料），《發刊旨趣》和《武昌師大成立的經過及今後改進的計畫》（《教育叢刊》3 卷 1 期"武昌師大成立紀念號"，1924 年 4 月），《初等小學國文教授書》第二册（武昌共和編譯社 1912 年）、新小學初級和高級《國語文學讀本教授書》部分册次（中華書局 1926—1928

年)、《國語基本字研究》(開封教育實驗區 1934 年),以及教育部實驗教育教材編輯組 1938 年印行的《卡片教學綱要》、《修正筆順基本練習法》和《修正筆劃基本練習法》等等,雖然知曉其題目及出處,卻查不到正文;二是李廉方在清末時期發表的一些作品還未查全。因此,本書仍然不能稱作全集,只能有待以後加以完善了,同時也歡迎有興趣的研究者幫助查補。

本書在文獻復製、輸入和校核過程中,得到了人民教育出版社圖書館館長陳兵的大力支持,也得到了人教社圖書館周金莉、李莉,出版部師濤,有關編輯室宗曉雁、劉立德、胡蘭江、陳恒舒、楊帥、曹周天等同人的幫助。此外,在上世紀 90 年代還曾得到李廉方的小女兒李仲英(曾任湖北省文字改革委員會秘書長兼辦公室主任、湖北省語言文字工作者協會會長、《普通話》雜誌主編)及其孫女李鎂(原子能出版社原編輯)等人的幫助。華中師範大學出版社的馮會平、熊然老師對本書的編輯出版付出了大量心血,在此一併表示感謝。

郭　戈
2021 年 1 月 22 日完稿於北京魏公村

總　目　錄

詩文集 …………………………………………………………… 1
課外講義 ………………………………………………………… 619
新制各科教授法 ………………………………………………… 643
實用修身倫理學講義 …………………………………………… 713
新制教育史 ……………………………………………………… 739
國民學校國文教授之新研究 …………………………………… 803
考察日本實業補習教育記要 …………………………………… 821
小學國文教授實際之研究 ……………………………………… 883
整理河南教育計劃書 …………………………………………… 923
新小學教科書國語文學讀本説明書 …………………………… 945
小學低年級綜合課程論 ………………………………………… 987
改造小學國語課程一期方案 …………………………………… 1099
改造小學國語課程二期方案 …………………………………… 1173
改造小學國語課程三期方案（上卷）………………………… 1277
異哉中國文字拉丁化運動 ……………………………………… 1425
合科實驗的廉方教學法（卷一）……………………………… 1455
最經濟的合科教學法 …………………………………………… 1545
龍亭（小學教學活動綱領及參考資料）……………………… 1805
九一八國恥紀念（小學教學活動綱領及參考資料）………… 1873
岳飛與朱仙鎮（小學教學活動綱領及參考資料）…………… 1985
雲南起義紀念（小學教學活動綱領及參考資料）…………… 2129
禹王台與繁塔（小學教學活動綱領及參考資料）…………… 2191
新年（小學教學活動綱領及參考資料）……………………… 2289

端午（小學教學活動綱領及參考資料）……………………	2427
在鎮平講演錄…………………………………………………	2495
三民主義綱要…………………………………………………	2519
辛亥武昌首義紀………………………………………………	2593
新修京山縣志草例……………………………………………	2873
初等小學國文教科書…………………………………………	2897
新式國文教科書………………………………………………	2947
新小學國語文學讀本（初級）………………………………	3085
新小學國語文學讀本（高級）………………………………	3233
初等小學國文教授書（第一冊）……………………………	3375
新小學教科書國語文學讀本教授書（初級　第一冊）……	3453
新小學教科書國語文學讀本教授書（高級　第一冊）……	3499
中華女子修身教科書…………………………………………	3523
新制修身教本…………………………………………………	3587
附錄……………………………………………………………	3675
來函…………………………………………………………	3677
評介…………………………………………………………	3687
李廉方作品索引……………………………………………	3699

詩文集

目 錄

今日學校教育應否採用實用主義 … 9
師範學校國文教授要目草案 … 19
初等小學校國文教科書編纂綱要草案 … 20
初等小學校修身教科書編纂綱要草案 … 25
小學校修身教科書編纂商榷書 … 27
高等小學校國文教科書編纂綱要草案 … 35
高等小學修身教科書編纂綱要草案 … 37
答陸規亮君《答文實分科案質疑書》 … 39
爲論中學文實分科制答童斐先生 … 42
兒童教育論 … 43
與京師小學教員之談話 … 56
關於教育的若干問題 … 63
參觀吉林省區小學國語教授之意見 … 69
中學校制度之商榷 … 72
新式國民學校計劃書 … 81
對新學制草案之一部分的意見 … 94
會呈省長指定開封等縣籌撥省內教育經費文 … 101
與貢沛誠君討論中學級任制 … 101
義務教育進行計劃案 … 107
小學教材之商榷 … 123
教學歷程應如何組織 … 138
小學教育經費問題 … 145
考試 … 152

小學國語文學讀本之研究 ………………………………………… 155
小學校國語文學之研究徵求批評 ………………………………… 164
小學教育根本改造論 ……………………………………………… 165
用研究室代教室的一個初步試驗 ………………………………… 176
大學研究室實施計劃 ……………………………………………… 180
河南大學附設實驗學校計劃 ……………………………………… 197
河南大學附設實驗學校預備工作之初步計劃 …………………… 200
批評陳鶴琴氏初小默讀測驗之不合 ……………………………… 203
初小國語測驗預備材料及方式之說明 …………………………… 209
請全省小學教職員特加注意的一件事 …………………………… 219
現代小學教育的共同傾向 ………………………………………… 220
在小學實驗指導部第一次會議上的報告 ………………………… 223
《教育周刊》發刊詞 ……………………………………………… 226
兒童節的感言 ……………………………………………………… 228
三民主義與教育改造 ……………………………………………… 228
我所希望於開封教育區的開始工作 ……………………………… 242
貢獻開封小學教師們 ……………………………………………… 244
提倡六月六日爲教師節敬告同胞 ………………………………… 247
教師節發起人李步青等呈教育部文 ……………………………… 249
我們爲什麼要規定教師節 ………………………………………… 250
《教育論叢》序 …………………………………………………… 252
《教育論叢》（第二集）序 ……………………………………… 252
教材研究 …………………………………………………………… 253
開封教育實驗區成立之宣言 ……………………………………… 262
教學單元應有的基本認識 ………………………………………… 266
在開封城厢省立小學及民衆學校校長談話會上的致詞 ………… 270
復王子和函 ………………………………………………………… 272
致厢民 ……………………………………………………………… 273

篇目	頁碼
《教育研究專題》序	274
《開封教育旬刊》新年題辭	275
開封城廂各小學校初步改造的建議——試用二重制度	276
在教學研究會發起會上的致詞	287
就單級課程和國語教學問題答高天錫	288
寫在卷首——小學生書信練習之感言	292
答森君問——關於學校教育問題	296
我所主張的鄉村教育	303
爲小學教師待遇又進一說	305
開封城廂小學及民衆教育實驗區工作計劃	307
對於勞作科課程及教學之意見	317
單級教學	320
寫在這次的調查報告之前——關於小學課外作業問題	331
本區一年來工作報告	333
函復教育廳指導各小學二部教學最新式實施辦法	340
改造小學國語初步課程方案	344
改造小學國語初步課程方案續	365
改造小學國語初步課程方案再續	387
《兒童讀物審查》序	409
對於憲法草案國民教育章之意見	410
函復教育廳詳釋實施二部制疑難之點	412
廢漢字改羅馬字拼音是否違背遺教	416
《民衆讀物調查》序	417
對王部長《中國教育的現狀》之探討	419
河南省立教育實驗區	422
寫在本區教學實驗報告之前	424
吳稚暉先生的改革教育創議是三民主義下應該有的政策嗎	429
教育法令只是官樣的文章嗎	432

一堆新名詞的中國教育發明家 ………………………………………… 432
本期季刊所有實驗資料的旨趣 ………………………………………… 433
《開封童報》創刊號題辭 ………………………………………………… 435
本區實驗小學國語課程實驗標准 ……………………………………… 436
大杏兩校測驗結果與新舊法比較 ……………………………………… 440
答黄壽山學友大花園教育村參觀印象記的平話 …………………… 445
《開封十小試行二重制報告》序 ………………………………………… 448
答客問二年半修畢四年課程標准 ……………………………………… 449
致各界熱心改造小學事業人士的信 …………………………………… 455
以一般小學學齡兒童二年半授課時數修完部定四年課程之試驗經過
………………………………………………………………………… 457
開封教育實驗區的兩個小學 …………………………………………… 466
《民衆娱樂調查》序 ……………………………………………………… 486
廉方教學法筆順基本練習 ……………………………………………… 487
廉方教學法習字基本練習緒論 ………………………………………… 493
中國古代的小學教育 …………………………………………………… 495
編輯兒童讀物應有的認識 ……………………………………………… 513
合科教學法 ……………………………………………………………… 523
卡片教學與三個研討問題 ……………………………………………… 536
中國推行義務教育應有的基本認識 …………………………………… 547
初小習字範本説明書總論 ……………………………………………… 557
黄河 ……………………………………………………………………… 561
中國地理與世界之關係 ………………………………………………… 565
中國地理與國民性格之關係 …………………………………………… 568
揚子江 …………………………………………………………………… 571
就開辦武昌共和編譯社致教育部、内務部呈並批 ………………… 578
全國教育聯合會等團體代表致丁文江、胡適、王景函 …………… 582
全國教育聯合會等團體代表致英庚款會調查團函 ………………… 583

血鐘第一聲 ………………………………………… 584
《心音》雜誌題辭 ………………………………… 586
"開封"釋名 ………………………………………… 586
黨承訓先生傳 ……………………………………… 587
對於中華民國憲法草案初稿之意見 ……………… 588
《相國寺》序言 …………………………………… 588
范吉六先生六十壽序 ……………………………… 589
十九之夕 …………………………………………… 590
湖北倡導革命的幾個典型人物 …………………… 607
《京山縣新志》序言 ……………………………… 609
志剛先生以和子猷先生春興十六章見示賦此答之 … 611
消夏四詠酬詩社諸君 ……………………………… 611
修正前擬國歌詞（用ㄛ韻符填滿江紅譜）……… 612
大花園實驗學校校歌詞 …………………………… 612
兒童節歌詞 ………………………………………… 613
《河南教育日報》復活二週年紀念題詞 ………… 613
漫興 ………………………………………………… 613
秋思 ………………………………………………… 614
秋夜聞蟋蟀有感 …………………………………… 614
早梅七律八首 ……………………………………… 614
鎮平講演後憑弔彭公墓 …………………………… 616
應南陽羅專員東峰約講畢賦贈 …………………… 616
除夕有感　應梁園詩社值課 ……………………… 617
春雨　應梁園詩社值課 …………………………… 617
七絕·花園山 ……………………………………… 617

今日學校教育應否採用實用主義[1]

余在清季時，於實用教育稍有建議。今倡導教育者，提出實用主義問題，徵集意見，特表絕對贊成之意。分項論之：一論實用教育之趨勢，二論實用主義，三論學校教育應采實用主義，四對於批評實用主義者之意見。

一、論實用教育之趨勢

人之爲學，當務實用。而教育之本旨，即爲造就實用之人而設。當群智未啓，人民所學之事，或趨於時尚，而不屬於人生之切要。即世運漸進，而科學未昌，學校之教育雖知啓迪其知識，而亦不盡適於實際。此實用之學，隨世運之進步，應人生之需要，而漸臻於完善者也。

歐洲古代之教育，持實用以爲的，如希臘之斯巴達，練習武藝書算，以應於日用爲主，故修養之人物，適於斯巴達國家實際之用。又當時之詭辯學派，注重知力的方面，欲使一切技藝，便於個人之生活，雖學説稍涉紛靡，然其開應用知識於實際之端緒，則教育家所同認也。羅馬之教育專重實用，其采取希臘之文化，惟文法與修詞二科爲學者所注意。又以修養學問，宜適於一定之職業，故學校與實際界之接近。歐洲之教育當自羅馬爲始。惟當時所謂實用之學，今日視之，殊無甚可觀也。

中世之教育，爲教會所主持，雖能排除階級，然以迷信太深，人民之修養不適於現世之生活。自工商業漸次發達，有市學校起，頗傾向於職業，雖其教授之方法不適於實際，而喚起近代實業教育之研究，則吾人所不可忘也。

自宗教改革，教育之方針尚人道主義，雖所主張專重內界之修養，然欲取一切學術，本利用厚生之道，以現神之榮光，遂樹發達科學之先

---

[1] 原載《教育雜誌》第 6 卷增刊"實用主義問題"專號，1914 年 7 月。

聲，即如舊教之準西尼西多派，亦與時變遷，趨重實質。但是時之教育與實際之相離，尚甚遠也。

自是以後，科學日益發達，因物質之研究而實科學術爲時所尚。加以教育家一時蔚起，培根創經驗論理學，以實驗觀察爲搜羅知識之標准；廓美尼司更從根本上研究教授，創自然學說；洛克創感覺論，於是直觀教授之說頗爲學者所稱道。是以十七世紀後之教育，其目的在啓發個人之理性，而陶冶應用之知力，故教科取材與實際需要日益接近，不惟搜求智識，兼對人世之生活，喚起時人之注意。以此之故，而教育上根本之計劃遂趨重於個人主義，因個人問題而教育上潮流之趨，遂傾向於實利主義。此實用教育之所以日盛也。

入十九世紀以後，修養之實質益注重於內容，一切學科既日臻完備，又隨世運之進步，相地方之情形，量予增損，折衷至當。教授法則經裴斯泰洛齊之實驗，而實物教授遂普及於世界，即管理訓練亦接近於處世接物之方。迄於今日，社會的教育之説漸昌，教育之實施悉按實際之範圍爲準，或以實業教育爲分項之研究，或以生活教育爲全體之討論，於是實用之材料與方法益供吾人以考驗之資。然觀其現狀，則初等教育趨重實科主義，高等教育尚未脱人道主義之形式也。

由斯以觀，歐洲之教育自科學發達以後，始有實用價值之可言。而趨重實用，則原本於個人主義，歸結於社會問題。至個人主義之倡導，一由於心理的教授之發達，必從個性上研究；一由於國民教育之發達，必全其人所以爲人之道。在當時主張者之意，蓋謂本此以施行教育，人人可養成有用之人，初非以國民之生計爲根本之主張也。至最近學者之言教育，雖從生計立論，則又本從前之主義補偏救弊。凡所選之教材，所施之訓育，一一以實際爲歸，使個人效用於社會，各能自立而不相違悟。此所謂社會的教育也。

二、論實用主義

教育之尚實用，其要義備述如上。然特標一實用名詞，以定爲教育之主義，非著專論，不能成有系統之學説。茲未能詳論，惟欲使吾國之人知實用主義之爲何，則以下各問題吾人所急宜討論者也。

觀五卷七號《教育雜誌》列載實用主義各説①。黃君之言曰：人不能舍此家庭絕此社會也，則亦教之育之，俾處家庭間社會間，於己具有自立之能力，於人能爲適宜之應付而已。莊君之言曰：實用主義云何？使兒童在學校所受之教育悉能適於社會生活之需要而已。此於實用主義，非無明確之解釋，然欲進而論之者，則以實用之範圍甚廣。應如何而指導其方針？裴奈楷所謂當向何方而教育，來因所謂不可不確示陶冶心的之内容是也。如謂生活之需要、自立之能力、適宜之應付，其立腳點何在？謂適於生活、具有能力、能爲應付，又從何方面修養之？今且不推究各説之所及，以立補充之論，而專就實用之定義從根本上研究之。

此入手之研究，吾人所當問者，則近代教育家之學説皆以實用爲歸，而根本上之立腳點各有不同。今所采之實用主義是否對各家之學説無所軒輊於其間也？苟如是，則必折衷各説，惟選其正當之點而採用之，即由道德主義而取其合於實踐之點；由自然主義而取其適於理解之點；由人道主義而取其廣識見之點；由實利主義而取其謀幸福之點；由實科主義而取其利用厚生之點。以聚之爲一實用教育之目的，諺所謂試之一切而後選其佳者是也。雖然，不立一定之秩序，不明主從之關係，而貿然排列之，偶然結合之。如是者，果足爲一目的乎？此則來因氏之所斥，而修科學者所未能承認者也。

實用之立腳點既宜認定，則今所主張是否純爲物質的，亦宜先決之問題。夫實用教育之發達，本由於研究物質之結果，而實用之真相，究非偏尚物質而遺精神。蓋人類之生活在未開化時，祇有衣食住之問題。至今日則社交頻繁，群智競昌，非道德與知識技能皆能應時勢之需要，不足以自存，故所謂實用主義，即就德育、智育、體育三項所用之材料

---

① 1913年10月出版。該期雜誌發表黃炎培《學校教育採用實用主義之商榷》和莊俞《採用實用主義》，在教育界引起了較大反響。

與方法，皆取其適合現世實際之用，決非純爲物質的，其理甚明。至所以重物質之故，則以文字教育之革新，欲補充教科之內容，不能不需此爲取材之具。而教授法之改良，又需實物教授，而後兒童之理解力明了而容易。若以注重物質，即失精神之活動，是直器械的教育耳，尚何實用之可言哉？

物質的之傾向，是猶就表面上觀察之也。若從根本上立論，則實用之立腳點，爲個人的乎？爲社會的乎？抑爲國家的乎？教育的國家主義爲純粹之政治教育，斯巴達嘗行之矣。以此定爲標準，則凡與國家之所要求有不一致者，必盡剗滅之、漠視之。其極也，將使個人無復自由活動之餘地，是與實用之本旨，實不能相合於無間。故歐洲盛行國民教育，而對於教育方針，不純取國家主義，信有由也。教育的個人主義，在啓發人所以爲人之道；教育的社會主義，在造就適於健全社會之人。其修養之方法雖殊，而真理之歸宿常同。惟吾人所當研究者，個人主義之教育，在十八世紀初期，雖據經驗之原理，以規定教育界之事物，但其目的所在，惟期人性之本能自然發達，非盡謀實際之需要也。自斯賓塞鼓吹實利主義，以教育之方針在指導個人之生活，於是教育以實用爲歸，始定爲唯一之目的。雖以海爾巴脫之主張，謂宜從強固意志入手，而其歸宿亦不脫生活之範圍。此個人主義之學說至今日而猶盛行也。社會的教育之正宗，導源於休來哀摩諧，其目的在注意於公同生活。今者其說大昌，新教育之潮流，幾有一日千里之勢。然是派之主張亦不一致，如哲學的社會學派，混純粹理想與實踐理想爲一，欲以意志教育括教育之範圍，惟重訓育而不顧其他，此納德普之所主張也；如宗教的社會學派，排斥社會的利己之見，以修養內心、發達自然能力，而維持人生將來之生活，此威爾曼之所以主張也。如此主張，偏於精神之傾向，能否適用於實際，吾人所未能定也。惟湍靄林以增進幸福爲教育上之目的，於是理想中之修養，與實際界之需求接近益密。培格曼更從實際之研究，以社會全體之生活，不能以一人之幸福爲目的，而當以其人之活動爲準，故謂教育之目的，在養成兒童之活力，俾至於能解人生任務。今之言社會的教育者，多本其說。以觀察實際之生活，而定教育之趨向，是以歐洲最近之教育，日趨於社會的。然個人主義之思潮，其勢力究未稍減。是二主義，皆有研究之價值。今定實用之立腳點，爲社會的，抑爲個人的，當就學理與事實，詳察吾國之現象，以何者爲最宜，茲不詳論也。

　　實用之立腳點，個人的與社會的，既可聽其採用。然教育之方，自客觀的入手乎，抑自主觀的入手乎？是亦一問題也。就個人主義言之，如廓美尼司根據外界事物，觀察自然作用以施教育，是以客觀的爲原則。盧梭謂吾人心意之發育，皆有一定秩序，宜循自然之道以陶冶之，是爲主觀的原則。海爾巴脫以道德爲最高目的，是自研究主觀的意志入手。斯賓塞先將人之生活解釋適當，使意志作用與此相應，是自研究客觀的事實入手。若裴斯泰洛齊以教育之旨，在使人人能自營生活，與斯賓塞之主張同；教授用直觀主義，與廓美尼司之主張同。然其修養之方法，以發達人類之本性爲主，則從主觀的入手，又與二氏之主張不同。就社會主義言之，淵靄林專重主觀的感情，以個人及全體之幸福爲教育之最終目的；培格曼重客觀的活動，以人生之活動能助長社會進化爲教育之最終目的。今培格曼之學說，社會派既奉爲正宗，則教育之從客觀的入手，殆無異議矣。夫近代所尚之教育主義，雖皆歸於實用，然實由他項主義達於實用之途，而非懸一實用以爲的。故專就個人主義與社會主義立論，其下手之方，誠有客觀的、主觀的之別。若以實用爲標準，則勿論取個人的或社會的，要皆從客觀的入手爲宜。何者？實用之本質存於生活需要之中，而此生活之需要，不外實際之道德與實際之知識技能。即教授上理解之分量，亦求之於種種感覺，而有跡象之可尋。若從主觀的入手，是離事物而探理想，不與實際之需要相背而馳哉？

　　或者謂以上各問題，與教育之實際無甚關係，但曰吾取實用爲主義，凡教育上之材料與方法，一一求合於實際，不必問其爲個人的與社會的、爲客觀的與主觀的也。然實用之範圍甚廣，教者之見地，因觀察之方面而殊，則選擇材料、運用方法難得一定之標準。空言甚易，及實行則困難萬狀；泛論雖同，及深求則歧異百出。誠如或者之言，推其弊之所極，必有如古代之教育，以修辭爲實用，而謂讀經、習帖括可致功名爲實用者矣。即不然，而膚淺之新學者，挾其一知半解之見解，排比一切器械之知識，輸入生徒之腦筋，亦足誤我有用之青年。名爲實用教育，而其結果去實用之旨益遠，可不懼哉！夫教育之作用，勿論用何主義，必有一理想之人在，欲使受教之人造成理想之人，苟無一定之標准，則所謂理想之人，將由何途以修養之？必非無系統之教育所能達其目的。此余所以提出上列之各問題，與贊成實用主義者一一討論之也。

實用之立腳點既定，試取近世各教育學說比較言之。近世各說與實用主義近似者，如日本人所著書中，有實際主義、生活主義、活動主義諸名稱，大都原於社會的教育之潮流。又窺見實業教育之旨趣，不能普通而適用，故興起各項之問題。第就其用語論之，"活動"之語，取義太泛，人之行爲皆爲活動之表示，僅曰"活動"，爲善爲惡、爲真爲僞、爲美爲醜，未可斷定；不能具真善美之本性，即不可定爲教育之主義也。"實際"之語，不含內容，僅曰"實際"，無切要之標准。"生活"之語，雖具意義，然名詞之形式，易滋苟安者以口實，不如"實用"之義含有生活之作用，又具完美之內容。舉教育之能事，悉可於二字括之。至於實業教育，不足括教育之範圍。實科主義，不能盡教育之作用。即十八世紀盛行之實利主義，亦偏於利己方面，不適用於今日之社會。惟實用主義隨世運之進步，應人生之需要，而指導其方針，真所謂無往不宜、無瑕可指也。

抑又有言者，觀察教育之方面有二：一實質方面，一形式方面。前者可稱之爲材料的，後者可稱之爲方法的。實用主義之完善，自實質方面言之，則教授上不偏於物質，訓練上不偏於感情；自形式方面言之，則授以學術，生徒不厭其煩難，附與興味，又能悉歸於實際，然此猶就其特點言之也。若其本旨所在，因應事物實地運用，能使受教之人，一方能增進其智識，一方能發展其特性。苟有實行此主義者，吾知得一學校，即得一學校之實用；得一學生，即得一學生之實用。其效可立待也。

三、學校教育宜採用實用主義

夫國家之根本問題，係於教育。爲一國之教育謀一主義以策進行，必外應世界之潮流，內審本國之情勢。世界教育之潮流，既日趨於實用之途，應其趨勢以觀察本國，竊求之歷史與現狀，而知實用主義實爲當務之急也。請試論之。

（一）歐洲近代之文明，皆原於科學之發達。我國自庠序之教廢，君主以愚民爲政策，登進士類，專尚詩賦帖括，數千年來相習成風，幾不知學問爲何事。及西潮東漸，國人於實科之學，稍明其端倪。然興學十餘年，稗販學術不知實用之本。故學校養成之人，下者不足以自立，上者不足以致用。及今不圖，則工商業永不能振，何以競存於世界？此就學術而言，當采實用主義者一也。

（二）各國教育之進步，以改良教授爲起點。我國向偏於文字教育，嘗有自命通儒，精通經典，專擅詞章；而日用器具不能辨識，尋常書件不知款式。諺云讀書人最無用，誠有所指而言也。自科舉停罷，學校之內容，似稍易其本來之面目。然以直觀教授之法，未從事研究，一切事物不從實地以啓發之。故誦讀廢而新知不能浚，受教者之無心得，曾無殊於曩時。夫新設之校，其學科何嘗非原本於外國，其教科書未必無一二之可用。而外人行之，以養成有用之材，吾國行之，殊不見有進步之象者，毋亦教授之法，未能改良以致之與？此就教授而言，當采實用主義者二也。

（三）大凡一國之立，必具有固有之特性，教育者即以發揮其特性爲本務者也。吾國歷朝之治亂，恒隨講學之盛衰爲轉移，故迭更變故，而國基弗替者，則以名教之微言大義，深印於人心。一經提撕警覺，即能起而反抗橫流，此國粹之不可不保存者也。雖世運日趨於進化，舊傳之道德，其條目不無取舍之處，然以躬踐實行爲本，則亘古不易其言也。來因氏曰：倫理學所以明人世生活之目的，可由之以定教育之目的。教育與倫理之關係，既如是其密切，而實用教育則以實踐爲本務。今欲發揮國民固有之特性，誠不能於此外求之也。此保存國粹而當采實用主義者三也。

（四）我國地大物廣，稱爲世界第一，然礦棄於地而不知開採，林荒於山而不知栽培。即絲茶之利，前此爲輸出貨物之大宗者，今亦日形其短絀。而工藝之品，仰給於外來者，反日增其數。以致商業凋敝，民生困窮，幾有江河日下之勢。物產之富如彼，而生計之蹙乃如此。苟吾國之人，不欲競存於世界則已；如欲競存於世界，必人人致力於實科之學，能利用其天然之物質，以自營相當之職業，而後國本無動搖之處。然此非於學校養成之，則不克奏功也。此發展國力而當采實用主義者四也。

（五）共和之國家，國民立於平等之地位。然必人人有一定之職業，而後政治不紛亂；人人有相當之知識，而後法律無障礙。我國帝制方傾，一般之人民意志極弱，野心家又從而操縱之，不培其本，擾亂將無已時。將欲保障共和，若不從實際教育指示生活之方針，以納人民於軌物，則破裂之患，可立待也。此維持國體而當采實用主義者五也。

（六）法國大改革以後，人心浮動，執政者提倡實業教育，以謀救濟之方，而其效大見。我國專制之世，專尚壓抑，士失其職，民喪其業，壓抑至極，遂伏亂機。清季失政，四方瓦裂，起義以後，秩序蕩然，政府無融和之方，人民有思逞之象，較之法國更有甚焉。究其致亂之由，皆原於生計之困難。長此擾擾，必同歸於盡而後已。此匡救人心而當采實用主義者六也。

綜此六因，則教育宜采實用主義，甚彰明矣。不惟普通教育用之可養成完全之國民也；實業教育用之可造就急需之技藝也；即專門與高等教育用此主義，亦可應時勢之需要，準吾國之現狀，斟酌緩急輕重，以定取舍之方針。若夫詣必深造，科必完全，俟之數十年後，國家十分發達之時可也。爲我國今日之教育計，採用實用主義，其知本之論哉。

四、對於批評實用主義者之意見

反對實用主義者，其批評之大意，謂其舍精神而重物質。夫實用主義非純爲物質的，前已論之矣。若謂物質之知識愈備，國民之道德愈漓，其說殊爲無據。夫國民之道德隨知識而進化，彼野蠻人之所謂道德，比進化人之所謂道德，孰爲完備？而人類之進化，實原於物質之發達，其事實斑斑可考。至引日本爲鑒。夫日本之教育，其物質固尚未甚發達也，即近十餘年來，教育稍趨重於物質。試問近日日本國民之道德，其立身之道與愛國之誠，較之明治初年是否有進步？是否更普及？亦可於日本教育史求之也。誠如所云，是物質知識，爲消滅道德之媒，則一切科學皆宜廢而不講，必規復舊日之四子五經，而後可達其目的。彼世界之學校教育，豈不歧誤之甚耶？即謂本旨或不如是，而推言者之意，必如宗教家之專崇信仰，以引誘其良心；儒教之專尚內心，以啓發其性善。試問一般之國民，不養成生活之能力，而徒勉其爲聖賢，在事實上是否能行？吾有以知其不然也。夫偏重物質，固不可；偏重精神，又豈相宜？即謂提倡道德可以挽救今日之人心，然舊倫理何者宜保存？新倫理何者宜採用？今尚無一定之標準，是欲實行其主義，非先規定倫理，則教育無從而實施。苟采實用爲主義，不惟應用之知識不致偏廢，即道德之標準，亦可依實用爲旨歸。是實用之義，於道德之旨，其關係正非淺鮮也。

其相對的贊成者，主張國民教育與人材教育分途並進，意謂人材教育，採實用主義或不相宜。夫高等教育與普通教育就特點言之，其目的誠不相同；然其修養之本旨，無非造就同一之人格，則取同一主義誠無不合。況以我國今日之時勢，財力既絀，學術亦稚，國民教育固宜預籌，人材教育尤爲急需。而養成今日之人材，實宜斟酌緩急輕重，定取舍之方針，俾期於應用。今所採之實用主義，其爲至急與至重，固何如耶？正不必以歐洲現世之教育，初等尚實科主義，高等尚人道主義，不究其歷史習慣，而持其說以疑實用主義之不能通行也。至贊成之說，其立言亦有未是，今不論及也。

　　余草此文竟，行投稿矣，適閱某雜誌，見某君著論，謂實用主義當以生活爲標准。夫實用之範圍甚廣，應如何而指導其方針，前既論之矣。是研究實用之內容，某君與余，誠有相同之意見。惟以生活爲標准，余不無辨難之言者。則以生活教育一語，在近日所譯西籍及日人所著書中，殊有價值。今所取實用主義，即由生活教育脫胎而出者也。然不標名爲生活主義者，不惟生活名詞之形式，不及實用爲完善，即意義亦不及實用之切要而精當。就余所著論觀之，可以考見也。某君之言曰，人之教育，爲生活而教育；人之學習，爲生活而學習。此旨在歐洲教育家嘗言之矣。然其爲是主張者，大都鑒於習俗教育虛飾之弊，故倡是說以矯正之。雖近來言教育者，皆注意於生活問題，然其標教育之定義，勿論主張社會的或個人的，要皆以完全其爲人之道爲主。謂爲人不可不適於生活，可也。謂能生活即完全其爲人之道，不可也。若謂人之生活，本有精神上之生活與肉體上之生活，就形式論之，以保存肉體者爲生活，則動物之蕃孳，何一非生活之作用？不得謂生活僅爲人類所有也。謂教育爲生活而教育，學習爲生活而學習，彼受良教育者，或不得其死，而不教不學者，或反蚩蚩而生。則一般之人，不識高尚生活爲何者，又何以解於學則生、不學則不生之旨乎？就本體論之，則殺身成仁者，舍肉體之生活，以保其精神之生活，正所以全爲生活而教育之旨。是生活之意義甚廣，而修養之方法，又不能持淺易之說以相繩。則所謂生活之標准，又何能鼇當於實用之作用乎？余亦知生活之說，謂吾人處此進化之世界，適則存，不適則亡也。既曰實用，則不適於現世者，決不可爲實用也。與其取生活標准，而加此煩重之解釋，何如徑取實用之說，其意義實切要而明顯也。又就某君所已言者觀之，於普通以上之教育，何以必取生活標准，亦鮮論及。而普通以上之教育，其所學習者，是否皆屬生活之事，殊難臆定。此商榷者所以有相對之主張，而歐洲今日之教育，初等尚實科，高等尚不脫人道主義之形式也。某君又有言曰，生活之範圍有廣狹，當隨時隨地以求實用。夫既以生活爲實用之標准，又因生活範圍之廣狹，而隨時隨地以求實用，是實用又爲生活之標准，如此云云，就論理學釋之，可以了然也。余疑反對者及相對的主張或誤會實用主義與近來生活教育之說，絕無殊異。故有是商榷，若以生活爲標准，反無説以難之矣。爰附辨於此。

師範學校國文教授要目草案①

預科，每週十六時（並習字計之）。

講讀文章，六時。文字學，六時。文法，一時。作文，一時。習字，二時。

第一學年，每週十時（並習字計之）。講讀文章，四時。文字學，二時。文字，一時。作文，一時。習字，二時。

第二學年，每週六時（並習字計之）。講讀文章，三時。文字學，一時。作文，一時。習字，一時。

第三學年，每週四時。講讀文章，一時。文章流別，一時。作文，一時（隔週所空時間加授文章流別）。教授法，一時。

第四學年，每週三時。講讀文章，一時。文章流別，一時。作文，一時（隔週所空時間加授文章流別）。

本科教授，分講讀文章、文字學、文法、文章流別、作文、習字、及教授法七目。其中如講讀文章、文法、作文、習字四者，與中學大略相同，惟文字學當較中學加詳。至文章流別及教授法，則中學所無者也。茲就與中學相異者，舉其要義，條列於左：

（一）講讀文章之法。全與中學相同，惟須增授文章流別，故將時間略爲減少，約當中學六分之五。

（二）文法。教授之法，全與中學相同。

（三）文字學。較之中學尤宜注重，其於中學生徒所習者以外，凡形

---

① 原載《教育研究》（上海 1913）第 23 期，1915 年。与熊崇煦、陈润霖、黎锦熙、毛邦伟合作。

體、音韻、訓詁三者，更宜明其概要。庶他日教授小學生徒，不至有字體不正、發音譌誤及望文生義之弊。形體宜以五經文字九經字樣爲準，其誤者，宜依許書訂之。音韻宜於字紐《廣韻》説明大略，既便反切之用，且可由此粗知古音通轉之理（古音不明，於解釋訓詁時，應用頗多窒碍，但亦不必過繁）。訓詁不必瑣求，惟擇取通用之字，使知孰爲本義，孰爲引申，孰爲通藉，舉一反三，自足應用。

（四）作文（附改文）之法。全與中學相同。

（五）習字之法。與中學相同，但第一學年起，即宜兼學草書。

（六）文章流別。兼文章體裁及文學源流而言，師範與中學主義不同，茲故特加此目。

附識：（一）凡要目中未曾標明與中學有異者。皆得適用中學教授要目。（二）女子師範學校教授標准同此。

初等小學校國文教科書編纂綱要草案[①]

第一章　總綱

一、謹遵大總統頒定教育要旨，及本部小學校教則第三條編纂。

二、文字與材料並重，然當以文字馭材料，使略成文法之系統。

三、文字淺顯，務使兒童易於領悟。

四、程度宜循序漸進。

五、孔孟之言行，宜擇要叙述，以端國民之趨向。

第二章　課數及字數

六、每學年三學期，教科書或分二册或分三册均可。每年課數約計

[①] 原載《教育研究（上海）》第 24 期，1915 年；《教育週報（杭州）》，第 96 期，1915 年；《松江教育雜誌》第 5 期，1915 年。與熊崇煦、陳潤霖、黎錦熙、毛邦偉合作。

一百一十課，其分配如下：

第一學期，假定四十八課。

第二學期，假定三十課。

第三學期，假定三十二課。

七、每册末附補充課數課，如有餘時，酌量授之。

八、各課字數多少，宜以次漸進，大略如下：

第一學年第一學期，自一二字漸進至十六字。第二、三學期，自十五六字漸進至二十五六字。

第二學年第一學期，自二十餘字漸進至三四十字。第二、三學期，至多不得過六十字。

第三學年第一學期，至多不得過八十字。第二、三學期，至多不得過百字。

第四學年，至多不得過一百六十字。

九、全書生字，至多不過三千字，至少不下二千五百字。就各字需用之緩急，列爲兩表附後。

十、生字出現之次序，以難易定之，其標准如下：

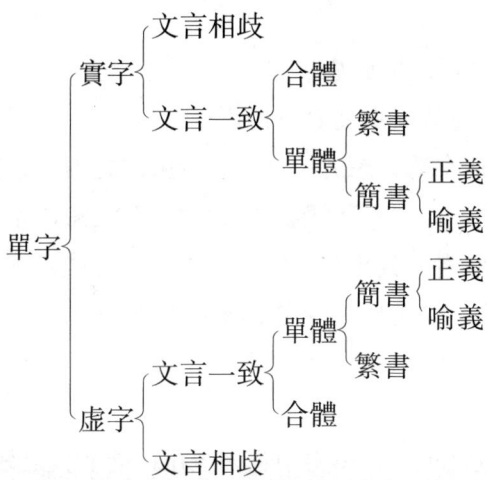

愈近中直者愈易，愈遠愈難，選字時可依此酌定。

十一、各課生字之數，以次漸加，大略如下：

第一學年，開始自一二生字，以下漸進，惟至多不過六生字。
第二學年，每課至多不過八生字。
第三、四學年，每課至多不過十二生字。
十二、每課生字，應提出標於上欄，以便教員摘授。

第三章　文法

十三、文法之次第，略如下列：

第一學年　第一學期　單字　　名字

聊字 { 動字 / 靜字 }

短字 { 代字 / 狀字 / 介字 / 助字 }

第二、三學期 { 短句（同前）／短文（連字）}

第二學年　短文　嘆字

第三、四學年　短文　文章之構成法

品詞之用法，有宜特別注意者，更列於下：

（甲）代字、介字、助字連字等，應於一課或相近數課之內，以同一用法，出現兩次以上，狀詞中，如"不""既""未""已"之類，亦同。

（乙）同一字而有數種用法者，其排列不宜相距太近，必俟第一用法確能領會之後，再授第二用法，並應於教授書中詳爲比較。

（丙）代字、介字、助字、連字，每一類中各字出現之次序，以解釋之難易定之。

短句中宜多運用以前所授之單字，短文中宜多運用以前所授之短句，使學生讀之，漸知積字爲句積句爲文之法。

教材與文法，應互爲難易，凡教材較難之課，其文法應用已經習過者。

十四、書中各種文體，固難完備，然如傳記、遊記、論說、問答、書牘之類，可具大略，以備兒童應用。至章程、廣告、文契之類，不必列入本課，但於課後附有其式，使兒童知其體裁，即可應用。

十五、韻文可略具數課，以涵養兒童之性情，惟不宜太多，以此等文之組織，有時與普通文法不同也。

第四章　取材

十六、選擇材料，宜重實用與興趣兩方面，取國民常德常識關係最要者，且為尋常所有之事物，使兒童易於了解，於季節適應之處，亦應注意。

十七、人文材料與實科材料兼收，其能涵養文學上之趣味者，亦不可忽。

十八、修身宜重訓練意志者。

十九、歷史取代表其時代之人物，及兒童能理解之大事，由古及今，須略相照應，以養成其統系之觀念。

二十、地理取本國之山川形勢、名都大邑、商埠軍港及幅員大略，而鄰近及世界著名各國，亦宜略及之。

（附說）歷史地理材料，於第二學年起始加入。

二十一、理科，取天然物及自然現象關係人生日用者。

二十二、實業，須鍼對我國現勢，尤注重特富人之產物、素長之藝及商業之要概。

二十三、國民教育，就國民與國家之關係及國體、政體、國家之制度等類，扼要敘述。

第五章　字體及插畫

二十四、教科書字體，皆用楷書，宜求工整。第三學年後，所附書信等式，兼用行書。

二十五、教科書第一二學年,字體宜稍大,以省兒童目力。第三學年後,可略減小,然每半頁寬在十○五生的密達中,至多不得過七行。長除上欄外,在十五生的密達中,至多不得過十四字。

二十六、插畫務與兒童以適確印象,其無關於本文講授者略之,漸進至上級,則漸減少。

二十七、人物衣服房屋等,務以多數國民所常見者爲準。

二十八、書中有引古事者,其畫必依古制爲之。

二十九、畫以明確雅潔爲貴,自第二年以下,日常經見之物,可不必圖,且無取彩色美麗。

三十、地圖,取其能示簡易之概念已足,但須求正確。

第六章　教授書

三十一、初等小學國文教科書外,宜更編教授書,以備教員之用。

三十二、教授書中,宜體察教授時情形,將重要必須之項,分條列舉。惟不可拘泥階段形式,致失教授者編纂教案之餘地。

三十三、字之同音異讀,與文法之同字異用者,皆宜標出,且聯絡前課爲之比較說明。

三十四、關於各課之語法文法,可略舉一二例,以備教員之採用。在第一年第一期所舉,必須言文可以對照,而無事增減者,以後雖不拘此。但文法運用之處,舉例必求正確。

三十五、教授書中,應附列參考一項,有宜注意者數事如下:

(一)教識字時,凡象形、會意、指事等字,及其字之本義,可以簡語解釋者,須略著之,使教者心知其意,得相機解析,以告知兒童。

(二)某字從某字之形聲,以至筆畫之區別,均當附以明確之詮釋。

(三)教科書中敘述古事,但用其意者,必備著原文,其節取經訓或成語者亦同。

初等小學校修身教科書編纂綱要草案①

第一章　總綱

一、謹遵大總統頒定教育要旨及本部小學校教則第二條編纂。

二、兼重實習禮儀及訓練。

三、以圓周法爲主，參用階段法。

第二章　課數與時間之分配

四、本部所定小學課程表，修身科每週教授二時，每年分三學期，其週數與時間之分配如左：

第一學期，假定十六週，共三十二小時。

第二學期，假定十週，共二十小時。

第三學期，假定十一週，共二十二小時。

五、每課平均教授二小時，或間至三小時以上。此外宜留餘暇，以便教員遇有偶發事項之教訓，及兒童實習禮儀、復習舊課等。約計每學年課數，多不過三十二課，少不下二十八課。其册數，則每年或分二册，或分三册，均可。

第三章　教材

六、第一學年之教材，當注重學校家庭之實踐。第二學年以後，應兒童心理發達之程度，以漸廣其範圍，授以國民所應恪守諸道德。其德目之分量，設表如左（表中假定三十分爲總數）：

---

① 原載《教育研究（上海）》第 24 期，1915 年。另載《教育周報（杭州）》第 96 期，1915；《京師教育報》第 21 期，1915 年。與熊崇煦、陳潤霖、黎錦熙、毛邦偉合作。

	第一年分數	第二年分數	第三年分數	第四年分數
對於學校德目	九	六	四	二
對於家庭德目	九	六	四	二
對於社會德目	六	七	八	八
對於身心德目	五	七	八	八
對於國家德目	一	四	六	十

以上所列分數，不過略示大要，編纂時可酌量損益。

德目不宜過多，可用圓周法，以同一德目逐漸加深（如第一年用孝親，第二年仍用孝親而理稍深）。更兼用階段法，以免生兒童厭倦之心，兼收循序而進之效（如先授尚武，後授充兵等）。

七、第一學年內，宜多用例話，惟童話、寓言等，須擇其普通而雅馴者，或假設人物亦可。

八、第三學年以後，應採歷史上有名人物之例話，而一人能備數種德目，尤善。惟道德之分配，以自然吻合爲主，不可牽強附會，致失事實，其不甚顯著之人物事蹟，不宜採入。

九、書中所用例話必擇積極之事，尤以兒童能力所及，易於模倣者爲主。偏激之事，奇異之行，不宜欄入。

十、歷史上人物之例話，以本國人爲最宜。外國人可爲國民模範者，雖亦可採入，惟須在第三四學年，且不宜過多。

十一、第三四年，可兼用訓詞，惟須擇兒童所能領悟而切於實踐者用之。

十二、第三四年，並酌加格言，使兒童常常記誦，以爲立身行事之標准。

十三、訓詞及格言，應採經訓中之文義淺顯而切於實用者。所採經訓，一以孔子之言爲旨歸，亦可兼採後來名賢名儒之說，以爲之輔。

十四、初等小學男女同校，書中宜兼採女子適用之教材，女子道德以貞淑爲主，兼使知自立之道。

第四章　文字及圖畫

十五、第一學年，每課除標目外，全用圖畫。第二年後，始用文字，宜由少漸進，其語句務求淺顯簡潔，使兒童易於領悟。

十六、書中圖畫，務求明確，與本課事實及時令相應。

十七、第一二學年，應另製彩色挂圖，照書中圖畫擴大，以便教員授課時指示之用。

第五章　教授書

十八、教授書應與教科書同時編纂。

十九、教授書應將教授時重要之件，提綱列出，但不必拘定教授階段，以便教員之活用。

二十、凡關於兒童應有之禮儀（例如容體、顏色、辭令、飲食、起居、出入、往來、洒掃、進退、酬酢、集會、問訊及一切事物授受取置等法），教授書應按照本課教材之有關聯者，擇要列入，以備教員指示學生，令其實習。

二十一、教授書應列主要設問，以備教員採用。

二十二、教授書應列參考一項，凡教材之須加考證者，均詳細載入。

小學校修身教科書編纂商榷書[①]

（教育部教科書編輯處）

第一　主旨

依本部所定教育宗旨，及《小學校教則》第二條之旨趣，授以中華

---

① 原載《教育研究》（上海）第 24 期，1915 年；《松江教育雜誌》第 5 期，1915 年。與熊崇煦、陳潤霖、黎錦熙、毛邦偉合作。

國民所必需之道德。

道德之範圍甚廣，小學校教育當審度國家情勢，而分別其緩急輕重，今擬以愛國爲修身科之主要目的，而欲養成愛國心，有左之各要點：

（一）培養兒童之自信心　一切事皆由心造，有理想而後有事實。吾國地大物博，開化最早，國本雄厚，非他國可及。值此政體革新以後，正吾國民奮發有爲之秋，今日之兒童，須使懸想未來中國之勃興氣象，企圖各種文明事業，而有吾國必強之自信心。

（二）激發兒童之自覺心　既能自信，又須自覺，否則流於自大。故在程度稍高之兒童，當告以吾國近年之屈辱，及物質文明之幼稚，俾警惕反省，而有吾國不可不強之自覺心。

（三）喚起兒童之責任心　愛國不尚空談，故既有自信心與自覺心，又須實行。所謂實行者，非必有炫人耳目之愛國行爲也。凡國民能盡種種責任，即是真愛國，尤須先養成兒童獨立性質與協同性質，俾隨處注重實踐，而有各自圖強之責任心。

第二　材料

（甲）選材之方針

依本部所定之教育方針，而與其他各科聯絡一致。

（乙）選材之要件

（一）宜發揮本國道德之特色　一國之國民道德，本於歷史及政教風俗者，必有特異之美點。吾國之家族道德最爲圓滿，他若個人道德，亦有特長。此等固有之美德，務使發揮而光大之。

（二）宜採取歐美道德之優點　吾國之社會道德與國家道德，較西洋遠遜。歐美先進國之國民，視社會國家事與自己事無異，圖謀公益不遺餘力，故其國勢日隆。此等優點，亟應酌量採取，以期彌補國民道德之缺憾。

（三）宜以積極的教材爲主、消極的教材爲輔　修身教材或謂當全用積極主義，譬如養生，元氣既充，外邪自無由而入。然兒童之欲望至強，而意志至弱，倘不先灌以疾惡如仇之素養，將來猝遇誘惑，不免陷入邪途，故消極教材決非絕對不可採，惟採取此等材料，當以防戒現有之弊，或預料將來易犯之弊爲本旨。若無關斯旨，而故舉惡事，則防惡適以誨惡，非所宜也。

（四）宜以處常的教材爲主、處變的教材爲輔　道德以守經爲主，故小學修身當注重於尋常日用之心得，即關於庸言庸行之材料是也。然修身科既以涵養德性爲目的，則鼓勵兒童志氣之材料，亦萬不可少。古人奇特之行，興味饒足，感化較易。且歲寒然後知松柏，士窮然後見節義。君子之所以異於人者，貴能臨大節而不變，處大難而不淪耳。故教授修身，既示以處常之道，必更示以處變之道。庶兒童心有定識，將來躬遇患難，可以卓然自守，堅忍不移也。惟採取異常教材，分量宜少，抉擇宜嚴。凡諔詭之言行、極端之事例，務戒避之。蓋教示兒童處變之道，不過略示規範，藉以堅確其節操之思想，非必欲其演成事實也。

（五）宜留意社會固有之材料　修身材料宜留意於民間固有之事實。吾國之一般社會，因小說或戲劇上所得之知識，雖多荒唐，然其中不無適宜材料，苟能選取整理，俾學校教育與社會家庭相聯合，因勢利導，收效至大。

（六）宜顧及兒童境遇　兒童之生活範圍至爲狹小，故修身教材若純選偉人事蹟，而不問其境遇如何，易蹈空廓之弊。今宜注意於兒童實際生活，在低學年多授日用尋常之教訓，在高學年加入獨立自營職業概要等，切於謀生之教訓，務使出校後置身社會，得以應用於實際，方爲適切。又教材與兒童之境遇接近，在教授上易收注意及類化之效。

（七）宜適應兒童心意之發達程度　此爲各科普通要件，但選材時易於疏忽，今宜特別注意。即某年齡之兒童，欲授以某材料，必先審度其心力能否理解是也。又如兒童欲望之發達程度、道德意識之發達程度，亦宜慮及。

（八）宜適於國體及國情　採用歷史材料，宜顧現時之國體；採用外國材料，宜審本國之國情。

（九）宜留意於矯正時弊　吾國社會現狀，若不重衛生，若不究經濟，若缺乏公共心與自治心，若鄙薄勞動而豔羨僥倖，若嗜煙、嗜酒、賭博、纏足等種種弊風，均宜加入適宜教訓，以矯正之。

（丙）材料之種類

一、例話

例話爲修身教材之重要部分，其類又分爲二：曰實話，曰假設話。

實話　選取實話，宜留意於左之若干要件：

（一）宜兼採人格主義與行爲主義之長處　修身教材有提出模範人物，使兒童信仰模倣者，是曰人格主義（亦稱人物基本主義）。又有預定應授德目，但取合於某德目之材料，而不拘人格何如者，是曰行爲主義（亦稱德目基本主義）。二者各有利弊。蓋採人格主義，則所選模範人物，必爲智德兼備之人，其勢力偉大，足以引起兒童之德情，並可啓培其高尚之理想，是其利也。惟偉人事蹟，往往不適於兒童實際生活，學生崇拜偉人，容易馳騖高遠，而於日常行爲反多疎忽，是其弊也。採行爲主義，則材料之範圍廣大，選擇易於切當，是其利也。惟德目散漫，不能調和統一，是其弊也。今宜兼採兩主義之長，而捨其所短，即表面採行爲主義，內容採人格主義是也。模範人物能選一人兼具數德目者，尤爲適宜，彼此德目有重複，則酌刪之。此外，有缺漏之德目，另選片段行爲以補助之。

（二）宜兼採古人與今人之例話　修身教材，當多採古人之嘉言懿行，學者已無異議。至採用今人問題，贊成者謂現時之活模範，兒童習見習聞，理解易而感化大；反對者謂世事滄桑，人情變幻，執蓋棺論定之說，採用今人實非穩健之道。二說各有理由。今以選用例話之主義爲前提，倘採人格主義誠多危險，採行爲主義則就事論事，可以無庸過慮。

（三）宜兼採本國人與外國人之例話　例話人物當採諸本國，然欲補救國民道德之缺點，而本國並無適當人物，不得不藉材異地。且各國偉人之中，有足爲全世界之模範人物，不必顯分畛域者。故修身教材除採本國人外，不妨兼採外國人，藉增兒童之世界觀念。惟在低學年兒童，其理解力未甚發達，不宜遽用外國人。

（四）宜兼採男子與女子之例話　初等小學以男女共學爲本體，修身教材除採用男子之例話外，當兼採女子之例話，且當選擇男女皆適用之材料。惟按諸實際，女例話難得，故其分量不得不男多女少耳。

（五）宜愼選階級制之例話　例話人物從吾國歷史中選取者，易流於階級制。例如，某人幼時有某善行，他日仕至某官，此等傳記數見不鮮，若隨意援引，易起兒童之做官思想，而官尊民卑之積習，永難打破。故此等例話，無甯不採，即使採用，亦必加以剪裁。總之，選取例話，當以尊敬其人之行爲爲主，至於官階之大小有無，職業之貴賤，家況之豐嗇，均可勿計。

假設話　假設話之種種有四：曰寓言，曰童話，曰物語，曰兒童史談。

（一）寓言　寓言以訓誡爲主，而意在言外，耐人尋味，藉以教訓兒童，頗爲適切。苟有穩健之材料，不論古今中外，均可採用。

（二）童話　童話之性質與寓言不同，蓋寓言意在訓誡，而童話但求想像的娛樂（滿足人之想像的本能），未必有真正主意。此類雖多虛構事實之談，然適合於兒童心理，在教育上頗有價值。惟必須採用本國材料，方足以涵養國民精神。又所言與善惡美醜之實際錯亂者亦當戒避。

（三）物語　此類因對於幼年兒童，欲授以學校家庭等淺近之心得，難得適當材料，乃不得已而假設某人物之語言，或假設動植物之語言，程度高下，可以隨心所欲。西洋最著名之物語，如《魯濱孫漂流記》是就道德實際言，雖有以虛僞教人之嫌，然適於兒童境遇，就教育效果言，可與童話、寓言同價值。

（四）兒童史談　此類並非全假，乃就史事緣飾傅會，或誇張其勇武絕倫，或形容其神通廣大，使聞者得非常之快感。吾國之演義等類此者不少，苟能選擇適當，極有裨於國民教育。

二、訓辭及格言

前述種種例話皆爲具體的，而訓辭格言均爲抽象的，此二者之異點也。凡用訓辭，貴莊重懇摯，能採適切之經訓尤爲相宜。至於格言，須選詞簡意永，並有健全之道德的觀念，可以終身銘誦者。但格言爲最名貴之訓言，故全書採用之句數不可太多。

三、禮儀法

禮儀偏重於實踐，乃道德之發表部分，亦可謂之道德的技能，與德育有密切關係，其性質分實習、心得二種。凡選擇禮儀教材，宜斟酌古今中外，而以適於國民現在及將來之生活狀態爲要。

四、社會故事

社會相沿之舊俗，因時令關係而有種種佳話，其內容含有道德的國民的意味者，採爲修身教材，有裨於國民教育，惟當慎防迷信與誤解耳。

五、道德要目

《小學校教則》第二條所舉各項（宜就孝悌親愛至自立之道），即明示材料之大綱也。而欲本此大綱以定各學年之德目，當先定國民對於各方面所必須備具之道德，提挈其要目。

道德之範圍至大，名目至多，若者應採，若者不應採，選擇之際，若以倫理學爲根據，則各家之學說歧紛，易滋辨訟。而小學校之道德教育，當理想今後之文明社會，以選國民所當實踐之事項，斯合培養國民道德之本旨。故選定道德要目，與其從道德之主體着想，不如從道德之客體着想，即依國民所當實踐之道德範圍，以定對校、對家、對社會、對國家、對自己之責任是也。酌擬草案如左：

（一）對於學校之責任

一對於教師　尊敬　限從　愛慕　感謝

二對於同學　親愛　長幼有序

三對於校僕　親切

四對於校規　遵守

五對於校地校舍校具等　愛重

（二）對於家庭之責任

一對於祖先　尊敬　感恩

二對於祖父母父母　柔順　尊敬　愛慕　孝養　感恩　服勞

三對於兄弟姊妹　和愛

四對於僕役　親切

五對於家族姻戚　親睦

六對於家宅　愛重

七對於祠墓　愛重

（三）對於社會之責任

一對於個人（含鄰人朋友）尊敬（身體名譽財產自由權利，並含尊敬女子及老人鄉賢）信實　禮貌　寬容　親切　謙和　正義

二對於公衆（含團體）秩序　規律　協助　和通　公正

三對於公物（含寺廟教堂）尊重

四對於人類（含外國人）正義　博愛

五對於生物　愛護

（四）對於國家之責任

一對於主權（含政府）尊敬　忠義　感恩

二對於官吏　尊敬

三對於國土　愛護

四對於國法　遵守

五對於國體　尊崇

（五）對於自己之責任

一對於身體　攝衛　端正　鍛鍊

二對於知識　注意　研究

三對於技藝　學習　精鍊

四對於情意　奮勇　勤勉　忍耐　正義　克己　誠實　温良　沈毅

五對於職業　選擇　神聖　忠實　進取

六對於財產　節儉　利用

以上各项，约举大要，将来依此标准，以选定各学年德目时，或一课包括数要目，或一要目分为数课，视材料性质而酌定分量，可也。

（丁）材料之排列

（一）排列之主义

排列教材或主圆周，或主阶段，各有利弊。今宜兼采两主义之长，而舍其所短，即大体用圆周法，视德目之重轻以定反覆次数之多寡，有不适用圆周法者，参用阶段法以救济之。

（二）教材大纲排列草案

1. 例话
（1）实话　各学年皆可
（2）假设话
寓言　各学年皆可
童话　初等一二学年
物语　同上
儿童史谈　各学年皆可

2. 训辞及格言
（1）训辞　各学年皆可
（2）格言　初等二学年以上
（3）礼仪法　各学年皆可
（4）社会故事　初等三学年以上
（5）道德要目
一学校　初等一二学年、高等一学年
二家庭　各学年皆可
三社会　同上
四国家　同上
五自己　同上

以上各项，均系大体之规定，至实际排列时，当依材料性质及儿童心力而酌量变通。例如，对学校之责任，关于同学及校地校舍等，宜排在低學年，關於維持學校風紀及圖謀校務發展等，宜排在高學年，此類當考察材料性質者也。又如，對於家庭之責任，固宜排在低學年，而對於祖先，宜排在程度稍高之學年（初等三年），此類當審度兒童心力者也。

高等小學校國文教科書編纂綱要草案①

第一章　總綱

一、謹遵大總統頒定教育要旨，及本部小學校教則第三條編纂。
二、以文字爲主，而各科教材副之。
三、宜與初等小學國文程度相連接。
四、孔孟之言行，宜擇要敘述，以端國民之趨向。

第二章　課數及字數

五、每學年三學期，教科書或分二册或分三册均可，每年課數約計七十課，其分配如下：第一學期，假定三十課。第二學期，假定四十課。第三學期，假定四十課。

六、每册末附補充課數課，授畢如有餘時，酌量授之。

七、高等小學國文，當以文字淺深爲次序，不必泥定字數之多少，惟不可不稍有範圍。大約第一學年，每課至多不得過一百六十字，第二學年每課至多不得過二百字，第三學年每課至多不得過三百字。如全篇文字稍長，可酌量分作兩課。

第三章　文字體例

八、文字分傳記、論說、條議、書翰、文牘等體，詩歌間可採入，

---

① 原載《教育研究（上海）》第 24 期，1915 年；《教育週報（杭州）》，第 96 期，1915 年；《松江教育雜誌》第 5 期，1915 年。與熊崇煦、陳潤霖、黎錦熙、毛邦偉合作。

惟不宜多。至於規約、廣告之類，可附於課文之後，以示程序。

九、以上各體，以傳記類爲最要，論説次之，書翰、條議次之，文牘又次之，篇數分配之多寡，以此爲準。

十、各體文字，應按圓周法排列，以適於程度爲準。

第四章　文法

十一、高等小學國文書，程度較初等稍進，於品詞外，並應注重成文法。

十二、字法句法，宜求明確，切禁艱深，至文家塗飾之詞藻，世俗惡劣之名詞，均不宜欄入。

十三、篇中之布置，節段務求清晰，脉絡務求明顯，使學生易於領悟。

十四、文字排列之次序，應儘字法句法篇法之相近者，連續列之。

十五、各篇文字中，在文法上所應注意者，宜特加圈點，以引起讀者之精神。

十六、各類文字，或自行編纂，或選古人文字，均應依照十二至十四條之標准。

第五章　材料

十七、選擇各科材料，宜注重國民常德常識，其標准與初等小學同，惟宜較初等小學稍加詳備。

十八、選擇材料，宜注重積極方面，至奇僻之事蹟，偏激之議論，均宜切戒。

十九、本國聖賢豪傑之言行，宜略擇加入，以發揚國民之特色。各國名人事蹟，亦可酌量採入，使知世界之大勢。

二十、運用各科教材，不可專事羅列，宜注重文字之興味。

第六章　字體及插畫

二十一、教科書字體，須用楷書，或石印或鉛字排印均可，惟字之大小，宜以普通鉛字之三號字爲準，不得再小，以淆學生之目力。

二十二、教科書中插畫，凡古今名人肖像，宜插入。其他圖畫，宜擇本課重要者插入，均以明確雅潔爲準。

第七章　教授書

二十三、教授書編纂大要，已具初等小學國文編纂綱要中，惟將特別注重之點揭明如下。

（一）教科書每篇文字中之字法、句法、篇法以及文體等，均應特別標出，並詳加解釋，使教員易於指示。

（二）教科書每課中之名詞、古語及事物等類，均宜詳細注解，以備教員之參考。

高等小學修身教科書編纂綱要草案[①]

第一章　總綱

一、謹遵大總統頒定教育要旨及本部《小學校教則》第二條編纂。
二、兼重實習禮儀及訓練。
三、用階段法編纂，參用圓周法。
四、程度與初等小學相連接。

第二章　課數與時間之分配

五、課數及教授時間分配與初等小學相同。

第三章　教材

六、高等小學自第二學年起，兼授民國法制大意，今將每年德目之

---

① 原載《教育研究（上海）》第 24 期，1915 年。另載《教育周報（杭州）》第 96 期，1915；《京師教育報》第 21 期，1915 年。與熊崇煦、陳潤霖、黎錦熙、毛邦偉合作。

分量，略表如左（表中假定三十分爲總數）：

	第一年分數	第二年分數	第三年分數
對於身心德目	六	六	五
對於家庭德目	六	五	四
對於學校德目	二	一	一
對於社會德目	八	六	六
對於國家德目	八	二	二
對於法制大意		十	十二

以上所列分數，不過略示大要，編纂時可酌量損益。

七、教材之選擇及排列，與初等小學大致相同，惟將特重之點，揭明如左：

（一）訓辭及格言，宜多採經訓，兼取名儒名賢學說，但所採經訓，仍以文義明顯而切於實用者爲主，不得以意點竄，其高深者，不必採入。

（二）宜取本國歷史上名人傳記，以爲國民模範，採世界偉人事略，使知世界公重之道德，並補我國之所缺。

（三）民國法制大要，以現行法制爲主，不宜空談學理，或臚列他國法制，轉令學者不易領悟。

第四章　文字及圖畫

八、教科書字體，或用楷書石印，或用鉛字排印，均可。惟字之大小宜以普通鉛字之三號字爲準，不得再小，以涾學生之目力。

九、教科書中插圖，凡古今名人之肖像，宜插入。惟古人肖像，須有依據，不可意造。其他圖畫，均擇本課重要者插入，宜求明確及美觀然，不宜過於煩密，使學生不易識別。

第五章　教授書

十、教課書編纂法，與初等小學相同，惟將特重之點，揭明如左：

（一）書中所採經訓，宜擇後儒註解之精當者，詳細列入，以備教員講授。

（二）書中教材，凡字句義理，均宜解釋詳明，其事蹟始末，益宜詳細載入（如過多者可列入參考項內），以備教員參酌。

第六章　女子高等小學教科書及教授書

十一、女子高等小學修身教科書及教授書編纂法，與前所述相同，惟將特重之點，揭明如左：

（一）注重女子貞淑之道德，兼使知自立之道。

（二）採女子適用之教材。

答陸規亮君《答文實分科案質疑書》①

前月二十九日《時事新報》來函載中學會議會員陸規亮君《答文實分科案質疑書》，對於鄙人質疑之點，曾不稍加教言。惟取文中無關正論之一語，發爲議論，殊與質疑者之本意相及。謹就所答者一一駁難，非好辯也。

陸君謂質疑各點，早經會場辯論解決，惜鄙人初未列席，未悉經過情形。而有前文之披露，陸君既殷殷以答書相商榷，似可不憚煩難，舉會場辯論之言，就質疑各點一一正其疑問；俾當時未與會而與鄙人有同情者，能得相當之解釋，而乃輕輕撇過，對於質疑各點，不贅一辭，斯質疑者其惑益甚矣。

陸君謂現制有強制執行之弊，議決條件處處留伸縮活動之餘地。其所謂伸縮活動者，則舉所定辦法之一、二、三條中。如各省區未能遽改者，得酌量先後；各校未滿一舉年之級，得審度辦法；已滿一學年之級，得照向章辦理云云以當之。細繹條文，表面上係次第施行之辦法，實際上則爲強制執行之準備。蓋所舉者實施之時期得有先後，非中學章程之

---

① 原載上海《時事新報》"學燈"副刊，1918年12月10日。

可伸縮活動。陸君病現制之劃一，既與鄙人有同情，乃規定一界限不適當明晰之文實對待分科，又有固定之主課與通習課，而欲使教育見解不必一致，與地方情形不盡相同者，一一實施劃一主張之文實分科案，是前所病現制之劃一者，今自蹈其轍而不顧慮人之病否。此則不能表同情於陸君者也。蓋鄙人之主張，非絕對保存現制者也，亦非絕對不贊成文實分科制者也。惟以世運愈進化，學術愈進化，斯教育問題，日益複雜。凡一種學校之辦法與內容，不必盡出於一致，而後可應社會之趨勢，但使辦理得人，不用現制固無不合，即遵現制亦不得謂非，用分科制亦不泥定以文實分科為適當。故所主張之伸縮活動，在學制規定上，能使管理訓練教授及教科目等，教育家能各發揮其正當之理想與經驗，籌適切之辦法，而非如陸君之以固定文實分科及一種次第施行辦法當之已足也。

　　陸君謂通習課當加減分量，非隨意科，足下宜知此意云云。前文以原案實科屏國文為通習課，慮國文減少時間，成績較現狀更劣，是於通習課加減分量之義固已揭明。初未混視為隨意科，陸君不就國文在實科中當為通習課與否問題立論，而專提及通習課與隨意科之名詞不同，此則真不知其意之所在矣。

　　陸君後二段之言甚長，括其大意，可分二點：一、大會表決之案，不容會外個人之異議；二、中學校長議決之案，不容現未辦中學者之異議。而其歸結之點，以議決文實分科案諸公有資格、有學識，所言必無不是，他人無得而異議。夫論事晰理，祗爭是非，是非之分，正不必問其語出何人。若舍是非而言，則個人之言論何能敵議決案之效力？陸君不就所質疑者辯論是非，惟抗言個人之言論，不當取消議決之案，何鰓鰓然過慮之甚乎！且就第一點言之。教育會議對於教育部之權限與國會對於政府之權限不同，即國會之建議案，亦無強政府依原案實施之力。陸君等之議決文實分科，一建議案耳，教育部對於原案之實施固自有斟酌之餘地。即令原案可以實施，而改革學制，關係綦重。就學術上，就事實上，勿論何人，皆可發抒己見，討論應如何修改，以資參考。至當局將來之實施，是否全採表決案，抑兼採他方面人之言論，純視當局有正確公平之判斷力與否，會外個人固不得而幹涉，即會議諸公亦無從而拘束之。陸君因有人稍持異議，宣言文明國會議，非個人意見得取消之。然則議決之事，竟不容他人持反對之論。文明國固有如斯專擅偏私之會議乎？

　　更就第二點言之。中學情弊，當然以擔任之人知之最悉。惟擔任中學之人，不限於與會諸公，亦不限於現任中學之人。其所知情弊，亦限於己所經歷或曾考察之校，不必盡各校而知之。教育事業，其問題至為複雜。今文明各國學制，經無數派別教育家悉心研究，其實施者尚不無異議。陸君等以數十人之會議，遽稱其主張愜心貴當。對於稍持異議者，即詆其為不現任中學教育，所發議論，不負責任，不自實踐。吾國教育現狀，惟真能研究教育之人少，故對於教育問題，漠不關心。其能發有價值之言論者，未必為不負責任、不自實踐之人。若人云亦云，即現任職務，亦未必能負責任、能實踐也。況學制之改革，所提議者雖屬一種，其關聯問題正多。中學制度應如何修改，固不僅關聯中學自身已也。教育部當局固當採納中學會議之言論，然亦須參合他方面有關聯者之意見。如陸君言，不容會外人之議論，不容非現辦中學者之議論。是中學制度，必專依中學會議而定；推之小學制度，必專依小學會議而定；專門制度，必專依專門會議而定，各方面不相接洽。設所議決者，於系統連絡上，未能銜接或有歧異之見，將如何而衷於一是？即如此次會議，中學主張文實分科，專門主張文理合並，其明徵也。前文以文實分科案為一部分人之理想與經驗，措辭容有欠酌，然亦無關正論。且所謂一部分者，亦不得為失言。蓋文實分科之建議案，經會議表決，在中學會場中固屬多數贊成，或竟稱曰全體。然自教育界全體視之，則此案實屬於一部分人之建議。不惟中學會場中持異議者不無其人，而關聯中學之各專門校長，於聯合會議時多有質疑，又一般教育界人對此案亦多異議。然則謂此案為一部分人之理想與經驗所構成，固不為無說也。又陸君謂本屆赴會者，大半皆東西洋留學之人，其經驗所積，多者十餘年，少者七八年、五六年不等。惟同此資格者此外正多，而留學者是否於教育皆確有心得，經驗多年者是否皆根據於學術，非鄙人所敢贊一辭也。又附述中學分科，歷舉南開、浦東、南洋、民立、蘇省各師範等校成績卓著，以見分科制之有益。惟鄙人未謂中學不可分科，昨不欲以一種文實分科強全國遵行耳。且上舉各校，是否皆因分科後而始見成效？以及吾國中學不良，是否全因學制不良所致？尤吾人所當深省者也。

抑有進者，教育之見，不宜偏執；真理之明，在相辯難。陸君若不以鄙言爲侮辱，就所疑所辯難者，不吝指教。雖千百往復，鄙人亦樂與商榷。步青白。

爲論中學文實分科制答童斐先生[①]

本月十八日《時事新報》載童斐君《因論中學文實分科制與陸君書》，將於鄙人前書所陳辦法，已無問言，本可不再置辭。惟童君因回護文實分科建議案之辦法與說明，於前書率加臆斷之語。未便默認，謹再進言，意在明真意，非爭意見也。

其一臆斷，謂鄙人之意見，在遜改制之名，而予分科之實。鄙人對於現制，未嘗謂不可修改，前兩文業已言之。其對文實分科持反對論者，第一，中學爲普通教育，依教育原則，不當有分科之制。即分主從各課，不過就修學便利上，各科有輕重詳略之殊。其一般程度，大體自不相懸絕，與專門教育分配功課不同，亦不當以分科名之。第二，以文實分科，在今日科學時代，文科不能獨立而與實科對待。此旨蔡孑民先生辯論甚詳確，諸公既聆其演說，可勿贅言。此形式上反對文實分科之建議也，至根本上之反對，則猶諸公病現制劃一之意，不欲以有數人之主張，強全國遵行，致多室礙。故所陳辦法，其包含範圍，可以容納分科辦法之主張，又可容納此外一切之主張。與諸公劃一規定之建議，實相逕庭。初非予之實而發名也。

其二臆斷，謂鄙人前文之質疑與駁難，駁者已自駁，疑者未嘗疑。

---

① 原載《時事新報》"學燈"副刊，1918年12月28日。

陸君對於前文質疑與駁難，不置一辭，已不足釋質疑者之疑。童君更進一層，竟斷言駁者已自駁，疑者未嘗疑。陸君非我，何由知我之未疑？不指出前文矛盾之點，所謂自駁者何據？童君意在息爭良善。特如此息爭，其言殊未允也。

其三臆斷，謂鄙人之辦法，所不同於建議案者，在各科目分量時間之配置，一主張由學校自定，一主張由部定。夫建議案之主張，以文實分科爲劃一之規定。鄙人之主張，在各校因應特別情形，分配主從各課，且得增實業科，俾辦學者各以其正確之理想與經驗，尋適切之辦法，不致限於固定之文實分科，而蹈削足就屨之弊。是制度上根本之見地不同，固不得抹煞根本之主張，而節耽文中語句。以部定與學校自定課程爲其不同之點，且制度既不泥於一定之形式，則辦法之主張，因時因地，當然不能一致。部中固不能一一預揣而規定之，必須先由學校自定，然後呈部審核，較爲適當。前文增訂條文，未贅此語者，以向例各校之建設、增班、職員更動等情事，皆報部核準立案。似此課程之特殊規定，斷無不呈報之理。而部中綜核全國學校，自宜妥籌適當之標準，以定允駁。初非聽各校任意設施，不加考核。如童君所言之畢業課程，與升學銜接，可徑由中學自與大學、專門等校商定而行也。

兒童教育論[①]

昔德國哲學家勾特嘗言个人的心理的訓練之重要，可謂在兒童教育中開一新紀元。其書中曾證明兒童未來意志力之如何，伏於性格之內。未來善根之如何，混在過失之中，並引《聖經》之訓而申其意，謂人類皆平等，不可視他人如奴隸，人人有自己之意見，即不可蔑視他人之意見。世人恒因己之年長經驗富，遂以爲應有特權，不知上帝臨汝，對於

---

① 原載《中華教育界》第9卷第2、4、6期，1920年2、4、6月。原著瑞典女士克愛倫，陸懋德與李步青達恉。

老幼原無歧視，惟世人雖知信仰上帝，並不服從其教訓，此其誤也。勾氏之説，至今可味。蓋今之教育家，雖日談進化、个性、自然諸名詞，初未見諸行事。若輩仍以兒童性惡，宜鉗制而不能變更。近時乃有新理想出，與勾氏之説合，即謂兒童之過失，乃一内含善根之硬殻是也。然近人依然墨守舊説，如舊時醫家信以毒攻毒爲治病之法，而不知注意環境之勢力，以助天然之發達也。

英人文學家嘉奈爾嘗言，人類之固有高尚性質，屬於野而且强之感情，此感情當用嚴格之法治之。世之父母勿論寬嚴，無有對此意見懷疑者。故人多從根本上克治兒童情慾，或不使之置情慾於本身管轄之下。如此遏制兒童固有个性，而代以他个性之議論，實爲教育之罪惡。吾輩嘗宣言教育宜發達兒童个性，無如兒童自私之爲合理，且惡可變爲善，世人猶未喻也。

教育必根據定理而施。如兒童過失，不能贖亦不能消滅，本身必有一定結果。又如經過自然進化及求適合環境，兒童過失，可以使之變型，歷此階級，教育始得成爲科學。吾人不信忽然干涉爲有效，將欲依據心理學範圍，以求合於物質不滅之理論，可斷言靈魂品格之永無消滅。然而有可達到之情形有二：其一，靈魂品格或可克服，其二，可以引而向上。

施特爾女士嘗言，人能同兒童遊戲，然後可教育兒童，此語頗有深意。蓋人欲求訓練兒童之成功，莫要於教育者本身先變爲兒童。惟所謂變爲兒童者，非故作兒童狀態與模仿兒童言語，而在專心誠求兒童之所喜所能，不自覺其爲兒童之所爲。猶如兒童注意以求自己生活，而不自覺所求之爲生活。此在初視兒童爲同等，其所表現自己之思想信用，兒童之視教育者，與成年人相視無異。蓋吾人非欲影響兒童，使其從我之所願，在應使我受兒童之影響。故其對兒童不用欺誷，不用威力，所用者必須與兒童合宜之熱誠與鄭重意思。

盧梭嘗謂：不可因教育而改造父母，亦不可因教育而改造兒童。此即謂教育之道，當順天然之原則，而不假人力是也。吾人能依此原則，而承認教育之秘訣，在不教育三字，則教育之成績必大著矣。

現在訓練方法最誤之點在過於干涉兒童。夫教育所以爲兒童造內外皆美之世界，以便生長於其中。將來教育之目的，在讓兒童自由動作，至與他人權限相接觸。當此之時，成人始能窺測兒童心靈之內容。然此內容非窺測所能達，有人揭一問題，小兒究竟所思者何事，迄無能答者。要知兒童常自保持，凡教者代之主張或玩弄之，以及戲謔其感情，皆彼所不許。蓋其一種富於保持之天性，即所以阻教者之不能達至其性內者也。或云世無能學而知他人者，此語在兒童與父母關係之間頗確。此所謂知，是由愛而生之表現，雖父母對其兒童亦甚微也。

爲父母者皆不知人在幼稚時自由不受干涉，爲終身最大之事。夫兒童應入自己世界內之關係，須征服世界，且須造成所夢想之目的。然而彼所經歷者，乃爲阻碍干涉改正等。吾人之對於兒童，應使其自動而作事，而求所需要之事。但世人之期望兒童所作及所需要者，與兒童自所欲作及自所需要者不同。於是兒童天然趨向之方向，無由而達。此由於人之過慈愛、過小心、過熱忱及好指導、好勸告、好輔助所致。

嘗聞三歲兒童欲游樹林，其乳母乃導往城市。又六歲兒童因呼同伴爲小猪受責。此皆遏兒童之性者也。又聞某兒童之父母，告以佳兒童皆在天上，即對其父母曰，假如兒在天上與佳兒童同游一週，可否次週往地獄與劣兒童同游。此種問語，雖覺可哂，但即此足徵兒童之天真爛漫，本無孰善孰惡之意思也。

兒童以爲放肆爲己應有之權利，并以爲成人亦然。吾人所謂道德者，在以善克惡，否則用壞方法勝天然力，其結果得一種假道德，此假道德固無可徵信也。

吾人皆知以善克惡，其語甚簡，然而覓一種方法達此目的甚難。譬之教人必作某事，如變更意志爲品格，狡猾爲知慧，殘忍爲和靄，浮躁爲活動等，殊非易事。所以，吾人當認善與惡皆天然所應有，若惡而變爲真惡，乃偏於一方而太過所致也。

今以教者多望兒童速成，且全底於成，於是用種種不自然方法強使兒童克己，又强其注意自己責任。此惟成人能之，非兒童所能企及也。

自然教育方法，對於兒童過失十之九不必管理，尤避即時干涉之害。最注意者在管轄兒童環境（此環境即兒童成長之所），以俟教育自行發達。今之教者雖亦注意改變環境，然而教者本身不能同環境助進。蓋彼專教兒童，而自己不復進而求學也。所謂真教育家當日求進境，常與本時期內最優之人物接近，然後可爲兒童之良朋。

養育兒童之道，譬如人手持兒童靈魂，行於極狹之路，勿論不可倚賴與如何而行，兒童皆不知責備。又稍不經意，則害兒童之機會多而鮮有益。彼兒童雖在四五歲內，常觀察成人之言語動作，時加批評，時受影響。所以，成人極細微之猜疑、不和平、不公道、可輕視等事情，皆能貽誤點於兒童靈魂之上，終身弗能洗刷。反之而和靄、公道，亦能在兒童知覺上留一印迹。

古代教育亦有可取者，在養成一純潔可敬之人。雖未製造人格，但亦不輕視人格。今之爲父母者，如其用百分之一干涉兒童生活，百分之九十九無形指導，俾兒童自行判斷，斯爲良教育。吾人應將己所發明、己之意見、己之主張，印於兒童本身，便其規定行爲。尤有當注意者，兒童爲完全新靈魂，當與事物接觸時，應有自由思想之權。然今之人，惟知教其勿竊、勿慌、勿損壞衣服、讀書、節用、服從、敬老及祈禱而已，至於教兒童覓己所當行之路，毫不注意。夫兒童固甚願覓己所行之路，惟稍加阻力，即生苦難，無如世人竟未思及之也。

兒童初生，受有民族最初遺傳，其遺傳有因適合環境而變遷者。但兒童究與初民模型不同，果如兒童個性，不隨適合之方法而埋沒。爲教師者當間接助之發達，若直接干涉，於兒童惟有害耳。

家庭習慣與兒童個人習慣，如欲其習慣有價值，必使之有定型。阿美爾有言，習慣可以變成天性，且可傳於血肉之內。因生命係習慣所結成之網，變更習慣，無異於克伐生命，斯語誠然。

今有數問題當研究者，世上各物，何以歷代不變？文明各國，何以日作不道德之事，且互相殺戮？而命之曰國家主義，曰政治手腕，此何故與？

　　大抵此類之衝動，在兒童期內，雖被訓練所軟化，然因個人生存競爭及國家生存競爭之關係，而衝動復現。蓋如此之嗜慾，非被教育變化，惟受其遏止耳。所以，人類中之野蠻性質，至今未除。如食人之習慣，經特別情形，有時而故態復萌。淫慾行為之所以有制限，因生理關係及婦女有貞性使然。故世之少數人不好殺、不好盜竊，其原因皆類此。

　　人類之情慾甚烈，惟暫時束縛，有時於言語不經意中流露兇惡之意，此可從生理上證明者。故情慾受教育之影響，如獸之在檻，稍縱即逝矣。

　　世人雖常言个人發達，然而待遇兒童，並不以其个性為主。為父母者不過以有子女為愉快耳，此目的既達，兒童已長，於是期望為社會有用之人。

　　新教育家富有正當經驗，其教兒童，逐漸置於有秩序、有方法之生活內，使之自覺對於環境之責任，如無損傷自己或他人之行為，決不可遏制其个性。英斯賓塞爾謂：生命是求適合環境；德哲學家尼采謂：生命即求權力之志願。吾人主張，以折衷二人之說為當。在適合之方法內，摹仿他人，為最有勢力之行為，且於運用自己能力亦有關係，經適合方法後，生命始變成一定之形式。

　　今之所謂好學深思者，日言个性，然當彼視己之兒童不類他人兒童，反以為異。又視其兒童道德與社會需要道德不同，亦覺不安，故其訓練兒童，仍忽視个性。所以，社會上守舊人民相承罔替，如美男子、美女子、高官顯宦等陳腐之論，不絕於口。至於有新理想、有新方法者，皆不必為曾受優良教育之人。

　　天道雖大體不改，然時有小變，所以人類亦非古今一致。惟人類不明天道變化之重要，仍保守前代舊有之思想、感情、判斷，故無新人民，智愚賢不肖，其間不能以寸。夫求新性本最有價值，而人類中守舊性比求新性大。吾人教人之法，不可勸兒童作事，惟效他人而為之。如見其趨向獨異者，實為幸事。彼以他人意見為標准者，其結果惟隸屬於他人意志之下而已。

爲人種及社會進步起見，以引起獨立感覺爲最要。兒童於習慣與常情，當應機會而表示自己獨立，此爲个人教育之根本，亦爲多數人良心上之根本。所謂个人良心者，即自己願服從外界之法則，此法則爲不成文則，而个人寧反對世界而不肯背之。

　　兒童在家及在校，皆受不善之待遇，例如兒童忽然生懼，忽然喧嚷，忽然沉靜，忽然發怒。此類行爲之起源，世人皆不細思，爲父母、爲師者惟知用己之眼光視兒童行爲，初無教育知識觀察之。

　　果世人而知新理想也，當不用舊方法，然彼之議論，往往以新教育方法不能實行，此由於未能用新思想變己爲新人物。舊人物雖知新思想，亦無餘力耐性，造就自己新靈魂，故亦不能造就兒童之新靈魂。世人多有用斯賓塞爾新教育方法，而未收良效者，因斯氏之新方法，必須有智識與忍耐力乃能實行也。此類之人，常言兒童當教其順從，順從之義猶言屈曲，屈曲則摧殘个性矣。新理想反是，不過使不失其本心耳。

　　今之所謂用新方法訓練者，嘗見其當學生不服訓誨時，教者必思有以勝學生。又聞爲父母者每對兒童言汝不當作此事，我當教汝如何作事，教汝有自主心。以若所爲，不惟兒童所得者決無善果，而欲避之惡果反以發生。

　　在兒童最幼數年內，訓練亦不可廢，以可作高等訓練之預備也。兒童在幼稚期，爲一種感覺所管轄，彼所能喻者非言語，乃身體上之痛苦與快樂，故訓練之用，所以資某種習慣之練習。但有時對於一種兒童，決不可施較嚴之訓練，若至兒童對於受罰已起感覺，亦可示所作不善當罰汝之警告。

　　兒童有時必須學順從，且爲絕對之順從，如從兒童最幼時期使順從變成習慣，雖父母一屬目、一發言，亦能使兒童從之。養育兒童者，如終日有和靄氣象，有時忽表示不滿意之態度，此於矯正兒童過失最有功效。

　　吾人對於最幼兒童，不當與之爭論，惟己當言行相符，且勿遊移。在訓練中最要者，當兒童最幼時期內，將經歷之事，示以言行相符且有始有終之動作，使深印於兒童腦中。此即盧梭、斯賓塞爾所主張，如此則習慣可以印於兒童血肉之內。

兒童之有哭也，即表示不快之唯一器械，除因病或不快而哭外，當矯正之。今之父母往往以撻爲矯正之法，此決不足以服兒童之心，惟使其心中起一嫌惡尊長好撻之觀念耳。當其哭時，如即時分離之，幷告以擾亂他人者不可與他人同處，則兒童由此得一種經驗，知遭人厭惡者人即不願與同處也。以上二種情形，前者強制兒童意志，後者使兒童在意志中漸求自主。前者引起兒童恐懼感情，後者可以改變兒童意志。前者待遇兒童如禽獸，後者使兒童知社會生活。

兒童列席而食，規矩爲最要。如任意行動，當即時引去，使其知个人之行動爲他人所不許者，即須隔離。又未經允許而動他人之物，應以方法限制其行爲，使其知自己固有行動之自由，不可妨碍他人之行爲。

或言日本人宅不置何物，最宜於養育兒童，此語甚是。歐洲人宅中之物過多，於幼兒不宜。當兒童見有物當前，漸知動之、嘗之、噛之、試之之時，即教育可以發生之時，然尊長常禁止其動。於此欲察知兒童性情與能力，莫善於有大屋一所，内設各種最美圖畫、木料、木片、簡單器具等，誘起兒童自由動作。若兒童有不馴時，亦可責之，使知在世界上固有自己地位，亦有相當限制。

凡遇危險事，須使兒童知事之可畏。然爲母者見其兒弄火則撻之，雖能暫時制止，及母去而弄火如故。若任其受自然之罰，弄火被燒，自不敢再作如是嬉戲矣。又兒童遺失玩物時，亦用撻示罰，不如使知失物之痛苦，可以增一番經驗。

斯賓塞爾之主張，兒童自破其衣者須自己補綴之。今之爲母者謂，兒童幼稚不善補綴，惟用撻以示罰。然而幼稚不宜受撻，當爲制堅固之衣，如年稍長，漸知小心，仍自破其衣者，可使受自然之罰。即在家告以自補方法，或強使自贏之錢購之，再犯則閉諸室而禁止外出，或使獨食而不與人同處。或云用最簡單方法，可使養成社會生活上最要習慣，變爲第二天性。惟斯氏書中之方法，有損及兒童康健者，其法不盡可用，如有時須用直接干涉，當迅速而一致，且勿變更。例如，幼兒皆知火可燒物者，以火之燒，係確實且在即刻也。然爲母者不達此意，有時撞之，有時恐嚇之，有時餌之，有時禁之，有時允許之，而所恐嚇者亦不實行，令順從者亦不強制，此皆不知以火教訓之方法也。

　　舊式訓練雖嚴厲，然其性質一致。今所謂訓練者，踟躕於教育方法心理作用之間，兒童在教者手中，如轉球然，忽此忽彼，時推之前，時推之旁，時引之回，忽然驅使，忽然扶持，如以此法施諸成人，必成瘋狂，何況兒童？故吾人對於兒童，不可命令之，當如待遇成人之法請之。而表示親愛之意，不可迫其強受，惟宜隨機而發，蓋親愛必發生於雙方，始爲誠摯也。至於強使其求恕，亦不可行。昔有一兒童待兄無禮，其母置之椅上，令其悔過自省，旋詢其悔否？彼應曰悔，母察其無悔色，詢以所悔何事？彼曰悔未罵汝耳，於是始知強使後悔之無效。

　　自然後悔最有益，強制則無效。例如，吾人試問兒童悔否，此對於兒童之感情有所質問，然彼在感情上亦有自然權利，與成人同。而成人對於兒童感情，多未注意，故時有傷及兒童感情之處。成人感情受傷，其情形可以想見；兒童感情受傷，情形若何，至今心理學家尚未發明。所以，見兒童對他人有過失，當訓之曰，如他人如此對汝，汝願否？吾人對兒童如有未合，亦當自問而反省。苟信兒童日常所受痛苦，倍於成人，爲父母者當學習心理上、生理上之慈愛，如缺乏此種慈愛，兒童必成常痛苦之生活已。

　　給幼兒恩物，不可無故，可以應用上述理由。欲引起幼兒慷慨性質，必須示以模範，最要者彼所方棄之物，不可再給。如贈與以物，必含有酬勞之意。如欲幼兒得享受有物之快樂，知損傷人物者有賠償之義務。當在最幼時期養成執行所有權責任之習慣，其日常所作細事，或出自願，或由他動，無酬報之必要。惟替人作事而不索酬，可以發達慷慨性質。若幼兒以物與人，不可僞爲樂受，致幼兒感受慷慨之快樂太易。凡兒童應使知社會實在情形，每種困難皆須經歷，無如今人之訓練方法，皆不達此意也。

世上多有替體罰辨護者，其意以體罰固有痛苦，猶較輕於不良行爲發生之自然結果。並謂兒童受體罰一次，於記憶上可使留永遠記念之聯想。

　　所謂聯想者何？非即痛苦與慚愧乎？世人每以體罰與幽閉在訓練中不可少者，蓋視兒童如禽獸，即以養禽獸之法養之。爲此說者殆不知兒童爲何物？亦不知禽獸爲何物？即訓練禽獸至於馴良亦可不用撻爲訓練之法。世固未有不知訓練禽獸之人，而能訓練禽獸至於馴良者也。

　　又有謂懲罰與恐嚇，爲教育人類最良方法，故教兒童亦當用之。此說甚謬。世多有兒童自殺，原因於畏懲罰，亦有由已受懲罰而起者。所以，懲罰於兒童靈魂及身體上皆有關係。其更危險之結果，即減少羞恥心，增加殘忍心與卑鄙。嘗聞某一生徒最無賴，對於受撻毫不知恥，後考察其故，則其父常撻之，故在校受打不以爲羞。試作不良兒童統計表，即可見出於家庭被撻者必多也。

　　法律上復仇主義之懲罰社會，社會至今已知其不合。因此種主義不能提醒良心上感情，亦不能遏抑不良行爲，且使人之良心汩沒，性情殘忍，欲以身受之懲罰施之於人。以上情形亦可應用於兒童之身。譬如，兒童撻其妹，其母撻之，使知撻人與被撻之別，并使知撻人爲不良行爲，而母之撻爲公道懲罰。然而兒童之觀念惟覺其同一受撻而已。

　　昔有教育家可美紐斯謂，音樂家有時用不調之樂器，不用耳與手調之，而以拳擊之。今之以體罰訓兒童者，無異於是。如上所言之體罰，方法殘忍，足以擾亂兒童神經最敏之感覺，於彼生活上實無絲毫之教育效力也。

　　論實際訓練，在兒童二三歲後，以取消體罰爲最要。爲父母者，宜先有永不用撻之決心，若一次用之，即繼續用之，而不覺矣。雖明知發達知識非用撻所能致，然成爲慣例，則撻亦出不覺矣，不知此意者不足與言教育。

　　古代人民視婦女爲貨物，以爲不用撻不能使之服從。今則男子暴戾之思想漸變，視婦女爲同等。世人試思待兒童之法，從前頗殘忍者，將來之思想亦當變更也。果人類知用撻以教兒童，與古代用撻以約束婦女或奴隸，情形相若，眞教育家從此出矣。

在野蠻時代，體罰爲一種自然方法。因身體經一次打擊，可以觸起憶覺，可以冷淡情慾。撻亦爲直接方法，可令不道德者身上留一印象。今則已知人類可用精神方法相感，體罰不惟不能增長道德，且致於敗壞矣。

世人用體罰之原因，由於缺乏自治、智識、忍耐性。用體罰者有數種：一、性質兇暴，撻兒童甚厲；一、因發怒或厭煩或困倦，藉撻兒童以洩憤；一、性質奇異，思用撻以制服兒童，如囚犯然。此三者不必論。今之所論，則爲父母者、爲師者以撻爲出於責任之不得已而然。彼之管理兒童不廢體罰，殆謂兒童被撻可以改良性質，補口訓所不逮，又性質執拗、狃於惡習、好誑言者，非撻不能制之爲。是主張者不知撻僅能暫時遏制其過失，不能轉移意志。暫時遏制之過失，仍隨機而發。彼以體罰爲改良兒童至速之方法，其實引至於至遠之途。吾人欲改良兒童習慣，當注意其自制之力。

用體罰恐嚇兒童，在兒童與父母之間，皆被極不良之影響。然用金錢或玩物之方法餌兒童亦不善。嘗見某欲二子往浴，一餌之，一強迫之，如此者皆不能增長兒童自治力與意志力，惟能用方法歆動其心，令其自然往浴，則可以發達其意志力，並克服其不樂浴之感覺。經此克服，即發生道德印象，如用體罰遏其不良習慣，未得道德之功效，徒令發生恐懼，且不能使知行爲善與不善之別，甚至助長其用狡計以避體罰，如此則導兒童至於欺詐行爲矣。

往時用天堂地獄之說施教，道德之影響亦微。莫善於使知善行爲之何以爲善，漸有明確知識。此在施教者極費考慮。若使善行爲之所以爲善，在兒童之本身與其環境可以發生愉快，則兒童對於善行爲之愛惜，自知所學習矣。

今人惟好談個性，其訓練之大誤點，在認兒童爲抽象物，爲無機體，並認之爲物質，以爲可用人工變換。故用體罰阻擋兒童之不良習慣。不知此種激烈干涉，於兒童生理上、心理上終身留一不良影響。故撻與兒童之羞恥心最有關係，若父母常撻其子女，則損傷其自好之感覺。自好感覺雖最幼兒童亦有之，如兒童因干涉而怒者，其性質必良，罰之而反抗者，實爲可造之材。

因受體罰而身體受傷，其事甚多。惟施體罰者毫無覺察，且謂受體罰有效。成人被打，覺身體受傷爲不幸，乃管理己之兒童而亦用打，殊可異也。

用體罰可使兒童發生報復之念，並發生可鄙之諂媚，又感痛苦。由此觀之，是祇使懶者更懶，固執者更固執，強梗者更強梗。其結果與所期者相反，又增加恨與怖之二種之惡感情，實爲萬惡之原。如用此爲教育方法，則二種惡感情將根深蒂固而不可拔矣。

世人好用體罰之原因，以爲兒童頑梗，非此不足以示懲。不知頑梗之原因非怖即懦。彼兒童有過，果因受體罰而即能悛改乎？嘗見多詆言惡語之兒童，先一日被打者，次日仍蹈前轍。且固執者多發生報復之念，甚至欲自殺，或欲殺打之人。而爲母者因兒童固執，惟以善言勸誘，愛情感動，其兒童竟知後悔而變化其性質矣。

兒童常因受打而以不實在之事情自認，又其冒險性質、作事精神、發明動機亦因畏打而自沮，故體罰即不令詆者愈詆，然可以阻其勇往直前之精神，並消滅其自重之意思。如家庭或學校以此爲教育方法，其兒童必發生殘忍心，汩沒仁慈心，是以常受打之兒童，往往好打其弟妹等及他動物蓋，盖彼意亦以打爲矯正過惡之法也。可見兒童常受打者好打人，不受打者必可養成不打人之習慣。習與性成，及其年長，必反對以勢力凌人之舉動。今世界各種民族好戰之惡根性，悉由其親與師之夏楚養成之。

世人又有爲體罰辯護者，意謂兒童有過，理應受罰，雖被打而不怨。不知此實社會造成之虛僞。彼以作一惡事，應用痛苦贖之，爲合於耶教之精神者，非篤論也。何也？人所受之痛苦，與所作之過失，初不必有直接關係。所謂新道德者，重直接關係，凡人所作之事，即當有必然之結果，斷無過失可贖之理也。

　　關於兒童教育書籍，記華盛頓七歲時遊園中，以斧斫櫻桃樹斷之。其父歸，見而怒曰：櫻桃吾所愛，誰斫之？家人懼不敢言，華盛頓趨至父前自承曰：斫樹者兒也。父遽釋怒，執其手慰之曰：汝能不欺，予不責汝矣。有一十歲兒讀此故事，慨然曰：有此和藹父親，宜其直言也。審定是則待遇兒童過嚴者，適爲造成兒童謊言之府也。

　　兒童不真實之原因有三種：一、不願意直言，二、愧直言，三、不誠心直言。余舊時抱此意見，今分爲二種：一、冷謊，係明知不真實而言之，二、熱謊，係激烈過分之語，處置熱謊之法必不可罰，須視其言有若干真實之點，如譏誚在教育中非良法，而在謊言時可用此矯正之。

　　法國某科學家嘗言，兒童之謊言有所謂白謊者，其發生之原因係生理上有病，思想上有欠缺，或記憶力或知識上或意見上皆不健全。即在成人亦嘗有意思與行爲發生謬誤，如吾人平素所爲之事，歷時既久，不能全憶，設有人強令述其所爲之事，所言者不能與實在情形相符，即不能斥其不合於理。若以此責備兒童，是此類謊言寧非成人強迫所致乎？

　　兒童在家庭中，如素未聞他人謊言及虛夸之語，亦未受恐嚇，且見不誠實之言與不誠實之事，爲人所輕視而不爲人所信用。在此環境之兒童，自然趨於誠實一途。但兒童有時因理想上誤謬，或心理上不明瞭，或意思上不聯絡，以致不免有謊言之事。所以，熱謊不可用罰，惟冷謊可用之。雖然，罰亦非體罰之謂，不過在使兒童知謊言之結果，必失信用，不可一誤再誤。故吾人對於兒童，應示以完全信用，惟須有精密之觀察。若不信兒童與過信兒童，其結果一也。

　　兒童有謊言者，打之者固在希望其言成實，然必不能即副其希望。何也？試思吾人幼時常因謊言而被打，及其成人仍有不誠實之事，可見打與謊不能發生若何關係。恐嚇之法，固可暫時禁止其謊言，然因畏恐嚇而工趨避，亦即爲發生謊言之張本，嘗見極誠實之人亦有不覺而出謊言者，素不謊言者且然。所以人不可一例視也。

兒童人格之養成，全在最幼時期所受訓練之影響。惟教者往往示兒童以不實在之動念、不實在之說明，時而恐嚇，時而警告，致兒童之感情、意志、思想皆被遏抑。彼其目的固欲兒童誠實，其實乃驅之不誠實之途。嘗見一兒童犯過，事出於無心，其尊長乃重罰之，如此教育之影響，必致不誠實愈發達矣。

凡人欲確能誠實，須有強固之決心。惟兒童無此決心，欲養成其決心，當使得富於滋養之食物，享新鮮空氣之生活，決非打所能致。有一大美術家，最知新生活之方法，嘗對余言，彼之子初不知謊為何事。後續娶一婦，攜其前夫之子來，其初嘗為謊言，久之受家人感化，漸亦不為謊言。蓋每出一謊言，人皆驚訝之。故其舊染之習慣，因接觸於家中最安靜最自由之空氣，遂消滅於無何有之鄉。

由此知教育上之誤謬甚多，例如兒童過失，可以自然消滅，而教者不知，替之設法，徒勞無功。兒童學語，教者設種種方法求其明晰，不知教者語言明晰，兒童自然明晰。故教者當示以優良之模範，此理不但語言教訓為然，即關於兒童行為姿勢亦當如是。所以成人應用自己之力，為兒童培養至善之習慣，且在兒童最幼時期內立至善之基礎。

此外，更不幸之謬誤，即成人每按兒童行為之表現而判斷之，而矯正之。不知兒童行為之不良與環境有關係。成人常用不適宜之語罵兒童，兒童固弗喻也，即使能喻，而嚴厲對待不及誠懇之法為有效。為母者見兒童有可恥之行為，不自責而打之，以苦所為，其結果必不良。嘗在山林中見有父母二人，見其子溜冰而笑，忽見冰將破，即欲打之。似此兒童初不當罰，其父母實可責也。

如上所述，為父母者因己之驚恐而打兒童，其事甚奇。又見某兒年長膽怯，因其幼年每值跌時，其母即打之，遂以致此。彼兒童之母，不知跌之自然結果有損傷之痛苦，足以警醒其后次之舉動，而自知謹慎，初不必用打示懲也。如因不服父母教訓而致損傷，此即自然教訓，使兒童不再犯如此之過失。若自然結果之教訓，尚不足警醒之，則打更無效已。

體罰最大不良之結果，因其不合倫理學之道德。凡人類果知奮勉競爭發達，與己之酬報有相當之關係，則生活必然美善。否則，不能得美善之生活。又人類有一種幻想，以爲人生之成功與失敗，關於行爲之價值，因而發生一種卑劣之結果。似此價值之粗膚理論，必須變更，而後人類幸福與自由之發達，始有希望。今世通行之事，如用考試獎賞爲競爭方法，皆爲不良之訓練，因此能引起惡感情，一方面則生妬嫉，一方面則生驕傲。余在教育界二十年，常反對學校考試，與英國文學家盧士金意見合。盧氏之言曰：各種競爭，皆虛偽的激刺之根本。頒發獎賞，亦爲虛偽方法。教兒童應使之自樂於工作，不可利誘。斯未來之命運，能得優良之結果。蓋教育之真目的，在示兒童之天才如何，然後發展而鞏固之，斷不可用競爭方法促之與才優者比試。誠有價值之言也。

人之成功與失敗，係己身上自然之酬報與懲罰。此種酬報與懲罰之方法，可以增進勇氣、謹慎、智慧，不必再用虛偽之方法。因虛偽之方法，易使兒童發生幻想，以爲成功與失敗，爲是非之關係，非自己能力之關係也。

總而言之，今人之教育方法，尚外界之獎進與恐嚇，此在人類品格上爲一種障礙。因人應對己言勇敢，對人慈善，始成優良之品格也。

日人待兒童，不尚嚴厲方法。然兒童既長，不乏成人氣概。在社會中與其兒童接觸，亦無可厭惡情形，可見用和藹方法待見兒童，可以發生自克之精神與思想，所以日本家庭靄然可親，遊其國者莫不愛慕之。

（未完）

與京師小學教員之談話①

上年奉令視察京師小學，視察兩高師及師範附屬小學既畢，適女學

---

① 原載《教育實業合刊》第 2 卷第 9、10、11 期，1920 年。另載《遂安教育公報》第 2 卷第 3 期，1920 年；又載《上虞教育雜誌》第 23、24 期，1920 年 3 月，標題爲《教育部視學李步青與京師小學教員之談話》。

審查案，讀音統一會相繼開會，旋復派往湖南視察，對於學務局所轄的小學未曾視察一校。今日開小學談話會，本無多話可說，然既與諸君有談話機會，職務所在，也不能不勉說幾句。當時所視察的都是國文教授，今日談話祇就國文教授方面，分兩種事項與諸君商榷：一論學務局教授順序，一論各校教授通弊。

一、學務局教授順序之商榷

學務局規定國文教授順序本極詳密，但有疑問數點，試分別提出以資研究。

（一）關乎教授時數、次數

原案教授一次定一小時，單語教授三次，短文教授二次，二、三、四學年教授皆二次。就教材難易方面說，各課不同，單語有不必教授三次，短文有不能限於教授二次的。就學年方面說，年級愈高課文愈長，深究的事項愈多，每課教授次數當然比初學年加多。如學務局所定是否有顛倒程序及固定不變通的弊病，不能無疑。

（二）關於話法練習

原案讀法中練習話法，（1）祇行於一、二年級，三、四年級是否當絕對不必練習？（2）註明就問答結果概述大意，初學年是否有此能力？（3）所練習的為問答，結果與課文不能適應，是否能收言文對照的功效？（4）練習話法，是否當資應用？如為應用起見，在提示前練習是否適宜？

二、各校國文教授通弊之商榷

此所謂通弊，就所見的說。是否一般通弊，未敢斷定。今就所見的逐項提出，依此說明。

甲　預習及復習

目的　預習及復習總稱自習，現在各校多提倡自習，究竟自習的目的是否澈底明白尚是疑問。

（一）自習在養成學生自動力，此問題分兩層說。1. 學生自動當然有自習事項及時間，然決不能說有了自習事項及時間就算有自動力。2. 既曰養成自動，是自動雖屬於學生，所以使學生自動以及自動結果何如，不能不視養成手段何如。因此得一原則，當自動的時候，勿論在教師直接管理下或離教師時，教師都要負指導監督的責任。

（二）自習與教授相爲因果，以自習爲因，自習當然爲教授的基礎。以自習爲果，自習當然與教授適相銜接勿論。自習自自習，教授自教授，所自習的歸於無效。就是規定的自習與教授，却有關係。如果在教授時間內全然沒有自習的機會，是學生自動力必須在教授時間外纔能養成，這是必不能行的事，因此得一原則，自習不僅爲課外的事。

通弊　現在教育界口頭禪，都說注重自學輔導主義，實際考察，祇可說是要學生自學，却未盡輔導的責任。所以鄙人嘗言自學輔導當曰輔導自學，顧名思義，或者可爲教師加一猛省，現就各校自習的通弊舉出數項。

預習通弊　專就學生在家庭預習的情形說。

（一）有標准的範圍少，無標准的範圍多。如檢查生字音義，摘記難字句，是有標准的範圍。如僅令學生在家讀幾遍講義遍，學生讀否講否無從考察。若是每課分的教授次數愈多，預習的事項就常是無標准的範圍了。

（二）分量有時過多，有時過少。如每課檢查生字音義，摘記難字句，全規定在第一次教授以前，若是遇着生字難字句太多，學生就不勝其煩。其餘多是練習讀講，學生預習與否，儘可任意。加以國文課外尚有他科功課或同時有數科的預習，或竟無預習的事，未有適當分配。

復習通弊。

（一）僅指定課文，聽學生任意誦讀，教師無相當的指導，成無目的的復習。

（二）復習的時候並不審察各生應習的事項，分別練習。因此對於自習的事，宜分析研究以供參考。

1. 地點　此可分爲家庭與學校二處，現在各校學生自習多認爲在家中的事，但是在家自習頗有不圓滿的情形。

（1）用具不恰當。

（2）人多事雜，易生妨碍。

（3）無同學，不能引起競爭心。

（4）家中或無指導人，即有指導人或不得間，質疑問難頗有不便。

如上述的四種情形，是在家庭不如在學校自習的便利。但是絕對廢除家庭自習，亦可不必。欲求有利無弊，當以學校自習為主，家庭自習為補助。

2. 時間及時數　分課內課外二種，課內時間不定時數。

課內預習時間。

（1）教授時間之始。

（2）一段落教授之始。

（3）教材形式或內容教授之始。

課內復習時間。

（1）預定教授事項有餘之時．

（2）一課或數課之終。

（3）週、月、學期、學年之終。

（4）特定時間。

課外分學校與家庭二種，教師指定自習事項，皆宜預計適當時數，就考查所知，可供參考實例有二。

（1）須在國民三學年以上實行。

（2）約計需三十分至一點，至多時數不過一點半，於此有一當研究的問題，即上規定時數，國文外尚有他科功課，且自習有預習的有復習的，要在預計時數內一一習完，教師須就當日所授的功課分配適當自習事項。

3. 訂正　自習前固當有相當的指導，自習後尤須有相當的訂正，然後自習有效。訂正方法約有三種：

（1）檢查。或有教師個別檢查，或令優生代行檢查，隨時酌定。

（2）質問。學生質問較教師發問最爲有益，且於自動原則相合。在自習後質問，效力尤大。

（3）矯正。就所習的矯正錯誤，或補助不足。不惟對於預習當如是，即對於復習亦當如是。

乙　發音

各校教授音讀不講究發音，是教授上一大缺點。説者以標准音未定，發音無所依據。要知言語不統一不盡是音的異同。如果學生讀音時不教以音的如何發音，所讀的音必多模糊影響，甚至以訛傳訛，即土音亦不正確。所以發音教授必須講究發音，纔能準。試就教發音的方法略述大概。

（1）審部位。發音時，先須審音所從出，示以喉、音、齒、唇等部位。但所論喉、舌、齒、唇，不過就分別的方便説，其實常有互相關聯的作用。

（2）辨等呼。同一部位發音，口式有開合不同，或同一口式音的洪細又不同，於是音亦生種種差異。所以開口、合口、齊齒、撮口又當教以動作狀態。上二項逐字審音，《國音字典》及《國音檢字》可備參考，又可參考《音韻闡微》。

（3）別四音。平、上、去、入四聲是收聲的作用，以聲高低強弱長短分。平聲音最長，次爲上聲，去聲、入聲最短。高低強弱與此成反例。短音高而且強，發爲入聲，次第爲去、爲上，平聲較低弱。字書分四聲發：平聲平道莫低昂，上聲高呼猛烈強。去聲分明哀遠道，入聲短促爭收藏。別四聲的法大較如是。但此係從口頭發音分別，非紙片上的四聲，不可不辨。

丙　誦讀

現在各校誦讀最大的缺點是句讀不分明。僅以讀的用處爲辨音識字，不知讀的用處與文法有密切關係。雖是習俗相沿，其實古人講究讀書並不如是。試舉成例。

《學記》曰："離經辨志。"鄭玄注："離經，句絶也。"所論句絶，即是每句離開之意。漢儒治經講究章句，是爲重句讀的明證。

《增韻》：「句讀，凡經書成文語絕處謂之句，語未絕而點分之以便誦詠謂之讀。」宋《館閣點勘法》：「句讀之分，側點爲句，中點爲讀。凡人名、地名、物名并長句内小句并從中點。」

《黃勉齋批點四書讀例》：「句例，舉其綱，文意斷。讀例，者、也相應，文意未斷。覆舉上文，上反言而下正。上有呼下字，下有承上字。」

上所舉例，雖不如治西文學者論句讀界說簡明確當，但是辨別句讀亦甚分明。近來提倡句讀尚非無人，但是小學教育界卻不甚注意。現在討論句讀，僅就小學教授應用方面說。雖與治西文學者所定界說不無互有出入，暫不必嚴格的討論，但以分別句讀爲主，至句讀如何分別，大旨以語意或語氣完全的爲句，語意或語氣未全、應稍頓的爲讀。讀的時候當句處聲音應稍停，當讀處聲音應稍頓。句讀的界說略如所說，但是不分別句讀的弊病不一一指出，或不能引起注意。試就各校讀誦的缺點分項說明。

（1）一字一讀之弊。例如初年級課文《明月在天，人影在地》，當單句讀時當作一次讀或二次讀。讀一單句文，每字聲音當然有長短高低不同，因聲音的長短高低，於是此句的意味及包含的内容即可於讀時生出意象。或一字一讀，即不能收效。乃至二年級讀短文時，亦有如是讀法，實爲錯誤。在教師用此讀法，大抵以辨別初年級音讀最爲緊要，當齊讀時，惟一字一讀易於辨別，但是援生字音讀時，每字單讀若干次，訂正訛誤，當在此時。若此時練習不足，至讀單句時細加訂正，教法已屬不合，況單句讀時與單字音讀無異，尤屬非是。

（2）範讀、伴讀不分句讀之弊。當範讀或伴讀時，教師或學生讀一句，餘生隨讀，例如「國家養兵所以禦外侮也」應作一句連讀，誦讀「國家養兵」作一讀略頓，各校往往分作兩句誦讀。譬如我們對人說一句話，如果所說的話語意或語氣未完，他人當然不能明瞭。今朗聲讀文，乃以未完的句爲句，豈不錯誤？

（3）段讀、通讀不分句讀之弊。此時已就整段文連續誦讀，讀時當然注意抑揚輕重。文由句相積而成，何句抑，何句揚，何句輕，何句重，當從讀音表見。若句尚分辨未清，抑揚輕重當然不能適合。

（4）隨讀隨講不分句讀之弊。例如甲生讀一句，乙生即就所讀的講解。讀不成句，尚可說無意義關係，若誦時意義不完，有何意義？且成何文法？

因爲以上四弊，就得三種不良的結果：第一，不能因讀引起玩味意義；第二，不能因讀引起領悟文法；第三，養成一種不完全言語的習慣。所以分別句讀，希望小學教師特加注意。

丁　講解

（1）不先釋要點即講課文。此所謂要點即內容及字句間含有豐富的意義。若不特別提出，先分析解釋，至講課文時，必多生枝節，不易明瞭。

（2）不先分段講即令通講。當試講時，學生對於課文全體多未十分透澈，遽令通講，必多錯誤，不惟訂正煩難，亦且減損興趣。反之而先行分段講，即可減少此種困難。

（3）齊講。此與齊答同弊。齊讀同一教材，用同一聲調，在讀的與聽的兩方面皆無問題。齊講不然，雖用同一教材，各生能力不同，感想與措辭不同，即不得同樣的發表。聽者對此種種不同的發表如何辨別？如何訂正？所以齊講是徒費時間，有弊無益的。

（4）釋字義之通弊。

以文言釋文言的字，如"拂，拭也"，不用白話解釋，意仍不明。

以文言釋語體的字，如"抱，持也"，語體字本不必另加解釋，以文釋語，原義反不明白。

以贅辭釋義，如"峭，峭絕也"，本在字下贅一字，語言既不因比較爲顯明，本義分際尤不適合。

不能變通互相轉釋的義例，如"灌，溉也""溉，灌也"，互相轉釋義，本皆通，但是釋"灌"爲"溉"，與二項弊同。

民國八年十月

關於教育的若干問題①

此次來到奉天，蒙貴校校友會諸君，開歡迎會，歡迎二個字，實在是不敢當。方才吳先生所說的那些誇獎話，也不敢承認。兄弟學問很淺，又不善於言詞，對於諸君本無可陳述的，不過勉強談幾句話，並不是講演，僅僅就是提出來幾個問題，供貴校校友會諸君將來的討論。

甲、何謂學問

中國人對於學問的觀念，是很不明瞭，往往說有學問人就是讀書人，簡直就是拿"讀書"合"學問"看成一個樣。舊時以能作文章就當作有學問，由現在看起來，實在是錯誤。中等學校不論，就國民小學說罷，內裡頭有算術、體操、唱歌、手工等課程，僅是念文章嗎？而尋常的人送他子弟入學校，就是說念書，這"念書"兩個字是不是妥當呢？就因一般人的腦筋中對於"學問"的觀念未清楚的緣故，所以就說入學校就是念書。又一般人常說"讀書明理"——這句話的意思，就是讀書的人必得明理，而明理的人必得讀書。豈不知像那鄉下不讀書的人，就不應當明理嗎？而讀書的人除了明理以外，如那些人情事故，皆不須明嗎？又尋常人說——某人數學好就說某人有學問，某人文章好就說某人有學問，若某人道德好則就不說某人有學問。究竟"道德"是不是學問呢？中國現在社會，對於這樣的事情，成了一種習慣的話，對於"學問"真正觀念並不明了。吾人由各方面觀察，所說"學問"並不是就是讀書。研究學問，固是可以讀書，但是可不能專靠着讀書。對於社會上的事路人情，關於日常應用方面，決不可專靠讀書就算完了，所以提出這一個

---

① 原載《瀋陽高等師範學校周刊》第 6 期，1920 年 6 月。爲李廉方在瀋陽高師的演説詞。題目爲編者所加，原文題目爲"李廉方先生演説詞"。曹德宣記録。

問題，供大家研究研究。

乙、何謂心得

尋常的人往往誇獎他人說是有"心得"，究竟什麼叫做"心得"？"心得"到底是什麼？學生考試成績的分數，能算作"心得"嗎？而分數未必就是學問，這種考試成績亦不盡是"心得"，因為這種考試的成績，有時抄襲他人或聽教師講演的，偏於器械的記憶，而無真正之理解，怎麼就能有"心得"呢？因此就有許多的疑問——求學怎麼才能有心得？教者如何使學生才能有心得？而學生自己如何能有心得？若是天天行注入教授，學生沒有思考的時間，這樣是不是能有心得？譬如教授理科，教師就是講，學生就是聽，互相討論的機會很少，這樣是不是能使學生有心得？又學校每日教授時間很多，課外又有運動遊戲，在自習的時間，僅僅就將教師一天所講的功課溫習一遍，並無思考餘地，如何能得推究呢？就勉強使他推究，是不是能夠作到？又現在各學校學生，往往有要求教師多講者，以多講為好，其意就是以為在校時候有限，乘這個時候不妨多講點，待出校後再加研究，這樣能不能有心得？此亦是懷疑之點，請大家討論討論。

丙、何謂教授

這個問題可分二層——一、教授的內容，一、教授的形式。現在學校分教授、訓練、養護三方面，此乃就施教方便上起見，而實際上是不是各個獨立而毫不相關呢？一般的教師每有將三者各個分開，看成毫不相關連的，這實在是可懷疑之點。教員講功課的時候，嘗有關於德育上的事情，如合群、愛國、信義、廉恥等，能不能算作訓練呢？又有關於體育上的事情，如衛生、飲食清潔等，能不能算作養護呢？而訓練、養護對於教授，合訓練對於養護，均有這同樣的疑問。又有人說在教室內的為教授，在教室外的為訓練合養護，這也令人有懷疑之處。若以教室內外為判別教授、訓練、養護三者不同之點，則當教授時間，兒童有互相喧譁者，或彼此口角者，種種不規則的舉動，教師必勸導教誨之，這是不是叫作訓練？又在教授時間，兒童身體有傾斜或太俯太仰在他的座位上，教師必矯正過來，使他正坐，這是不是叫作養護？又開講演會時，或是校長的訓詞，或是名人的講演，這也在室內，是不是叫作訓練呢？又校外旅行或實地觀察，如教授地理理科等往往有在校外實地觀察或實驗等事，這是不是叫作教授？一般人對於教授內容的理論方面多有誤解之處，蓋教授、訓練、養護三者皆互相關連，而非分離的，是以不能夠把他各個分別起來。在從前文字教育時候，祇知有教授，而不知有訓練、養護，其後漸漸進步，乃由教授又生出來訓練、養護，是以教授與訓練、養護本是一件事情，是教授進步的結果，並不是教授之外又另加入兩種來。在形式方面，現在多主張自動主義。從前的教師祇給學生講，專用注入教式，而用啟發式的亦不過僅僅教師問，學生答就是了。現在都主張自動，實在是必要。但是教授所以必要自動，並不是專任學生自動，而要在教師使學生能自動。教師如不能使學生自動，則學生怎麼就能夠自動呢？故"教授"二字不是學生自己學習，必教師使學生學習而後可，是以對於教授的問題，在內容方面如何可以能達教授之實際？在形式方面如何可以能行教授之方法？這也實在可以討論的。

丁、師生的問題

舊時學生與老師，距離很遠，所謂"師嚴道尊"及"天地君臣師"等話，將師的身份看得非常尊嚴正重。自今道德墮落以來，學生與師亦就隨之隳落下去，老師的尊嚴一天比一天低下，學生自學生，而師自師。學生與師似乎不相關，簡直就是成了學生不是學生，老師不是老師。這樣如何能有關係出來呢？吾人不論對於學問方面，不能不研究此問題。就對於道德方面，更不能不研究此問題。師生的關係，好像人民和國家的關係相同。國家是保護者，人民是被保護者，學生亦是被保護者，而職教員是保護者。古時所以尊敬老師者，是尊敬其學問與道德，並不是僅僅尊敬其人。韓退之《師說》有："生乎吾前，其聞道也固先乎吾，吾從而師之。生乎吾後，其聞道也亦先乎吾，吾從而師之。吾師道也，夫庸知其年之先後生於吾乎？是故無貴無賤無長無少，道之所存，師之所存也。"是以師之可貴者，在道德學問，而不在其人之如何。現在人之都講平等，平等二字固然是宣講，但是師生之間，是學問道德的關係，而非上下階級的關係。階級的關係可以講平等，而學問道德的關係決不能講平等。是以師生之間，應當用何方法維持，俾愈形密切而越發的親近與敬愛？這亦是不可不討論的問題。

戊、小學教科書

諸君是學師範的，將來是教授一般國民的，是以對於小學教科書，不能不預先加以研究。兄弟關於此項問題，有許多懷疑之處，一一提出來供大家的研究。

（一）教授時間。教授高小及國民之學生，其教授的時間，現在各學校往往一樣，而教授國文的時間與教授算術的時間，毫無分別，這實在可以懷疑之點。夫教授時間究竟是不是應當限定一小時？每週是不是應當限制一定的鐘點？學生之講演會、朝會、午會、種種的訓練，是不是應當限定一定的時間？教師所講的功課，能不能在一小時內完全講畢或是有餘？即或能完，而學生能不能有餘暇的時間去自己推究？又國民在三年以上的時候，才能夠多加鐘點，而教授國文時間又不多，關於國文教科書以外所有的事情，而為國民所應當知道者，是應當使他知道不知道呢？又教授國文的時候，其中有須實地應用他，這個時候，教師能不能向學生確實證明？這也是應當討論的問題。

（二）國語問題。奉天在從前曾辦過官話字母傳習所，嗣後不久即行停止。按國民小學本應當有國語一科，因為國民學生四年畢業之後，不能都是升學者，有升學的，又有做別種事業的。此四年之內，若學國文是很難明順！除非特別天才的人，簡直就不能明白的很多，如之、乎、者、也、矣、焉、哉等虛字，國民兒童怎麼能夠明白呢？國語雖然亦有虛字，如啦、的、嗎、呢等，但與俗語相同，文言一致，故容易明白，而不像國文的困難，此其一。又現在中學高小以及國民學校，國文教師往往有以文言翻成白話，這實在令人可以懷疑之點。蓋學校所以有國語者，是使其文言一致，而容易明瞭，並不是作白話文章。國語是國語，國文是國文，決不可看成一樣。國民學校若有國語，則對於教授上有許多的便利，文言相同，兒童很容易明白。現在一般教師講國文的時候，往往就以文言解釋文言，如"手"就是手，"麥"就是麥，這樣囫圇吞吐棗的講法，不告兒童真正確實的內容，那兒童怎麼就能明白呢？這樣講法，能說是對嗎？合那由文言翻成白話文，其弊病是相同，此其二。當國文教師者，應當有這兩種覺悟，此亦可以討論的問題。

（三）注音字母。注音字母——不是用他替代漢字，乃是用他反切字音的。在八股時代，研究小學那些經學家們，都注意"字"的本音，所以有音韻學，蓋同一字，各地讀法往往不同，湖南則讀湖南音，廣東則讀廣東音，誰是誰非，很難判決。是以必有一定的注音作為標准，註音字母是用反切方法，使字音一定不變，比從前音韻字母強的很多，有人說若不是這樣子，豈不是就應當把漢字廢棄啦嗎？夫漢字應當廢不廢，是另一問題，而注音字母便利不便利，又是一問題。又有人說白話很不容易統一，國民小學不如教授國文，白話與文法又不甚相合。豈不知，白話能使文言一致，對於文法上亦很有研究。用白話文不但不能妨礙國文，且有補益於國文。又現在學校作文，一字一句處處都模仿古文，拘泥成語。夫字句安排好不好，段落或反或正，本無一定的規定，而字句亦不必盡與古文成語相同。譬如桐城派文章，可以說是古文家，然他們的文章，何常盡模仿古文？古文文法合白話文法一樣，大家對於此國語，必得用一翻究研才能行，無論何事皆得研究，不研究不能有進步，亦不能確實。

（四）歷史地理。現在高等小學教授歷史、地理，往往注重某某朝代某某省分，某朝代有多少帝或多少年，某省有何山何水，專偏於記憶方面，用些乾燥無味的材料，有什麼用處呢？教授歷史、地理，本在啓發兒童愛國心，養成國家觀念，而這樣記憶教授，毫無文化上的陶冶合精神上的感化，又怎麼能啓發兒童愛國心？豈不是和原來的宗旨背謬嗎？這樣教授是務必要打破的，應當選擇有用之材料，那無用的材料可以取消。歷史宜重文化方面，地理宜重交通物產方面。此亦應當討論的問題。

（五）算術問題。小學算術，在貴乎實際應用，而不貴乎理論講演，是以教授算術時，應當以日常生活所需者作爲材料而演算，多多實地練習，不可專在講堂天天多演幾十道算題，就算完事，天天僅演算題又有什麼用處？教師在講堂講，學生在講堂聽或是算，離日常實際上很遠，這豈不是與原來的宗旨相背馳啦嗎？這豈不是大大的錯誤啦嗎？此亦可以研究的問題。

己、中等教科書

現在中學師範學校之教科書，大概關於必修科，每日均限定有多少時間，對於各種科目時間往往多少相同，實在是可以懷疑之點。在每學期內有許多教科目，實際上能不能有許多困難的出來？又個人性質不一，而一班的編制是不是相合？前次全國教育會會議，有主張中學分科制，分爲文實兩科，然有懷疑之處，其懷疑之點與前相同。中學雖分文實兩科，亦仍有許多班，於一學期內亦仍有許多教科目，既然如此，則其弊病與不分科同。班的編制教授，對於各性發展上，能不能有妨碍？當然是要有妨碍的，科目既多，學生能不能有餘暇時候去自習？簡直是沒有自習的機會，此地辦學者不知作何感想？學生亦不知作何感想？而兄弟自己實在有此感想，師范生對於此問題，不能不加以研究，將來出而當教師，更宜特別注意才好。應當使學生多有自習的機會，並得發展學生之各性，以盡其所長，望諸君對此意見詳加討論。

庚、最末的話

大家求學在這個東三省地方，是一個特別地方，與關內不同，就個人感想上著眼，不是就地方著眼，譬如無論何物，其有一種動作，必因環境而不同。如燈在瓦房裏頭，可以任意燃燒，不必去時時看護他。若在茅屋中，就得要加些許的小心，去時時看護他。若在空場地方更得加許多小心。因爲燈在空場的地方，雖然可以照亮，若是遇著暴風，則就危險極了，要使他不爲暴風吹滅，必須特別注意，預先就得預備極堅固的玻璃燈罩。諸位求學於瀋陽高師，就如明燈一樣，奉天是個大空場，要防備暴風吹滅，必得將燈罩好好的預備，就像電燈一樣才能行。燈罩既然堅固，則無論在何處，有何暴風，也沒有危險。以瀋陽高師作奉天明燈的總機關，總機關既然完備，則由總機關一發，而各處皆明，不但東省受其賜，而他處亦受其賜矣。

（五月九號稿）

參觀吉林省區小學國語教授之意見[①]

吉林省城模範區國民學校三十六所，一、二年級均改授國語。各教師因習注音字母未久，國語研究尚淺，教法未能練熟。參觀時就聞見所及，提出改良及注意數事。茲屆國語教授方始，特錄出以質研究小學國語教授者。

一、詢各教師心得，多謂教授國語，無甚可講。較教授國文時，教材單簡。此實大誤，即從來國文教授上大缺陷之原因。夫國文之改國語，在省翻文言爲白話之工夫，精究實用，其根本上之實質與法則，文與語固無絲毫變更也。惟其改文爲語，易於了解，正教授便利之處。若以易了解者無甚可講，反感困難，是國文教授，乃以翻文言爲白話作唯一之講解。近來小學國文成績之不良，職是故也。然其所以有無甚可講之誤見者，由於文字根本上之教授，習非成是。茲爲破除其說，示以改正之方針。當注意者約有二事：一曰字之實質；二曰語之法則。

何謂字之實質？析之爲二：一字形，即構成字體之謂。吾國之字，除象形、指事、會意一部分外，大體合聲與意而構成。上所謂一部分之

---

① 原載《中華教育界》第 9 卷第 6 期，1920 年 6 月。

字，因字體變更，不能依原始之字而教授，然其數極少。諧聲字占字數十之八九，皆合聲與意而構成者也。因從某而得義之聯想，因某聲而得音之聯想，助記憶，增興味，實吾國文字獨具之特色。雖其中省聲之字，古今音異之字，與片體屬部首非今所通用者，或有不適於教授，然可資教授者實多。又音同或形似之字易滋乖誤者，於教授時，就意義比較異同，可使兒童得正確之觀念。例如河與何，說明均可聲；一從水，一從人，則同音異意之觀念明。本與末，說明加橫於木下爲本，加橫於木上爲末，則形似意異之觀念明。某校列形、聲、義比較表，意亦近是。若進而稍究小學，其教授當更有益。一字義，從前授國文生字，凡文與語同用之字，往往即以本字爲講，或講以俗語，惟加不相干之贅辭。例如某校講麥是麥子，熟就是熟。夫麥字之內容，爲如何生長，狀態如何，用處如何；熟字之內容，爲食物經火或煮或燒，至於可食之謂。又有以同一語言爲講者，如講痛就是疼。夫屬心痛，必精神上有不愉快之感覺；屬體痛，必因筋肉或骨骼受束縛傷害，而發生感覺。若因土語爲疼，當有上之說明，再告以即俗語之所謂疼。不如是推究，但如上述所云，未示兒童以字之內容，無怪其謂無甚可講也。

何謂語之法則？此與文法小有異同，而大體無殊。惟在國民學校中授語法，不宜爲論理之提示，而重在分剖之練習。此可就幼兒學語之經驗得之，彼自能言以後，初未有人授以語法，然因其日用生活之需要，自然習得成人之語言不少。學校所授，性質較爲繁難，而生活需要又不若是其切，故學習之方，不能任其自然，而有待於教師之整理。但語法非有形象可指之物，對幼年時期之兒童，依論理而剖析法則，終有未喻。故循讀本之文，次第示以語法，依幼兒自然習得語言之情形，使爲循序之練習，自可於不知不覺中，逐漸領會其用法。約舉其要：（1）虛字用法。此之所授，在練習各個之用法。即於逐課說明新見之用法後，使爲造句之練習；更就同字而義不同，或義同而句法不同，異字而詞性相似或相反者，比較其用法。與分析詞性之教法不同。就詞性分析，詞不盡屬虛字，虛字又分若干種類。此而單提虛字者，則以文之起承轉合，句之聯屬,虛字實爲一大關鍵。而此類之字,爲數無多,用法極繁,通此未有不能文者也。(2)語言練習。此可分爲二種:一爲純粹説話練習,就本課要旨及課文要點,或已授事項及習見事項與偶發事項,關聯於本課者,於預習或復習中由教師口示。隨令兒童復述,在初學年適用之。更進則令學生就本課要旨或課文要點,於復習中講演;其講演之範圍,須就指定材料,發揮大意。且從應用方面推論之,惟復述或講演後須共同訂正。此法一方練習説話,一方深究課文,於形式與實質均有裨益。

一、結合書寫練習。此法適用於三四年級,在提示中就課文要旨或分段大意及層次,由問答之結果得具體之辭,或在復習中由教師口述應用之文,令兒童筆記之。凡茲所舉,僅具崖略。但循是教授,兒童對於字之實質,得圓滿正確之提示;對於語之法則,時有應用之練習。較之僅翻文言爲白話作講解者,獲益當更進一步,其應需工夫亦多。猶謂其無甚可講,未之信也。

二、授音讀,同時將注音字母寫在漢字之旁授之。細察情形,新授之字,兒童惟就已認識者,據漢字而讀音,於注音字及音之拼合,仍屬茫然。教法應先將某字之注音字,寫於牌上,令兒童讀準且熟,然後再書漢字。令其依音通讀,以次授漢字之筆順及音義。

三、授音讀,多不示以發音口式。舊時識字之人,音多不準,由於以訛傳訛者固不少;然以從師讀書,絕不示以發音之法,實爲最大原因。現本部尚未頒發音圖説,但私家及書坊所著此類之書,已有出版,又國語講習授注音字母,亦示發音式,不難悉心體會。

四、授音讀,先書注音字,兒童中有念出拼音者,即書漢字令讀之。此較書注音字於漢字旁授音者固爲得法,惟兒童念出拼音後,不令全級練習音讀數次,再示漢字。細察當時情形,除念出拼音之兒童外,餘仍茫然。教法宜於兒童念出拼音後,令全級練習音讀若干次,且示以發音口式,或更問及劣生,然後書漢字令讀之。

五、練習注音字母,令書空練習筆順。此可不必,緣注音字筆畫單簡,無須用此法也。

六、在綜合練習時間内，兒童多不能讀。此由於授注音字時，未能各個練習純熟，故綜合練習時不免此弊。教法應於授各個注音字時，授一字即練習一字，練習既熟，再及他字，依次而進。

中學校制度之商榷①

吾國學制，大體脱胎於日制。當前清之季，中學文實分科之説寖盛；於是學部取德制之形式，判以舊學者之識解，配置科目；各省改設者，率皆不明教育真義，又因事實上施設之種種困難，結果愈以不良。民國改造，教育部鑒於前轍，新訂中學制度，仍規仿日本數年前施行之制度；經中學界之歷年經驗，頗苦於科目繁重，而制度劃一，又嫌其不能變通。自遊美學者日多，見彼國中學分科選科之推行盡利，亟相鼓吹，思以此爲革新吾國中學之張本。去年教育部召集中學會議，會員提議改設文實分科，得多數會員贊同，建議於部；其議案較之清季改訂者，根本見地固自不同；惟原案所訂，仍不免制度劃一與科目繁重之嫌；加以保存舊制者亦繁有徒，故異議滋多，鄙人當時曾不憚煩辭，對原案稍有詰難；復折衷學理與事實，發表變通意見；嗣以江蘇省教育會據鄙説陳部，又經部中迭次會議，始見施行；如八年四月二十八日第一七七號訓令（查本部中學校令規定中學科目，以完足普通教育爲宗旨。施行以來，詳察各處辦理情形，現行科目，不無繁重之嫌；而時勢所趨，又有增設他科之必要；因時制宜，庶幾推行盡利。茲經本部詳加核議，籌定變通之法。嗣後各省已辦各中學校，得因地方特別情形，就中學校施行規則第一條所列各學科目酌量增減，並得增減部定科目之時數。但增減科目，必須由該校詳細斟酌理由，報部核準後，方可開始教授，以昭鄭重）。其大旨即採鄙説者也。惟以另文發表，未修改法令；且對於變通辦法，無多方以促進之；其餘有無改革，絶無所聞；是不能無遺憾也。

---

① 原載《教育雜誌》第 12 卷第 9 號，1920 年 9 月。

茲討論中學制度，據余之意見，有應先決之大問題三。

其一，中學校在學校系統中爲一部分。於此當研究者，變更一部分，是否與連帶之他部分發生關係；又系統之組織，其性質有無問題。吾國中學之下，有高等小學校國民學校：小學爲單行制，與中學校各自獨立；若初學年即用分科制度，新入中學之學生，師徒素不相識，對於科目之分配或選擇，如何使之適宜，一也。（並行制之國家，預備學校之學生，即預備升入中學。學生之能力與個性，在幼年時期，尚未十分發展，容有難盡窺見之隱。然小學與中學不相分離，經多年考察，已可得其梗概。其不由預備學校入中學者，爲數較少）中學增爲五年，高等小學可否減爲二年；若高等小學改良，中學學年可否不增，二也。（就生活應用言，學年宜增加。就國民經濟言，學年又不便增加。近日中學成績之不良，除教材、教法爲一大問題外，緣於各地方小學乏適當專科之教師，預備不足，故中學多費補修前課之工夫。所以各地方中學多有設豫科一年者，名爲四年，實爲五年）國民學校畢業，不能逕入中學。中間之高等小學，依舊制，其普通科目爲中學所有。誠宜離而爲二，得圓周教授之效益；抑當並而爲一，得直進教授之便利，三也。（各國義務教育年限較長，皆由國民小學逕升中學。其中間仍有設置高等小學者，因限於地方情形，不得不設變通之法，並非以設高等小學爲正則也）中學之上，有專門學校及大學校：中學如增爲五年，專門以上學校之豫科，應否酌廢，一也。中學如採分科制，專門以上學校之豫科，應否變更，二也。（專門以上學校之豫科，其目的在補修從前功課，兼預備專門之用。依前說，如程度不加高，既增一年之學習，再加補習，徒耗時間。依後說，則中學與豫科，性質是否相同。性質同，則豫科當廢。豫科廢，則本科學年是否加增）與中學並行者，有師範學校、實業學校。中等教育既分爲中學、師範、實業三種，性質各別。辦學者應地方需要與本身才能，辦相當之學校。入學者量自己之境遇與志願，入相當之學校。而師範、實業二種學校，又可爲中學修業或畢業者施相當之教育。以較美制之中學，無三種之別，可分可合；教育制度之精神，絕然不同。純取美制以改革吾國中學制度，是否並行之師範、實業學校制度，並議變更；抑中學與彼二者無甚關係，不相牽涉。凡此種種，依現時情形論之，並行制之小學，頗不宜於民治之國家；義務年限，無力增加，且因辦學上之特別情形，高等小學不得不設。師範、實業各學校，具有基礎，重以辦學上之特別情形，有並設之必要。中學年限，亦厄於國民經濟，未便增加；至專門以上學校之豫科，因各地方中學一時難期完善，勢亦不能遽廢。是現制之學校系統，內容雖多待革新，而大體固不能有所變更也。全體定而後一部分之改革，有所依據。此爲解決中學制度之第一問題。

其二，吾國中學校教育之現狀。一關於經費問題。教育不能普及，升學無多；兼以校舍無力擴充，故全國中學，多數爲每年一級，其設二級者數猶不多。又設備簡陋，器械、標本、圖書，多不敷教授之用；兵興以來，迭遭損壞，即舊狀亦未盡恢復。二關於人才問題。興學雖歷數十年，適宜之人才，多未養成。現在辦學人員，在擔任文科方面，大抵仍多爲科舉時代之人，陳腐荒謬，所在皆是。擔任理科方面，非學力不充，即教法不善。擔任技能科方面，尤鮮熟練之教師。此二者非獨中學成績不振之原因，實於施行分科制度，尤多障礙。今之議改制者，大抵謂從前中學之弊：課程繁重，易疲腦力；學不專精，難期實用；平均學習，不易發展特長。列舉之弊，誠如所論。惟弊之所由生，是否純因制度□□所致，尚待考慮，若不極力擴充經費，加意培養人才，改良教材與教法，雖有善制，終無起色。而教材之改良，不僅中學本身問題；其相銜接之高等小學課程，亦宜整理，使之各如其量，相聯絡而不嫌繁複。（現行教科書，大抵雜陳知識，排列順序，依科學系統而不合教育方法；高等小學與中學相同科目，如國文歷史地理理科數學等，教科書內容，僅有事項加多，程度加深之別；其劃分教材，對於分量高下範圍廣狹，並無適當配置，僅由編輯人以意爲之；教育部不爲相當規劃，則教授功深，虛耗時間，無法救濟）夫制度無一成而不變，惟必因時因地而制宜，所以教育之方，一方在因應潮流，一方尤貴斟酌國情。此爲解決中學制度之第二問題。

其三，中學校教育之目的。於此當研究者，其中又有最要之數問題。（一）中學校教育與中等教育之別。此當就事實言，不僅以名詞意義之廣狹爲準。如美制，中學校不另析師範、實業二種，辦法可分可合，即可視中學校教育爲中等教育。若中學校與師範、實業二種學校並行，三者雖包含於中等教育之中，要各有特殊之目的。不過中學校在學校系統中爲正系，而師範、實業二種學校，又可爲中學畢業者開簡易科，其在中等教育範圍之中，所占部分特廣，然終不能以中學校完全代中等教育。（二）中學教育應否屬普通教育。近有鼓吹美制之人，見其中學多用分科制，與吾國中學課程，純爲普通學科，組織不同；頗譏舊制之配置，由於墨守中學爲普通教育之誤，揚其波者，竟昌言中學不當爲普通教育；其所持理由，並不推原教育學理，惟舉美制及與此相當之制爲印證。即如美制之設施，是否不含普通教育之意味，亦不深究內容，惟臚列多種課程表，漫以爲鐵案如山，了無可疑。今日國人教育學識膚淺，如此論議，最易使新學者誤入歧趨，不可不辨。茲欲闡明斯旨，就定義言，則普通之義，所以別於高深之謂，非以廣泛爲唯一的解。試以慣例證明，如教育部普通教育司所轄各校，中小學之外，如師範學校、實業學校，非帶有分科之色彩乎？而並屬於普通教育，與專門教育司所屬之專門學校相對待。又實業學校令第二條，甲種實業學校，授以完全之普通實業教育；乙種實業學校，授以簡易之普通實業教育；實業學校所分種類甚多，科目各別，而統言普通，是普通之知識技能，因地位而含有生活必須之義，繹法令條文，其旨已大明已。就教育旨趣言，則普通教育之術語，對人言，以別於特殊教育（如盲啞殘廢之教育），所謂普通應習之教育是也。對教科言，以別於專門教育，所謂吾人應習之普通教育是也。其內容則爲普通之知識技能，傳達知識技能，不得不藉助於學科。惟學科乃教育之方法，非教育之目的物。研究學科之本身，當依性質而分門類，各成系統，是爲學術之研究。研究學科在教育上之價值，當擇其與人生適宜之關係，使之了解事物，是爲教育之目的。所以教育之方法，欲使人得普通之知識技能，有二種原則，爲研究教育者所當知：（一）並不限於排列多種學科，爲傳達知識技能之具；即以一二種學科爲中心，將現時生活應用之知識技能一一貫串，即可達其目的。蓋普通教育，在使得現時生活應用之知識技能，非限於必修普通之學科也。（二）各種知識技能之範圍與其限度，並無劃一之標准。吾人效用於社會，大抵分工合作，各就自身之才能與志願，由教育訓練其特長。但使力能致用於某業，初不必各種學科皆習得平均之學力，始爲完足其普通教育也。惟勿論專攻何科，而中學年齡尚少，學識未充，對於基本之知識技能，究不能不有相當之修業；所以採分科制之中學，決不能忽視基本教科。不過此基本教科，是否當分類學習；抑斟酌融合，相機隨時教授，在教者妥爲配置耳。（三）中學教育是否爲豫備教育。此所謂豫備者，含有兩種意思：一升學豫備，一職業豫備。二者性質迥殊。就教育理論言，中學校非爲教育預備機關，自屬正義；惟事實上常有抵觸之處。蓋中學畢業，非升學即從事職業；因之辦理中學者，感於中學畢業生種種不良之狀況，於是以豫備爲本位之傾向寖盛。先就升學豫備言，此在歷史上，各國中學含有此項性質者甚多，其複雜情形不具論；大抵以入中學者境遇皆較殷實，學生抱升學志願而入學，學校當爲升學豫備而配置課程。今中學校與師範、實業學校分離獨立，似適於升學之豫備。但吾人所不能不考慮者：（1）中學畢業生，是否能人人升學。（2）高等教育，是否有容納中學全額之機關。（3）升學豫備之學科，與專門學術相應；不升學則所學者未能完全，不足以致用。有此數難，則以此爲教育目的者，不能收圓滿之成效。況即云豫備，亦當注意於普通應習之知識技能，不當帶專門臭味。何也？世之號稱專門學家者，往往思想流於偏狹；雖教育尚有待改良之處，而以普通之知識技能不足，陷茲誤謬者，實占多數。故愈期專門教育之深造，普通之知識技能，愈宜豫備充實。次就職業豫備言，此因鑒於中學畢業生服務社會，多無致用之學；重以職業教育潮流之鼓蕩，因議及中學教育，亦當採此方針。此當問者：（1）中學校教育，是否當授以專一之職業？（2）各別職業，當如何分配？使之各適其宜。（3）畢業生無力服務社會，是否專受普通教科之影響？試問吾國專門畢業生服務社會者，其成績又何如？積此疑問，則以此爲教育目的者，亦失其依據。二者豫備之內容，兩不相容，顧此失彼。又中學生方屆少年，獨立判斷之識力，頗形薄弱，在此時期內早驅之於狹隘之途，趨向不得其正，前途即多歧誤，此尤可慮者也。總之，中學校爲完足普通教育之地，其完足之方法，不在通習一切學科，爲達教育之目的，而在以相當教科，習得生活應用之知識技能。惟所謂應用之知識技能，當注意於人之全體發展，以應各種生活之需求，不可僅注意於人生一部分之功用，受一技一能之束縛。不過生活方面不必全同，則所習之應用知識技能，不妨稍有出入。但使中學所學，基本學科之修養充實，又切於人生之需要，則以之升學，具有根柢；以之謀生，稍補修所從事某業之技藝，自較愈於恒人（如師範學校、實業學校專爲中學畢業生所設簡易科）。故其採用分科制，非本豫備之旨趣，而配置科目，亦非蔑視普通學科爲無用。惟斟酌少年相當之時期，應個人之才能與志願，訓練其特長，使出而得應用於社會，進而可期專門之深造，斯完足普通教育之真目的也。此爲解決中學制度之第三問題。

三大問題既已先決，吾國中學校應如何設施，其旨趣已明。爰本斯旨，更說明學制之梗概。

（一）學科目問題

中學校科目繁重，吾國與日本學界，幾有一致之論調。然從學習方面言，苦於過多，從應用方面言，又嫌其不足。查中學校令施行規則第一條，中學校之學科目，爲修身、國文、外國語、歷史、地理、數學、博物、物理、化學、法制、經濟、圖畫、手工、樂歌、體操。女子中學校加課家事、園藝、縫紉。以十餘種之學科，強人人以必修；所涉者泛，所得者自微。又查課程表每學年至少修十一學科以上。同時所修之科目過多，兼營並騖，顧此失彼。又國文、外國語、數學三科平均並重，各占至多之時間。三科性質不同，各極繁難，並責其有同等學力。今日中學生之疲精勞神仍不能得良好成績者，此爲最大原因，所謂學習苦於過多者此也。今之論中學教育者，皆承認分科制之善；然議及科目，頗謂現有科目，對於健全人格之養成，尚不足貫徹道德教育、國民教育之要旨，有主張加社會學、論理學、哲學等科者。夫健全人格之養成，斷非僅口授之學科所能達其目的；不過此種常識，藉助於學科傳達，亦屬至要，故教育方面仍極重視之。又各科通習，泛而不專，無甚裨於實際，所謂應用嫌其不足者此也。解決本問題，觀以下二問題中所論自明；惟所以致以上之弊，根本上在定制劃一，無變通之餘地。部令於中學科目及時數，已許酌量增減，舊制雖未全廢，分科制並得採用，似可變通盡利；惟科目變更，初未示以方針，條文未加修改，課程表、課程標准依舊存在，各科程度是否可以紳縮，且不必齊一，無從判斷，變通而行，頗多窒礙，尚未可認為根本上之改革也。

（二）學科內容問題

此有最要之數點：（1）各種學科教材排列次序，宜打破學術系統之組織，向自然界、人事界選切近生活應用之事項，探究其真相與關係。（如歷史選關於陶冶青年人格事項，而略政治之陳跡；地理選關於人類生活事項，而略地形之符號是）。如此則學科雖各自分立，而選材持同一方針，所涉者泛，所得者適於應用，且能發生密切之關係。惟自然界與人事界，範圍至為廣漠，生活應用亦無一定標準。是當適應社會環境，詳察國民必須常識，更進而就青年擇業趨向，予以相當之實用知識，如各中學校之法制經濟科，多有授法學通論、經濟通論，幾類於舊時之目錄學，此誤之尤甚者也。（2）各種學科教材，當適應地方情形，稍帶專門性質（如農業地方所辦中學校，各科教材注重農；商業地方所辦中學校，各科教材注重商是）。此於普通修養之中，兼授以地方需要之應用知識。升學則基本學科之學力，不慮其不足，出而謀生，雖未習得專門之特別技能；但專門之常識已具，苟再入相當之學校，可於短時期內，養成應用之學；其利益，在特種地方，不必兼辦實業學校，而得中等實業人才之預備（現在實業學校設備簡陋，教師缺乏，有名無實，如上述辦法，知識與技能，可以分別養成）。（3）各學科程度，宜去劃一標准之弊，科目及時數，部令許其增減，是已容納分科制之主張，即當期此制之實現。實現此制，則分類設科，甲類與乙類中之同一科目，苟需用之目的不同，則程度自不當一致；例如文科之需用數學，祇爲生活應用起見，初無學術之關係，是熟練算術，已敷應用，即不習代數與三角，固無妨也。其他可以類推。如部令之變通辦法，科目及時數可以增減，不知增減之科目，其程度是否仍以舊制爲標准；若時數已減，仍依舊制標准之程度，是否能期其學習，此不待實際經驗，可決其必不能行也。故分科制之需用科目，當依需用而定分量及程度，依分量及程度而定時數。彼變通辦法，仍取劃一程度，其謬誤固不待論；若漫無標准，此增彼減，悉由意造，亦未見其有當也（中學校會議原案及江蘇省立中學校選科所定課程表，實不免此弊。即日本張問多聞中學教育改善方案，爲彼國第一等當選之作，其弊亦然）。此外，科目之內容，依分科之性質與需用，各有相當之變更。茲僅就課程標准，從普通方面，商榷大體：如修身之各項責務，分年配置，不應年齡而增進範圍，殊違教授之旨趣；倫理學大要及本國道德特色，在各年配置之教材中，扼要教授，於涵養道德，較爲切要，似不當限於第四學年單獨教授。國文之文字源流、文法要略、中國文學史，內容複雜，在中學校時似非切要，且文法尤以隨文指示，較易了解。歷史於第一學年授本國史之上古、中古、近古；第二學年授近世、現代；第三四年授東亞各國史、西洋史。就區分言，上古、中古、近古，是否必析爲三。近世、現代，是否必析爲二。東亞各國史是否必與西洋史相對峙。就次序言，是否必由古及今而取順進式；且某時授某事，規定劃一，教授上是否無拘束之嫌。地理首授地理概要，次授本國地理、外國地理，後授自然地理概論、人文地理概論。概要與綜論分而爲二，其性質如何區別。自然、人文地理，於本國地理、外國地理之外，單獨教授，不知教授本國與外國地理，尚有如何重要之實質。法制在養成公民常識，經濟在增進人類幸福，多有關於道德，實修身教材中不可缺少之原素，似可並入修身教授。又女子中學校之博物、理化，似當與家事聯合教授，如博物注重關於園藝、衛生、養護之教材，理化注重關於烹飪、洗濯、藥品之教材。凡茲所舉，僅陳其概。至於內容實際之討論，當由各校詳細配列也。

（三）學科配置問題

此問題分爲數種，大體爲普通科制與分科制之別。普通科制，如舊制是也。此制美國中學亦尚有之。鄙意以爲可與分科制並行不悖。論者多訾此制。其所論之弊，是否學科內容與教法不善及配置不當所致，抑確係制度之不良，今尚未敢遽加斷語，但發展個性，在教育上已有真實價值；則分科制之採用，實不得不然之趨勢。分科制分爲完全必修、完全選修、部分選修三種。完全必修制，如文實分科制，科目大體皆同，惟時數及程度，互有出入耳。此制較之普通科制，僅升學方面稍有便利；在學習方面與謀生方面，固與普通科制同結果也。完全選修制，各國未盡實行，純任學生自由選擇不加限制。吾國今日教育情形，尚不足語此，可置弗論。部分選修制，以基本學科爲必修科，專修科爲選科。專修科又有限制與無限制之別。無限制者，在相當時限內，任其選修專科中之若干科目。限制者又分二種，一僅任其選修某類，但某類所有科目，必須完全學習。二選修某類之科目，至少須習若干科目以上。此種分科組織，配置之時，應注意者，關於基本學科之應需科目與分量，專修科之類分與需要，均須詳細酌定，且須隨時修正，務期適宜。於此當進而研究者，選修始於何時；必修與選修各科，當各占若干學分；是皆至要問題。對於前之問題，則初學年開始選修，流弊頗多：（一）未詳察學生個性，不能爲相當之指導。（二）學生年齡少，各科知識不充，無自由選擇之識解。（三）分科太早，有妨普通陶冶，易養成偏狹之人物。據教育家議論，分科學習，宜自十六歲始，準此從第三學年始，較爲適當。對於後之問題，江蘇省立各選科中學校擬訂學分，必修科占三分之二，選科占三分之一，然始於第一學年。若改從第三學年始，教授選科之期限較短，則時數不能太少，統各學年均算學分，亦覺不便，鄙意從第三學年起算，宜各占二分之一。欲促進此制之良善，教育部宜特設調查會，一方輯譯各國此種學校詳細課程及方法，一方擬訂各種分科學校組織方案，由部印行所有從前課程標准，悉行廢止。令辦中學者得參考之標准，而無法令拘束之苦。此於輔助教育進行，甚有效益，及時舉辦，責在當局。又各種學科，宜酌量勻配，錯綜教授，使同時所授者，科目不嫌過多。約舉其例，如歷史、地理爲二學科，本國地理授畢，再授本國史；外國地理授畢，再授外國史。博物、理化爲二學科，博物授畢，再授理化。如此配置，於減輕學習勞力，統一知識觀念，頗易收效，亦不可不注意也。

至於年限增加，厄於國民經濟，時限許其酌量增減，在制度上今均不成大問題。若根本之問題既決，其餘可不煩言而解已。

新式國民學校計劃書①

導言：余督學中州之二年，籌辦省垣義務教育，思以夙昔改造教育之理想，肇端小學，陶鑄群倫，草爲新式國民學校計劃書四章：（一）課程，（二）編制，（三）設備，（四）教師。首章約凡撮要，後三章規訂辦法，大旨爲經始之學校，定厥趨向，示以塗轍，一洗舊式拂逆本能與不切實用之弊。義取實施，靡能詳盡，冀以涓涓之貢獻，導群流於歸宗，使因此而引起全國小學教育之研究，促進中學改造之動機。則茲作之倡，實創新例，自維孤陋，辭弗逮意，海內宏達，幸是正焉。

一、課程

學科之分，係爲配置教材之便利起見，並非教育之目的。及其弊也，學科乃各自孤立，往往側重本身之統系，而與教育之目的乖離，致教材

---

① 原載《河南教育公報》增刊第 1 年第 1 期，1921 年 10 月；另見《教育雜誌》第 14 卷第 1 號，1922 年 1 月。

多不切實用，教授亦流於單調，夫教育之目的，原在陶冶兒童之身心，各應本能而發展。如舊時學科之分類，對於兒童之官能陶冶，竟無相當課程，而品性訓練，甚至在學科以外施行之，揆諸所以設置學科之本旨，當不如是。以若配置，勿論教授者如何致力研究，設法新穎，不免爲學科之範圍所囿，未由極陶冶之能事。況小學年齡幼稚，學習之途徑，與成人殊尚。當就生活之需要，應兒童自然發育之程序，爲配置課程之標准。若取道分離之學科，即令採適宜之教材，互相聯絡，斯已倒因爲果，減損學習之興味，策其功效，良有未易。此改造課程，爲小學至切要之問題也。

茲分國民學校課程之門類爲六：(1) 遊戲（内分禮儀演習、官能陶冶、智力陶冶、運動、樂歌五項），(2) 觀察（内分自然觀察、社會觀察二項），(3) 工作（内分繪畫、手工、園藝、飼畜、清潔整理五項），(4) 談話，(5) 讀寫（包綴法在内），(6) 計算。門類既定，更略就旨趣說明之。

(一) 遊戲課之旨，體察兒童嬉戲活動之天真，就生活上之需要與能力，適用遊戲之方式，而定學習之課程，分五項：

1. 禮儀演習。與舊式修身科之旨同，但一用書本教授，便落跡象，往往失之抽象之訓誡，未由激發其心情，甚者乃與讀國文同科，此則純取人事之應用資料，以具體之儀式，用表演式出之。例如演宴客禮，調查本地之習俗，去其不文與繁褥者，或稍參通用禮節，悉取其足資示範之用，一一如儀演習。以一生扮演主人，數生扮演家中之長輩等輩子弟，餘爲客。初演迎客禮。次演獻茶禮。再次演入席禮。凡席次先後、杯箸碗碟等之陳設移動，以及主客應對酬酢，演習之式，均須與實際情狀相肖。如有男女不同之禮節，當於演畢評論時爲之說明。此雖小節，然常見我國成年之人，於設席及安頓食具，輒舉措失當，使兒童在校早從事此類之演習，則舉動如儀，即此已足見重於社會。由此推及演習慶吊及開會各事，凡陳設購置一切設計，皆令兒童協同爲之；不惟所演者合社會生活之用，且於習禮之中，對於國語、手工、圖畫、算術各科應用教材，皆融合而爲相當之練習，更不感教授單調之弊。如舊式之修身作法，每次演習一種禮節，興味缺乏。若用設計教學，参入演禮之式，則兒童不覺煩苦矣。

2. 官能陶冶。在運動與工作中，所占部分特多。他項學科，亦間含有此種之作用。此特立一項者，則就視覺、聽覺、觸覺等，爲特殊之陶冶。大旨採蒙特梭利之法，使兒童官能，由練習而極於靈敏，以實現官能陶冶之教育價值。如視覺得於迅速中，辨別極複雜極細微之各種顏色，或練習視遠之力。如聽覺練習能聽細音，或閉目而分辨何音，及由何方與若干距離之音。如觸覺但從接觸而識其粗簆、光滑、硬軟、輕重、溫冷，進而測知爲何類之物，又此各種感覺，亦可聯屬於學習各學科之中而行練習，如用計算之目測以練習視覺，用音樂之節奏以練習聽覺，由此類推，是在教師之善用其方耳。

3. 智力陶冶。此不在注重測驗，而在陶冶其思想之敏捷，注意之精細，觀念之正確。如心理測驗中之誤謬測驗，迷津測驗，劃餘測驗，書坊所製之積木玩具，俗間通行之猜謎等，實爲最良好之教材。如皮奈、西門智力試驗法中資料，僅足以資試驗，無陶冶上之教育價值者，不必採用。又如兒童家與學校之距離，所經街道何名，曲折如何，狀況若何，或學校各室內之物品與布置，令其據現狀陳述，亦頗有益。

4. 運動。此與舊式體操之旨同，但須注重遊戲，力避純取嚴整及不合幼年鍛煉之弊。以舞蹈遊戲最爲有益，如各項功課之競爭比試，参入運動中行之，亦有興趣。

5. 樂歌。不必特設科目授之，應由教師隨時教練，或参合他課而練習，或取適當時間奏曲，以和悅其心情。務使兒童心情隨歌曲爲轉移，勿令感覺苦惱。現汴省中小各校，多祇授單音簡譜，即正譜之音調，亦改爲簡譜，致節奏流於單調。應從第三學年始，即直接授正譜。惟譜曲時不授意義，祇使明符號之用！不宜始授樂典，繼雜進諸調，致其心意爲繁複之樂譜所束縛，減少興昧。

（二）觀察課之旨，本直觀教授之原則，就生活上需要之事物，因時，因地，因機會而定學習之課程。大旨用廣義觀察之義，即包含試驗而言也。分自然、社會兩項。自然觀察，在小學校教授上最視爲重要。然城市學校，於自然研究，頗感困難，則社會觀察尚已，故開封義務學校之觀察課程，須注重社會觀察，約析其類：（1）工商家之作業及狀況。（2）運輸業之狀況。（3）貨物之品質。（4）製造場之工作。（5）建築之材料及工作。（6）古蹟。此之觀察，於補助他課學習資料外，尤以使知人工與社會生活狀況爲必要。至自然觀察，關於植物培植，宜重實驗。如以同一之種子，分置於土質不同之盆中，或施以不同之肥料，而觀察其結果，或注意種子由發芽而成長之順序。亦可時率兒童赴城外田野觀察；或利用兒童家中所有花草，用作教材。動物則覓取習見之物，及隨時令所見本地之物；或用此類之標本爲教材。昆蟲如蛙、蝶、蜻蜓、蟋蟀之類，若令兒童隨時捕取，供研究之資料，當更有趣。此之觀察，於分析形態之後，當進而研究其習性與生活狀況，以養成對於動物之同情與仁愛。自然現象，則應天氣及時令，令其詳細觀察，時相比較，迎機而爲相當之說明，並當備晴雨計、寒暑計，爲測驗之用。此課所用教材，不惟授予知識，且於談話、識字、作文工作之資料，供助尤多。又淺近之理化試驗，於兒童心思才力之啓發，爲效頗大，且有興趣，亦當酌量採用。

（三）工作課之旨，本寓學習於作業之主義，養成勤勉耐勞、愛業務之精神與發展創造之能力，而定學習之課程，分五項。繪畫當避舊時專事臨本摹繪之弊，而取具體之事物，令其寫生，筆畫以簡易爲主，描綫不妨粗重。亦可用未着色之畫片，令其綴色：生物圖則現實填寫，工作圖則自出心裁配色。紙工、泥工、竹木工。須就兒童所樂爲之玩具，使之構造，藉以練習其技能。總之圖畫手工，重在養成發表之力，學習時得隨意之所欲而爲之，不當限於作同一之工。園藝無隙地者，惟就盆栽從事於栽培灌漑。飼畜但養雞鴨魚鳥數種，亦可使知動物生活之狀況。清潔整理，凡校內灑掃拂拭及布置，均協同兒童爲之。並宜常令其設法變更陳設之式，使於勤勞之中，参用靈穎之心機。校外四周亦須協同整潔，引起社會之觀感。此外，如學校粉漆裱糊之事，雇匠人作業時，可率兒童參觀研究；留一部分未盡者，酌令兒童自爲之。

（四）談話課之旨，本幼年嗜好童話之心理，取有益於心性，或知識上之陶冶，及足資語言文字之練習者，而定學習之課程。談話種類，爲物語、故事、寓言等。選材之旨趣，於滑稽與道德二方面外，如常識談話，取具體之事物，爲兒童所能了解又富有興趣者，亦可酌用。或由教師講演，或由兒童互相演述，並得用表演式復演之。尤重互相辯論，以其能助長練習言語之慾望也。凡國語科言語練習之事，悉於此課中實施。惟其學習作用，具有修身、國語二科陶冶之價值，而旨趣不同。蓋彼就學科之範圍，選固定之教材，遂至目的注意於習得學科之學，而與兒童之心理，時不相應。此純考察兒童嗜好之心理，選活潑有趣之教材，就遊戲之陶冶，由資料與練習兩方面，獲學科陶冶之功效；故不似修身科之偏重道德，國語科之偏重形式，致有乾燥寡味之弊。

（五）讀寫課之旨，在依據幼兒學語之狀態，由遊戲與需要，養成兒童識字、書寫、作文及讀書之能力，而定學習之課程。此在他課中，本時有練習之機會，然目的非所專注，不能對國語爲系統之整理；而我國文字繁重，尤非有適宜練習不能期確實之心得；故必須特訂課程學習之。茲就意見所及，略舉數端：

1. 國音字母之學習，現在實際教授，或先單授國音字母二三週，即授漢字，兼授切音。或用音母之字，編課文授之，於一年或半年後，始授漢字。或課文內間參音母之字授之。第一種實施最多，論者多詆爲無意味之教學，不合原理。二三種爲新派所主張。僕於此項絕少研究，但覺第三種教法。漢字與音母之字，相間爲文，頗嫌其類似日本教科書之形式；兼使兒童對於字體構成之觀念，容易混淆，且在音母之字，與漢字並行，尚未通用時，若於風氣閉塞之地，遽用二三種教法，恐因此益滋誤會，致學習國音字母之根本，亦爲動搖。擬暫用第一種教法，藉此練習發音機關；苟教授得法，能用之以正音讀，且可稍獲陶冶官能之效，至他種教法之試驗，當漸圖試行。

2. 字之學習，教師須於每授一字之前，設法使兒童感覺有識字之需要，乃有功效。初授字時，絕對不用教科書，惟本直觀教授之原則，就兒童當時之所需所喜，如教室物品，人身部分，天時現象，可表演之動作，有迹象之形容。筆畫簡單而理解容易者，授其字兼說明其狀態。漸及於所觀察之事物，即抽象之語言，苟語較簡單，而需要最切者，亦得酌就當時之應用而提示之。雖所學習者惟詞與單語，不感文學之興味；然以合於學語之狀態，兒童自不以學習爲苦矣。且不浪費工夫於課文之練習，則識字可多，習之一年，自易讀稍長之文矣。

凡成詞之實字，屬二字以上者，讀音當先單字讀，再成整詞讀之，然後釋義。若詞不能析字爲義者，即詞中生熟字相間，亦惟就整詞釋義，不宜拘泥單字而求解，如習弊之釋"枇"樹名，"杷"樹名，釋"華盛頓"之"頓"字爲人名是也。

字有數義者，惟釋本課之義，如課文爲刻薄，不當兼及時刻之義是也。惟後授之字義，由前義引申而出，易於了解者，得說明之，如先授竹節，後授節操，可說明其引伸之義是也。

文爲語體。其字義無可另釋者，但說明字之性質、狀況、作用，不可如習弊之釋哭就是哭，說是說話，麥是麥子是也。

釋字義時，若字形構造未甚變更造字之原形者，當活用《說文》之例說明之，諧聲字占全體十分之八九，除省聲及古今音懸殊者甚少之字外，證以說文解釋之例，因某字而得義之聯想；因某聲而得音之聯想。會意合二體以上成一字，頗有義例可言。象形指事之字，未變原形者，亦易說明。因形釋義，不惟有興味，且於記憶及理解有所補助。

凡一時間內授課文之生字，應於提出語句時授之，不可如習弊，先授全課之生字，後授課文，致字與課文分離，孤立而寡味。又其字音、字義寫法，須就一單字或單語中文字練習數次；再授下文之單字或單語中之字。不宜一次授過多之生字，混合練習其字音、字義、寫法。蓋注意專則印象深，觀念正確，自力少而功倍也。

反復練習，在識字尤爲重要。若僅用現今普通溫課法，興味缺乏，效力甚弱；且誦讀溫習，尤泛而無當。應擇取已習之繁難字，與新認識之字，時常運用於綴法之中，使資練習，俾溫課於不覺；且反復若干次而始能永識，亦得藉此以測定標准。

3. 語法之學習，應另編定語法系統表，及語法進程；於讀法之中，藉綴法之練習，使領悟其用法。對於課文之研究討論，當隨時迎機指導；不當限於全課讀畢之後，取一定之時間，專授語法。

4. 標點符號，於語句之構成，及連續之脈絡，有相當之表現，明其用法，則於領會語法關鍵，矯正語言不完全之習慣，甚有利益，應就課文所用者隨時指導之。

5. 讀寫之注意，讀文應合於語言自然之音節，凡舊時讀古文之腔調，及學校流行一字一讀之弊習，均宜革除。字之書寫，應特別注重。因國語較國文易讀易講，兒童對於已習之課文，能讀講者仍多不能默寫也，至每週特定習字時間，亦不可少，但須就已習之字而寫之，較爲合宜。

（六）計算課之旨，應兒童智力與算術進程，就日常生活上需要之計算，設爲實際之練習，而定學習之課程。現在算術教授之通病有三：（1）偏於符號之練習，不合兒童心理。（二）偏於書本上之計算，不能應用於實際。（三）忽視心算之練習，計數不能熟練。改革前二者之弊，不僅在廢除教科書，必須以現實之方式，使用適當之教材。故學習器具，如計數器及各種實物，量長短之各種尺，量輕重之各種秤，量容積之升、斗、斛，幾何形體，貨幣，票據，賬簿之各種模型標本，均須備制。初學計數時，必用實物與圖畫，使之數數，然後以符號記其數目。尤須就適當地方，爲實測、目測、步測之種種練習。例如尺度之計算，就桌椅之長短高低、黑板之長闊厚薄、教室及校內隙地之廣狹、各生身長若干，用尺或步計之。重量之計算，就各物輕重及各生體重，先用秤稱之，然後比較計算；或用量準之物，命題計算，再用秤稱之，以驗計數之誤否，藉計算之實測，兼使知秤之用法，於實用尤爲有益。由此而進及學費、學用品之計算，日用品價值及折扣之計算，貨幣兌換之計算，家庭日用收付之計算，必須作爲種種之設計，與實地之使用相同，斯所謂應用練習者，真能致用，且不致使兒童苦於理論之推測，而真理仍覺茫然。蓋從紙上之符號以解釋問題，不得不先使明數理與計算法則，故幼年時有未喻。從實物計數及實際設計以計數，則可從實際之練習，使悟數理而推求其法則，且得真正之證明，斯難易判然矣。又教室內之上方及左右，多置黑板，使兒童便於速算之競爭，亦爲切要。至心算練習，僅於每次學習時，練習二三分鐘，不致發生苦惱。關於數之練習，不僅當記誦九九表，凡百以內之數，個數十數之加減，亦宜列表記誦，如一加一爲二，一加二爲三……是也。析每十位爲一種綜合之練習，反復次數，以純熟爲度。九九表及珠算口訣，準此爲例，循序分爲小綜合之練習，使每次記誦之語句不多，則反復易於純熟。演題之心算練習，當於每時間學習之始，就記誦之表或口訣及其他簡易計算之法則，或不名數之定例，與當時教材應用有關者，以問答式練習之。

　　如上述各課課程之意見，自以不用教科書爲主。二年級以上之讀寫，雖用課文教授，然現行教科書，亦不適用。應於每季前規定綱要，每週前規定教材細目及學習程序；規定之前，由各教師就其所長及所喜者，選某學課或學課之某事項，分任系統之研究，提出教材及其組織，然後公同核議並整理之。每季及每周之末，開聯合會，各就所實施者報告其增損與變更之教材並實施情形，以資討論。惟上述之教材及教法，雖已言之頗詳，且時時示以聯絡活用之方，然仍須防其逐漸分離及側重學科本身系統之弊，應於每週前規定教材內容時，多採聯合之設計。除節期或紀念日必以設計教學舉行慶祝會外，每月至少開一次小規模之遊藝會，每季開一次大規模之遊藝會。此各種會，爲學校中最好之教學設計，即各課聯絡教學之最好機會也。

　　在每日規定之學習時間內，應於各課事項之外，覓數分之時間，而施行訓練者，尚有二事：（1）整潔之檢查，如兒童之容貌、手指、衣履，是否潔淨；日用品物，是否離亂，每日應行相當之整理。（2）靜穆之訓練，此其目的，非必期其自省，特欲於常時活動之中，得少許之寧靜，或於遊戲中藉靜息訓練其聽覺，或於活動後使之假寐，每日擇相當之時間，令其閉目屏息，靜坐二三分鐘，習之既久，自能漸入寧靜之境，而養成靜穆之習慣矣。此法或疑其與兒童心理不應，然蒙特梭利訓練幼兒，既行之有效；吾國國民學校踵行之者，以余所見，兒童並無不安之態，且藉此馳緩其生理的活動，以圖除低其精神之亢奮；既整飭其筋骨，又求凝神於一，於教授上、衛生上，皆有相當價值。

學習各課之時數：遊戲占百分之二十五。觀察、讀寫各占百分之二十。計算占百分之十五。工作、談話各占百分之十。至各課所分項目，分量之多寡增損。因其性質，或學年而異，當於實施時準各學期之進度，隨時酌定。

每日學習七小時，星期三、六得減一時或二時。每日最後之一小時，任兒童在校自由活動。學習次數，約分為十次左右，依前定各課時數分配之標準，每小時六十分，每周時數，遊戲時數應得五百一十分。觀察讀寫各四百零八分。計算三百零六分。工作、談話各二百零四分。依各課性質，而分定每次學習之時間：讀寫計算每次學習當在四十分左右，計每週讀寫約十次，計算約八次；遊戲、觀察、工作、談話，每次學習當在二十或四十分左右，平均以三十分計之，計每週遊戲約十四次，觀察約十二次，工作、談話約七次。準此而每日學習次數之配置，約為遊戲、觀察各二次，讀寫合談話共三次，計算、工作各一次以上。惟此為循例之規定，實施時有必須變通者，如設計教學，每一單元之課程，須費五六次或十餘次學習之時間者，其教材聯絡各課而成，各課分量，必難與循例規定者一致。故當就一週之課程，視設計中已習者對於何部分，尚缺陶冶，參訂補充之功課。又因天時而變更教材，因學習情形而伸縮時限，皆須留當時以活動之餘地。又出外觀察，有時須費較長之時間；談話練習，有時須繼之以表演。故僅就一日課程計，並不能限定某課若干時。惟其進行之程序，（1）各課須多為聯絡之設計，即分離教學，其屬於同日之課程，總以教材有聯絡之組織為最要，（2）各課須參互配置，使因變換而不生厭倦，（3）每一課連續學習，除外出觀察外，不宜逾二小時以上，此則可規定者也。

休息時間，隨當時學習時間長短與功課性質，自由伸縮，並不限於每習一課皆循上課下課之一定規則。大約每次課畢，當稍休息數分鐘。惟次數之繼續，積至二時間以上，必須休息二十分鐘。故午前、午後各課學習之中間，當有正式之休息一次。但雖在休息，教師仍宜負監護之責。蓋休息中之自由動作，亦可作課程觀也。

現制國民學校之教授時間，每日概爲三四小時，至多無逾五小時者。此以七小時爲率，絕不慮及兒童之疲勞，何也？蓋舊式課程，祇能就學科討論其內容及教授方法，以迎合兒童心理。故其教授時間，從兒童領受新知識之方面觀察，當然以四時左右爲宜。又教材爲學科本身系統所束縛，易感疲勞，故又有一時間教授四十五分之限制。因之編訂之課，無須四十五分教授，或孤立教授之學科，最乏興味者，乃有一時間內二學科聯合之教授。夫取分科教授之教材，而用聯絡之組織，在教育上誠有價值。若內容並無聯絡，但合二學科於一時間內授之，是但爲配足規定之時間起見，於分合之目無與也。新式課程，實質陶冶，惟就兒童之本身與環境，由其需要與嗜好，覓取適當之教材。形式陶冶，專用遊戲之組織，從事於本能之磨練，無說明文字之拘束，不受學科範圍之牽掣，聞見所及，皆爲教材，學習之途，必始於感覺。且分析多項，容易變換，無功課板滯之病。學習惟計次數，次數較多，得依功課性質與學習情狀，伸縮時限，無時間劃一之弊。尤切要者，課程之學習，與兒童之活動相應，所謂課程，所謂學習，不過使兒童成有目的之活動、有規則之活動。其在校若干時，隨在皆爲學習之事，隨事皆爲課程之陶冶。凡教師與兒童所在之地，即學習之場，初不限於教室內而始有課程，始能學習也。凡兒童之言容動止，處處受教師之監護，施以相當之陶冶，即爲兒童學習之課程，初不限於授以一定之課目，而始有學習之必要也。匪惟教授與訓練，不析爲二事，即課內與課外，亦無得而區別。至課程之所以規定，不過示教師以陶冶各方面之趨向，使對於兒童之品性與智能，實施教育之作用，而後其活動之目的與規則，得循序日進有功也。如是則兒童學習，與舊式之重記憶、費腦力、不適於應用，致對課程不感興味、易生厭倦者，迥異其趣。故時數雖多，不煩難而有益。

抑現制時數之規定，但爲顧慮疲勞起見，而發生之弊害甚多。（一）課外溫習，或學校特定時間行之，或指定事項，令其在家中補習。此在重視功課之家庭與辦理切實之學校，均視爲最要之事。蓋舊式之弊，僅止於規定時間之教授，所學多不熟練，國文尤甚，故非另加補習不爲功。固由教學未得其方，然實以繁重且乾燥之課程，非短少之時間所能期其熟練，若加多教授時間，兒童益厭煩苦，此無可如何者也。夫練習必隨教授而施，而後教授有效，練習不至無目的、無意味。其規定之課程，並非每次授課，皆給以新教材，必使用教授之形式也。若以教授爲正課，溫習爲課外，實違反教學之原則，至家中補習，若無相當指導，則補習徒爲虛語。此一弊也。（二）校外荒嬉。舊式之弊，兒童在校，僅有半日。餘皆嬉遊於校外，接觸不良之社會；極其薰染所至，常足以危及道德與健康。且虛擲長時之光陰，亦甚可惜。此兒童之父兄，所以力詆學校不如私塾之羈絆學生，長日在學，尚可減少家庭之顧慮也。此又一弊也。如茲之規定，時數增加，上述之弊，自易避免。至關於疲勞問題，因課程之根本改革，可勿慮及，前已言之矣。

二、編制

現今學校教育之通病，在集智能各別之生徒於一堂，施以同等之教授；其進程以大多數之中材爲標准，優者汩沒其天才，劣者疲力於勉強，反不如舊時私塾課徒，誦各別之書，各有相當之進程，易收實效。此採用分團教授與打破學年制之進級，爲教育上最切要之問題也。惟學年制之打破，依我國教育近狀，非都會之地，學校便於聯合者，實施較難。省垣辦理義務教育，同級之徒甚多，又另設專員董其事，則班次分合，無慮窒礙。且省立、縣立各小學同在城內者，亦可獎進其聯合。因是規定編制之辦法如下：

（一）國民學校第一學期招收新生，年齡至大者不得逾九歲，每次至少招生六班。當始入學時，用心理測驗之法，考驗兒童智能，依其等差，分爲甲、乙、丙三組，每組各二班，仍施同等之教授。於異組中，考察各組兒童之進程；於同組之各班中，考察教師之教法，入學測驗法另訂之。

各生應依測定之等差，向分組所在之地點入學。如因家庭距離，須入地點較近之校，而無適當之組時，亦可酌予收入；但授課進程，不能以該生之能力為準。

（二）每半年一進級，混合原定之甲、乙、丙各組，另以新測定之等差，參合成績考查等差，定進級留級之標准，進級者分甲、乙二組授課，依次進至第二學年末季後，始按成績之進程，酌定各組不同之課程，並縮短甲組之年限。各課成績考查法另訂之。

兒童始入學時，雖依智能之等差而分組，然測驗容有未準，且實施陶冶之後，發展各殊其趣。教師須平時留心考查成績，分別記錄，屆進級前，由教育廳派員，會同辦理義務教育專員，施相當之測驗，核其成績。臨時測驗法另訂之。

（三）分春秋兩季招生，聯絡並進。留級者並入次季之班次分組。

（四）高等小學校與國民學校關係密切，省垣設立之高等小學，其班數及辦法，須與國民學校相應。擬分高等小學校課程為二學年、三學年二種。二學年之課程，以國民學校畢業最優者入之。進級留級，亦以半年為限，分春秋兩季招生，以便聯絡並進，課程及編制，參照國民學校之旨趣，另行改造。

省、縣立各高等小學校，如即採此制，學生非由新式課程畢業而升學者，當始入學時，應另訂新式測驗法，行嚴格之試驗。為畢業於國民學校之急於謀生起見，當設與高等小學相當之職業學校，其辦法與部章乙種實業學校異，關於課程編制、年限、設備等，與普通之組織不同。

三、設備

設備限於地方之財力，不能悉依理想而實施。但舊式不適當者，與供新式課程學習之用，必不可缺乏者，仍當盡力籌設。

校舍借用公所，但至小須可設教室一所、工作室一所、遊戲室一所、容百人運動之隙地一處。各室之布置，逐漸增修。設備由辦理專員隨時考察需要，分別備置，但隙地長闊及各室之長闊高低，須用營造尺量準，標記尺度之符號，以資兒童實測之考證。

學習用具，如課程說明中所需要之物，均須購備。

教室內之講壇，不宜設於正中，應在上方之旁，擇適宜之處，設桌椅。教師參考書物，均得置於桌上，不另設休息室。黑板上方所設者，須與教室之寬約等，勿用上下移動之板，左右兩方，亦須酌設黑板。除正中一部分之黑板外，其餘非值需用時，均須掩以淡青色之布幕。並另制小黑板數具，資教師預備之用，桌椅不可塗以黑色，能製左右轉動者爲最宜。其尺寸務取合度，高低約分三等，俾兒童依次入座，各適其度，且逐年增高，僅調換一部分，亦可節省經費。

四、教師

新式學校之組織，由理論而次第實施。其能收實效與否，純視教師之能力與熱心何如。故教育根本之革新，始於課程之改造，而完成於教師之實施。茲略舉辦法如下：

（一）教師之選擇。擬選最近師範畢業生，年齡在二十五歲以內，而成績較優且熱心研究教育者充之。

（二）教師之分配，每校至少先開二班，派教師三人協同擔任。（1）便於互取所長，分任功課。（2）便於時相交換智識。（3）便於授課時，得抽調一人，爲臨時功課之預備，或協助整理兒童之學習。但二班必須異組，以便兒童之就近入學，兼互證異組兒童不同之進程與陶冶之功效。至關於運動與樂歌，如教師學力有不足者，得每周提出數次之功課，暫用專科教師兼任之。

（三）教師學力之訓練與補充。關於教材設計之組織與運用以及教法之研究，當常聘學識優、經驗富之名人，爲數週之指導。關於理科、園藝、飼畜，當選聘省立中等以上學校博物、理化、農業之專科教師數人爲顧問。如遇使用教材有不甚了解之處，得由小學教師提出問題，請其指示。關於遊戲運動、樂歌，當就近聘富有研究之人，每週教授數時，使之補習。以上人員，由教育廳選聘，用款在義務教育經常費內開支。

以上各種計劃，經一季或一學年之試驗，如發生疑問，得提出討論。但須根據科學實驗之見解，不可因使用不得其方，便生疑難，變更原案。

對新學制草案之一部分的意見①

- 對於中等教育段一二三年期完全職業科有疑義
  分配普通科目與職業科目三分量應視其性質年限目的而定
  分年期職業科祇須規定最短最長年限俾得自由伸縮
- 補習教育宜規定於義務教育之上
  補習教育學程應以時計不以年計
  補習教育不應祇以做工兒童爲限
- 職業教員養成科應推廣設施範圍

本屆省教育聯合會擬訂之學制系統草案，大體爲余所贊同。頗欲更申己見，以涉想之範圍過廣，事冗未能屬辭。其對於學制系統之本身，惟職業與補習二種規劃稍持異議。頃者，中華職業教育社徵求職業教育學制之意見，提出四個問題，與余所欲言者多相關聯。年假得閑，草爲茲篇，冀與同志相討論，藉盡個人研究學制之責云爾。

一、中等教育段職業科組織問題

原案職業科分爲三類，茲分論如下：

（一）原案稱一年期、二年期、三年期爲完全職業科，完全之義是否適當？查原案係對於兼習普通之四年、五年之職業科與繼續三年普通之三年職業科，而特別表示彼年限較長學科較備。若對於簡易而言，則完全在彼而不在此。而此特稱爲完全職業科，似以完全爲純粹職業之義。

---

① 原載《教育與職業》第 3 卷第 9 冊，1922 年 2 月。

現今實業學校之病，誠在雜列許多普通科目，而於實業之應用知識技能缺乏適當之訓練。欲矯其弊，一方應就設備與教授力圖足以達職業需要之目的，一方剔除無甚關係之普通科目，並改良普通科目之教材，使所學者密切於職業上之生活。蓋人類生活應具之能力有二種：（1）普通生活之道德知識技能，此當於普通教育中養成者也；（2）所操職業之生活能力，此當以特別教員養成者也。且此特別養成之法，大部分爲職業之技術，完全於職業科養成之。其一部分爲職業之品性，當於職業科與普通科中各施特別之訓練。當此中等教育時期，基本上之普通修養未充，若全廢普通學科，勿論學業進行或生窒碍，即令技術熟練，似此機械式技術，恐不足以謀人類之幸福。且亦何須設學校以養成之？不過人類之境遇不齊，有急欲謀生者，不得不授以簡易之謀生技術，如藝徒教育，雖近於機械式訓練，但以代替舊時之徒弟制度，固較完善，且亦非全廢普通，惟年限愈短普通當愈少耳。吾人應知職業科之學習普通，純爲應用於職業生活上起見。若與其生活無關，固無學習之必要。此不惟職業教育爲然，即普通教育，苟其教材無關於生活之需要，亦可不習。改良舊時教育之弊，其界限全以此而區分，正非減少普通科目遂能達職業教育之目的也。原案之完全職業科是否爲藝徒教育，無從證明，但其以完全爲純粹職業之義，易令人誤會。普通科目絕對於職業無關，將以從事職業者惟資機械式技術之應用而已，足矯舊制之弊，而引起誤會不可不慮。況同屬職業科，其組織不同，或因性質難易，或因範圍廣狹，或因年限長短，或因特別情事，並無純粹職業與否之別。誠不知完全之稱，果何所取義？

（二）原案四年期、五年期之職業科，漸減普通，漸增職業學科，其趣旨是否適當？夫年限較長之職業科，既認定有兼習普通科目之必要，其所以兼習之理由，不外下述之二義：（1）所學者必其爲職業之基本學科；（2）增高普通之道德知識技能。前者立於所學職業科基礎之上，其科目屬於普通之某科或某科之一部分，必與其職業科之性質相應。又其某科或某部分當較普通所學者益爲精進，且非習至某程度不能進而習職業科之某事項，是雖爲普通科目，實可視爲職業學科之一種。此類科目之修畢，大體均先於職業學科。後者純屬普通之修養，然以增高程度於職業之生活能力，亦有相當價值。何也？人類應用於社會生活之工具足以增進其地位者，一爲特別之技術，一爲充分之常識。常識不充，即使技術熟練，不過備一職工之資格而已。況增進勞動之實力與愉快，尤藉助於普通之修養。所以研究教育者甚注重增高普通之道德知識技能也。此類科目當平均於各學年，爲適當之修養，亦有一部分當在職業學科前修畢之。故論課程之形式，初學年之普通科目，自較職業學科爲多，減普通科目時數當然增職業學科時數。惟普通科目與職業學科排列之先後，由於教學之程序，科目之增減，由於學習之心理與總時數之分配，是以各科之配置與增減，皆根據上之二大原則，並非漸增職業學科以漸減普通爲權衡。普通科目及分量之多寡，應視職業科之性質與年限，並設學者預期之目的而定，隨職業科而不同。如原案説明及圖內表示平分實爲根本之錯誤。

（三）原案職業科分一年、二年、三年、四年、五年五種制度，期限以年進是否適當？舊制以整齊劃一最爲世人所詬病；新制規定各種年限似較有活動之餘地，然分年而一一規定，仍不免有板滯之嫌。鄙意不如規定最短最長之年限，在此最短最長之限度中，任其自由伸縮，似便實施。

二、補習學校問題

原案初等教育段説明，年長失學者宜設補習學校。中等教育段説明，補習學校專爲作工兒童而設。二者所指之補習學校是一是二？謂其爲二，則圖內之壬癸符號表明專爲作工兒童而設。此年長失學之補習學校果何所指？謂其爲一，此作工兒童是否包含年長失學之人在內？茲姑不深論，第就最明顯之規定論之。

（一）補習學校設於六年完全小學之上，是否適當？查原案小學修業六年分二期，義務教育四年。依所規定，補習課程之進度將立於六年完全小學教育之上，抑立於四年義務教育之上？依前者，則僅受義務教育者入學，是否能有銜接之程度？依後者，則已受完全小學教育者入學，其程度又不相當。準此，則補習學校宜規定於義務教育之上，義務教育年限延長，補習教育當隨之俱進。

（二）補習學校以中等教育二年相當為限，是否適當？此可分二項論之。（1）程度，補習學校之發達，由於科目制之選修，此制盛行。於是較完備之補習學校，分高等、中等、普通三級。日本東京之高等工業學校附設者即為三級，他處設二級者甚多，高等之程度漸幾於專門。凡不能入正系學校者得此救濟甚感便利。準此，則不當限於中等教育二年之程度。（2）時期，補習學校之設，原為不能入正系學校者得於工作之暇，或每週修學數時，或星期日修學，或季節之暇修學。日本之農村補習學校有繼續修學至八九年者。故補習學校之課程，以繼續之時數計，非以年計。準此，則二年之規定於實際不合，其學習時間同於正系學校者，實為特例。拙著《考察日本實業補習教育記要》及搜集之德國實業補習學校之課程及組織所述事例及理由甚詳，曾由商務印書館印行。原案補習學校區分一年、二年，似於補習學校之旨趣及組織，尚欠明瞭。

（三）專為作工兒童而設，其旨趣是否適當？設補習學校之旨趣，不外下述之二義：（1）含有延長初等教育之義，使國家期望於一般國民之能力初等教育培養未逮者，得由此而達其目的。（2）為受義務教育後不能入正系學校或中途輟學者，本各人之業務與其目的，乘工作之暇，得由此修相當之學科，以資應用，並增進其勞動之實力與愉快。此之作用，一方補助普通教育，一方補助職業教育，皆所以濟正系學校之窮，故其精神與正系學校異者。彼規定年齡有一定限制，此則不問老幼，故外國之補習學校有祖孫同在一堂受課者；彼之修學日有定程，此則可隔日或隔週習之；彼之同級各科程度必須相等，此則惟計所授某事項之學力，故高級中學者得與小學兒童同科；彼之生徒學業以學期計，入學者必自第一學期始，此則各科目可均分為若干段落，各作結束，入學者可任習某科目之一段落。由上述之事例，是補習學校係為不能入正系學校者缺乏某種知能，予以適當學習之機會。故從一方面觀，似為年長失學者計；另一方面觀，似又為作工兒童計。二者由於觀察之點不同，要皆補習學校應含有之意義，如以年長失學為定義，未免太泛。然謂其專為作工兒童而設，亦失之隘。蓋補習之人以受義務教育後不能入正系學校者爲主，正不必問其年齡尚爲兒童與否。即成人未受義務教育者，但有入學之學力亦得補習，此在吾國工商界此類之人正多。至專爲未受義務教育者設補習教育，可於補習學校中之普通科目中，就國語與算術特設相當之程度，令其選修。或爲正受教育之工人，特設相當之職業補習科，亦甚切要。又補習科目以切近職業爲主，普通修養副之，推缺乏某種知能之例，即部章之補習科亦可歸納於補習學校中。但須變更辦法，採科目制之精神，推而行之中等學校以上，俾升學或落選者審察應補習之學科而學之。各校預科全廢，得此救濟，庶無其弊而利益倍之。

三、職業準備問題

此須先將準備之義解釋明白，然後可討論問題。準備之義，係預期之行爲，悉於此時養成其充分之能力。易言之，即充實其應用之工具也。惟因升學準備之說，易使人誤認其義。蓋升學之準備，所有應用工具，限於能升學而止。至升學後之動作，又爲將來之準備，與升學前之準備異其趨向。職業準備則不然，其準備者即從事職業後一切之動作，皆視準備時所訓練之工具能否應用。其效用非若升學準備之僅限於一時已也。由上所論，是惟設職業科者始可副職業準備之實。然既爲職業科又不當更有職業準備之名。原案所稱職業準備，爲學習職業之準備乎？抑從事職業之準備乎？謂爲學習之準備，此入學兒童將來是否必習職業科？而職業科目繁多，生徒志願各別，斷非同一之準備所能達其目的。原案既廢去其他之預科，此近似預科之學習準備，當然不成問題。謂爲從事之準備，據所解釋，則別於職業科而言準備，殊不足以達從事職業之目的。揣原案之意，大抵以僅修畢義務教育者，年齡較幼，普通修養未足，遽令其修職業科之課程，力實不逮。此理由在教育上立論，實可成立。徵諸舊時辦理乙種實業學校之經驗，益信。而對於急欲謀生者，又欲使其稍受謀生之教育。故在後期小學中劃一部分增置職業準備之教育，用意未嘗不善。惟其主義含混，易令實施者迷惑其趨向。蓋既別於職業科而言職業準備，則所準備者自與職業科異趣。如此辦法，依現代教育實施之狀況，約有二種。(1) 斟酌地方情形，增置實業科目。此法就已往之成績觀之，效用甚鮮。蓋所授者純爲書本上之知識，尤與兒童心理多不相應，成績不良，良非偶然。與其特設科目，徒感乾燥，何如就地方情形爲選擇各科教材之中心？如宜工商之地，多選工商業教材；宜農之地，多選農業教材。則兒童可於學習普通學科之中，涵養其職業上之知能，較易發生興味。然如此選材之標准，實爲教育之通則，正不限於增置職業準備之教育，始循是標准。此在説明中或小學規程中可申明其旨趣，不當於圖内有特別之具體表示。(2) 用職業陶冶方法。注意於勤勞創作等之設施，使兒童作業與游戲衝動相結合，與社會生活相應。雖所學習者非屬職業科目，而深合職業教育之旨。此法下至前期小學教育，上至中等教育，皆可用爲陶冶生徒之方針。實人生教育全活動之目的，初非爲狹義之職業而施此準備也。準此，則職業準備實不能於職業科之外而自成主張，而職業陶冶之旨趣又非限於後期一部分之小學所獨有也。惟尚宜説明者，職業科設於六年完全小學之上，僅修四年義務教育者，如何而求謀生之教育？前主張補習學校規定於義務教育之上，正所以濟其窮也。

四、職業教員養成問題

原案職業教員養成附設於高級中學職業科。查原案對於小學之師範中學力能兼辦者聽，又視地方需要設相當年期之講習所，惟職業教員之養成限於高級中學職業科。誠以職業教育非有相當之設備不能舉辦不爲無見。惟職業教育既爲急務，需用此類教員多而且切，非設置之處多不敷用，非設置之方多不適用。鄙意中學有力者既得兼辦師範，則師範有力者亦得兼辦職業教員養成科。又得依舊制之二部辦法，設講習科，專收納畢業於四年制以上職業科之生徒。目前無此類畢業生，得暫招甲種實業畢業生入學講習，以應急需。又大學師範科或高等師範得附設職業教員養成科，或設講習班，以高級職業科畢業及有相當學力者入之。目前無此類畢業生，暫招專門實業畢業者亦可。

問題討論既終，余更引申其說曰：補習學校爲職業教育中最簡便而有效益之方法。其與職業科不同者，除上述異於正系學校之理由外，職業科爲將來從事職業者而設，在訓練應用之工具；補習學校爲現在從事職業者而設，則在增進應用工具之實力，並含有延長初等教育之意，惟非但以繼續初等教育爲目的耳。又職業學校設備須較完備，其建設之科目須較有持久性能賡續辦理者。補習學校屬於職業之科目，則不必有是限制。原案補習置於職業準備之上，區分二年，與職業不同列左分。職業科逐年區分，由一年至五年，其四年、五年之職業科。圖內普通平分各半。綜上述之各理由，擬改圖式於下。

圖內職業科最短年限一年，最長五年，按照所設科目之性質自由伸縮，不限以年進，故以一斜線表示之。補習與職業科同列，左方表示與職業連屬之意。

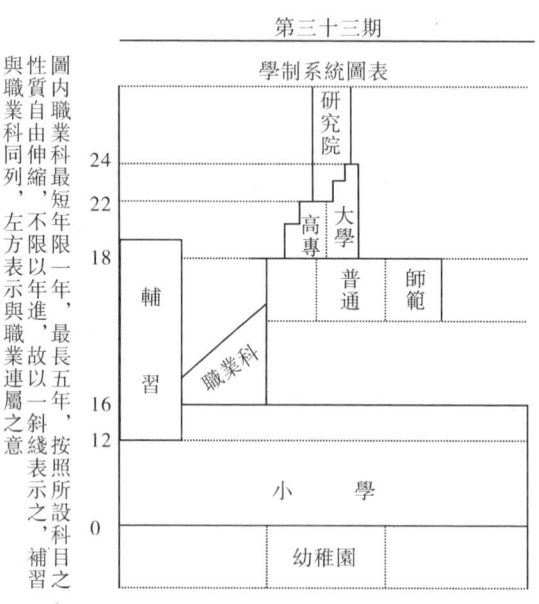

學制系統圖表

會呈省長指定開封等縣籌撥省內教育經費文①

爲會呈事。案奉鈞署訓令教字第一四三八號內開，準省議會咨開，省內外各學校經費，不能按月發給，有礙校務進行，飭即迅速會同教育廳切實核議復奪，此令，等因，奉此自應遵照切實籌劃，以維校務而策進行。第省庫空虛，應付實難，惟有指撥外縣，尚可以資挹注。茲經核議，除省外各校仍由各原定縣份撥付外，所有省內各教育經費，指定開封、中牟、河陰、湯陰、魯山等五縣，在於十一年丁□以內，除已解兌撥外，下餘之款，自一月起至六月底止，按照勻配數目，每月解交職教育廳，以便轉發。以上各縣，在此期限內，不另指撥款項，以專責成。除由職財政廳釐定數目，分令各該縣遵照辦理外，理合會呈鑒核，並懇轉飭開封等縣遵照辦理。再，此呈由職財政廳主稿，合並陳明，謹呈

河南省長張鳳臺。

河南教育廳長李步青、財政廳長王光第
十一年三月十五日

與貢沛誠君討論中學級任制②

頃閱《新教育》第四卷第五期載貢君《對於中學級任制之懷疑及研究》，搜討極詳，甚佩。惟貢君所論，多根據於推行此制而自入歧趨之事實，並非級任制本身問題。不揣冒昧，先述余所主張之原議，再討論其疑問及研究，想亦貢君所樂聞也。並望熱心研究中學教育者共討論之。

---

① 原載《河南教育專款紀實》，河南教育款產管理處1934年12月。
② 原載《新教育》第5卷第1、2期合刊，1922年8月；另載《河南教育公報增刊》第1年第5期，1922年6月。

甲、補述計畫書原案

余之主張級任制，在矯學監制之弊，貢君已言之；然其施行辦法，貢君尚未言及，謹撮要補述於左：

原案有云，漸圖廢除學監制，以級任完成訓練之事務，又云級任難得其選，恐管理流於廢弛，是本旨重在裁學監，並非認級任制爲萬能，亦非認改革中學以級任爲唯一方法，即貢君之人材疑問似已籌慮。原案又云，期管理教授之統一，當注重訓育會議，校內事務皆由該會決議施行。又各職教員當負公同管理之責。擔任某年級教授者，對於該級之個性與行爲，應施指導與矯正，並備記錄，送訓育會審查。此雖對學監未全裁者而言，然實施級任制固當依此行之，可知所注重者在合教授、訓練、管理爲一途，且須全體職教員同負責任。

乙、討論貢君之疑問及研究

一、對級任制作用上疑問之討論。依原文分三項言之。其討論第一項，頗發表級任制以外之中學教育意見，因討論一事，必明其一切關係而後能了然於此事之歸宿，閱者幸勿嫌其辭之費也。

1. 貢君以中學課外管理與小學絕然不類，無須嚴密瑣碎之監視。中學生年齡較大，自治力較富，管理之方自與小學異趨；惟中等教育與初等教育，依余之意見，應取同一之趨向。所謂同一之趨向者：

其一，教授與訓練管理當融合一致，不當視訓練管理爲教授以外之事。凡教授皆須含有訓練之作用，而後教授有效，而後能達到教育之目的。其覺某事近於訓練者，係教材性質之別，某時近於訓練者，係教授程序之別。吾國教育之無效，在授予之知識無關於品性，不能措諸實用。所以然者，教授自教授，訓練自訓練也。至於管理，則學校職教員各應其職務，各應當時之事，按照學校規程爲相當之處理；此爲職教員均有之責任，在教育上並無重大價值。獨不解各校現狀何以往往視管理爲教員以外之責任，而訓練又不統合於教授之中，反認爲管理方面之事；即講教育學者亦屬訓練於管理，不屬於教授；無怪教育之無效也。

其二，除休息、寢、食外，不當有課內課外之別。所謂課內者，即各校所規定之教授時間是也；其在課外者，如自習，每日有一定時間，如研究會、補習之類。隨時規定其時間；於此發生以下之問題：

（1）學生在校，是否當應學校生活隨時隨事皆須予以受教育之機會？
（2）此課外之學習，是否須有相當之指導與考核？

吾知答者，對此二問，必無有為否定之辭者也。果上二問而確無疑義，今茲中學之教授情形與課程配置不能不有懷疑之處。

對教授情形之懷疑為何？今之研究疲勞問題者，每日學習時間，無有主張逾六小時者。然此皆依據舊式教授之慣例，以定腦力疲勞之限度；初未思及一日二十四小時，除寢食休息外，尚有一半之時間。吾人用腦惟依據舊式教授之慣例，集中於此繼續之數小時中，以驗疲勞，抑可分配於較多之時間，以驗一日能用之腦力乎？徵之各國農工學校加入實習時間，以及勞動者之工作時間，往往有七八時者；苟變其教學之方法，則學習時間大有討論之餘地也。吾國中學大抵為寄宿制，區教授與自習時間為二。在教授時間內，使惟顧每時應授予之分量，學生是否必有心得？惟顧學生之心得，此規定之課程是否每日數小時所能授畢？且規定之課程適合與否，與學生之領受疲勞如何，純用舊式教授之慣例，是否能測定正當之標準？吾人當可自省矣。至自習時間劃在教授時間以外，與參合於教授之中，孰為有效，又不難據學習心理而判斷之矣。

對課程配置之懷疑為何？中學課程之分配及程序皆以科目為單位，本未可完全否認。惟各學科有許多重要之部分，可於學生生活中，由其作事方面，給予學科上之知識，俾能措諸實用。如因辦理自治會，隨時隨事而授法制；因辦理販賣部，隨時隨事而授簿記及利息計算等。為生活而學習，則教學之效率自大。而各校教授，大抵教授學科為一事，辦理事務之指導又為一事；此余所大惑不解也。又教材聯絡，不過教授某科注意與他科之關聯；此於教育之價值，正復有限。且多僅託諸理論，鮮有實行。近日設計教學之法日益精密，苟提出重要問題，從問題中分習各科事項，其學習興趣當較增進；而中學殊少研究及此。不變更教材之組織與斟酌授予之機會，徒從方法上研究，終多無裨於實用。

依上述之疑問與所決定之問題，因而定余之主張：

（一）中學課程可分爲三部分：

（1）學科教授之課程。——此用舊時教授時間行之。惟課程組織及教授程式當圖改革。

（2）預習及整理之課程。——此用舊時自習時間行之。惟舊時自習，非由教師指定範圍，其自習多無目的，且不能驗其結果如何。欲期自習有效，當改革教授程式；大約自習時間，以十分之六七爲預習教材，十分之三四爲學生整理心得。

（3）服務及特別研究之課程。——吾國中學概用寄宿制，且因社會情事以寄宿爲宜，因此服務及特別研究有詳細規定之必要，尤當視爲正當課程，由學校有目的、有規律之生活養成其社會生活之能力。

（二）教授功課，應於教授之前一日指定課本預習之起訖，及參考書某部分之事項，或實習與技能功課預行某項之練習；教授時就所指定預習者，依序分項問答討論；從問答討論中爲相當之解釋與補充；教授之後，扼要歸納爲提綱之叙述；進而爲深究，爲應用練習。使學生所自習者，純供教授時間之用，而教授時則純爲教師指導學生解釋問題，或練習功課之時，並不重教師之口講指畫，滔滔不絕，爲盡教授上之責任。

（三）教師擔任某期，某種之功課，當其擔任時，應就課程所當授予之分量，計算應需之時數；既擔任以後，應按週、按月考核所授予之分量學生是否悉能熟練，而伸縮其實際教授之時間。不能惟計時數之已否授畢，而不問學生之熟練與否。

（四）各種學科除屬於服務之事項應另行提出教授期與實際相應外，尤宜選擇各科之重要部分多行設計之教授；或以某科爲主參合他科行之；是在教授之時相聯合討論耳。

（五）各種服務及特別研究應按其性質由職教員分別負指導之責。

凡茲所言，皆運用小學教學之原則，苟循斯旨，吾敢信中學教育之能革新也。

2. 貢君以考察個性，少數級任之考察，不若全體職教員考察之效率大。此論誠然，惟設置級任，並非以其他職教員，可置考察個性於不問。若如謬誤之慣例，以訓練管理爲校長、學監之事，則較多之級任，負考察之責，又比少數之校長、學監考察之效率大也。

3. 貢君以聯絡教材，中學無此萬能人才充當級任，尤不適於選科制。夫配置教材，屬於教務委員會之責任，級任亦可兼任，如級任能兼負教務之責，固爲優良之級任。惟關於各級教材之聯絡，由教務會議先訂大綱，再由各級各科教師分訂細目，即有萬能之人才，亦不能責成於一人。若行選科制之中學，則班次複雜，其選修之科目，有爲某級專修者，有爲數級通習者，但取科目中劃分之部分，其內容與程序適於選修之用，而內容之事項是否互相聯絡，不能顧及也。又選科制級不分而分組，每組亦以有主任爲適當。

至管理勿論如何周密，斷無取監視之態度，亦斷未有教授不含訓練之作用，教師不負管理之責任，而教育可期良效也。且中等教育以下，職教員與學生相處，隨時負有指導之責任，斷不能因學生自治力之較富，其責任遂可稍弛也。

余以爲級任制之作用，在就各級或各組擇一特別負責任之人，綜該班各教師所預計、所實施、所考察之各種事項，而董其成。在完備之學校，班次甚多，當就各年級而分設學科主任，分工愈多，各有統一之人，事亦易舉。至未甚完備之學校，教師不盡得人。各級得一負責任者任之，於促進革新亦不無裨益也。

二、對學生心理上疑問之討論。中學級與級之顯分，根於學生心理發生者，與級任之有無關係。因級任之言行而異其趨勢者，其結果不盡屬於惡。而級任訓育之方，當依據訓育會議之主旨行之，不當參以私見。至受個人言行之影響，非有特殊之能力不足以鼓動學生，如有此類教師，即不充級任，學生亦易被其影響。至主任與學生之互相利用，師生因本級與他級之不相屬而異輕蔑與驕縱之態度，學校而呈此現象，其校長之庸闇，教師之大半不良，學風之惡劣，可以想見；烏足與討論級任之設置與否乎？

三、對主任人材上疑問之討論。貢君謂學識優良，辦事擅長，難以兼備，加如許之級任，人材上不無缺乏。余以爲河南教育界之人材，二者之外，尤以乏責任心爲最困難。使其富於責任心，則學識因研究而可漸期優良，辦事因勤奮而可漸期熟練。是級任之設，實可爲造就辦事人才之一法。今之設級任制，至於無效或失敗者，就余所知，尚不盡關於級任學識與辦事能力之問題。其所以無效及失敗之主因，大抵徒慕優良學校之級任制，不考察施行之實際與此外之關係，貿貿然而設置之。或其目的僅圖學校行政上一新招牌，並不計實際之如何進行。爲校長者每以級任教員得學生信仰將危及自己與其私人地位，惟與以虛名而不責成其辦事。級任教員因校長辦事多不公開，且自有參予密勿之人，亦避嫌而不任事，更有因級任之薪俸較多，鐘點可以減少，並得假權以支配其他教員，因此咸思營充此席，或校長用以位置其私人。如此情形，苟政治就理，教育行政方面固有督責與改正之方也。

四、對學校辦事上疑問之討論。級任之設，減少教務上訓練之專任繁重則有之，以此而廢置教務不可也。人可兼任，制度不能兼代也。夫分工之有益，已成辦事不易之原則。縱貫之精神，視學校辦事之如何，不因分任而橫截之也。若謂授課外兼訓管之職，慮其顧此失彼，析教授與訓練管理爲二，余已切言其非是矣。且貢君固亦主張全體職教員考察學生者也，何獨於級任而疑之？若謂有級任，又有教務主任，意見易於紛歧——中等學校中教務應設主任與否，係另一問題——但級任與專辦教務者各有應盡之責，彼此各不相妨；如贅疣、駢拇之說，此爲人的問題，與制度無涉也。若謂有級任名目，其餘教員將不問學生之事，夫訓練不宜離教授而施，管理爲教師應分之責任，級任之責任惟對於該級之計畫與事務歸結，集中於一身，較重於其他之教師耳；如以訓練管理全歸於級任，吾不知教授上究竟之目的果何所屬也？

貢君最後之研究，所指之成功與失敗，其成功也，吾不敢信全屬於級任制之效力,蓋學校之完善,必不僅賴一種之組織也;其失敗也,亦不能歸咎於制度,以所指者誤在徒騖其名,或假藉其名,初未實行級任制應盡之職務也。

總之,中學之改革,不限於以行級任制爲改革之唯一方法,但謂其絕對不適用級任制,據所述之事實與理由,而斷其無可能性、普遍性,余竊惑焉。

義務教育進行計劃案①

民國擾攘,教育停滯。各省籌設義務教育之文告,宣傳有年,而實際之設施,惟山西省政府提倡較力,其小學之校數與生徒數,比他省日益增多。江蘇教育界較盡責任,如義務教育期成會之報告,各縣稍籌辦法。屬於省會進行之計劃,當以廣州市教育局最爲完備。地方進行之計劃,當以江蘇南通縣最爲完備。至吉林之省會與長春商埠,亦略有端倪。此外無可述者。欲期全國義務教育之確能普及,與所辦者確有實效,不可不注意以下之三個要義:

1. 不當徒憑紙上之提倡與督促。今之辦義務教育者,教育部以空言令行各省,教育廳以空言令行各縣;上以空言責下,下以空言罔上。所籌之辦法是否切實,以及曾否依辦法而實行,各不負責。即有設施,亦不過供文飾門面之具。雖日日言辦義務教育,於實際何益?此吾人所當注意者一也。

2. 當從根本上圖解決,不當徒事枝節之計劃。今之爲設學籌款之計劃者,或僅及於一部分,或牽制於他方,用力雖勤,而收效甚微。稍有阻礙,便即動搖,未有根本之計劃也。此吾人所當注意者二也。

3. 不當僅以增加校數、生徒數爲達義務教育之目的。教育之普及,固在學校與生徒日益增多;使僅在數目之增多,苟令私塾懸一學校招牌,一轉瞬間,即可增無數學校矣。今之各縣小學教育,對於人生價值,較

---

① 原載《新教育》第 5 卷第 3 期,1922 年 10 月。

私塾效率爲益幾何？徒知設學而不明教育之眞義，宜我國學校之有名無實也。此吾人所當注意者三也。

本此三義，進求方案，依次敘述於下：一曰經費計劃；二曰師資計劃；三曰設學計劃；四曰明定促進義務教育之根本法。至於編制與課程，論者甚多，不復贅及，如拙著《新式國民學校計劃書》（1921）及與海内學者商榷函件，或可並案討論。

一、經費計劃

（一）經費之籌集

此先決之問題，由國家負擔乎？抑由地方負擔乎？所謂地方負擔者，由省負擔乎？抑由縣自籌集乎？論各國成例，如德國新共和法律，悉由國家負擔；其餘有由省與地方分任，中央政府給一部分之補助者；有由中央政府、省政府、地方分任若干之成數者；有教員俸由國家負擔，餘歸地方者；有都市由國家與地方分任，鄉村由國家負擔者。我國則國家未列此項專款，省政府雖曾列入預算，大抵專爲省會辦理義務教育，無統籌各縣者。縣之各自爲謀，僅及於零細雜捐。且因仰賴於中央任命財政官吏之核準，不易籌集。國家既不負責，管理財政又爲一方所壟斷，甲地籌一款，合全體人民請求而不得，乙地設一校，因不得補助而中輟，即增加校數，勢已綦難，遑論普及？故欲期義務教育之普及，非從財政上謀根本之解決，定負擔之責任，固絕無實現之希望也。今言及此，不能不涉及一般財政問題。此問題如能解決，則一切問題迎刃解矣。

分三項：1. 確定經費基礎；2. 籌劃指撥專款；3. 整頓原有款産。

1. 確定經費基礎

試述余之主張如下：

第一，劃分中央政府、省政府及地方三種財政之收入，確定稅源獨立及徵收權限（此所謂地方，包括縣、城、鎮、市、鄉而言。他處有合省與縣而稱地方，或指縣以下之城、鄉、市、鎮而稱地方者，閱者須分別觀之）。

我國財政向受患於專制政體，假國家之名，行壟斷之實。本係國家支出，或爲地方負擔。本係地方稅源，或作國家收入。所謂地方稅，惟有附加稅及苛細雜稅等（附加稅亦有歸國家收入者，如鹽斤加價是），無獨立穩固之稅源。即地方稅，亦歸中央任命之官吏包辦。人民願徵之稅，爲財政官廳所厄而不能用以辦地方之事業。地方願辦之事業，因受財政之束縛而不能發展。在前清咨議局成立時，各省多有國家稅與地方稅之爭論，以政體所限，不能徹底劃分。民國二、三年間，財政當局定劃分之標准：一是國家與地方負擔經費之劃分；二是國家與地方稅源徵收之劃分。編制預算，以此爲準。顧以當時袁總統方平定第二次革命，盛唱中央集權，故所劃分者，仍爲偏重國家。乃當局猶以爲未足，財政部竟於三年六月呈請取消國地兩稅名目，以便爲濫用地方稅地步。五年八月黎總統繼任，國務會議雖有恢復三年六月前預算辦法之決議，迄未實行。又各省有就總收入分項，以若干成屬國家，若干成屬地方者，權限頗爲混淆。迄督軍干政，於是中央壟斷之政策，移轉於軍閥，中央與地方皆坐以待斃。而各縣原有之學款，多爲萬惡之知事與劣紳提供於軍警。地方學校名存實亡者，蓋已十之八九矣！故劃分收入，不獨爲清厘財政、鞏固國家根本之大計，即義務教育之能以普及，亦胥賴是。

　　劃分既明，其利有三：中央各省及地方，各就收入之途，謀整頓與擴充，不受何方之牽制，一也；各計收入之額，支配其適當用途，以專其負擔之責任，二也；各有獨立穩固之稅源，不致互相爭持，三也。無論政府採聯省制、分權制、集權制，按之歐美各國制度，其稅源之必須劃分，固無疑義。如採集權制，稅源之劃歸國家者必甚多，義務教育即當由國家負其責任；其經費或全由國家支給，或由國家給予大部分之補助，而不能徒以空文責之各省。如採分權制或聯省制，則何者由中央政府給予補助；何者由省政府給予補助；何者由地方負擔；均應劃清稅源，提取若干成，供義務教育之用，而不能任收支之漫無標准，官吏之藉故推諉。澄清政本，振興教育，舍此別無他途。

　　劃分之標准，據各方提議如下：

（1）湖南省憲規定：海關稅、鹽稅、煙酒稅、印花稅應劃爲國稅。其他各種租稅，省政府得依省法律之規定徵募之。在不抵觸省法令之範圍內者，縣得制定縣稅，及附於省稅之附加稅；並他種公共收入，以充縣自治事項之經費，但須受省政府之監督。一等市、二等市，受省政府之監督，得制定各種市稅：（1）房屋稅；（2）車馬稅；（3）戲院及其他各種遊戲場稅；（4）屠宰稅；（5）酒館稅；（6）附於省稅之附加稅；（7）其他稅則得政府之許可者。

（2）浙江省憲規定：本省各種賦稅，均爲省收入，省政府依法律之規定徵收之。對於國家政府之負擔，至多不得超過本省收入總額百分之三十。縣固有之各項捐稅，仍由縣徵收之。在不抵觸省法範圍內者，縣得制定縣稅，及附於省稅之附加稅，並他種公共收入。特別市除固有各種稅捐外，得制定市稅，如房捐、地價增加稅、奢侈品入市稅、娛樂場稅、飲食業稅，附於省稅之附加稅，其他捐稅，得省政府許可者，以及其他公共收入，但不得與省法相抵觸。

（3）江蘇省制大綱：除鹽、關、煙酒、印花各稅，應歸中央；至現有縣稅，應歸各縣；在省範圍之地稅、貨物稅及現有雜稅，均列爲省歲入。

（4）丁佛言主張：田賦、契稅、牙稅、當稅、煙酒稅、屠宰稅、漁業稅、雜稅以及正雜各稅收入等，概爲省收入。國家稅通常爲印花、交通諸收入，更得制定種種國稅，及徵取各省公金。

（5）童心一主張：海關、鹽稅、煙酒稅爲國稅；地價稅、家屋稅、營業稅，其外雜稅爲地方稅。

（6）藍公武主張：海關稅、鹽稅、煙酒稅、印花稅，應劃爲國稅外，其他各租稅均爲省稅。

（7）王正廷主張：應歸聯省中央政府所有者，如郵電、海關、國有鐵道、鹽稅、煙酒稅、印花稅等。應歸省政府所有者，如地丁、礦山、道路、產物稅及一切省有生利之事業。應歸市鄉所有者，如土地、家屋稅、營業稅、附加稅及一切執照，並生利事業稅等。

（8）孫增大主張：鹽稅、海關稅、煙酒稅、印花稅、所得稅等為國稅；田賦、統捐、絲繭捐、茶捐、礦產稅、營業稅、家屋稅、登錄稅等為省稅。其地方稅之主張與浙憲主張同。

第二，從中央、省、地方三種收入中，規定各部分行政支配之成數。義務教育費在中央政府、省政府總收入中當占百分之五。在地方總收入中，除原有學款外，當占三分之一（所定成數，將來財政整理及教育發展，仍當隨時提議增加）。

三種稅源雖經劃分，然各部分行政之支配苟不確定，則某部分強有力者或財政當局，可以任意支給。遇收入有伸縮時，則流弊尤多。政府惟盡力應付強有力者之支給，而行政上應辦之事業與應負之責任，將不顧及。至地方收入，亦應分別規定，庶鮮爭端。前清末年辦理自治，一事未舉，而惟侵及學款，可為明鑒。查廣東憲法規定教育費須占省收入總數百分之二十。湖南省憲規定每年教育費至少（含有應行增加之意）須占全省歲出百分之十，教育基金至少百分之一；義務教育經費由各地方自治團體負擔者不在此限。浙江省憲規定至少須占全省歲出總額百分之十五，教育基金至少百分之二（此所謂省總額，合中央及省之收入而言）。省教育費每年應照數劃出三分之一為補助全省國民學校經費之用；又省政府得強制縣或市鄉自治團體就地方籌集經費，設之國民學校；凡向屬教育之款項或產業，不得移作別用。綜所規定，較之各國教育費已形其絀，而吾國歲提預算，中央教育部從未列有補助各省之費，各省教育廳亦未列有各縣補助費之預算，而地方收入又全操於政府。義務教育之未由進行，何怪其然！

茲為便利參考起見，更舉歐美各國之劃分財政與擔負義務教育經費概況數例，藉知他國中央劃分之稅源愈多，其擔負地方之責任必愈重。吾國政府徒剝奪地方之收入，而不辦理地方之事，吾人當自猛省矣！

（1）美國以飲料、煙草等消耗稅、關稅為國稅，一般財產稅、職業準許稅、所得稅、印花稅、相續稅等均歸諸各州。其義務教育費，有州任四成，縣五成，地方一成者；有州縣及地方各任三分之一者。有州任四分之一，地方任四分之三者；有州任三分之二，縣任三分之一者；如芝加哥市，則全由市任，州補助十分之一。

（2）英國以關稅、消費稅、所得稅、地租爲中央稅源。義務教育費，最近規定國家與地方各一半。

（3）法國以田地、房屋稅、人及動物稅、門窗稅爲中央稅源。其義務教育費、教師俸給國家擔負，其他費用地方擔負。

上所主張，應提出專案聯絡各界，對政府國會及財政討論委員會爲一致之請求。由國務會議辦法，令財政部匯集資料，然後選聘財政學識優長之士，並酌派經管財政者若干人會議協訂，即以協訂者，提交國會。或由國會自動，或由財政討論委員會提議亦可。各省根據上所規定之標准，派各部分主管行政者，詳訂辦法，提交省議會。如對於中央之案，意見稍有出入，亦得建議。但教育部分較爲繁重，會議時應多派數人。

又查各省所籌之義務教育費，如山西城鎮以營業捐、鋪捐、住戶捐爲大宗，鄉村以畝捐爲大宗，江蘇議行之物貨帶徵稅特捐，浙江議行之地丁加稅等，皆適合於地方稅源，又爲各地方所同有。各省當先以此籌辦義務教育，俟自治成立，再行統籌。

2. 籌劃指撥專款

前項之主張，如能實行，此所指撥之稅，自以歸並前項，依割分之原則而定爲是。惟義務教育籌辦伊始，政府特定專款以補助，或作教育基金等，亦目前切要之圖也。

（1）所得稅。教育部令以十分之二充地方教育費，因款有專屬，軍民長官不便挪用。管財政者又不能斂以取寵，故迄今多未舉辦。苟政府毅然決行，當無阻礙。若全數撥充義務教育費，推行稍久，收入必可增多。應督促當局從速辦理，定爲地方增設小學之用。

（2）新增關稅。國務院曾有通電，撥若干成充教育費。山東覃廳長建議專辦小學校，各省多有贊同。應建議於教育部，提出國務會議，將此款專充補助各省增設小學校之用。

3. 整頓原有款產

（1）清厘收入之源（如學田租、典息之類，其弊甚多）。

（2）嚴定支配之標准。

（3）嚴定保管條例。

（1）（2）兩項應由縣知事及勸學所負責辦理，逐項叙明來源、歲收概數、經管情形及產業坐落界址，造具清册，並擬整頓計劃及支配方法，呈報教育廳備案查核。（3）項應由各省自訂條例，官紳如再有挪用者，嚴加懲罰。

（二）經費之分配

由中央政府支給者：曰養老費；曰撫恤費；曰中央補助費。

由省政府支給者：曰小學教員養成費；曰省政府補助費；曰省政府獎勵費；曰特別小學經常費；曰特別講習費；曰小學視察費。

由地方支給者：曰俸給費；曰開辦費；曰補助費；曰獎勵費；曰講習費；曰參觀費；曰扶助費；曰視察指導費。

上所分配，係斟酌我國政體及財政狀況，參合教育行政之準則，與根據劃分稅源之主張而定。若租稅之收入，或仍采集權制，或採極端之聯省制，或僅分國家與地方稅，而不劃清省政府與地方收入之權限，或收入劃分而稅源仍多混淆，則所分配者未必適合。至各項支給之歲額，當視事業進步、軍隊收束、國稅整頓等情形，而後有逐漸增加之希望也。茲就所劃分者，逐項加以說明：

1. 由中央政府負擔者

養老費、撫恤費，各國皆由國庫支給。中央補助費須稅源劃分後，計中央收入之額，隨時而定補助之範圍與歲額。就補助可行者而言：（1）年功加俸之補助；（2）獎勵優良教師之補助；（3）邊地小學之協濟；（4）因小學教育上特別需要之協濟。

2. 由省政府負擔者

小學教育養成費：養成小學教員之師範學校，各省大率由省經費設立。縣立師範，財力與人才均不敷用。爲普及教育起見，此後增校增級，需款頗多，省政府應負完全責任。

省政府補助費：（1）補助年功加俸；（2）補助縣款補助之不足；（3）按各縣兒童就學之多寡補助之；（4）補助瘠貧地方小學之開辦費與歲費；（5）參觀費之補助費，但須由教育廳指定；（6）補助鄉村聯合設立完備之學校；（7）爲天才或劣等生特別設級之補助費。

省政府獎勵費：（1）獎勵優民教師；（2）獎勵優民學校，此與前項均須俟稅源劃分後，計省政府收入之數，隨時而定歲額。

特別小學經常費。此類小學設備及組織，務期完善。需款較多，其目的在爲他校模範，用省經費在交通便利地方設之。

特別講習費。分師範教員之講習、小學教員之講習二種。

小學視察費。教育既圖普及，原有之視學不敷分布，須派遣多人赴各處指導，故此款宜逐年增加。

3. 由地方負擔者

俸給費。此包含小學教員歲俸、年功加俸及與小學教育有關係人員之俸給。

開辦費。小學逐漸增加，每加一校或增一班，臨時開辦需款較多，故在教育未普及時，應特立一項。

補助費。此於省政府補助費所列之各項外，應給補助者。

講習費。講習分自由聽講與輪值補習二種。

參觀費。供參觀旅費之用。

扶助費。爲優良兒童之貧者而設，給予用品或更予津貼。

視察指導費。此於視學外有巡回指導員之費。

二、師資計劃

此項計劃，第一，造就師資，其人數當與增設小學校之數相應。第二，增進充小學教師者之能率，含有敦促改進之義。實施時，此二個目的並無顯明之界限，不過進行計劃當協斯旨耳。惟余所亟欲申論者，今日地方教育之不良與不易推廣，根本上誤於師範教育之腐陋，而地方所辦之短期師範，尤爲敗壞之原（地方所辦短期師範，亦有較善者，並有優良之人才，但爲例外），以致小學之內容大率無異私塾。平情而論，即辦理義務教育最力之省份，恐亦不免此弊。故今日辦理義務教育，須厘頓舊有小學，則進行諸多窒礙。非本眞正教育之見解，培師資，設學校，則經費徒爲虛糜。與其循因陋就簡之途轍，設許多有名無實之學校，隳社會上之信用，何若力求所設學校，足以達到教育之目的？再兼用補助獎勵之法，行其干涉私塾之政策，以相救濟，則名與實俱符矣。余以爲貫徹此種之主張，培養師資，自當由教育廳直接辦理，其經費完全由省政府負擔。若地方確有設置之必要與辦理之財力，由教育廳審酌行之可也。茲就計劃所及陳述意見：

分十一項：（一）分劃師範學區；（二）籌設師範分校；（三）確定師範學校責任；（四）改革師範本科課程；（五）整理附屬小學；（六）補充師範教師學識；（七）重訂講習科辦法；（八）推廣第二部辦法；（九）短期講習；（十）介紹新書；（十一）強制補習。

（一）分劃師範學區

綜計全省地域情勢及小學教育進行規劃，分配學區，每區轄若干縣，應就已設各校外增設若干校。在所增之校未成立以前，指定某校暫兼轄某區。

（二）籌設師範分校

1. 專爲女子師範而設。小學教師以女子充任最宜。各省女師範學校，皆較男師校數尤少。使男女師範分地籌設，則學生就學不便；若必於已有師範之處，兼設女師範，又苦無此相當之財力；若男女合校，就中等教育言，事實與理論頗多爭議。今就男師範所在之區，兼設女師範分校，自可得男女教育平等之益；而辦學人才與財政兩方面皆極經濟。至原設之女師範學校，亦可兼設男師範分校，俾無畸重畸輕之弊。

2. 專爲農村教育而設。小學教育既以鄉村占最大部分，自當多培養因應此種生活之教師。此類分校宜擇適當之農村設之。

3. 應地方需要而設。此類分校，有受地方委託，或因一時需要起見而設者；有因小學教育發展增加師資而設者；但此所設者不以本科爲限。

（三）確定師範學校責任

今之辦學校者，大抵惟以循章辦理爲盡職。師範教育影響於國民前途甚大，關係於地方教育尤爲密切，區劃既分，責有專屬，故各校對於畢業生服務之規劃、推廣分校與班次之規劃、派員考察區內小學之規劃、小學教師教法改良與學識增進之規劃、地方教育改進與推廣之規劃，應各自有切實之進行辦法。

（四）改革師範本科課程

此問題頗爲繁密，舉其最要者言之：在新學制未實施以前，師範學校應廢預科，前三年注重普通及教育之基本學科，後二年除教育學科外，其餘分類選修。實習從後期第一學年第一學期起，應與理論互相聯絡，同時進行。各科教師當以曾習師範或對於小學教育研究有素者充任之。在後期中各就所擔任之科目，指導學生討論小學教材。

（五）整理附屬小學

附屬小學應備之條件：（1）須敷學生練習之用；（2）單式外須另有複式之組織；（3）於各年級外須酌設專供試驗新制、新法之學級；（4）設備務求完備；（5）每周須各級聯合開批評會一次。

（六）補充師範教師學識

各高等師範學校應爲各省現充師範教師者（包中學教師在內），設一年以內之補習科。科目自由選擇，由各省輪流派補習。

（七）重訂講習科辦法

現行之講習科制度，混合學力年齡各不一致之人於一處，施同一之教授，習普通之學科，極感不便。高小畢業生程度太淺，短期所學尤不能勝教師之任，茲擬定辦法分爲四種：

1. 爲高等小學校畢業生而設，期限三年。普通科目依照師範本科前期，酌減其程度或分量，於第二年增多教育學科，第二年之下學期即加實習鐘點。

2. 爲曾充小學教師者而設，期限一年。學科除通習之教育學科目爲必修外，餘如算術、博物、理化、史地等普通科目，技能各科目，設計教學法，國語教學法，心理測驗等，得特設門類，任其自由選修。但至少須選修二科目以上，並就所選修之科目，分別實習。

3. 為已受甄別之塾師而設，期限一年。學科目取現行之一年講習科課程，參酌各該地方情形，及塾師程度而定。此項得由各縣自行辦理。

4. 為速成專科教師而設，以曾在師範本科畢業者入之，期限一年。分圖畫、手工、樂歌、遊戲運動、國語五科，聽其選修二科。但於選修科目外，須加授普通教學法。

（八）推廣第二部辦法

現在中學畢業生不能升學及甲種實業畢業生閒散無事者甚多，其中亦有濫竽於小學教育界者。使一方嚴定小學教師之資格，一方有優待教師之規定，而各師範又添辦第二部，則此項畢業生入學者必多。其課程宜改訂部章，參照第七點講習科之第二、第四兩種辦理。惟教育學科及實習，宜特別注重。

（九）短期講習

1. 寒暑假期之講習。期限長或五十日，短或二十日。科目之門類及多寡，均隨時酌定。在各師範學校，每年至少須辦一次。設分校者亦然。

2. 巡迴講習。期限、科目同上，但此由縣自辦，隨時選聘教育有心得之士，就該縣各鄉適中地點，巡迴講習。凡公私立學校教師，均應聽講。或間日講習一次，或半日講習，俾於各校授課兩不相妨。

（十）介紹新書

每年介紹小學教員應閱新書：一、關於教育普通應閱之書；二、教授專科應閱之書；三、特定私立小學校或私塾應閱之書。在師範學區未劃分以前，由教育廳通令購閱。

（十一）強制補習

現在小學教師中，有兩種人最難處置：一是資格合而學力不足；二是資格不合而資性可造。欲使兩種人均能改進，必有適當辦法，應由視學嚴加考察，分期令入師範學校之講習科，就第七點二、四兩組補習。

其職務由該縣派人暫代，俟補習畢業仍任原職。年暑假視學將應補習人名呈報教育廳，由廳分派各師範學校，並令行該縣遵照。

三、設學計劃

設學計劃：（一）整頓現在公立小學校；（二）取締私塾；（三）考核私立小學校；（四）推廣義務教育。

（一）整頓現在公立小學校

現在公立小學校有存在之必要者，須合於下列標准之一：

(1) 有確實之經常費，能設四級以上之校。

(2) 有相當之校舍與設備者。

(3) 現有多數之優良教師者。

對（1）項之整頓，無相當之校舍與設備，應令籌集臨時費，由省或縣給相當之補助費；無優良教師者，應即改組。

對（2）項之整頓，教師不優良者應即改組；經常費不足者，應設法籌撥。

對（3）項之整頓，經費不足，或校舍及設備不合者，應分別籌撥款項，切實維持。

因此對於小學校應備之條件，略舉於左：

1. 校舍及設備均須適用，各省須有相當之規定，並刊行關於此類文書，以資參考。

2. 教師俸額須有適當之支給，又校用費有適當之支配，各省均須有相當之規定。

3. 小學校課程以合於現行國民學校令第十三條之第一項為主，能參用新式組織尤善。

4. 教師以曾充小學校職務成績優良及最近師範本科畢業者為適當。

綜計原有學款，依存在之標准，為整頓之分配；並支給其餘正當款項外如有餘款，得就有相當校舍或擇適宜地方，根據以上應備之條件增設小學。其新增之款，用以設學，亦準也。

（二）取締私學

1. 各省教育廳應令縣知事督同勸學所詳細調查該縣所有私塾，限期呈報。於呈報後，定期派員，分赴各縣甄別塾師，並由縣知事遵令先期布告。

2. 塾師除由師範畢業及曾經檢定合格者外，均應受甄別之考試。自此次考試後，非考取者不準私自設學，違者查禁。聘未考取之塾師設學者，罰其聘主。

3. 考試塾師以國文明通。兼習淺近算術者為甲等；國文明通者為乙等。

4. 考取甲乙兩種塾師得最優分數者，得充補習學校（補習學校見下四項內）教師。

5. 私塾生徒不得享有轉學之權利。

6. 各地方私塾，其塾師係師範畢業及曾經檢定合格，或甄別考取，其設備又合於學校之性質者，經視學考察後，擇其較善者，改稱私立小學校，由縣署呈報教育廳查核備案。此項私塾亦得自行呈請縣署考察。

7. 考取之塾師能閱介紹之教育各書，經視學考察認為確有心得，其教法亦較善者，得呈請教育廳核準，為代用小學教師。入塾師講習科畢業及格者，有充小學教師之資格。

（三）考核私立小學校

1. 私立小學校之教科編制、職教員配置及徵收學費等，得許其變通部章。惟缺少教科目須以現行國民學校令第十三條第二項為限。

2. 私立小學校之教師除師範畢業及檢定合格者外，應與塾師受同一之甄別，未考取者仍不得充私立小學校教師。

3. 縣知事應督飭縣視學，詳細調查各地方私立小學校（教會學校在內），如不合前兩項之規定，已立案者限期改正；未立案者即時取消。

4. 私立小學校得受公款之補助與獎勵，其辦法由各縣自行規定，呈請教育廳核準。

5. 私立小學校經視學考察，認為合上述公立小學校存在之標准，與應備之條件者，得呈請教育廳核準爲代用小學校。

（四）推廣義務教育

1. 獎進。用補助獎勵之法，以爲倡率，並圖擴充。

（甲）對於地方興學之獎進

（1）地方能自籌校舍及開辦費者，視其籌設規模如何，給予常年相當之補助。

（2）地方能自籌常年經費者，給予相當之開辦費並代籌校舍。

（3）就縣有新增之費，分別均配，令地方自籌若干，縣補助若干；但此須就城市與鄉村及其地方富庶情形分別規定。

（4）原有學校之增級，地方能自籌若干者，給予相當之補助。

（5）各鄉聯合設立班次較多之學校，或貧村聯合設立學校，能自籌相當經費者，應特別給予補助。

（6）城市爲各校聯合或附近各校自相聯合，設理科、手工、家事等公共教室，及兒童圖書館，籌有相當經費者，應給予相當之補助。

以上各項，當事者熱心籌集，著有成效者，予以相當之獎勵。

（乙）對於私人興學之獎進除依甲之（1）（2）（3）各項辦理外，並照章請獎。

（丙）對於私立小學校之獎進

（1）每年經視學考察後，對於優良教員分別給予獎勵金，俾各教師奮勉於學術，教法可期改進。斯代用小學校日益加增。

（2）代用小學校之增級，得參照甲之四項辦理，對於甲之六項得許其聯合。

2. 強迫。此所謂強迫者，與教育法令規定之範圍不同。蓋義務教育規劃方始，不強迫設學，而強迫就學；不處罰不設學者，而處罰不就學者，可謂本末倒置之極矣！吾國人每辦一事，抄襲章程，不務實際，往往然也。茲述余所主張強迫之辦法如下：

（甲）關於小學校設置之強迫

（1）城、鄉、市、鎮，每年至少不增設若干校者，其紳董應處罰。

（2）有商會之地，每年至少不增設若干校者，其會長董事應處罰。

（3）村落聚居逾百戶者若不設小學一所，其村董應處罰。

（4）各縣每年小學校不增設若干校者，其知事勸學所長應處罰。

（5）擔任一定區域之學務委員或勸學員，每年不增設若干校者，應處罰。

以上各項應由各省自訂辦法。

（6）各省行政長官，對於該省之小學每年不增設若干校者，應處罰。

（乙）關於補習教育之強迫。補習學校，部章極為疏略，應重加修訂，拙著《考察日本實業補習教育記要》，可資參考。

（1）公立各機關應為其員役人等設相當之補習教育，或聯合設立；不設者，應處罰其官長。

（2）海陸軍應各就軍隊所在，為其弁兵等設相當之補習教育。如政府通令後，官兵等在軍逾一年，尚不能識三百字以上者，應處罰其官長。

（3）商家設立之公司工廠，雇用一百人以上者，應為其雇人設相當之補習教育；不設者分別處相當之罰金。

以上各項應由各部訂條例公布。

（4）凡有學校之地，應附設補習學校，中等以上學校得輪派三年級以上之學生教授之。

3. 補充

（甲）關於技能各科，各縣得就最切要者選聘若干專科教師，輪赴缺乏此類人才之各校巡迴教授之。

（乙）為改進私塾及私立小學校起見，得特派指導員輪赴各校指導之。

四、明定促進義務教育之根本法

分四項：（一）屬於國憲之規定；（二）修改知事及地方人員考成條例；（三）頒優待教師法令；（四）定職教員怠棄職務條例。

（一）屬於國憲之規定

義務教育年限及強迫之條文，憲法宜有規定，應建議於國會，並通告各省教育界爲一致之請求。

各國憲法對於義務教育之年限與強迫，多有明文規定。近時建設之新政府，規定尤詳。義務教育爲立國根本，我國方制定憲法，應採各國成例特訂條文。

（二）修改知事及地方人員考成條例

修改教育部所定知事辦學考成條例，及地方興學人員考成條例，由教育部呈請大總統以明令公布，並由各省自訂單行條例。

此種考成本不限於義務教育，但地方所辦之事，義務教育實占最大部分。我國官吏考成，向重緝匪理財，絕不措意教育。普通法令，視爲具文。故部定之知事考成條例，僅有空文，而無文官懲戒法之同等效力。其内容有可議者，如知事考成於任滿一年後行之，若不滿一年，即無相當之勸懲；其考成事項，並無確定標准，易於規避；且各省不自訂單行條例，緩急輕重，難期允當。地方興學人員考成條例，不列縣署承辦教育之職員及縣視學，而勸懲又純由知事呈請，恐有未協，全文語多概括，各省是否能定單行條例，亦未言及，皆亟宜修正者也。

（三）優待教師

如養老金、撫恤金、年功加俸、獎勵優良教師俸給等級等，應特頒法令。

此種辦法，於獎勵教師促進教育有至大關係，各國皆有規定。我國教師事繁俸薄，難資事畜，甚有十餘年前所給之俸額至今猶支原薪者。故能者多改就他業，勢之所迫，不得不然。欲振興教育，非教師有相當之俸給，無以維持其生活；非有特別之優待，不能獎勵其奮勉。故養老金、撫恤金、年功加俸、獎勵優良教師等，應有相當之規定。至教師俸給各省不能一致，得令各省自定之。

（四）定職教員怠棄職務條例

現在教育之不振，教師之怠棄職務亦爲最大原因。一方既加優待，一方對於怠棄職務者自應懲戒；應由教育部規定條例（此不限於小學教師）。

此外，如調查學齡、分割學區、強迫就學等，雖屬義務教育應有之事，惟余以爲目前之務，此非所急。在山西辦理當否可弗論，然其省政府庶政並舉，規劃及此，誠爲要圖。若他省所編制者，關於前兩項，非屬捏造，即託空言。第三項則現在尚未能規定。當余初管豫省教職時，檢查此類成案，旁及各省文書，莫不注重此事，竊不騰一紙空文之歎也；茲草此案既竟，且附論及之。

小學教材之商榷[①]

這個題目，是湖北寒期講演會同人提出來的。本是要作詳細的討論，但是時間倉卒，現在單就小學教材要如何預備，從根本上提出幾個問題來説。

一、教材組織與教法的關係

從前研究教法，多偏重形式方面，往往把教法當作一種達教育目的的工具。要證明這個錯誤，試取雕工作個譬喻：雕工雕刻圖章，刻普通木具、石具和堅硬的水晶石，刻的方法不同。若是僅懂方法，都用同一的刀去雕，依然不能成功，可見得方法和工具，僅有連帶的關係，卻不能混而爲一的。所以達教育目的的工具，是"教材"，不是教法，離了工具不能談使用的方法。從前教法因襲形式，弊病在不知教法從教材生出來的。杜威有言："要知'教材'和'教法'的關係，當知'何者'和'如何'是怎樣分別。"鄙見以爲空談教法，不如深究教材程序；所謂教法，即包含在程序的裏面。不過討論教材，也要依據學習心理的，不然，就是羅列許多良好的教材，仍然不會選擇，不會排列的。從前研究教材，純從教材的本身定選擇的標准，定排列的程序，和離了教材談教法的，是一樣的錯誤。我們要知道教材程序，含有兩層意義：一爲教的材料程序，是教材本身的問題；一爲材料教的程序，是學習心理的問題。把學

[①] 原載《新教育》第 6 卷第 3 期，1923 年 3 月。

習心理的程序完全在施教的時候去應用，若是組織教材的時候，絕不顧到，這是根本上的錯誤。試拿這兩層意義觀察我國小學教科書對於教材本身的程序，是否組織適當，且不論，對於學習心理的程序，能見到的甚少。現在將我國小學教科書，分作兩類來討論：

（A）教文字的教科書，如國語、國文等教科書。注意學習心理程序的，除教者對於內容認爲淺深難易外，不外下列各方面：（1）生字多少。（2）語句長短。（3）字畫繁簡。（4）篇幅長短。這樣程序，是完全偏於形式的。我非謂形式可以一概不管，不過這非根本的問題，根本是要依據學習心理的原則。因爲要記憶確實，必須反復，而全課的反復是沒有興趣的。要有興趣，必須變化多方；要容易記憶，必須把溫習包含在教授裏面。若是專就施教的時候，應用這三個方法，雖然亦有效果，但是朗讀不感興趣，且教授費力費時——發生效果，尤欠自然。書坊的教科書組織教材，不注意根本問題，所以年級愈低，課文愈短，愈無意義，愈不合兒童的心理了！

（B）用文字記述教材的教科書，如修身、公民、歷史、地理、理科等教科書。大概教材的內容，多爲記述的文字所掩蔽了。教的時候，因爲要連帶解釋文字，教者和受教者的工夫，多半犧牲到文字上去，便把教材的實質拋棄了。依着這樣教科書的組織來教人，無論如何良好的教法，也不易實現了。所以教科書革命，是教法革命的基礎。

犯同一樣弊端的，尚有兒童補助讀本：如《兒童世界》《新法故事讀本》《小朋友》《兒童教育畫》等較爲兒童歡迎的；然而過細考究，編者用力雖勤，兒童所得的利益和功效，並不十分顯著。這種書籍，如《小朋友》《新法故事讀本》記述的文字，對於兒童學習方面稍有體會，較爲有價值的著作；但是編者因爲注重低年級方面，而語句仍不免繁重；且長篇的記述，低年級的讀不了全文，高年級的若是多讀，亦易鄙厭。《新法故事讀本》將故事和文學聯合，若是酌採數課爲較高年級的文學讀本，尚可以用。如果全用這樣課文，就失掉此事的本來面目，且非高年級所喜讀的。至於喜看這種書籍，多半是低年級的兒童，他們注意在看圖畫，或者就年長的人就書講述，不能得到自動的興味。所以兒童補助讀本，也要略依年級高下分別編纂，才能合用的。

還有一種通病：就是各種教科書的材料，不適用於各地方的很多。補助讀本是多用整本的，若是教者祇採補助讀本的一二課文，要兒童整購來做讀本，既不方便，又不經濟。鄙意教科書當用公共的教材，至少要留三分之一的時間，加入地方材料或臨時需用的教材。補助讀本可做《兒童理科叢書》的例，每編述一種事物，訂一小冊，任教者隨時採用，零購就方便了。

現在依我底意見，提出編纂讀本的體例：

(一) 文學讀本

從前的國語國文教科書包括歷史、地理、理科在內，現在文學讀本雖然離不了這樣的材料，但是目的純爲教文字且養成文學的興味的。初學年第一學期教文字，鄙意不主張用讀本，但在教學的相當機會，就兒童認識事物的時候，藉便使他認識單詞單語的文字；又初年級中認字的時候，不要強勉他們能寫。照這樣教法，兒童認字一定必多。到了第二學期的時候，用讀本來教兒童，自然就容易讀書了。

用讀本教兒童的文字，最難的是小學的前三年。因爲語句太多，字多不識，不是初年級的兒童所能讀的；若是語句單簡，沒有包含濃厚的興趣，又不是初年級的兒童所喜讀的。要沒有這幾樣的弊病，祇有應用學習心理的"反復"和"變化"兩個原則。語句雖多，而生字不多；文字雖重復，而意義已有變化。這樣的例，在《教師之友》《小朋友》也登載數課；商務印書館最近所出的《文學讀本》即用這樣的體例；新學制的商務印書館《國語教科書》，中華書局《國語讀本》各出了一冊，也是都注意文字反復的，比從前改良得多了。但有不甚澈底的：(1) 多注意單字重復，不注意語句反復，不能因反復引起文章的變化；不僅是意味不深，亦且不能把復習包含在教授裏面。(2) 實質和形式變換太多，是不適用於初年級的。拿這兩種和《文學讀本》比較，似乎不及。不過文學讀本也有缺點：(1) 反復例式同樣的太多。(2) 前册未多用極少的實質變換做去。因為這樣的情形，若不就各種例式用歸納的方法，為相當的說明，看書的人，但知道反復的好處，不明白組織的變化。我現在分類列舉數例，供小學界的參考：

1. 復語例式　這樣的例，每課分若干段，每段用同樣的語句，亦可更換一二字；但同樣的語句要用變化的方式來說，使讀者不覺得重復，就是這個例式的精彩。例採河南義務學校的讀本：

大老鼠、中老鼠、小老鼠，同去游戲，碰着一隻狗，狗同他們說話。狗向大老鼠說："你往那裏去？"大老鼠說："我去看貓伯伯去。"狗說："你不要去。"狗向中老鼠說："你往那裏去？"中老鼠說："我去看貓伯伯去。"狗說："你不要去。"狗向小老鼠說："你往那裏去？"小老鼠說："我去看貓伯伯去。"狗說："你不要去。"大老鼠、中老鼠、小老鼠，聽了狗的話，都不去看貓了。

2. 換質例式　這樣的例，形式不變，但變換實質。他的變換，比較的多。現在分類來說：

主詞變換——單變主詞，別的語句，大概是同樣的。課文見《小朋友》：

咪咪！小黑，小黑，快來吃魚。小黑咪嗚咪嗚，走來吃黑盆裏的魚。咪咪！小白，小白，快來吃魚。小白咪嗚咪嗚，走來吃白盆裏的魚。咪咪！小花，小花，快來吃魚。小花咪嗚咪嗚，走來吃花盆裏的魚。小黑吃完了魚，看小白、小花吃魚；小花吃完了魚，看看小黑，看看小白，高聲說："洗臉，洗臉，大家洗臉。"

係屬詞變換——語句的形式是同樣的組織，但係屬詞是有變化的。這樣的課文，蘇滬學校多已用過。下列一例是採河南義務小學讀本的課文：

螞蟻在家裏掃地，拾到三個銅元。螞蟻要買西瓜；他想西瓜是有皮的，不要買西瓜了。螞蟻要買桃子；他想桃子是有核的，不要買桃子了。螞蟻要買魚；他想魚是有骨的，不要買魚了。螞蟻要買衣服；他想衣服是好穿的，買一件衣服罷。螞蟻用三個銅元，買了一件紅衣服，穿在身上，變了一個紅螞蟻。

接替變換——這樣的例，各段的語句形式不變，但是所換的實質，後段是緊接前段發生出來的。例採河南義務小學讀本：

　　三隻老鼠：一隻大老鼠、一隻中老鼠，一隻小老鼠，同住在小房裏。房裏有三隻牀：大牀是大老鼠睡的，中牀是中老鼠睡的，小牀是小老鼠睡的。牀的左面有三隻椅子：大椅子是大老鼠坐的，中椅子是中老鼠坐的，小椅子是小老鼠坐的。椅子左面有三件衣服：大衣服是大老鼠穿的，中衣服是中老鼠穿的，小衣服是小老鼠穿的。

3. 累積例式　這樣的例，前段中的實質，後段要重見的。實質是依次遞加，語句形式却不變換，但亦可以累積語句成課文的。實質累積例的課文，是採蘇滬各校及河南義務小學用過的：

　　麻雀啣了一袋米，走不動了，坐在老鼠背上。老鼠背了麻雀，走不動了，坐在母鷄背上。母鷄背了麻雀、老鼠，走不動了，坐在黃狗背上。黃狗背了母鷄、麻雀、老鼠，走不動了，坐在黑驢背上。黑驢背了黃狗、母鷄、麻雀、老鼠，走不動了，坐在船上。船上載了黑驢、黃狗、母鷄、麻雀、老鼠，停在河邊不動了。

語句累積式，舉例如下：

祖母生日，送給祖母甚麼？大兄說："我送什麼？鏡最明亮，我去買鏡，送給祖母。"二兄說："鏡最明亮，你去買鏡；我送什麼？蜜最甜，我去買蜜，送給祖母。"弟說："蜜最甜，你去買蜜；鏡最亮，你去買鏡；我送什麼？小白花最可愛，我去採小白花，送給祖母。"祖母見了歡喜——祖母說："大孫買的鏡，鏡最明亮；二孫買的蜜，蜜最甜；小孫採的小白花，小白花最可愛。"

4. 錯綜例式　這樣的例，語句的內容和形式是交互變換，但文字是重復的。舉例如下：

弟弟唱，姐姐笑。弟弟說："你笑，我不唱。"姐姐說："我不笑；你唱，你唱。"

弟弟說："我唱，你聽；我唱了，你和我同唱。"姐姐說："你唱，我聽；你唱了，我和你同唱。"

5. 循環例式　這樣的例有兩個。簡單的例語句形式相同，但變換的實質，前後往復，像連環一樣。

手指夾着手掌；手掌包着拳頭；拳頭抵着手指。

複雜的例子，可以分兩三節，前後各節的語句形式，各成一樣。前節實質變換是順進式，像接替式一樣；後節接替用倒轉或用順進，無一定的限制，但必須要用方法重復前節的實質或語句的。例採商務印書館《文學讀本》：

老黃狗找到一袋米，吃了一半，寄在貓的家裏。貓把米吃了一半，寄在老鼠家裏。老鼠把米吃了一半，寄在小鳥的家裏。小鳥把米吃了一半，寄螳螂的家裏。螳螂把米吃了一半，寄在知了的家裏。知了把米吃了一半，剩一粒米了。老黃狗向貓討米，貓說：「寄在老鼠的家裏。」老黃狗向老鼠討米，老鼠說：「寄在小鳥的家裏。」老黃狗向小鳥討米，小鳥說：「寄在螳螂的家裏。」老黃狗向螳螂討米，螳螂說：「寄在知了的家裏。」老黃狗向知了討米，知了說：「剩一粒米被螞蟻啣去了。」老黃狗說：「這是貓不好，我去咬貓。」貓說：「這是老鼠不好，我去捉老鼠。」老鼠說：「這是小鳥不好，我去咬小鳥」。小鳥說：「這是螳螂不好，我去捉螳螂。」螳螂說：「這是知了不好，我去捉知了。」知了沒法，躲在樹上哭！

　　上面所舉的例，共有九樣。編纂課文，可以混合各例來用。如換質例可混合二例或三例的；復語、換質、累積、錯綜各例也可混合二種以上的。如果多方變換，可得許多不同的例式。又為二年級以上，用上例來編纂課文，實質變換，分量可以逐漸增加，語句組織也不妨稍變形式；或者為初學期編纂，實質比這更要簡略些。這都在編者因應程度，斟酌應用了。

　　前三級的文學讀本，自以課文的組織用變換方法，反復語句為主，但是應用練習的課文也不可少。這樣練習文的組織，不要像從前教科中的練習文，專以復習熟字為目的。就是課多是生字，亦沒有妨礙。不過有三個標準，是應當注意的：

　　(1) 語句的組織，更換新字要極活動的例。如看圖的看字下可聯許多事物的字，拍毬就不能在拍字下聯許多事物的字。

　　(2) 用原來的語句更換新字，必要原來的字，能聯綴許多已認識的字。例如桌上有書，假定要兒童更換書字為筆、墨、圖、硯等字，必須前已教過筆、墨、圖、硯等字。一面練習文法，一面復習已識的字；但是兒童聯綴的字，却不必有這樣的限制。

　　(3) 練習文排列的程序，要注意各種課程已教過的文字和智力自然的進度。但是每一課文要有一課文法的用處。應用文要另編，不當加入文學讀本裏面，但可以彙編各種體式，覓相當機會去教，供教者的參考。

至於詩歌劇本（新式）的文辭，可以從三年級起酌教若干課。

練習文和詩歌劇本的文詞，以另編單行本爲是。編輯這樣的文詞，不妨特別的豐富，聽教者自由選擇，使兒童抄出來讀。現在書坊所出的兒歌、兒童詩歌、兒童劇本，材料無多，仍不彀教者選擇。練習文可由國語教師自行編纂的。

五六年級文學讀本，不必拘定前例，可以酌選名家優美的文去教，但以淺近爲是。

（二）故事讀本

這樣的讀本，一面供國語文藝的談話、表演兩種的用，一面供修身、公民、衛生、歷史等科用談話體演述的用。如果要沒有從前補助讀本的弊病，依我的意見，要依各學年的程度分三種體例。

1. 甲種故事讀本。供小學一年級或二年級上半期的用。編輯的目的，在逐段用圖畫表現故事的程序，每圖下略注簡要的文字。所以用這樣體例的原故，因爲初年級的故事談話用講演式演述。講時既不能集中兒童的注意力，講後要兒童復述，極爲困難。因不能復述，再行復講，就失掉了原來的興味，必成一種機械式的講演和復述了。依歷來的經驗，把修身、公民、歷史、衛生各教科的教材，分成段落，用圖表現他的情狀。每段依圖的表現，引起兒童猜想，發爲問答，教者應機說明，使他們明瞭故事的內容，並教下圖所注的文字。因圖畫和事實的興味，遂發生認識圖下文字的興味；因認識圖下文字，遂發生聯想事實的興味。像《小朋友》的故事畫，他的圖畫樣式和步驟都適用的。但是故事的內容稍覺簡單，也沒有包含的意義，文字又略嫌累贅。現在舉一個例來作參考，故事採日本國語讀本的《瘤老人》：

圖畫形狀	注字
（1）瘤老人在山中石上休息狀	瘤老人
（2）瘤老人見群妖跳舞狀	跳舞
（3）老妖指示小妖狀	老妖

（4）小妖捉瘤老人狀　　　　　　　　　　　小妖捉人

（5）瘤老人見老妖並打拳狀　　　　　　　　打拳

（6）老妖與瘤老人說話並割瘤狀　　　　　　把瘤子割下來

（7）瘤老人與別一瘦形瘤老人談話狀　　　　你的瘤子怎沒有了

（8）瘦形瘤老人在妖怪處打拳並添瘤子狀　　又添了一個瘤子

上舉的例，曾用這樣方法，試教多次，所得的效果如下：

（1）每示一圖，能引起兒童對於每段落相當的動機，發現真實的內容。所有每段落的事實，兒童能有相當的說明和相當的問話，不必專靠教師的講演。

（2）因爲有第一項的效果，兒童受了極深的刺激的印象，對於故事的意義有澈底的真知，對於事實演述亦容易記憶確實，不要用復講的功夫，就能全體明瞭了。

（3）因爲圖中所表現的情狀，兒童們都可以得到自動發見的能力和機會，所以在故事本身價值以外，能加倍的增進興味，可以使他們的注意集中，不生厭倦。

2. 乙種故事讀本。備小學二、三年級用的，大體與甲種一樣，不過圖下所注的語句，要能表明每段的要領；或者故事中有緊要的語句，亦得注在圖下，使兒童反復的讀。

3. 丙種故事讀本。備小學高年級以上用的，以用文字記述事實爲主，藉圖畫補助來增加兒童的興味，或者輔助文字記述所不到的。記述文字是要特別簡要的，却和普通文體所謂簡要的宗旨不同。像《兒童劇本》的體裁、語句的組織，是很相宜的；不過文章的組織是不相同的。像《中國故事》《兒童理科叢書》的體裁，簡直和小說的文字一樣，是不合讀本的體裁的。現將注意的標准，分述於下：

（1）依故事程序分段，不要用整篇的文字。

（2）每段的事實，但記述重要的部分。

①銜接處，空文可以省略；前後段落，但要程序分明，不必定要文

辭的語氣聯貫。

②不重要的語句和無關係的事實，都可刪去。

③可以使學生思考的事實和有含蓄的意義，不要明白記述，例如：

《貪狗故事》"……見水中有狗銜肉，不知爲己影也"。"不知爲己影也"就可刪去。"……狗向水中狗狂吠，欲噬之；彼亦向之反噬。狗不知河水甚深，躍下與鬥，遂墜水中……""狗向水中狗狂吠，欲噬之；彼亦向之反噬。狗不知河水甚深"就可刪去"……幸距岸甚近，竭盡全力，始得登岸；然已聲嘶力竭，全身盡溼。及尋所置之肉，已被他狗銜之去矣！……""所置之肉"以上的語句，都可刪去……這樣刪去的語句，如要表現形狀，可以分段用圖表現出來的。

至於故事材料的進度，大概一年級以仙、怪、人、動物等故事爲主；二、三年級在前例以外，當注重冒險、寓言等故事。四年級以上，在前例外，當注重寫實故事及傳說、史談等。笑談亦可以斟酌選入。三種故事讀本，都以每一個故事單行印成小冊，便人購用爲最要。但是讀本不要記述全文，當在讀本外另編全文。這樣的書，全是文字，不載圖畫。一本書中記有多種故事，專備教者參考。從前的教授書可一概廢去了。

（三）常識讀本

包括公民、衛生、自然、歷史、地理各科，用一個事物爲課文編纂的目的——要使兒童不能直接觀察的事物，藉這樣的讀本，可以得到一種常識。體例和辦法都和故事讀本一樣，但祇須編甲、乙兩種就行了。

以上各種讀本，都要用圖來補助，應注意的標準如下：

（1）每課要故事的程序分段作圖。

（2）每圖要能表現一段事實的重要部分。

（3）圖畫的形式要簡單，但内容却要豐富——因爲用圖的目的，是表現事實的程序，不是增加美術興味的。

二、預定教材與科目分合的關係

部訂小學科目，分爲修身、國語、算術、理科、圖畫、手工、音樂、體操、地理、歷史、家事各科。新式小學校的課程和部定的科目不同，約有二種異點：

（一）勿論何校的科目，都比部訂的範圍寬，如修身改爲公民、社會，體操改爲體育、衛生，可爲例證。

（二）對於兒童的常識和活動力的擴充，如歷史、地理、理科各科目，從前必在高等小學始特訂科目；國民小學不過包含在國語讀本中，由記述文中連帶的教授。現在低年級都特訂課程，分別的教學了。

次就各處新式小學課程比較。算術各科，各校是都有的。如公民、地理、歷史各科，或有或無，不過名稱雖是不同，但內容是分別包含在裏面，並不是闕漏的。如商業、農業、記賬術、家事、縫紉各科，是審地方情形和學校性質，加入或省略的。女童子軍是特殊的組織，不是全體都要練習的。園藝可併入自然科的。鄉土科如北高附小和本省——湖北模範小學，皆特訂科目，其實鄉土爲各科教授的基礎，似可不必特設一科。至模範小學把鄉土和工藝在三年級行特別教授，地理和歷史在五年級行特別教授，都有特殊的主張。這樣的主張，適合與否，却有討論的餘地。

就各科目併合增減來說，各校有各校的主張，就是科目的名稱亦多不同。不過名稱雖是不同，但內容是大致一樣的。即就內容來說，區分各科的課程是互有出入的，但綜合全體的課程却是大致一樣的。所以各校的科目不必要同樣的規定，若用單位性質的學科區分課程，也是不適用於新式小學的。但是我的意見，以爲研究教材是一事，配置課程又是一事。若是專爲教材分別研究的便利起見，却以分科研究爲宜。且以就部訂科目，適合單位的學科，更便於研究。祇是應該在部訂科目以外，增加範圍，補足教材就是了。不過我所謂研究教材，應從單位學科起，乃是爲教材的性質和分量，何者必須，何者可略；在單位學科中容易審察的。如果配置課程,那就不可不從學習的經濟、興趣、實效三方面,衡量各種教材獨立和混合的價值了。

吾人對於小學課程,所以反對純用分科的配置,因爲從前的課程各科孤立,往往側重學科的本身統系,以致所用的教材多有和教育所欲達的目的兩不相應,教授亦遂流入單調,不易變化,於是時間和勞力都不經濟。如果僅在科目的併合增損上注意,而不在各個的教材本身上研究,即用現在最新式的科目,又何嘗能脫掉了舊時各科孤立的弊病呢?

現在盛行的設計教學法,依兒童整個的和流動的經驗,爲運用教材的根據。理論自是顛撲不破,但是實施稍不得當,或者反不如舊時用固定課本有相當的進度。依獨立科目保存本身系統的價值,如果因這樣的情形,遂要把設計教學法的根本推翻,照舊配置課程,却又不然。設計課程的長處就是不拘定分科的形式,却又不失掉科目獨立的價值。我們改良教法,若是徒襲設計的形式,把舊式的組織完全推翻,那就危險了。要知道教法的改造是要就整個的教材,從學習程序的裏面,尋出步驟和規畫,隨程序運用各學科的方法;不是拿單位學科的方法,來組織教材和教學的。依這個主義,先定一個大體的準備;然後可以使一般教師逐漸到完全精密的地位,不致向歧路上走去。所以我的主張:第一,要衡量各科教材獨立和混合的價值;第二,學習的程序要依教材整個的方面進行。這是採取設計教學法的精神,循序進行而不完全打破原來分科的效率,並不是一種折衷主義。試述我的主張:

(A) 大單元設計的預定,分兩類來說,都是可以在學期前由教師預定的。

1. 以事爲主體,定教材進行的程序。各校每學期中都有游藝會、運動會、懇親會、旅行、參觀、紀念等。從前對於這種事務,多半沒有甚麼目的。並不依據目的定相當的計畫,徒失掉學習教材最好的機會。這樣的設計,可就舉行某事的一切需要,融納那時期各科能教的教材,依計畫的程序來教。這樣的計畫,當推舉數員預定之。事前由辦理這事的主任和相當年級的學生，依次分別討論應作的事和進行的手續。臨時由擔任的教員，分任指導和整理的責任。

2. 從學科中尋出主要的教材，依教材整個方面定學習的程序。

（一）自然研究，各時期中都有重要的物產，選一個主要的自然物。由起點依次觀察實驗，以得最後的結果。但是選擇的目的和實驗的程序，要可以從這個教材學習的方法，能得到推論或解決同類物產的現象一切問題。這就是選一個學習的事物，爲學習其他事物的基本；各種設計的教材，都是應該如此。

（二）品性陶冶，凡一個學期，對於陶冶某班的學生，總要幾個特定事項，或用談話，或用作法，都要有一個集中的目標。目標所注意的事項，勿論是改造習慣，或是養成新習慣，必須經過多次的陶冶。如果習慣未達到自然的火候，即訓練不能停止；並且一個習慣沒有養成，祇可以變換方法，不可以更換目標的。從前每學期教許多的科目，僅考察他的講述或表演已經熟習與否，究竟沒有達到教育的目的。

（三）學校作業，如布置花台、裝飾房屋，皆可作一種的設計。

（四）工藝、美術等科製成較大的工作，歷史、地理等科搜集某項材料，或行表演也是適用設計的。這樣的設計大體是一種的分科教材，不過學習的程序，凡和他科有關聯處，或可以融納讀寫計算的，都要予以練習的機會，就是使對於所學的教材能得到整個的教材程序。

（B）各科教材混合的預定。每學期前就各科預定的細目，審察有相互關係的和某項教材的學習程序不專屬一科目的，或聯合起來編成一個單元的教案分次來教，或聯絡在同日同週來教。這種有關係的教材很多，單就科目來說，如修身的作法可附在他科的表演中做去，道德知識可聯合社會、公民各科來教。國語文藝，除特定時間外，如識字、寫字、作文、表演都可在各科中擇機會去練習的。算術也是這一樣。美術和工藝、音樂和體育，都可常相聯絡。即在他科中，亦有練習的機會。在一、二學年，如修身、文藝、公民、社會、自然、衛生、歷史、地理各科的常識，更應該併合在談話或故事讀本中去教的。

商務印書館編有聯絡教材兩種，但就形式方面來說：

1. 聯絡的科目是固定的，容易成一種機械的聯絡。

2. 僅以科目的性質相同來聯絡教材，不就教材本身上的關係和程序來聯合科目，這就合兒童整個的經驗不相應。

鄙意：教者各就某項的教材，研究他的關係和學習過程，可以混合各科目為某項教材的學習程序，這樣的事物很多，如果教者各以所研究的心得，編成教案，彙集起來，必大有可以供獻於小學教育界的。不過要聲明的，我主張教材聯絡，一要從各個的教材本身上觀察，不是單就科目的性質湊合起來；二要聯絡自然，且各有相當的價值，不要僅在名目上聯絡，但使教材的本身有重要的價值，學習也有興味，就是獨立去教，也是有價值的。

用以上二種主張，選出的教材占各科的分量和時間，雖不能定，但是用這個方法選擇，因應需要的教材，調節單調的教授，是整理兒童整個的和流動的機會當然不少。在這二種外，所用的教材是分科施教，自不覺有孤立的弊病，並且本身的價值也不致拋荒了。

3. 商訂教材進行的程序：

第一步，準備搜集材料的方法

（一）搜集各教育家論教材標准和教材內容以及他處規定的教材的概要和細目（下舉的參考的材料都是普通的，且是整書中所載的）。

教材標准，如《平民主義與教育》第十六章、第十七章，《人生教育》第四章，《學制課程研究號》，常道直《小學課程之研究》，《比利時新學校》的原序，都是可資參考的。

教材內容，如《平民主義與教育》第十八章、第十九章、第二十章，《比利時新學校》，拙著《新式國民學校計畫書》以及從前《各科教授法》，都是可資參考的。

教材的概要和細目，我所有的材料，如江蘇小學校聯合會《新學制小學校學程標準》，中華教育改進社《學程標準》，尚公小學校的《課程綱要》，河南省垣義務小學《課程綱要》《北京高師附小課程》《武高附小課程》《模範小學課程》以及吳研因《小學和初級中學的課程草案》，都是可資參考的。

（二）回想主觀的經驗，先把第一項所說的參考材料詳細檢閱。再就自己從前所用的教科書，或自編的課程，從教授經過的情形和參考的材料，互相印證。

（三）調查社會需要，這要先有前兩項的經過，再從事於有目的、有標准的調查。由各教師分科目或分事項，各爲相當的調查。調查可分爲兩種：一公共的教材，一地方的教材。關於調查旨趣，《課程研究號》、俞子夷《小學校的新課程》，可資參考。關於調查方法，北高王君《廠甸調查報告》、顧蔭亭《職業教育設施綱要》，可資參考。還有各省勸業會的報告，中華職業教育社《職業調查報告》、交通部《鐵道名勝》、農商部《各省調查》，都是可作參考的。

（四）測驗學生能力。寒假後，開學的時候，省垣各小學可聯合起來，就國民小學和高等小學的各年級從前已教過的教材，分年月同一的題目測驗一次，匯成統計，爲假定各科細目最小限度的參考。

第二步，訂綱要

（一）訂總綱。總綱是全部課程的標准，要先研究第一步一項的標准和內容所指的各家論述，參以個人自己的心得，斟酌地方情形，訂成綱要。應由各小學組織教材研究會，推舉熱心研究和經驗豐富的人起草，分送各科教師簽注，再行開會決定。

（二）訂分科綱要。這要先研究第一步一項教材概要和細目所指的參考材料。根據總綱，細審各科教材的本身價值，分別來訂。這應注意的：(1) 各科的旨趣。(2) 各科進行的體例。(3) 各科最小的限度。

在寒假中可由各科教員分科提出意見，匯成報告，候總綱通過後，分別討論各科的大體，再行分科推定人員，擬訂綱要。如果對於各科的內容，彼此意見稍有出入，亦可酌定數種辦法，任各校選擇的。

第三步，訂教材細目

這要根據分科綱要，參考各處細目，由各校自行編寫。現已擬定的，可在開學後，根據所討論的綱要，並測驗的統計結果，加以修正；未定的辦法同前。

第四步，設教材審查會

這要各校根據綱要和細目，每周或隔周或每月在教學的時候以前，定教材分配的分量和進行的次第；或報告教過的結果，討論修正的事項，並接續應教的教材。

教學歷程應如何組織[①]

一、教學歷程與教授順序

論教學法而不究歷程，猶泛舟者惟知駕駛之方，而不明水線，未有能行遠者也。

從來所用之教授順序，規定形式段階；以思想之歷程，控制事實；在此簡單之例或可適用，惟舍事實自然之次序，與事實應如何研究之次序，其結果容有愈於上所言之泛舟者乎。

二、教學歷程與段階

自海爾巴脫派創五段教授法，分爲預備、提示、比較、總括、應用等項。從來用此法者，雖稍有增損出入，然其大體固無甚區別也。

從前用五段法者，每一單元教材分爲預備、提示、比較、總括、應用若干段；每段預定若干分鐘，其經果如下述之弊：

（1）實際教授時間與預定教案時間難以相應，或教案授畢而時間有餘，或教案未授畢而時間不足。前者之弊，在發生無謂之練習；後者之弊，在結果之草率。

（2）分割各段，嚴立界限，易減損學習之關聯效力。如預備段將全

---

① 原載《初等教育》第 2 卷第 2 期，1924 年 6 月。

課教材列舉發問，頭緒紛繁；及至提示時，與前所問者，因時間不相銜接，難盡領悟。提示段費時較久，不能就各事項分別接連而行整理求應用；及至總括應用時，前所聞於師者，多所遺忘，致提示不發生效力。

至就五段本體而論，預備爲最關緊要之教段，然其作用，在藉溫習過去之經驗，以結合新授予之事實，僅恃片段之關聯，何能使得普通之概念。若以此引起動機，則僅舊事實之重提；所謂引起動機者，亦屬臆想。至各段步驟此疆彼界，與思想實際尤爲不符。自實際思想觀之，當喚起舊經驗時，所舉事例，多從比較入手。而聰明之兒童，一經比較，暗示立即發生，是涉及綜合之概念矣。或進究其他事項，以支持暗示，是又涉及應用之事項矣。凡此種種，皆可發見於預備提示尚未完結，確當說明尚未論及之前。若呆守教段，則固定之步驟，實足以阻塞兒童思想發展之進路。如其不然，此種法式，又胡爲者。

五段法對於領受知識，非無相當之價值；惟吾人應注意之點如下：(1) 各教段當應教材性質，而合併，或刪略。(2) 宜任就一單元教材中之一事項，運用此法，分別連接而教授之。

以上論點多採民國元年及七年拙著。

三、演繹與歸納

(一) 五段法中應討論之歸納問題

今所流行之歸納式啓發教授，其中重要細目皆從海說孳衍而出。其弊也過重形式，而觀念銜接反不注意。且提示材料易趨簡易，不能表現學生獨創能力，於是此盛行之五段法，遂生反響。善哉！杜威之言曰："此僅代表教師對於材料所爲之統計，而非學生所循之途徑也。"夫歸納不過占思想歷程之一方面，其另一方面尚待於演繹。即如五段法之應用段，固已兼施演繹之功用，不過推衍與證明，未釐定其歷程耳。就實際而言；思想之進行，純任自然，何者爲歸納，何者爲演繹，未易區分。要其表現於教學之方式中，以暗示是否與問題俱來爲斷，用演繹法，則暗示即具於問題之中，用歸納法，則須求出暗示，加以說明，雖有問題而須搜集事實，以立假設；假設一經發見，則演繹與歸納無復此疆彼界，暗示之來，其爲搜集所得，從固有經驗引伸而出，爲新爲舊，無分軒輊，於事實上，於程度上，皆無關係。所以一言歸納，即當顧及演繹也。

（二）道爾頓制中應討論之演繹問題

近代心理學證明思想之進行，先有普通概念，然後就此概念，析爲獨立原素，而構成普通真理。世襲之歸納教授法，實違反心理原則。道爾頓制之規定功課概要，説者謂爲反抗舊式教法，而重視演繹之表現。如以此論爲舊法之反動而生，自無異議。蓋現在啓發式之流弊，純以零碎之問題，爲引起領受知識之動機，實由於過重歸納形式有以致之也。若第就方法形式而論，則現在通行方法往往用抽象知識，爲研究問題之起點，何嘗不該用演繹歷程。如通行之數學教法在具體解釋未表明時，盡力注入抽象思想，其例之最著者也。況歸納法中之搜集材料，同時建設臆想，又何嘗不含有普通概念之意義，不過較含混耳。且道爾頓制之導言，固與舊式之指示目的具有同一功用，其搜集材料以解決問題，亦須用歸納歷程。可見純從形式上區別，殊無謂也。

（三）設計法之所謂擴大的概念

與道爾頓制所重之普通概念異趣。凡求得之知識，須可用以解決同類之問題，使主要思想之連鎖逐漸擴大，故經驗得以繼續改造，是以在思想發達程序之中，演繹與歸納有相互作用，但演繹必依據具體解釋爲準。如此運用演繹與歸納，較之用五段法者兼採演繹法式以補其偏，或認歸納之中有演繹者，誠不誤其趨向，然使徒就形式以求作用。則首倡設計式之杜威，其所主張之教學步驟，先特殊事實，次觀念及推理，最後以其結果應用於特殊事實，此外又先内籀而後外籀，固自認與海派之五段步驟相同者也。何以法式之步驟相同，而根本之旨趣殊歸？則以五段法僅以思想附屬於獲得知識之歷程，而設計式以獲得知識附屬於發展思想之歷程也。知此而後可以言教法，而後實際教學不致誤入歧趨。且教文學不能常用歸納法或演繹法，教初年級亦然。又有時亦可單用，如教種稻，用歸納法以求得生長程序之原則；次教種麥，即用種稻所已知之原則，以演繹法研究之，亦最經濟之法也。

四、討論改訂之各種教授順序

（一）改訂海派之教順

（1）三段式。分預備、提示、整理或應用三段，其中包含比較、總括、應用而量爲取捨，民國初年以前頗盛行。

（2）江蘇小學教授法商榷會之教順。分預習、練習、整理、應用各段，每段內各附子目，此式應自動思潮而修改者。民國三年以後，各師範學校教案、各書坊教授法及學務機關所定，多近此式。

以上兩式，今尚爲各處所用，大體守五段法之形式。五段法所有之弊，多仍存在。今之精究教學法者，鮮取此式。

（3）杜威歸並五段爲三段：一、認識特別事實。二、合理的概括。三、應用與證實。此僅於論述中見之。

（二）設計式之教順

大要分爲目的、計劃、結果三段。而各段之中，師生各有相當之任務。最近書坊教授書已多採此式。

此就形式而言，一可以表現師生合作之作用，二無五段式論理拘束之弊。就應用理論而言，設計式之論教順，因主張宜因時因地因人因材料而活用教順，以視海派之重視歸納的啓發教授，統馭各種課程於五段法範圍之內，較易施諸實際矣。

（三）對形式步驟之疑問

以上所述之法式，使僅取爲教者預備課時必須顧及之點，則無論何種法式，皆有效益；無如其規定實際教授之途徑，似此呆板，易致擾亂學生思想自然發展之序。試揭其疑問之點：

（1）分類規定仍不盡適單元之用。在五段法中，舊曾分知識技能而稍變更其段落，如知識科目歸宿於應用，技能科目歸宿於整理是。近則有就學習作用分爲啓發、練習、復習、欣賞等類以訂教順綱要者。設計式則有就創作推證欣賞養成習慣而各定教學程序者。其實勿論何種科目，無專屬於某類者，即一單元之教材，亦不能純以某類統馭之。因爲適用起見，而分爲多類，既分類矣，仍不能執某類教材而用某類教順，則分類之規定，不能爲實際教授之途徑明已。

（2）易使教者爲割裂及空泛之預備。教段形式，既屬固定，又空無所用，執固定不變之形式，而馭萬殊之教材，削足適履勢所難免。嘗見教生編制教案，就所授教科書之課，依固定教段之項目，拉雜提出材料與問題。分段而觀，尚無不合，若循序而授，徒使生徒所得，支離破碎。其能領悟者，均屬簡易。而材料稍充分者，則不能得相當之結論。在設計式中，即無割裂，而空泛之弊，其揆一也。

雖然，苟教學歷程無可循之軌範，爲控制學習之具，則教者之預備與其實際教學，必皆漫無次序，其結果較之拘束形式，厥弊尤甚。夫知識之傳授，所賴於教師者，教師僅精通教材不可也，必也適合教材於思想之培養。顧如何而後能使之適合，則有需於法式之步驟與其方法，因此而余之主張可以論矣。

五、余所創論之教學歷程

（一）教學之根本問題

1. 教科書須重加組織。依教科書原文之次第，爲實際教學之次第，此亦使預定歷程不適應實際之一大原因，吾人當知：（一）除文學讀本外，勿論何種科目，不當尋章摘句，浪費時間於文字上之研究；（二）照本宣科，空無所有，不能使學生獲有價值之知識。（三）學習程序，須就當時情形隨機應變，不能適用論理次序。所以取用教科書時：（一）對於內容及分量，當因地方時期學生各種情形，酌予增損或變更；（二）教材授予次序，當於將授課之前，就如何研究此教材之次第，預定綱要，臨時仍得變更之。

2. 宜用問題解決法。論及問題解決法，吾人應明瞭者，如下所述：

（1）當知與啓發式之問答異趣。在啓發式中，問答分二種。①授課前之問答。②授課後之問答。前者在使容易領受知識，後者在考核所得知識如何，然皆不能從問題而得系統之知識。至由此種形式所發生之弊：（一）以言語發問爲引起動機之唯一方法，在授課之始幾成定例；（二）規定命題，如選擇問答，一問不得兩答等，不可違犯之定律，不過便於考驗記憶，實無當於啟發，雖論者力言宜激起思考，然僅以言語回答爲反應，所謂激起思考者，徒成虛語。夫啟發式之問答，在教學中固亦有相當價值，不過吾人應知問題之作用，當分兩種：一爲補助教學之用。所問之內容爲零碎的、片段的，其目的在使憶起已有之經驗，啟發式所用者是也。一爲解決全體或分部之疑問，所問之內容爲系統的整個的。其目的在使用已有經驗，爲求知之方，茲所論者是也。此爲從來教學法所未論及者也。

（2）當知問題解決法與設計具同一功用。通常所用問題，僅以引起被問者之問答，不過事實之反復而已。因此種問題之流行，世人囿於習見習聞以爲問題之作用，祇於啟發式所論而止；且其法式亦不能越及啟發式範圍以外，遂使一種設計之即一種問題，爲世人所不甚注意，此與設計同功用之問題，雖形式上亦爲質問；然其所答，必須組成整體之知識，而有解決疑難之價値。若徒知問題解決法之重要，而蔽於啟發式用問題之方法，是仍爲不澈底之見解而已。

（二）教學歷程

1. 以問題分段標目。凡一單元教材，須構成一個大問題。在教者預定教材，或因問題而組織一單元之教材，或遇有可作一單元之教材而構成問題，可斟酌情事爲之。此大問題包括許多小問題在內（取大前提小前提大小之義，不言總分，而言大小者，因總分之説，頗多誤會）。各小問題排列之序，即爲教學歷程。解決之方，或依舊書籍，或用實驗（實驗已包括普通之實習與工作二義），皆依教師之指導而進行。從解決問題而得原理與方法，必須得到有價値之知識，而後問題得以解決。各小問題均已洞澈，自得到大問題之總論，此各小問題由大問題分衍而出。（世間事物，凡各自獨立者，無可集合爲一事物之理。即偶然合之，而仍各保其分立之作用。其獨立之事物，亦不能分爲各獨立之部，即使分部，必有互相依賴之關係，而不能孤立。其所分之部，又以其一種屬性或一種關係，有顯著之事實，爲吾人所當特別注重者也。一單元教材之成爲問題，當然爲獨立之事物。其分爲小問題者，所以便於研究，但必明於上所言獨立與分部之義，而後各小問題不失之零碎，不流於孤立。故不曰分析而曰分衍，含有逐層聯屬而且擴大之義。）勿論其爲事實問題，或爲推理問題，要其內容必具大問題中之一種屬性或關係之整個部分，而命題之前後相屬，尤足以引起繼續學習之興趣，標目之旨，如下所述：

（1）與舊書之眉標不同。彼在標出綱要，喚起注意，此之目的重在暗示，由此可以求得結論。

（2）與形式教段不同。彼則千篇一律，教者惟就已組成之固定教材，依各段而分記應授予之事項，此則就當時所應研究之事項，依問題之暗示，而求解決之方。即令材料皆載在教科書內，亦待生徒自行組織，而量爲取舍。且每個問題，皆從實際抽繹而出。審察某問題，即可知其中應有若何學習事項。不似形式教段之空無所有，初無與於指導學習之用。

（3）與啓發式命題不同。除前述理由外，凡各個問題之產生，非體會一單元全體之教材，不能分段命題。非若彼在教段形式範圍以內，可以隨意零雜發問也。

2. 在各個小問題之中，須附記應注意之要點、應練習之事項、自由選擇之標准、應參考之書籍、應觀察之事物。凡道爾頓制指定功課之辦法，皆可應用。至啓發式之發問，僅得在本問題之中，於指導研究時用之。惟道爾頓制作業細目之說明，尚有待修正之處。

（1）作業細目所列題目問題兩項。關於問題之說明，所示之範圍，但屬於事項，未表明問題形式上應占領之區域，不免仍蹈啓發式之弊習，蓋啓發式習用之問題，僅可於直接教授隨時行之。若用於生徒自行研究之下，所發問題，可不費思考而摘記，可人人而同一答案，殊不足以發見自由研究之能力。又其問題零碎，不能使生徒貫穿材料爲系統之組織。以余所見，今之仿行道爾頓制者，生徒依概要而工作，等於舊時試驗答案。如此學習，寧有愈於記誦時代之講習者乎？鄙意題目爲一星期之總題目，即余所論之大問題也，問題當如余所論之小問題，但道爾頓制以周爲單位，題目係以一單元敎材爲主；或一週而須用數題目，或一題目，或一題目而可數週之用，此則當斟酌敎材與生徒情形者也。

（2）作業細目問題以下之各項工作，須就各問題中所必須之工作，分別支配於下，以示工作與問題不能分立。論道爾頓制者雖論及相互關係，但對於此點，殊未有透切之說明。

3. 命題之原則。近來最新之敎案，採用設計式，敎段形式雖已改造，而配置問題，仍襲啓發式之舊例。道爾頓制用問題，固與啓發式異趣，然亦未有特殊之表明，其歧點已如前述。茲綜合上之理由，而定命題之原則：（1）問題須對於解決疑難，含有暗示之作用；（2）問題須自成部分，而互相聯屬，由此問題進程之組織可以得到系統之知識；（3）問題所含之答案，須能使被問者必加思考，本自己之見解，選擇材料，而求解決之方；（4）問題須能使兒童根據已有之經驗，或當時之接觸而發生硏究之興趣；（5）前後問題之相屬，須能引起繼續學習之興趣。

小學敎育經費問題[①]

小學校包含初級、高級二種，初級爲國民學校。就世界敎育通例而言，國民學校爲義務敎育。就元年小學校令而言，前者由城鎮鄉設立，後者由縣設立。各國義務敎育，即包含小學全部。吾國分初、高二級，大抵定學制者鑒於國家財力不足，故劃分初級，以期強迫之易行。實則吾國情形，強迫之說，僅有虛文。況自改行新制，後者僅修業二年，以聯合設置爲便。是初、高級之劃分，已無當於實際。今惟當問地方財力與設學需要，若夫應由何者設立之規定，殊無所取義矣。

各國小學敎育費，如德新共和法律，悉由國家負擔。此外有由省與地方分任，中央政府給一部分之補助者，有由中央政府、省政府、地方各任若干之成數者，有敎員俸由國家負擔，餘歸地方者，有都市由國家

---

① 原載《中華敎育界》第 14 卷第 2 期"中國小學研究號"，1924 年 8 月。

與地方分任，鄉村由國家負擔者。今論小學經費，由國家負擔乎？亦由地方負擔乎？所謂地方負擔者，由省負擔乎？抑由縣自籌集乎？惟此先決之問題，第一，當劃分中央政府、省政府及地方三種財政之收入，確定稅源獨立及徵收權限。第二，當從中央、省、地方三種收入中，規定各部行政支配之成數，以確定小學經費基礎。此根本之主張，余於《義務教育進行計劃案》①論之詳矣，閱者可取以參考。茲所論者，根本之主張，固當協力進行；惟目前之企圖，不能專俟之根本主張實現以後。故衡量地方之情事，謀小學經費之鞏固與擴充，且極經濟而有效率，實爲當務之急。試分別論之：

一、鞏固之方如何

第一，爲教育費獨立問題

近來教育經費獨立之呼聲頗高，其利益可弗論。惟僅言獨立，其中仍多困難。即指定專款，官廳不能享有支配之利，不負督催之責。甚至暗中挪借，藉詞搪塞。如河南省教育費之現象，其彰明較著者也。此固政治不良所致，然使對於徵收機關，有參用人員之權，或有稽核收入之權，則官廳之把持操縱，當可稍戢。夫徵收之款，既專屬於教育，或有若干成分供教育之用。而主持徵收，獨委諸渺不相涉之人，謂不任意舞弊，其誰信之！若以紊亂財政權限爲詞，則財政當受國民之監督，而直接有關者反不能問，一任財政當局或徵收者之量爲支給，或任意稽延，所謂不紊亂權限者，固當如是乎？使教育費而僅爭獨立，未能參與徵收，吾敢斷言其有名無實也。

第二，爲教育費保管問題

（一）各縣公款，向以學款爲大宗。自清季講自治，繼以民國用兵，因保衛之事，或其他託名之公益，往往侵及學款，影響於教育者甚大。

（二）各縣教育資產，收入之數與產額比例，往往相去甚遠，尤以舊

---

① 原載《新教育》第 5 卷第 3 期，1922 年 10 月。

日書院膏火及賓興之資產爲最。熟悉此項內容及檔案，多爲舊日城內紳士與衙署胥吏，改革後多有毀棄案卷，乾没產業者；其存者亦多爲佃戶與經營人勾通把持。至經管現金之通弊，則爲收款支出，積壓一二月，依次推移；而存放此積壓之現金，食其子息。

（三）學款之鉅，爲地方人所注目，因之引起教育局長問題。新進者易生反感，而老成者又不盡諳教育。以致任用局長，糾紛滋多，官廳極感困難。其實弊之有無，固無分乎老成與新進也。

（四）保管有屬教育局者（或仍稱勸學所），有屬縣署者，有屬公款局者，有另設學款經理處者。縣署與公款局之保管，弊已顯著。另設學款經理處，亦嫌駢枝。且慮機關對待，易啟糾紛。

綜上所陳，於矯正前弊之中，爲鞏固學款之圖，當如下述：

（一）由省教育行政機關通令各縣組織臨時清理教育資產委員會，並派委員會同縣知事督促辦理，限期逐項敘明數目、來源、價格、歲收、利息、經管情形、整頓方法。房地則敘明坐落界址，現金則敘明存放事實，均造清册，分呈省、縣備案。以後逐年增加者，由教育局查照上例辦理。

（二）由教育局推選教育明達之士，組織支配經費委員會，於每年之始，規定支配標準，分呈省、縣核准備案。

（三）由縣署教育局、教育會合組保款委員會，於每年之終，審核出入賬目。

（四）改用新式簿記。

（五）收入之款，逐月公布，歲刊報告。

二、擴充之方如何

此不外於原有學款外，在地方各種收入中，增加稅收，或提取款項。如長沙之酌提廟產、族祠歲入、會館收入，令其自行單獨或聯合設置小學。又查各省所籌之義務教育費，如山西城鎮以營業捐、鋪捐、戶捐爲大宗，鄉村以畝捐爲大宗；江蘇議行之貨物帶徵稅特捐；浙江議行之地丁加稅等，皆適合於地方稅源，又爲各地方所同有。以此供給小學，頗爲便利。此外酌提絶嗣遺産，亦復易行，茲再錄湖南省教育行政一覽所列核準各縣抽收一覽表，俾資參考。

表　一

縣別	區別	稅損名目	捐率	用途	核准年月
長沙	雜稅局	屠稅		地方學欵	十年一月
	全縣	田賦附加	每兩增加三角六分	強迫教育	十年十月
瀏陽	全縣	田賦附加	每元十枚	全縣學欵	十一年三月
	中立區等	中捐	一分	各區學校	十年二月
湘潭	雜稅局	烟酒	一成	全縣教育	十年六月
	雜稅局	屠稅	四成	全縣教育	九年十二月
	縣署	契稅附加	一分	全縣教育	十年六月
醴陵	雜稅局	烟酒附加	十份之一	全縣教育	十年五月
攸縣	釐局	釐金附加捐	三千五百一十七文	全縣教育	十年五月
	行户	行捐	洋六元錢廿九串	全縣教育	十年五月
茶陵	雜稅局	烟酒	十分之一	義務教育	十年十月
	縣署	契稅	一成	教育經費	十年十一月
寶慶	隆中團	紙捐	數十串	女學經費	十年十二月
	全縣	中捐		師範講習所	十年九月
	全縣	畝捐	每石二枚	各區學款	十年九月
	全縣	業捐	百分之一	屬地主義	十年九月
	全縣	屠稅	四成	全縣學款	十年九月
新化	縣署	典契捐	一分	全縣學款	九年十一月
武澧	全縣	田賦附加	每兩五百文	全縣學款	十年五月
新寧	縣城	紙竹木山貨捐	百分之一五	全縣學款	十年三月
臨湘	全縣	田賦券票加收	每票五枚	全縣學款	十年五月
澧縣	全縣	烟酒稅捐	十分之一	全縣學款	十年九月
臨澧	全縣	田賦附加	十分之二	全縣教育	十年五月

续表

縣別	區別	稅捐名目	捐率	用途	核准年月
大庸	全縣各區	畝捐	每擔二升	義務教育	十一年六月
	各區	雜捐桐茶油 鱗桔麻橘柚棉 花牛羊皮	每串卅文	義務教育	十一年六月
常德	全縣	河洑竹木捐	每串七文		十一年六月
	全縣	田賦附加	每兩一角	全縣教育	九年九月
		田賦月息	三分	全縣教育	九年九月
沅江	各保	穀米捐	每石一二枚	國民學校	十年四月
	各保	竹木灰捐	每串一枚	國民學校	十年四月
	城區	炭捐	每串一枚	國民學校	十年四月
	郎堡大潭市	煤炭竹木行捐	每串石二枚	國民學校	十年五月
	全縣	畝捐	每畝一升	全縣學款	十一年四月
衡山	朝宗道各字區	畝捐附加	每畝三十文	國民學校	九年八月
	字字下半區	畝捐附加	每畝三十文	國民學校	九年十二月
	海字區	畝捐附加	每畝三十文	國民學校	十年八月
	土字下半區	畝捐附加	每畝三十文	國民學校	十年九月
	既字下半區	畝捐附加	每畝六枚	國民學校	十年十一月
	中內兩團	畝捐附加	每畝三枚	國民學校	十年十二月
	僧糧屯糧	畝捐附加	每畝三枚	全縣教育	十一年三月
耒陽	全縣	中捐	每兩一分	義務教育	十一年五月
常寧	龍家港	湘包大□紙捐	每□三十文	區立國民學校	十年六月
	東區奇字團	竹木紙麻	百分之四二三	區立國民學校	十年六月
	清瀅江	竹木排捐	每二百排 百二十文	東鎮鎮立 高等小學	十年四月
	東鎮一區	水牛黃牛捐	四百二百文	區立第二 國民學校	十年六月
	東鎮一區	油捐	每日觔八十文	區立第二 國民學校	十年六月
	東鎮一區	麻捐	每月觔五百文	區立第二 國民學校	十年六月

續表

縣別	區別	稅損名目	捐率	用途	核准年月
零陵	赤石洞	木捐	包辦	地方學款	十一年二月
江華	全縣	屠稅	四成	全縣教育	十一年二月
藍山	全縣	烟酒	十分之一	全縣教育	十年五月
沅陵	清浪沅陵子洞	扒水錢	十分之一	第二高小校	十年五月
沅陵	縣署	中捐 契稅附加菸酒	一成	全縣教育	十年五月
芷江	託口	竹水附加	每銀一兩增加錢一百五十文	第九聯合中校	十年十二月
會同	全縣各區	竹木油捐		各區教育	九年
會同	縣署	契稅中捐	每串廿文	義務教育	十一年四月
永順	全縣	田賦券票	每張三枚	縣立女子國民學校	十年十月
龍山	全縣	契稅	一分	補助學欸	九年十一月
龍山	徵收局	屠宰捐	四成	全縣教育	九年十一月
龍山	□□頭抽	油釐	百廿文一百文	各區小學第十聯合中學	十年十月
桑植	徵收局	屠稅	四成	龍喜鄉立第一國民校	十年六月
桑植	各鄉	中筆捐	每串二十五文	鄉教育	十年七月
晃縣	全縣	契稅中捐	百分之二一	縣視學薪資各區小學	十年八月

右表所列，計收之於各地方者：雜稅十六、屠稅六、中捐六、烟酒五、契稅三、畝捐三、行捐二、業捐一、田賦月息一、畝捐附加七、田賦附加五、田賦券票加收二、契稅附加二、釐金附加一、竹木附加一。大抵每縣兼收數項者爲多。雜稅則因地方情形，名目不同。

若夫新增關稅與鹽餘附加，似可提取若干成，專充補助各省增設小學之用，退還賠款，亦可提取若干成，增加現有小學之設備。今日政客、名流、學者，侈談文化與科學，深盻其爲小學教育費，發起聯合之運動，庶基礎得以確立也。

三、極經濟而有效率之方如何

吾所言之經濟須合效率而言。非如消極之規定，僅限制若干級與若干生徒之用人與用款已也。使所辦學校，爲無效之教育，即用款獨少，亦爲不經濟也。因此吾對今日之學校，重有疑矣。

自有學校以來，以僅讀書之不可爲教育也，於是增設種種科目，其設置惟注意校舍所有之容量日光空氣。然使無相當之設備，爲實施教育之工具；即設種種科目，即有適合容量日光空氣之校舍，曾何足以達教育之目的？且施行教育，亦何取乎學校？至所謂相當設備，其至小之限度，必有相當之作業室、遊藝室、運動場、學校園。與夫此項之用具，非僅如向例之以俸給辦公費爲支配經費之規定已也。故言經濟與否，必須就上述之設備，核其是否能以較少之費得相當之用，以及實施之方法與能力如何也。

論學校教育之效率，最顯而易見者，一爲學生成績，一爲生徒數與款額之比例。惟教育統計，關於學生成績，無可依據之正確標準。其言成績，亦屬泛論。僅執生徒數與款額之比例，不足以言效率也。

現在各地方小學情形爲吾人所當注意者：

（一）僅擴充校數而不顧及每校可容之人數；

（二）各城鄉徒循例分配經費而不問學校實際；

（三）生活程度日高，而小學教員尚多支十年前之俸額，無督促進步之可言；

（四）公立學校之俸給，各地方多屬固定而均一，無相當之獎勵。

欲圖小學教育之發展，當以全縣之款，用之於補助獎勵；以地方自籌之款，自辦學校。補助獎勵之費，無公立、私立之別。非設立者有相當之基本經費，不能給補助費。

補助分二種。（一）一時補助費。如開辦補助臨時設備補助之類。（二）按年補助費。除普通因生徒數級數爲相當規定外，如瘠貧地方，鄉村聯合設立完備之校超過定額而分組，或爲天才、劣等生特別設級，以及增級等，皆須補助。

獎勵分二種：（一）獎勵優良教師；（二）獎勵優良學校。

至於補助、獎勵之標准與視察標准，極有關係。亟應由各省精選小學教育學術深邃、經驗宏富者擬定標准，各視學依此分別等差。庶循名核實，成效可立觀矣。

考　　試①

……讀貴報代議非易案，科舉議兩文，謀國之道，未敢厚非，致治之方，猶以未足。今日政局之敗壞，亦既極矣，不究其本，徒歸咎某種制度之不善，或採用某種制度以謀救濟，而不能使人人應相當之身分與境遇，因此而躋於向上之途，缺望多則阻撓衆，又無強固與有信用之政府，貫澈其主張，徒行一偏之見，鮮克有濟，顧其敗壞之原，不祇一端。而象徵莫著於不平、不學、攘利三種之通病。處茲局勢，非使官廳、法團、學校三者所從出之人，無由發生以上三種之現狀，任行何制，皆滋流弊，及今不變弊，將滋甚變之道。第一，當順應潮流，而不可徒增人心復古之感想，使舊者因緣附會，新者藉詞抨擊。第二，當統政治全部，使分配與協應，各適其宜，而不可枝枝節節爲之，如袁氏肅政使之設，與他制並存，不倫不類是也。第三，當應各方面之要求，使皆能致用，且所持與所得，其進步爲正比例，因此鄙意最先討論者，爲考試制度，如瞿君所議，標題不合。第一，原則辦法不合。第二第三，原則試揭其要點。

一不能使各方從事之人，皆由考試出身，非澄清政本之方。如原案僅列鄉試、會試二種，與試者祇及於專門學校學生，簡任以下官吏，及曾應文官考試，或前清科舉願與試者，是不在此類者無與試機會，而下級機關職員，不必以考試及格者從事。

----

①　原載《甲寅》（週刊）1卷6期，1925年8月30日。

二不體察與試者之身分與心理，將科舉學校官階各項人員，一切納於鄉試之中，再由鄉試及格者應會試，另以保舉遺才，付之特任官與專門以上校長，與試之資格濫，又限於及格名額，則自矜身分者不願與試。保舉之例開，則人思倖免，初試開奔競之門。

　　三不適應各方之人才，而使之藉考試以各顯其才能。今日從事之人，不外三種：一科舉出身。二學校出身。三在科舉初停，又未入學校，而以其能力効用者。原案同一試題，頭場固無問題，二場所試之專科，以學校科目爲主，則非學校出身者不便，不以學校科目爲主，則學校出身者無由自拔。

　　四不另定現在任職人員考試方法，將使之同受考試，事實上或有雖能在職者不受考試，又非公允。

　　五不以考試制度爲變，更一切法令之張本，如叙出身，而比照文官考試法令，叙應試人員，在鄉試中得由省縣議會議長保送，進士得派充國民會議代表。論前者則文官考試法令，在民國用人上，曾無若何效力。論後者省縣仍有議長，國會則以國民會議代之，且由政府派充，制度兩歧，於勵行考試之策，間接發生影響。

　　鄙意考試當分普通、高等、特科三種，其出身不限於充任官吏，其方法對目前當有因時制宜之道。普通考試，就各省分道行之，與試者爲中學以上畢業生、前清秀才、曾任或現任委任職，名額按各省委任職務人數，取三分之一。高等考試，於省會行之，與試者爲高級中學以上畢業生、前清舉貢、曾任或現任薦任職，名額按各省薦任職務人數，取三分之一。特科考試，於中央行之，與試者爲大學畢業生、前清進士、曾任或現任簡任職，名額按全國簡任職務人數，取三分之一。

　　主試官皆由中央特任，普通考試襄校官，由主試官聘請。高等考試襄校官，由教育部聘請。特科考試襄校官，由執政聘請。三種考試之頭場同試題。二場試題，分學校出身與非學校出身。學校出身者，依學校科目命題。非學校出身者，分法制、財政、教育、掌故四科命題。普通高等考試，得兼試公文程式，但非學校出身者限於舉行三次考試後停止。

又考取名額雖規定三分之一，仍當視投考人數與試卷程度臨時核定。此制頒行後，凡各官署局所委任職員、縣議會議員必普通考試及格。薦任職員省議會議員，必高等考試及格。但知事衹可試署，簡任職員、實缺知事、國會議員必特科考試及格。此外學術文化團體或新聞事業，非經考試及格者辦理，不得呈請官署註冊。另定主試官、襄校官、考成懲戒條例，防止舞弊。又定官吏升轉與保障條例，以免藉故超擢，舊有文官考試法廢止。依此辦法，上所論瞿君原案之五項缺陷，悉可免除。而以後各方從事之人，遵一定程序與標准。在政治方面，金錢與夤緣舉不得行，白丁與暴徒，無由倖進。在學校方面，畢業後確有用途，僅取得文憑者，不得鑽營謀事。濫用之例除長官不能徇私，倖進之風戢，人自奮勉於學業。由此行政，政無不舉。由此立法，法無不張。吾人當知今日政局之敗壞，不繫於最高級長官之一二人，而繫於全國從事之人。循今之弊，雖有賢明長官，無由圖治。行吾之法，長官即不肖不能姿意以行，況夫中樞逆施，省自爲政，使社會不平，人競於不學。而攘利用人，實階之厲，惟此厲行考試，先清治本，然後可語於民德、民生。否則，日言統一，而紛擾日甚。日言共和，而專制日甚。政府如此，社會亦如此。欲國不亡，夫復何待？若夫代議制之然否，科道制與彈劾制之應否採用，必考試制度成立，而後可以討論。舍是立論，所謂得失利弊，皆一種制度之自身問題，不足以解決國是也。鄙意代議制度，當合省縣議會，而討論其資格權限人數等。資格已如上述，權限須將選舉與彈劾兩權，提在立法機關以外。關於選舉，以臨時特殊組織行之，而以彈劾與司法兩機關，監視其後，防止賄選。彈劾則由政府就特科及格者簡任。立法之事，法案須由法定團體或政府機關提出。法定團體，以教育會、商會、工會爲限，農會與農民無涉。農本不能成立，議會討論法案時，與法定團體有關者，由該會職員推人列席説明，政府委員亦得參以然否意見。政府提出者，由政府派員説明，經議會修正表決，然後施行。議會所司者，爲審定法制，與預算表決，用兵與締約，舉凡藉故徇私，牽動政潮，皆無自而發生矣。如僅以科道制替代議制，第一地方議會是否存在，存則國會既廢，此制獨存，似有未協。廢則以目前之局，中央既無力制馭各省，且以中國之大，舉地方一切事務受命於中央，勢不可能。一任地方官吏之武斷，又嫌偏重，況國家重大問題，惟國會可以防止政府行動，但使考試制度行，產出者既爲秀士，又削其選舉與彈劾之權，流弊可無慮矣。區區之見，是否有當，願留心國是者是正之……。

李步青　北京西長安街五族飯店　八月十六日

編后记：蓮舫此文，字字從經驗研覈中流出，所稱不平、不學、攘利三弊，刻劃最爲精到，正本清源，綜核名實，舍明試何由，此策得行。政舉法張，殆非虛語，至節目如何？可得隨時細論也。蓮舫清高深穩之才，久而愈粹，今日僅得以斯言，見可以窺末流人才消長之機，言之慨然。——孤桐①

小學國語文學讀本之研究②

現在通行之國語教科書，一稱讀本，體式約有二種：其一襲舊式教科書之窠臼，而形式與實質，漸傾向於兒童文學，此爲改良式，一般小學校所通用者也；其一改換舊式教科書之面目，文字尚重復，内容重趣味，此爲文學式，新式小學校大抵用之。茲二種不可不謂進步，惟根本上有數個問題，在本書未出版前，曾否顧及，今所亟欲申論者也。

第一　國語讀本與兒童文學之關係

（一）當知文學爲何

各種人類，皆先有語言，後有文字。在未有文字前，文學之作，即已產生。何也？發表意思，而以詠歎出之；或修辭近於藝術，皆含有文

---

① 孤桐，章士釗（1881—1973）的別號，《甲寅》（週刊）由其所辦。
② 原載《中華教育界》第15卷第3期，1925年9月。

學之意味，而與尋常語言不同者也，故中國文字，創製於伏羲。而葛天氏之歌《八闋》，早已流傳，《呂氏春秋》猶存其目。章實齋所謂文章起源於詩者此也。然自文字顯其功用，作家者流，曲盡其沉思翰藻之致，取以悅人，遂與語言相離日遠。末流所極，徒具形式，舉原來抒寫情感之功用，一變而爲文人塗飾之具；文學之真義以晦。而理學家因挽浮辭與詭辯之靡風，倡爲文以載道之莊論，矯枉過正，又溢文學於史學、哲學範圍之中。文學之真義，益以支離。是以文學之關係於人生，不在文字本身之功用，而在文章構成之妙用。就文字功用論，一在發抒情感，一在傳達意思。而文學則在此發抒與傳達中，引人入勝。傳所謂"言之無文，行之不遠"者也。研究文學，必先知文學之所以產生，而後識其妙用，而後知其對於人生之價值。蓋人不能無情，情不能自已，而後發之爲文。鳥唱蟲吟，各有動機。其能動聽者，必有抑揚宛轉之致。夫文章種類，不外寫情、記事、說理三種。記事、說理之文，雖體裁各別，要皆後起之文，應文字功用而作，非文學所自出。是以春秋嫺辭令之士，必多讀《詩》，太史公修《史》，遠宗屈原作《騷》之旨。至於文學作品，貴乎真情流溢，自然成文。非徒精究文字，便臻妙境。婦豎偶成之山歌兒歌，所以能普及於民間者，非無故矣。若夫《三字經》《千字文》諸作，語皆有韻。徒以拉雜湊成，無義可取，即舊時文學家且不屑稱之。可以知作品之品性，苟文字所表現者，無悠遠之思想，無真摯之情感，無豐富之想像，又不能以藝術組織，表現人生意味。則美之成分不具，未可以言文學之價值矣。

（二）當知兒童文學爲何

兒童文學一語，吾國近數年來，始稍爲教育界所注意。如歌謠、故事、童話、寓言、謎語、諧談、小說、劇本等，漸已多方搜輯，資兒童之閱覽。其中出品較多，論辨較詳者，以關於童話爲最。然遍閱諸書，勿論爲譯爲作，皆非兒童語體之文，至教科書或讀本初年級之課文，率以思想近於兒童，爲兒童可説之話，便炫爲童話矣。夫兒童文學之要素有三：（一）合於兒童思想；（二）合於兒童語言；（三）具有文學品性。

三者缺一,即不成爲兒童文學。前二者意甚明了,後者必須如上論文學價值,以藝術組織,表現人生意味而具有悠遠之思想,真摯之情感,豐富之想像,且其培養之思想、情感、想像,尤必導於光明中正之領域,俾文學所吸引之美感,皆適應於教育目的。不明此義,徒以迎合兒童心理爲能,則好奇教材,必失之荒誕與迷信,遊戲教材必失之謔。是以近出之教科書或讀本,一方漸切於兒童心理,一方去教育之目的日遠。正不獨寡聞新進,聞神話而懷疑。篤古老生,覽課文而興歎已也。

(三) 當知已往的國語讀本之缺點爲何

各國國語讀本,皆經過偏重形式與實質兩方面,而後漸傾向於文學方面。吾國教授小學國文之本,亦不出此二途。偏重文學形式者,如字課圖説、作文入門是。偏重文章形式者,文取其淺,章取其短,如初出之小學國文教科書是。此類已成陳跡,可勿論。偏重實質乃調和形式與實質者,在小學國文教科書時代,大率如是。自改編國語後,近已傾向於文學方面。然舊式相習日久,其軌範尚橫梗於編者與教者之心目中。吾人首當知國語或國文所培養之知識,是以語言文字爲目的。所謂歷史、地理、理科等教材,因文字必附麗於其中,苟不多方採用,興趣或流於單調,初非限於國語國文中,給予兒童之科學常識,亦不限於某類教材,應採若干成分,始爲適當。須當知學習之難易,不限於生字多少與課文長短。而語言練習,不限於以課文爲準則,亦無取於會話之形式。由前之弊,易使文章平直乾燥寡味,且浪費時間於文字以外之講解。由後之弊,易使内容貧乏,意義索然,無玩味思索之餘地。即如近來報章登載之課文,文學式之讀本,於文字重復與學習興味,均甚注意。顧尚有缺憾者,其要點有三:(一)文爲白話,不必適爲兒童語體。(二)對於興味之真正之價值,容有未喻。蓋文學之興味,重在美感,非徒取娛樂已也。普通所謂真善美者,雖各具特性,要其領域非截然分界,至美者必有善與真存乎其中,文學亦猶是也。(三)對於文學之成分,僅窺其片面。文學之所以爲美,合實質與形式二者而成。實質之包含不美,不能産生文學之文章。形式之表出不美,則文章失其文學之趣味。如《新豐折臂翁》《景陽岡打虎》之文，事情動人，實質包含之美也。自來文人描寫哀感與勇士之文，獨推此作，則形式表出之美也。兒童文學，歐美作家，已屬晚出，我國於古無徵。研究兒童文學，不必屬於中文有根柢之人，以言創作，戞戞其難。宜乎國語讀本之未滿人意夫。

綜以三者之研究，得讀本應爲兒童文學之原則二：（一）取兒童教材，適合於學習心理；（二）取文學陶冶，達到教育目的。

第二　國語讀本應具之性質爲何

欲明此義，當先知前二種讀本試行之結果。改良式讀本，兒童仍不甚喜讀。文學式讀本，不能達屢讀不厭之境。此就大體言，非謂現行讀本課課如是。此其原因，大抵前者文章平實，了無意味。後者短文多未表具體事實，長文則意義畢露。至於語句不合口味，修辭結構，未登大雅之門，尤爲通病。夫童話、故事、諧談、寓言等，爲兒童文學之要素。國語讀本不能不取爲教材，此爲人所共認者也。惟講童話，述故事，說諧談與寓言之數者所界予兒童之趣味，各具有本身之目的。藉教者之興味，俾兒童容易學習語言文字，固非不可。使兒童學習所感之興味，純在數者本身所具之目的，而不在所必知之語言文字，或語言文字之求知，必同時求助於數者目的之趣味，而非因讀文而發生趣味。匪惟教語言文字之目的，本末倒置，抑且文學本身上無絲毫感人之價值矣。今之研究中國舊文學者，不識兒童文學爲何物。所謂新文學家者，下焉者能作白話文，上焉者深究語法而止。其於某種文學之特性，如何而構成，茫然不知其所以。國語讀本應具性質之不明，夫何怪其然耶？由是而余之主張，可得而言。

（一）國語讀本不是聽的兒童文學

講童話，述故事，此類兒童文學，在幼兒時代已適用之，故事範圍之廣勿論已。即如童話，自創作日多，程度已不一致。今之作者，且有與短篇小說同其結構，爲青年可讀之書矣。聽的兒童文學，適用於兒童不能看書時。其主要目的在發達想像，而不在練習語言文字。此類創作以適於兒童能聽喜聽爲主，他非所顧。且因講述之説話，得藉助於姿態動作之表示，雖煩瑣不病。小學所用國語讀本，採聽的兒童文學之文，則兒童不能讀。若節取一二語句，先講童話，説故事，如文學式某種讀本所取之例。此在設計教學中，因講童話，述故事，兒童對其中之語言文字，勃然發生興味，便令學習，是亦一法。且何項語言文字，亦非教者所能强定。若夫標名文學讀本，其學習語言文字，乃藉助於其他之目的，抛棄學習原來之目的，損失文學固有之價值，其歧已甚。觀於採用讀本仍多含文學式而取改良式，其故可思矣。然語言文字，爲人生活動之重要基礎，非特別學習不爲功。如牙牙學語，因需要而自然練習。聞歌興起，亦不以往復回誦爲苦。準斯以求，可見兒童非無可讀之文也。

（二）國語讀本不是看的兒童文學

兒童六、七、八歲，無看書之能力。九歲、十歲，能看書而力有限。十歲以上，能力可以看書。思想變遷，與年俱進。就看的兒童文學而言，在十歲以前，當有二種體式：（一）段落各別，意義變化，而文字語句，時有重復。（二）每一段落，難用重復之文字語句，則語當簡要。且分段藉圖畫表示，以補助文字所未及。但與近出之兒童畫，專備幼兒童看者亦稍不同。至十歲以後，普通童話亦不適用。如《小朋友》《兒童世界》之體式，論文字多非兒童所能閲，論思想則多與青年不應，余嘗探詢於多數兒童而得此結論者也。惟看的兒童文學之文字與内容，惟求兒童之能以辨識，不必語句之琅琅上口。讀本則異是，既期其熟，又期其反復玩味，非言有盡而意無窮，便於朗誦，或讀之樂不可支，固未易臻斯境也。

（三）國語讀本不是唱的兒童文學

山歌船歌，鄉人互相仿唱，藉以取樂，兒童之於兒歌亦然。大抵樂以和聲，詩以言志，造物甄陶人類之微妙，契合於節奏疾徐抑揚之中，使之足蹈手舞於不覺。而凡民與稚子，感此微妙，尤樂不可支。所以有韻之文，於諧和心情，激揚志氣，實具有無上價值。此類文學約分二種：（一）腔調諧和，取其上口成誦，如詩、如歌、如鼓詞是也。（二）節奏叶譜，非工音律者不能爲之，如曲、如唱詞（惟舊劇有之）、如樂歌是也。要皆別具一格，與普通語言文章不同。閑採數章，自饒興味。若偏重韻文與自然之語言，必難適應。匪惟無以達學習語言文字之目的，且慮敷陳事實，似《三字經》《千字文》之類，徒增厭倦。即如鼓書所爲，唱者與聽者，祇爲腔調之欣賞，初無與於心情之感動。樂歌詞之佳者，亦足以激動心情。然審音協律，其作大難，日用讀品，正無需此。況文章優美者，節奏自然諧和，固無散文與韻文之分乎。是唱的兒童文學，非讀本之性質矣。

（四）國語讀本應爲教科書體式

教科書體式，重在內容構成與文章表出，使教者有指導之餘地。惟兒童時期，重在引起創作想像。文學作用，重在激發情感。使僅能爲文字教授，此字課之書，不可以爲讀本。現行改良式讀本，不免此病。使引起想像，激發情感，基於內容叙述，而不在文字表見；或文字所表出者，祇屬於滑稽興味，而不足以引起創作想像，激動人生意味之情感，亦非讀本之佳者也。現行文學式讀本，不免此病。故國語讀本，所以須教者指導；必使從文字所表出，兒童所反應者，紬繹而出。至其不名教科書而名讀本，其義有二：其一，取傾向於兒童之自發活動，以別於舊時用書之以教師爲中心。其二，取由誦習而領會內容，以別於他種教科書之偏於紬繹內容。義例既明，斯體式可以釐定矣。

由以上之分析，可見國語讀本必集合各種兒童文學，以自然之語言、通常之文字，重加組織，便於誦習，而成爲教學之工具，可斷言也。抑又有言，吾國舊時學文，所以能臻豁然貫通之境，大都收效於吟誦玩味之中。然非構成之文，足使兒童能讀，喜讀，屢讀不厭；雖吟誦而不感興趣，雖玩味而毫無所得。年來小學國文成績之不良，任用何種方法，而收效皆淺。思之思之，一方當應兒童文學之新潮，一方當反求舊時吟誦玩味之作用，庶於學習吾國之語言文學，得以通其窾窔。故改造讀本，殊爲急務，不此之求，徒言深究，競談綴法，仍無益也。

第三　兒童語之研究

向來編小學國語教科書者，初年級課文以語句短爲唯一原則，此固當然之理。執此爲專例，則成人之普通說話，長語正復無多。謂短語句便於兒童誦讀可也，謂短語句即兒童語不可也。夫兒童文學內容方面，宜合兒童思想；形式方面，宜合兒童語言。思想合而語言不合，可以作聽與看的文學，不可作讀的文學。如有韻之文、山歌、船歌爲兒童所喜，而詩詞非其所喜，其明證也。遍查各書，短語句亦祇限於第一學期之課文而已。以余之實驗，二、三年級兒童所有不便於誦讀之點：(1) 長語句，尤以數語連續爲甚。(2) 不合口味之語句，雖短亦然。(3) 記敘文接連成文，連續之句太多，最乏興味。兒童心理諸書，研究語言發達程序，祇限於最小幼兒。五六歲以下能說之語言，已極複雜，大都以搜成詞彙爲主。然兒童所說之詞，因環境而不同。可以計數量，不可以定性格。小學教師之調查，則多屬於土語矯正與語法錯誤，此亦隨地不同。至於如何而爲兒童語，論者甚鮮。余前歲生一小女，從一歲起，凡所欲說之語，逐日記錄，擬記至五六歲止，因時期未滿，不能發表具體意見。其於兒童語之研究，致力尚淺。惟今所循途徑，較之以短語句爲唯一原則者，正自有別。余家中有小學學生二人，時常聽其談話，又用種種方法與之談話，又時聽他兒童談話。積思所得：(1) 兒童所發表之語言，完全從自身活動與對於事物之感覺而出。(2) 兒童之敘述，分項說明，不求銜接，與向來書本上之敘述式，連續成文，必用文法上銜接之詞者不同。(3) 兒童所說之長句，必由數個短語所構成，語氣不斷而可以停頓。其短語之數，除記數事物外，多在三個以內。每一短語字數，多在五字以內。即稍長短語，至多不逾三個名詞。(4) 除訕笑外無用詞藻之形容詞，用轉折連詞極少。以此原則，爲構成課文形式之根據。又於課文成後，令兒輩讀之，詢其何字何語，不合口味，再加修正，然後試教於學校。故課文中且有兒輩改訂之處。夫兒童與成人，非有兩種語言也，不過兒童之語，成人可以如此說，而成人之語，兒童有不如此說耳。此中相去毫釐，非體貼入微，雖極佳之語體文，兒童上口，亦難成誦。此安徒生童話之特點，純以小兒語體爲文，所以獨稱於兒童文學界也。

第四　選字之研究

各國編制小學課程，於識字問題，研究頗詳。吾國國語讀本或教科書，大都由編者以意成文。其所用之字是否皆屬於普通必用，毫無標准可言。曾有人以某小學書第七册生冷字十個，試驗大學學力之人，有數字爲多數人所不識。即《國語課程綱要草案》，定初級小學應識字二千二百個左右，論者亦議其語近籠統。此問題不先解決，則兒童所應學習之文字，難期於讀本中達到目的。今於説明標准之前，略討論選字之問題，大要有三：（一）普通必用之字，應於國語讀本中學習之，此必用之字，選擇應有標准。（二）各册分列之字，應先其應用尤切要者，其次第亦應有標准。（三）普通易誤之字，應有適當注意。除三項屬於練習範圍外，一與二項皆讀本中主要問題也。論第一問題，吾國國語文字之書出版無多，私人函件一時難以搜集。即用外人選字之法，因所依據者難取適當之語體文字，則根本已生問題，此不能圓滿解決者也。論第二問題，舊説有三：其一，筆畫先簡後繁。其二，先單體字後複體字。其三，先見本義之字，後見旁義。第一説，舊式教科書皆如此。今初學年讀寫既不並進，則字之筆畫繁簡與學習讀本，關係殊不密切。二説效用之微，與一説等。如第三説，小學既不深究字源，而字體又因楷書而多有變遷，且有本義而今不通用，亦無可取。若排列次第，不主單字而主詞，詞之切要與否，屬教材之實質，不屬於文字之本身。苟教材性質之標准，與年俱進，則文字又不成主要問題矣。抑吾人所當知者，虛字之數甚少，頗易一一釐定。實字的名字，因地方與職業之別，通用之字，各有特殊之處，其需要亦易發見。如浙杭二字不見於讀本，在浙江省分自應需要而教之。他省不感此需要，即令不識，於作文無妨。其他準此爲例，如歷史上、地理上、職業上、姓字上之專名，由教者用自然教學法，隨時機示教。此外通用之名，不難審核，至於動字狀字，爲構成語句之關鍵。所有必須之義，缺一不可，與虛字同一作用。勿論何地方、何職業，其通用之處，無有區別。而同義之字，應用上亦可以不識。若以讀他書爲辭，則年級較進，能查字典，亦無不便。依上所論，余於編讀本時，暫用簡要方法，定選字標準。雖例屬主觀，較之客觀標準，不能取適當材料者，實際或能適用。余之選字第一步，就《康熙字典》據自己所識之字，選取六千餘字。第二步，就六千餘字分四大類：一、實字的名字；二、實字的動字；三、實字的狀字；四、虛字（為分類方便起見）。此分類之字，每歸一類，皆先審字成詞語之用處，故字不普通而可成普通詞語者不致落選。第三步，依詞性之屬於何事物與其性質狀態，就四大類，各析為若干類。凡字之同一作用者，皆得列於一小類中。然後去同字異寫之字，剔異字同義之字。其日常之事物與動作不常用之字亦去之。別為三種：第一種，語體字，為小學必用之字。第二種，文體字，語體字極少，可以酌用。第三種，小學可不用之字。計及必用字虛字……個，動字四百多個，狀字六百多個，名字一千多個，共二千二百多字。參照《平民字課》用字與《草案》所定數目，亦大體相符。至於排列次第，虛字依兒童語研究之層次。實字依教材標準之層次。雖所選之字，未必確合全國之用，然大體尚無甚謬誤也。

第五　國語讀本所需助於教授書為何

教授書式例當另論。茲所論者，謂讀本中不易解決之二大問題，當於教授書中解決之。

（一）為識字問題

今之研究小學識字者，一為應識之字數，二為每字復見之次數，此在讀本中固有相當之注意。不過求此項問題之圓滿解決，課文處處受其拘束，則文學意味因之減損。就應識字數言，城市與農村，以及各地習慣不同，在甲地認為必識者，在乙地或可以不識。又如同義之字，如看與瞧、丟與摔，異名之詞，如父親爸爸、稻子與穀子之類。在文中可任取其一，在語言則可任所欲言或隨地而呼。上舉兩例，前者課文悉列則書成雜字，酌列則因地而嫌遺漏。若教授書中遇課文可授農具或商品之字，以及可授地方事物之名，舉例說明，教者斟酌授之，斯讀本免其兩弊，而識字者各識其應識之字矣。後者課文悉列則用詞混淆，酌列則慮遺某處通用之字。若教授書於讀本所用之詞，有同義或異名者，舉例說明，使教者因地方慣例，並舉以示，則識字者無慮其不敷用矣。就每字復見次數言，依學習心理原則，每授一新詞，其復現次數之距離，應隔三四課一次，隔六七課一次，隔月餘一次，隔二三月一次，此復現之次，必不可少。以此爲準，則組織成爲機械，即舊式無甚意味之課文，已不可能。惟於教授時，逐課聯絡練習。先將各課課文之字，逐課列表，依次注明發現次數。查其復現次數較少，或距離不勻者，一一在教授書中，臚列補充教材。此種補充教材，皆於課文中聯絡復習，不別爲一課，既可準學習心理之原則而練習，又可因練習而示文字應用之變化，斯可爲兩全其美矣。

（二）爲應用文問題

今之談教學法者，皆知應用文之學習，當適應兒童當時之需要。乃其討論讀本，又力主多加應用文。夫應用文既爲讀本之主文，爲讀文而授文，其不能引起需要之動機，固已甚明。無需要之動機，而強其學習機械之法式，難有心得，亦可知已。然讀本絕不示例，一任教者之因應教授，教師學力弱者，或失機會而不教，或遇機會而不知所以教，是原理合而事實上易生問題。惟有視課文可有之動機，當發生何種應用文之需要，又衡量兒童學力，應用文體式，分別次第舉例，列入教授書中，備教者參考，選爲補充教材，則上述之種種困難，舉無慮矣。

小學校國語文學之研究徵求批評[①]

小學國語文學讀本，爲兒童了解國語文學基礎，較泛論國語文學更爲繁難。當國語文學造端之始，賴文學家與教育家各發宏願，爲系統之研究始集大成，而近時國語讀本於國語文學與小學國語教法均未貫澈，

---

① 原載《中華教育界》第 15 卷第 5 期，1925 年 11 月。

頗爲遺憾。步青不自量淺陋，彙平素研究，年餘整理創作《初小國語學讀本》八册，已由中華書局付梓，先編説明書一册，題曰《學校國語文學之研究》（一名《小學國語文學讀本説明書》），非敢問世，聊資抛磚，尚希海内教育家教正，《讀本》印行後，更盼詳細批評爲幸。通訊處，武昌長湖西街三十號。

李步青啟

小學教育根本改造論①

一、論教育目的

余向來對於小學教育，頗疑今世之學校組織、課程編制、教學與訓練方法，無當於教育目的。以我國今日教育之衰弊，而提倡國家主義，誠足以發人猛省。顧國家主義之内容何若？達到主義之方案如何？使於今之所謂學校教育者，不明其根本上之缺陷，其方案必無可觀。任何主義，祗屬空談，或者利未見而弊已層出。甚矣，教育之未易言也！

於此當先決之問題：必如何而謂之學校乎？教育又何以必需學校乎？此二問題有相關之點，可以連帶解決者也。將謂學校爲造學業之地乎？然現今學校所造之學業，除學校以外，遂不可造耶？將謂學校便於容納多數人以求學乎？然則所謂學校者，惟以容納多數人爲便耶？將謂學校有教室體育場、圖書器械室等，使人進修遊息，各有定所乎？然則人之所以必需教育者，其目的果何在耶？使所疑者根本不能解答，則人之求學，與學校之設，均去教育目的之旨甚遠。何也？學校所求得之學，既不必限於學校中求之；而學成結果，其效用如何，與影響之爲善爲惡，尤不能予世人以確切之判定。試觀今日社會之群衆，偉大人物初非陶鑄

---

① 原載《中華教育界》第 15 卷第 6、8 期，1925 年 12 月、1926 年 2 月。

於學校之中。僅入學校數年者，其普通知識無異凡民若夫。知識愈高，作惡之度亦與之俱進。由此觀之，國家何爲而施如此敎育之學校？社會亦何樂有如此敎育之人？吾國今日之政客、軍閥、學界領袖，方利用學校所有之劣點，操縱一世之人心，及今不反，則政治萬惡之府，將悉於敎育方面孕育之。藉不盡然，似此襲形式無目的之敎育，而使舉國優秀分子，勞精疲神於塗飾門面之具，亦太覺無聊矣。

然則學果可廢乎，學校果不必辦乎？非也。學校之無害與有效與否，純視敎育之措施如何。由此而敎育目的，可得言矣。歷來論敎育目的者，從生活根據分，或偏重個人，或偏重國家，或偏重社會，或偏重世界。從陶冶途轍分，或偏重道德，或偏重實用，或偏重藝術。主張雖不一致，要其歸結莫不躋爲人於向上之途。惟爲如何之人，是否偏向於一部分之發展？其所持之術，是否足以達到目的？言者異辭，用者殊途，迄今日而未能衷於一是也。夫敎育之術多端，其旨趣當以全人爲主。所謂全人者，從生活方面言，基本當完成其作用。從本體言，身心當無缺陷。從陶冶方面言，歷程當爲整個。無如今之言敎育者，持一雞一豚之微，而希滿溝滿車之償，此則可爲浩歎者也。

二、論國民敎育

國民敎育，興於百餘年前，而瀰漫全世界，努力增進，則近數十年間事耳。方其創始，基於平民政治之運動，藉以剗除特殊階級壟斷敎育之弊。改革之旨，大抵移其權於國家，使敎育爲人民所公有。至其敎育內容，仍襲舊時讀書程式，以識字爲求學唯一關鍵。迨後學術與世運俱進，物質日趨文明。謀國民常識之增益，於是知識與技能各科，逐漸添設。又以世變日繁，國民能力弱者，不足以競存，於是延長義務年限，推廣補習敎育。就表面言之，所以爲國民敎育謀者，亦至且盡。進而語其實際，增加科目，僅屬於知識範圍；即延長年限，亦祇屬於知識程度。知識增多，而道德不與之俱進，實爲擾亂社會之源。況敎材割裂，敎法灌注，尤成今日小學之通病耶！所以世界敎育統計，今猶以識字比例計國民程度。夫國民而多不識字，固可以覘教育之未普及，使普及而僅止於識字，國民程度，抑可知矣。

國民學校教育之變遷，由文字教育進於知識教育，自重行爲之學說漸昌，教育趨勢已異往昔。惟專從心理學變遷而出，故改進祇屬於求知識之方法。其影響所及，不過培養有用之人，於爲人之根本無與也。《易》曰："蒙以養正"，又曰："擊蒙，不利爲寇，利禦寇。"言治蒙過剛，則必爲害。惟捍其外誘，以全真純，斯養正之道也。近世西人治心理學者，多尚跡象，離性言心，而應用於教育，此誨人必至之弊。故其研究所得，雖可以矯過剛之失，而不明禦寇之義。徒斤斤於剖晰表象，求如何學習而容易收效，殊未足解決教育之根本問題也。

吾國國民教育，距普及尚遠。其已施教育，糅合文字教育與知識教育，支支節節爲之。一方對於學習心理之法則，未能運用；一方惟鄙厭從前求學之事，而不體察先哲詔民入學與爲人求學之精義。惟侈論學校建築，轉販教科書，便以爲學當於此中求之。學年滿者取得選民權，投票能書寫姓名，並不能實踐人之本務，增進社會之福利，究與國民之責任義務何涉？則夫籌辦國民教育者，其一主張改良私塾，所改者何良，其良者效用又何若？其一主張取締私塾，試問學校教育，較之私塾教育，相去幾何？不揣其本而齊其末，徒見其多事也。

民國教育與平民政治相爲表裏，政府不足責已。吾國之號稱學者政客者，莫不以平民政治相號召。而其汲汲營謀者，其一惟提倡大學，最低限度亦辦中學，未有以小學普及爲急務者；又其一惟求取得代表民意之資格，而不務增進國民知識。以至於商會、工會、學生會，舉凡抗議於平民旗幟之下者，叫囂號跳，託名雖美，大概具朕即國家之頭腦，惟計本團與自身權利，病民禍國而不恤滄海橫流，民智民德，日益消沉。痛哉！國民教育而不謀普及，或所謀者非吾人理想之國民教育；而徒襲平民之政治形式。從前作惡，尚祇屬於政府方面；今之作惡，並及於社會方面，而皆假民意以殃民。如此國未有不速亡者也。

論者將曰，今惟普及是務耳，優劣可暫勿計也。此似是而非之見，在吾國興學之始，容或可行。今流弊已極，猶不知反，行見多設一校，即增一種惡之府，不可不慮。何也，距今三十年前，物質文明之弊，尚不盡爲世人所厭。世界紛亂，伏於隱微，舉世人心，未極浮薄①，故文字教育，便於宣傳知識教育，有裨實用，僅得其一，於普及文化利賴人生之方，不無功效。今何時乎？文化、政治、經濟，與夫國際關係之改善。已成世界公共問題。凡一種事變之發生，各方惟側重本身利害，不惜損人以益己。所謂文明國之國民，與無教育之國民，甚至於富有知識之士類，表現之變態心理同出一轍。苟便其私，無施不可。重以吾國名教之弱點，既盡情暴露，趨新者惟以破壞一切爲能。於是士習於不學，人競於攘利，舉國皇皇，新舊兩失，無所歸宿。教育既失其馭，即令普及，容有逾於無教育者乎？

論者將又曰，今日平民政治勢力之發展，詎非教育之效乎？抑知政治上之革命，緣群衆不平而發生。雖倡導之人，不乏先覺；而革命成功，並不盡屬於知識階級。吾國最近之各種運動，皆以學界爲先驅。然其後倡導者或以貪墨，或以壟斷，爲衆所共棄。所以然者，事之原動，伏於政治策略之利用，非屬人人本心之自覺也。故知識可以利國，亦可以禍國；教育可以牖民，亦可以愚民。所期望於國民教育者，國民道德尤重於國民知識。所謂道德者，無取於鑄型；所謂知識者，尤忌夫機械。如今所施之教育，固尚未敢斷言爲利國與牖民也。

然則教育之施，將如何而後可？應之曰，中學以上之教育修正章程與課程，一任民間之自由設置。政府惟量用人之途，分各種考試，使公家及社會從事之人，勿論等差，皆從考試而出。對於學科須特殊研究者，則設各種學術實驗室；對於專門深造有得者，則訂獎勵創作書物條例。如此則費省於前而致用廣，且人便於研究。至國民教育，應由政府協助地方，以全力舉辦。當其改造之始，將現有教育經費悉數收回，用以規

---

① 余在民初發表一文於相當的贊成實用主義中曾附警告，文載於《教育雜誌》。——原注

定地方自治條例、調查戶口、統計學齡、分割學區、經營校場。更慎選小學有精深研究者，設置試驗學校，重組課程，訓練師範生，再就訓練者逐漸推廣。惟當辨明者，自由設置非取放任，全力舉辦非以專責屬之政府；不過政府各以適當政策，促興教育，日進有功，並非僅僅經費分別公私之問題已也。至其詳細辦法，後當專章分論之。

三、教育行政

茲所論之教育行政，專就國家教育政策立言。

凡一國教育之變遷，雖多由風會所趨。然其施諸全國，勿論教育行政若何，大概憑藉國家之權力以行。此在中國歷史上，尤爲顯著。

史稱三代以前，爲中國政教最修備之時。有虞氏即學以藏粢，而命之曰庠，又曰米廩，則自孝養之心發之也。夏后氏以射造士，如行葦騶相之所言，而命之曰序，則以檢其行也。商人以樂造士，如夔與大司樂所言，而命之曰學，又曰瞽宗，則以成其德也。周制天子曰辟廱，即成均也。蓋以其和之以道，明之以法，則曰辟廱。以其成其虧，均其過不及，則曰成均。諸侯曰順宮，順之爲言班也。言於此班政教也。由斯紀述，推求義例。

一、教育有目的。一切設施，必與目的相應。以視今日之所謂教育宗旨、校訓、級訓者，虛構抽象之文義，懸爲目標。即進而究及達目的之教材，亦無統一方案，使得具體表現。其相去何如。

二、寓治化於施教之中。由學校教育，表現尊賢重道之精神，目的何在？使舉國人民，皆有瞻依，相與自勉。以視今日學校教育，祇施於本校生徒；而教育功效，又與社會隔絕；即侈言社會化，仍與社會相離甚遠。謬者乃以干涉外事，爲學生之社會服務。其相去又何如。

三、使由學以求爲人之準則。以視今日學校教育，排比科目，空言致用，拋棄爲人之本務，所謂修身、公民、讀經等教科，管理自治等規程，存廢均無甚影響於身心。其相去又何如。

虞、夏、商之學制，其詳不可得聞已。周制昭然可考，撮其旨要，如左所述：

一、人生八歲，則自王公以下，至於庶人之子弟，皆入小學。（朱子《大學章句》序）

二、天子諸侯之國二十五家以上，皆有學。（項氏《枝江新學記》）

三、入小學，教之以灑掃應對進退之節，禮樂射御書數之文。入大學，而教之以窮理正心修己治人之道。（朱子《大學章句》序）

四、教造士，春秋以禮樂，冬夏以詩書。教世子，春夏以干戈，秋冬以羽籥。（《樂書》）

五、大夫七十而致仕，老其鄉里。大夫爲父師，士爲少師。上老平明坐於右塾，庶老坐於左塾。餘子畢出，然後皆歸，夕亦如之。（《尚書大傳》）

六、穭鉏已藏，祈樂已入，歲事已畢，餘子皆入學。距冬至四十五日，始出學，傅農事。（《尚書大傳》）

七、比年入學，中年考校。一年視離經辨志，二年視敬業樂群，五年視傅習親師，七年視論學取友，謂之小成。九年知類通達，强立而不反，謂之大成。（《學記》）

八、鄉論秀士，升之司徒，曰選士。司徒論選士之秀者，升之學，曰俊士。升於學者不徵於司徒，曰造士。大樂正論造士之秀者，以告於王，而升諸司馬，曰進士。司馬辨論官材，論進士之秀者，以告於王，而定其論，論定然後官之。（《禮記·王制》）

九、鄉簡不帥教者至於四不變，然後屏之。小樂正簡國子之不帥教，止於二不變。（《禮書》）

十、天子之學，謂之辟廱。班朝布令，享帝右祖，則以爲明堂。同律氣候，治曆考詳，則以爲靈台。諸侯之學，謂之頖宮。大師旅則將士會焉，大獄訓則吏民期焉，大祭祀則始祖享焉。（項氏《枝江新學記》）

十一、州長正月之吉，各率其州之民而讀法，以考其德行道藝而勸之，以糾其過惡而戒之。若以歲時祭祀州社，則屬其民而讀法，亦如之。春秋以禮會民，而射於州序。黨正四時之孟月吉日，則屬民而讀法以糾

戒之，春秋祭祀亦如之。國索鬼神而祭祀，則以禮屬民而飲酒於序，以正齒位。(《周禮》)

十二、周三百六十官，不設學官。三公論道，與三老教學，皆不領於六官，以見事大體重，非簿書期會之事。(《周禮》)

十三、司徒掌邦教，司馬掌邦政，職未嘗不分也。有發則司徒教士以車甲，升造士則司馬辨論官材，事又未嘗不通也。(《禮書》)

由上之一二項考之，則知教育普及，已行於周代。至其實行之由，則以井田之制，土地國有。地方制度，蠭然具備。故行之也甚易。由三項考之，則知古者小學之教，其爲人與夫應用功能，皆切近於日常生活，學即所以致用。不惟後世主張讀經，無當於爲人之旨。即實用主義，亦浮淺而寡要。由四項考之，則知教科之區別與先後，於因材而篤與循序而進之旨，深有體會。由五項考之，則知古者之尊師重道，必先求師之有道，而後尊重之非出於虛文。由六項考之，則知古者鄉村教學，與地方農事，期於相應。由七項考之，則知古者考試生徒，具有相當標准，與年俱進。由八項考之，則知古者舉士舉官，不分二途，而所舉者尤以德行爲本。不惟無後世科舉浮華之弊，亦且無近日畢業生倖進與向隅之歎。就九項考之，則知古之學校，所以使民帥教，非僅使人人就學已也。就十項考之，則知古者國有大事，皆集會於學校。使全國之人，皆知政教所從出，非僅係觀瞻已也。就十一項考之，則知古者立國，未有不教而施之政令。學校之施教，平時在使在校者習業。定期則舉國共之，使守法而觀禮，以此爲國民教育之本；視今日之惟以國民教育施於小學者，用意固深遠矣。就十二項觀之，則知古者政教相聯，實各自有其體用。教在深入人心，而不在以法制相慹，故學官不領於六官也。就十三項考之，則知古之設官，其聯事也未嘗不分；其分職也，未嘗不通；故庶政以互相維係而具舉。古今時勢殊異，法制固當因時而變更。要其立法之精神，今與古無二致也。

周衰政敝，教化不行。然尊師重道之流風，由歷代傳衍而來，業經印注於全國人民之心中，成爲習尚。故學校之以教行政，雖日久凌替；

而學者私自講習，一大儒出，弟子相率從遊，其講道論德，有關時政，尚足以移有位者之觀聽與四民之瞻依。流極而至戰國，豪強執政。故處士橫議，頗爲時君所忌。由是而積學之士，不能以行能自顯，上宣政教，惟壹意研精典籍，窮極時變，各抒所見，著書立論，以藏之名山，傳之其人。下焉者則挾其所學，干謁當道，攫取爵位。此戰國之學術，所以獨盛於一時也。

嬴秦有國，廢井田，黨鄉遂不能保持舊制。兼以奸僞雜出，官吏非賢能之選。所謂一道同風，惟貫澈皇帝家天下之私計，以此愚民，無復教化之本意，遂有焚書坑儒之禍。漢興，踵秦之弊，雖崇獎儒術，興太學，祀孔子，不過藉以羈縻士類。於是儒與吏異趨，政與教殊途。曰郡守、曰縣令，則吏所以治其民。曰博士官、曰文學掾，則師所以教其弟子。二者漠然不相爲謀。所用非所教，所教非所用。故漢之養士，與秦之焚書，同出於一種愚民政策。是以古者教化人民之治體，一變而爲後世羈縻士類愚弄齊民之方法。而國民教育之微旨，由是泯滅無餘矣。

隋、唐鑒前代選舉之弊，興科舉，專以利祿誘士，歷宋、元、明、清，而舉全國之人才，皆入彀中。科目歷朝不同，其弊也專尚文藻，不足以考覘明體達用之學。士惟揣摩風尚，以争一日之得失。或有疲於奔命，老死而不得與選。然國家不費一錢，使舉國之人，觀於政府之所以取士，師以此教，徒以此學，弦誦不輟於窮鄉僻壤。家雖赤貧，苟天質聰穎，亦得上進而入官之始，具有一定程途，非勢力所能操縱，非金錢所能購致，非鑽營所能得取，非要挾所能強求。雖所以取士者無當於教育之旨，要其勸學任官之方，尚有可取也。

學校之制，西漢博士隸太常官，有周成均隸宗伯之意。州有博士，郡有文學掾。五經之師，儒宮之官，長吏辟置，布列郡國，亦有黨庠遂序之意。然鄉里學校，人不升於太學，而補弟子員者。另自有人，公卿弟子，不養於太學，而任子盡隸光祿勳。況其時四科考試，殊塗異方。下之意志，分歧不一。上之考察，馳騖不精。所謂學校者，不過取士之一途，無復古者教化之意。自魏迄周，國勢分崩，學校僅備體制。隋唐繼起，科舉已成正途。在學諸生，學成者送省射策，視漢時設學又有別矣。自是以後，國子監與書院，大半爲應試者寄居之地，掌教者又多取其善爲科舉之文。如胡瑗之以經義治事分齋，來學者非趨祿利，蓋已微矣。至其深切時弊，有可紀述者如下：

一、藉學校以文飾治具。如漢武帝表章六經，光武投戈講藝，唐太宗廣學舍一千二百區，遊學者至八千人。呂東萊（呂祖謙）議其鋪張揚厲，以爲美觀。皆以遂其文飾治具之私心；與先王之學，全然背馳。非苛論也。

二、藉學校以排斥異己。毀滅讜論。如王安石選用學官，非執政所喜者不與。陸佃等夜在安石齋授口義，旦至學講之。其設三舍，皆以引用其黨。所著三經新義，士子宗之者得官，不用者擯斥。蔡京用事，藉學法以鉗士人，如用軍法以脅卒伍，大小相制，內外相轄。一有異論，則學官立黜。馮澥迎合當道，上言士無異論，爲太學之盛。崔鷗斥爲姦言，熒惑上聽。

三、藉學校結合，植黨以傾動時聽而把持國是。如宋淳祐、景定之太學諸生，論列時政，惟其意旨所向。凡忤其意旨者，雖宰相台諫，亦直攻之。稍加裁制，則藉秦爲喻，動以坑儒惡聲，加之當道，使當道不敢負摧殘之名。雖時政本有可議，而諸生攻擊者，大抵屬於藉題滋事。自權相丁大全被攻擊去職，三學遂專橫無比，權侔人主。招權受賂，豪奪庇姦動搖國法，時人畏之如虎。若市井商賈，無不被害，皆側目不敢言。賈似道作相，度其不可以力勝，遂以術籠絡。重其恩數，豐其餼給，增撥學田。諸生啖其利而畏其威，雖目擊似道之罪，噤不一語。猶且上書贊美，等以師相元老。迄魯港潰師，始聲其罪。至其由學校而致貴顯者，多爲誤國之臣。以此士習，宋踵以亡。即如漢時太學諸生三萬餘人，郭林宗、賈偉節爲之冠，與李膺等互相褒重。渤海公族進階，扶風魏齊卿，並危言深論，不隱豪強。方其盛時，自公卿以下，莫不畏其貶議，屣履到門。及忌者日衆，被人告訐，株連二百餘人，並遭禁錮。識者以爲黨禍之召，李膺等固有致禍之由也。

遜清之季，停罷科舉，廣興學堂。畢業者比附科舉，予以出身。民國改授學位，另行文官考試，論其制度，未必盡非。然當國與辦學者多非其人，法令僅成具文。學校之設，不過教職員噉飯之地，學生競名利之預備場，於教人無與也。畢業惟計年限，於學業無與也。政府之興學與維持，不過塗飾耳目，於尊師重道無與也。教化之原，根本不復存在。即以舉士舉官而論，則用人一惟有位者之意。白丁盜賊，充斥當路。選賢與能，非所計也。如此設學，則學校之有無與存廢，曾何涉於政本乎？況中學以上，子弟入學，中產之家，且難供給。留學外國，官費大半爲有力者所得。勿論學成是否有用，即學亦不過養成特殊階級之人，又安用是教育爲也。

比年以來，辦學者或盤踞學府，或憑依外援，託某黨與新學之名與勢，廣植黨徒，厲行其黨化教育。以金錢與勢力，引誘青年，甚至各省派定專員，設立秘密機關，收買強悍分子，藉入黨以相號召。利用機會，假藉題目，操縱多數，激起學潮，作種種美名之大運動。陰圖破壞一切，以便劫取政權。夫現制可以改革，而不當取便私圖。主義可以宣傳，而不當毀滅異論。今之所行，直綜上述前代之三弊，尤而甚之，更貫以秦皇焚書坑儒之毒計。冀使全國四民皆屈伏消納於本系所收買之分子中，苟非同系，強者必摧折無遺，弱者敢怒而不敢言。誠教育界之大厄運也。因之惡劣官吏、無聊政客、落伍軍人、倖進末學，皆以利用學生爲武器，並起而經營學校。斯道淩夷，至於已極。昔鄭子產之毀鄉校，張江陵之廢書院，誠非得已也。然當時學校流毒，尚未如此之甚。由今之弊，學校不至完全破產不止，固敢預言者也。

然則釀成今日之現象，豈純由時會所趨乎？良以設教無方，政失其馭，上無道揆，下無法守。使姦回學蠹、浮薄少年，坐擁皋比，皮毛歐化，糟粕國粹。《易》曰：「履霜，堅冰至。」所由來漸矣。使非撤廢官學，定適當規程，宏獎學術，厲行考試，以清治本而正學風，廣開私學之路，未由拯此頹風也。

即以小學教育論，關於施設程序，強迫限令，部章非不明白規定也。

然實行如何，成效如何，教育部不過問也。義務教育分年舉辦，部章非不條分縷析也。然教育部以一紙空文行之各省教育廳，教育廳轉行各縣。責成如何，以及如何責成而後有效，教育部與教育廳皆不問也。即此形式法令，且復不究事實，不審關係，但以空文塞責。何怪乎各縣小學，年復一年，泄沓如故，甚者並現狀而不能維持。以視科舉未停罷時，應試之人，大縣數萬，小縣數千，讀書者遍於窮鄉僻壤，相去固懸絕也。不變今之法，而侈談教育，是猶南轅而北轍也。

茲所討論之問題，雖不盡屬於小學；然以相互關復，故連類述之。

一、就政制論，關於教育行政，中央責任何在，地方責任何在。不當僅舉統轄之職務，而當規定舉辦之事業。

二、就官職論，掌內務者應有教育方面之考成。掌財政者應有發展教育之經費計劃。若僅按預算分配，無功可錄。掌實業者應規畫從教育以發展實業，整興適當事業。

三、中央省縣之財政，應有適當劃分。教育與其他事業之經費，應有均配標准。

四、主管教育機關，應依學術分組與用人，爲適當之組織。

五、國民教育之實施，不宜僅以小校爲歸束，且不限於在校生徒。

六、學校教育，應注重教人之教育。

七、法團及職業團之組織，其資格應依教育程度而進。其權利應以舉辦教育事業之進程而定。

八、應依學區，就學校所在，設大規模之集合場所，備吏軍農工商人民等之定期聽講。

九、一切官吏，非由學校而受相當考試者，不得與選。

十、定教師待遇規程。一薦舉，二年休金，三養老金。政府須確定預備既推廣私學，故加俸不規定。惟政府須詳定試察標准，慎選視察人員。享以上之待遇者，必須至相當年限，在歷次視察報告中，確爲成績優良者。

十一、師範學校以公立爲原則，應詳定師範規程。一、課程須與養成之目的相應。二、師範學校教員須在教育方面有良好著述，或充教師多年科學教法均甚優良。三、收納學生人數須與地方需要相應，按年增損。四、入校學生，須限制入黨，限制相當年限以內之升學。五、畢業須視課程所規定者，已否熟習，不計年限。

用研究室代教室的一個初步試驗[①]

我校教育系的功課，四年級正結算總賬，三年級也要清理積欠，在這樣複雜情況下，要拿一點基礎沒有的研究室實現理想的計畫，自然要感困難。況且主要目的是在算總賬，清積欠，並沒有打算表現什麼成績，也不願意做虛晝的成績。現在祇做了兩個月的工作，四年級同學每天討論不到一小時，三年級同學每週祇討論一次，並且還耽擱了許多鐘點。我們這種能力薄弱的指導員，又沒有一點預備的閒工夫幫助同學使他們學習經濟，哪里能夠拿出成績來供大家批評呢？不過用研究室替代教室，由聽講變爲讀書，由練習作事而求知識，以學生而同時兼做先生，我們在大學中還是初次試行；又沒有把理想的整個課程根本改造，僅僅抽出一部分的課程，從方法上，試驗達到理想的企圖。雖然說不上定有成績，然而這兩個月的經過，祇有增加了我們相信研究室的功用，長進了我們應如何研究的經驗，並沒有使我們發生要回復到教室裏去的感想。所以趁本校的成立紀念，把教育系三、四年級在研究室的工作報告大家一聽。

在報告前，我還要不自量淺薄，說明大學的文科功課有設立研究室的必要。這個問題，基本理論自然建築在實質上，但形式上涉入教學法的範圍，一定有許多專門學者說這不成問題；或者更進一層說甚麼編制課程原理，甚麼教學研究，這都是當小學教師的把戲，教大學生的學者用不着這個！誠然，大學教師不必要研究教授學，但是要適應世界潮流，

[①] 原載《河南中山大學二週年紀念教育系研究室特刊》"教育研究室設立的旨趣"，1929年。

改造大學的生活，卻成了近代的教育問題。人類的生活是整個的，是實際的。如果祇説爲學術而研究學術，不能用以解決實際問題，或拿來作發展文化的工具，任你如何博雅，如何深邃，祇好當作一種仿造的古董，或當作一種新式的洋八股，有甚麼用處呢？然而要使學生能用以解決問題，或作爲工具，和整個的實際的生活相應，那就非他自己領導自己，鞭策自己，來找材料，求解答，是不能達到目的的。

我們不必談甚麼蘇俄教育，即如歐美大學，近來教授情形是不是專靠幾册課本講義拿來教室裏講演呢？是不是每一課目，必指示讀物和參考材料，由學生提出文字上的工作，像論文、筆記、報告、問題討論、問題解答，種種名目，使學生盡量搜輯，盡量研究呢？凡舊式的講授知識、試題作答，早已不成大學的唯一教法了。推求教法變遷的情形，最初是由於實驗室的工作，學生觀察、記錄、講演、表演，都要自己用心去做，很有效果。先試行於物理、化學，其後博物也照行了，醫科也照行了。近則文理一切科目，漸漸都要採用了。其次就是法科引例法，不用講演，教授和學生都作當事人，互相辯論，結果成績很好。近來各科學系也漸漸參照這樣教法，引起學生自動的努力。又有一種討論式的教法，在團體研究時，用談話形式，鼓勵並指導大家進行工作，各大學採用這個方法，尤有鮮明的成績。別的事或者原因複雜，難道一種方法，我們也不能迎頭趕上嗎？

一定有人説現在理科很注重實驗，不是學生有自動的工作嗎？然而需要實驗，始由學生工作，這算不了甚麼教法改良，也不是教育根本改造的意思。我們是要應用實驗室工作的原則，通行於各種教課以及理科以外的各種學系。並且推廣這個原則的精神，使學和教成爲一體，使讀書和作事成爲一體。要達到這個目的，若不變教室爲研究室，這條路是走不通的。雖然在學習開始和中間也許需要講演，但這是爲進行研究的計劃，用得着講演；不是拿講演來代替研究的。尤其是文科各系，功課多半是從圖書館裏找東西來建設基礎的，如果中間沒有一個溝通機關，像理科實驗室的那種組織，僅僅指定參考書，讓各人自由研究，不能每種課目都用分工合作的原則，彼此常常有適當機會交換知識，那麼一種課目要往比較深長的道上走，已足以疲精憊神，還怕不能得到圓滿結果哩。如果採用研究室的制度，是決不會陷入這樣絕境的。

還有一層最大的功用，就是訓育問題，辦學校的人把這個問題認得真，就更得不着解決的方法。所以然者，因爲把教學和訓練分成兩截，那是永沒有解決的日期的。誠然，學校因特殊問題發生或預防起見，在教學外也有特別訓話，但這是不能影響於學生整個生活的。必須把學生一切活動分別配置在各個課程裏面，由課程全體實現學生的全部活動，並且每個課程進行都含有一點訓練學生整個活動的功用。那麼，變教室爲研究室，在練習作事中求知識，至少限度也可以解決訓育一大部分的問題了。甚麼訓育，甚麼課外活動，都包含在一個整個課程裏面，不要另外當作一個題目來研究。

一定又有人說，研究室是要在研究院設置的，譬如閱讀、實驗、報告、問題討論、各個人批評，都當作正當工作，這是研究班的事，普通大學還用不着。姑勿論研究院不限於有一定課程，也不限於直接在教授指導之下做一切的功課，此項研究室設置與否，並不算急需問題。我所主張的研究室，不是從名詞上討論應否必爲研究班而設，是要從根本上改造大學教育，以研究室替代教室的問題，即是教學合一的問題，也是讀書、作事統一的問題。現在公布教育實施方針，規定高等教育在切實陶融爲國家社會服務之健全品格（中央最近公布）。我從沒看見一個大學有甚麼陶融品格的設施，也不見得一般教課，就可以陶融品格，然而大學卻也要設置訓育委員會，討論訓育，如果不採用我們理想的研究室，我不知道訓育委員會有甚麼具體方案可以達到目的呢？

說到這裏，我可以報告研究室組織的功用了，我們研究室的組織是以學生爲主體的，教授祇站在諮詢顧問的地位，也許有時要帶一點上級機關監督指揮下級機關的作用，不過這不是應該常有的事。會務由全級學生推舉書記一人負責，開會時學生輪次當主席，推定臨時書記一人記錄。我們想到養成政治能力，如果專靠課外的集會訓練，開會太少，難得普遍，或者個人練習的機會無多，未能熟練；開會太多，如果妨礙學業，久必厭倦。祇有用集會方式，學習功課，那麼，以上所說都不成問題了。而且人人都當無數次的主席，無數次的書記，所有集會最重要的職務，要養成的政治能力，都在日常課業中附帶的增進了。這一點在三年級同學尤其顯得明白，最近兩次開會，都預先宣布開會秩序，一切問題都要順秩序分別提出，連我們指導員要提出的事項也要受這個秩序單支配的限制，這總值得談民治的人們注意啦。

　　由以上組織的說明，可知道我們設研究室並不是從道爾頓制推導出來的，即略去基本理論不講；也是審量大學的教法變遷，融貫實驗法、引例法、討論法的三個原則和教育實施方針第一項集會訓練的原則，產生我們理想的研究室。雖然在學期開始，我們指導員也定了一個工作計畫，有點和道爾頓制的工約相似，但是逐步實行時，以集會的規律控制活動，以設計的方法進行工作，凡實驗法、引例法、討論法一切功用，都從學生工作活動中表現出來。這種方法是不能施用於中學的，這是我們要特別聲明的。

　　其次要說的就是讀書報告。前面曾說過這次試行研究室的工作，主要目的在為四年級同學算總賬，三年級同學清積欠。所以四年級的工作偏重在工作報告，表內列舉要點，提出問題討論，所有研究室的一切功用，不能充分實現，這是為事實所限的。卻是我向來主張，精讀書籍重在製作綱要。看書精審與否，治學有條理與否，傳達思想透澈與否，全看所作的綱要如何。這不祇是讀書的關鍵，並且是教書的關鍵。三年級同學經過數次報告，近都領會這個要旨，全傾向於這條路上，勿論資性如何，祇要加緊用功，沒有說不清楚的報告。聰明者不能偷巧，遲鈍者也有路可通。這樣平淡無奇的方法，卻能使由學習而得到做教師的修養，這也是值得注意的。还有要注意的，就是我們要他們口頭報告，是要他們發表心得，兼練習當先生的本領，要他們做綱要，作報告的準備，是拿這個辦法控制他們的語言。養成說明有次序而且繁簡得宜的一種習慣。

　　末了，我們所要聲明的，就是這期間同學們選讀書籍，都是普通書籍，必定有人誤會，甚至說，這也值得大學高年級研究嗎？這次研究的主要目的，不是上面已說過嗎？這且不說，我要問教育學系的學生用途，是否重在供給師範學校的需要呢？假如承認我所說的用途，我更要問師範學系是養成做甚麼事的人呢？這兩個前提既已確定，那麼，師範學校的教育課程和通用的書籍，以及小學一切問題，值得我們詳細研究了。他們以有限時期，拋却實際問題不顧，即使盡讀歐美教育名家的著述，恐怕也不能解決實際問題哩。許多大學先生們，高唱爲學術而研究學術的論調，結果畫虎不成，誤盡蒼生。其實這些先生們不過人云亦云，也未必真正認得學術價值啦！

至於工作計劃、工作經過，另有記載，用不着我來詳述。我作這篇文章的意思，因爲世界教育的趨勢，對於改造社會，伸入到改造學校生活裏面，已日逼日緊了。這種根本改造，不祇是甚麼中小學的問題，歸宿還是大學的問題。現在大學的實質應該改變觀念，從新建設，固然是最重要的事，但是方法改變，卻是比較容易而且應該先做的事。所以拉雜寫出來，希望大家注意，或者能進一步的研究，得到一個更好的方法，並希望學校盡量設備圖書，使我們理想的計劃，能以充分進行，並擴充到整個課程和文科各系的功課。那麼，這次本校成立的紀念，更使人永遠不忘了！

大學研究室實施計劃[①]

一、研究室設置原則

（一）使智力自由發展

在現行教育制度之下，有兩種最明顯的狀況，爲吾人最宜注意者：（1）依測驗的結果，學業分數優者，其智力分數並不成爲正比例；（2）觀察畢業生服務情形，在學校成績最優者，並不一定爲社會最有用的

---

① 原載《河南中山大學文科季刊》第 1 期，1930 年 1 月。

分子。

　　推求所以致此之由，不能不追究於通用教法。惟使學生接受教育所給予的知識，及所灌輸的事實，直爲智的依賴之人。學問與生活分離，亦不必用智力探索。學校地位愈高，此種情形愈見明顯。因之一部分學生，形成冷淡或反抗之態度。所謂好成績與好學生，祇屬於甘心服從與盡力吸收記憶之結果。則上述之兩種現象，亦何怪其然耶？

　　大學教育，在發展學生之心力的活動，與養成獨立研究的精神，此盡人所承認者也。然如何期其實現，如道爾頓制之自由作業，不受笨板方法之拘束，而聰明與遲鈍者，又能各極其造詣所至，固吾人所期望。然在大學中，凡構成一個學習團體，係以分工達合作之目的，不能個別自爲進程。所以今茲所求，在養成真正研究的態度。即教者須以不肯領導的態度，切實負指導責任，鼓勵學生自己領導自己，向公同之目標而進行。此所謂心的力量，由心的鍛煉而來。換言之，即如何領導、激刺、驅迫，或開放學生的智力，以達到活動與獨立之目的，而有所創造與發明。此爲設置研究室之第一原則。

　　（二）使求得知識爲自己經驗之結果

　　在大學中教學，固不必用教兒童的方法。對於何者爲舊經驗的源泉，何者爲心理背景，何者爲擴張經驗的機會，一一皆須探求。然學生選修某種課程，構成新知識的機能，其間認識、類化、應用種種經過，教者雖不必洞悉其程序，而不能不審察其究竟。向例以講演式爲大學授予知識之唯一方法，聽者已否領受，教師與學生兩方面一無感覺。即新法之討論式，對於學生活動雖知其概，然各別所感覺者，亦屬於零碎破裂之知識。故最後皆用考試爲定成績之標准，徒使學校當局與學生兩方面消耗許多時間，發生種種反感。而其結果惟以強迫強死記的事實爲能，妨礙智力發展。已往之許多天才，被學校所戕賊，以及號稱學問家者，任事即僨，寧非過去教育之罪耶？夫人所貴乎知識者，必其爲解決問題之具。求知識而需於教者，必其爲解決問題，可避免試行之錯誤。若使教者自教，學者自學，課程自課程，是何異陳肴於筵，曰以饗汝，而不容其入座而食之；購物於市，曰以給汝，而不許其把持而玩之也。所以吾人今日探險之問題，第一爲如何得到知識。第二爲勿論在某項問題中得到知識，皆成整個之組織。第三爲能應用知識以解決問題。於此當知一切事物之知識，皆從其事物對於外物之關係而來。欲獲得一種事物之意義，必需由其用途與其他事物之關係得之。舊時心理學，以感覺爲知識源泉，其實原始機能，初不能直接收集經驗。若專以孤立的事實或理論籠統相授，而不容其自己探求，即有所得，亦無當也。試觀科學實驗室之所得，比憑理想尋覓眞理，及由口授方法而措諸實際者，其功用何若。即可知學習方法，必揀類於實驗室所用者，而後所得知識，乃具有動力，乃對於人生發生價值，是即自己經驗之結果也。此爲設置研究室之第二原則。

（三）從做事中求學問

由第二項原則尋求知識，既能專在領受，亦非專憑冥想，當然可培養其做事能力，而此特提作一個原則者，則以研究室的工作，其活動有連續性，且有一定程序。在此連續程序的活動之中，尚有附帶與做事有關係之事，而又涉及教學廣義方面之動作。依第二項實行，其理論爲知行合一，其功用爲治學與治事統一。惟所謂治學與治事統一者，就其關係言，就其方法與程序言，非謂事即是學，學即是事也。今日爲學通病，莫大於重視事物，而輕忽其關係或連絡，強學者群趨於博學強記之途。夫博雅本無傷於學，使其人而惟以博雅稱，則其學不□道矣。記憶亦學習過程所必不可少，使學習而止於記憶，則智力活動將無用矣。惟有改變學習方式，使從做事之方向與其過程，循預定計劃，達其求得知識之目的，斯所學者皆成爲有用經驗矣。若夫附帶與做事有關係之事，第一在組織此種學習團體必有若干人特別負事務上之責任。第二在工作過程進行中，必有許多事務上之需要。此皆學者所忽視，而認爲無與於學問者。其實任何工作，期其動作靈便，布置圓滿，進行經濟，入手即宜爲事務之部署，否則阻礙甚多，至爲顯然。關於習慣與態度之養成，尤含有重大意義。在將來所服務之國家社會，凡公民必具的能力與民治應有的精神，必須在所構成之學習團體中，準備充分。如現行方法，惟期以形式訓練，或有意陶冶，固不能達具目的也。此爲設置研究室之第三原則。

（四）以分工作培養互助之精神

自民治主義與物質文明日益發展。凡社會組織皆以互助爲準則。人類需要上之供給，又必須分工合作，而始能彌其缺陷。若使吾人內心不充分貯蓄此種意義，或熟習其配置作用，斯置身社會，輒鑿枘不相入者矣。如道爾頓制僅僅期現合作之進程，而不能以分工顯其用，是於互助之旨，猶有未盡，且其整個工作不適用於大學。又工作進行，不含有設計意味，絕不能使相互活動，得到社會生活所產之結果的社會經驗。所以今後當進一步努力以求者，在制定一個新計劃，構成一個學習團體，凡在此團體之分子，皆向公同之目標進行，而又各有適當之工作，其分合配置與相互關係，皆應當適情形而定。因此團體之組織與其目的之預期，使人不能置身局外，而必努力盡此分子之責任，並策進其自動之決心與勇氣。於是大學不僅爲良好機會的方法，且爲強迫責任的場所。此爲設置研究室之第四原則。

二、研究室的工作

研究室的工作，大概分爲兩部：1. 會議。2. 作業。

茲先說明兩者之關係，會議爲集合進行，作業爲個別或分組進行，兩者進行有互相因果之關係。至於會議工作，何以需要，除關於教學廣義當在組織中說明，茲述其旨趣於左：

1. 以集會方式構成一個學習團體之中心，爲發動作業與檢定作業之唯一樞紐。對於傳統之授課帶有威權意味，與學習惟循機械形式，澈底改變其觀念，而使同在一種規律控制之下，各盡其責任以積極活動。

2. 由合作基礎之作用，充實其分工準備，並實現互助之精神。即取設計過程四個步驟之第一步（討論目的），第二步（計劃），第四步（欣賞或批評），爲會議進行之方針。

會議工作進行其重要者如下之事項：1. 報告。2. 提議。3. 討論。茲先將三項与教學关系，以兩圖表明之。

甲圖表明 1 之功用，乙圖表明 2、3 之功用。次就三項分析如下：

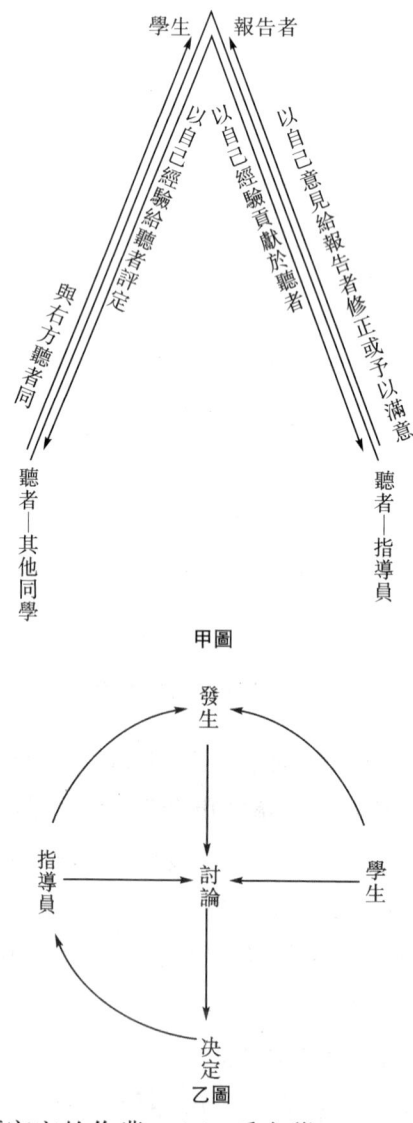

甲圖

乙圖

（一）報告　研究室的作業：(1) 爲自學；(2) 爲分工作。(1) 在作業時固可得個別指導，然自己整個工作究竟如何，不能不有系統之質正。

由此系統質正，其成績即於發表之中整個表現。此爲報告之第一要義。依（2），則每種全體課程，既分爲若干部分分別作業。欲使各人對未作業之部分得到相當經驗，則有需於各以專攻之心得，貢於大衆。此即變教者講演爲學者報告，一方得到講演式中由聽官接受經驗之效率，一方有交互經驗之利益。此爲報告之第二要義。

就形式可分爲二：（1）書面報告；（2）口頭報告。集會中所重者，爲口頭報告。凡云作業報告，必須先作（1）項，爲（2）項進行之準備。

就實質亦分爲二：（1）作業報告，此爲報告之主要部分；（2）事務報告。

（二）提議　凡構成一種會議形勢，其價值如何，必於其議案定之。研究室的會議，係由學習團體性質組織而成，固不能以普通會議之例爲限，即與平常所謂討論會、研究會亦有別。其關於工作之預計，隨進程而殊，實爲發動作業與整理作業之源泉。凡參加工作之人，均應對於工作之進程與其方式，詳加籌劃，以期達此工作預期之目的。而指導員尤宜多方統籌，發表意見，以策進行。此提議之所以重要也。

就形式可分爲二：（1）議案。除指導員自提之案外，凡在工作進程表中提出問題，均須分別提出討論。其無關重要者，則隨時個別解答。（2）臨時動議。在各種討論終結後。

就實質可分爲三：（1）工作進行的目標；（2）工作進行的計畫；（3）工作需要的設置。

（三）討論　此取討論式之方法，爲研究室制度包含之一種作用，亦占會務之重要部分。其旨趣不必贅述，大約如左之二種機會行之：（1）行於報告後；（2）行於提議後。

作業之形式雖似道爾頓制，然其作用則與之不同。與其謂似道爾頓制，毋寧謂似實驗室制也。茲述其旨趣如左：

（1）須與會議聯合，而後完成其工作之功用，且以表現互助之精神。即作業開始，須於會議中，取得其進程與方式。作業結果，又於會議中，質正其經驗，且彼此可以交換。故其作業，實爲設計過程第三步之工作。

（2）由合作中之分工，從事責任上之工作，各極其心思才力，自由發展。實以此種學習團體的組織之精神，得以服務於社會之各盡所能的天職，驅迫其責任心，而非由爭學分之虛榮心，致力於工作。

作業由工作性質而異，舉其大概，約如下之四類。但某種工作，或僅屬一類，或兼包數類，不具論也。

（一）閱讀

1. 從性質言分爲：a. 讀本。b. 參攷書。
2. 從功用言分爲：a. 了解概要。b. 選取關係於所研究之理論或事實。
3. 從課程領域言分爲：a. 整個課程。b. 一部分課程。c. 而一部分課程：又可分爲全體進程之一部分，與某段進程之一部分。
4. 從方式言分爲：a. 精讀。b. 泛讀。

（二）搜輯

1. 從性質言分爲：a. 文字。b. 圖表。c. 實物。
2. 從來源言分爲：a. 書籍。b. 報紙。c. 調查。d. 觀察。e. 發掘。
3. 從課程領域言：與（一）之 3 同。
4. 從功用言分爲：a. 目的自成系統的記述，b. 期由統計的結果發現新問題，c. 爲比較的研究。

（三）考訂

1. 從性質言分爲：a. 研究專家學說。b. 研究專籍。c. 研究含有疏證之專題。
2. 從形式言分爲：a. 體式。b. 文字。c. 內容。
3. 從課程領域言：與（一）之 3 同。
4. 從功用言分爲：a. 解釋。b. 引伸。c. 訂正。
5. 從方式言分爲：a. 取前後歧出或互相卽證之點。b. 引證各家糸說。c. 實驗之證明或反證。

（四）制作

1. 從性質言分爲：a. 譯述。b. 方案。c. 圖表。d. 論文。e. 報告。

2. 從方式言分爲：a. 純以制作爲目的。b. 由（一）（二）（三）某種之工作進而適用製作。

3. 從課程領域言：與（一）之 3 同。

4. 從課程作用言：a. 發表心得。b. 整理材料。

當作業時，爲便利進行及輔助學習起見，尚有應注意二事：

1. 使用卡片。勿論何類作業進行，當然取用若干參考之資料，留待整理，或且可備將來參考之用。悉數記憶，既有難能。每件置諸案上，亦多不便。惟有仿圖書館使用卡片方法，將所用資料依式登記，分類保存。其於輔助記憶與檢查原書，殊甚經濟也。

2. 作綱要。每類作業之一個進程，皆須報告。欲使出席報告，言者有序，聽者不厭，非有充實準備不可。而準備不失之繁碎，莫要於作爲綱要，不僅以此期整體學習之正確已也。

三、研究室的組織

研究室以會議、作業兩部組織而成，而會議實爲此種組織之主體。茲先以圖表說明其作用。

1. 從統攝作用言，則會議對於作業之發動、整理、檢定種種作用，如政權控制治權之義。其圖（見圖丙）如下：

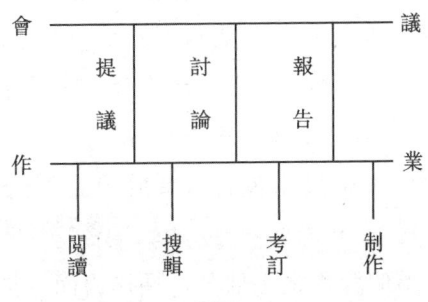

圖丙

2. 從活動作用言，則會議機關如神經中樞。會議中提議、報告、討論三種活動，從發生面言，如感應神經。從決議方面言，如運動神經。作業中閱讀、搜集、考訂、制作四種活動，則動作所表出之各種現象也，其圖（見圖丁）如左：

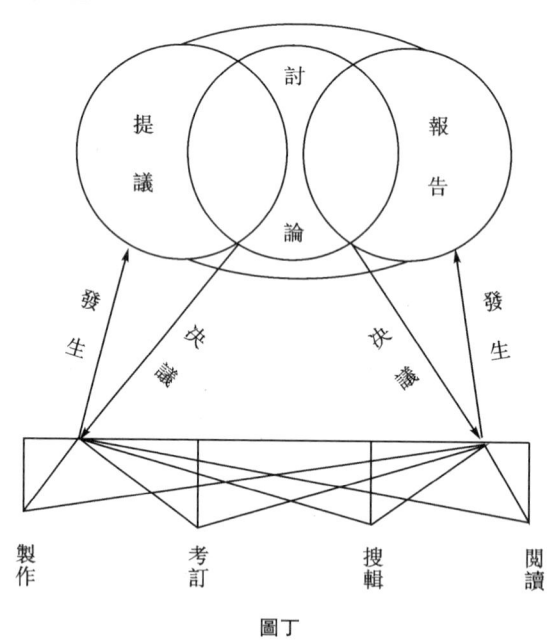

圖丁

作業的組織，隨事隨時不同，茲概述如下：

就作業範圍言：1. 全體任同一的工作；2. 分組擔任工作；3. 個別擔任工作。

就作業內容言：1. 始終任同一工作；2. 應進程而變換工作。

勿論範圍與內容若何，應注意者如左：

1. 每一月內每人在開會出席上，至少有一次為系統之報告。每周各項依工作進程表，填明自己工作，報告指導員。

2. 分組人數較多，須設組長者，關於出席報告，組長與組員輪值行之。

3. 作業係分任整個課程之一部分，須作書面報告，交未任此部分的作業者傳觀。觀者各以書面批評，彙交指導員整理報告時，由指導員分別提出討論。

　　會議爲研究室的中樞，其旨趣在研究室的工作中，已有說明。惟所以如此組織，含有廣大意義。實以大學教育，在陶成服務社會國家之健全品格。而品格如何陶成，第一，須協乎民治精神，使全體師生的活動皆受同一規律之控制，而此種規律，即爲黨治下訓練公民之工具。第二，須人人隨時有練習機會，無取乎在普通生活之外，特施其形式訓練，徒留矯揉造作之跡。此所以有今之組織也。茲錄本學期教育學系研究室組織如左，以備參考：

　　1. 全級推舉書記一人，商承指導員，負召集會議、保存文件、分配工作之責。

　　2. 每周開常會一次，批評本周工作結果，排定下周工作日程。

　　3. 每次開會由同級推舉臨時主席及書記各一人（現行者均輪值充任）。

　　4. 因研究之便，須開全體會共同討論時，由指導員或同學二人以上提議，得隨時召集臨時會議。

　　5. 性質較簡、需時較久之工作，由書記排定次序，全級輪值工作。其臨時或較複雜工作，則由全體分工合作。

　　6. 每人須填注工作報告表於每周常會，彙交指導員。

　　依經過情形，應注意者尚有數事：

　　1. 開會方式應依民權初步行之，各依當時所處地位，使言語動作協於規律。

　　2. 開會秩序單應由書記排出，於開會前交指導員核定。

　　3. 臨時主席須檢閱開會記錄簿，負責簽名。

　　4. 視工作情形，或須於書記外增設庶務一人，擔任保管書物、接洽設置等事。

　　其次則指導員在此組織之下，處於諮詢顧問之地位，而實負指揮監督之責任。故工作進行時，當與學生同樣研究。並且通盤籌畫，於進程與方式有種種預計，以便學生發表意見，或質正疑難，得對之有適當解決；或用問題鼓動學生發現種種不同途轍，以得到比較簡便而且正確之路線。在開會時，當然出席，即規定之作業時間，亦須到研究室參加研究，所有個別指導及處理學生已成工作，皆在此時間內行之。又在某項進程中，關於問題與事項，有須指導員特別講演，或特別供給資料，以及研究事項，涉及關係連絡，有藉助於其他教授之指導者，指導員亦須斟酌情形，相機進行。此即就現行課程中之問題謀整個解決，而兼取聯合教學之□旨也。

四、時間計算及配置

現用教法所謂比較的新式者，不外分章指示參考資料，提出研究問題。然參考資料是否必閱，研究問題是否必答，初無若何之拘束。即令加以考核，而課外應需時間，與其他課程並不相應。且輕重取捨，惟有任意選擇，不能限其得若何之成績，且不能使選習此課程者皆以成績自見。若限於授課時間內完成工作，勢必減少授課所給予之分量。似此問題，如用實驗室之工作計算法，即可解決。何也？大學學分通例，以每周授課一小時爲一學分，實驗則以兩小時爲一學分，道爾頓制計算作業學分亦同，準此爲例；本校每周選課二十小時，即可得及格學分。假如全體功課皆行研究室，不過四十小時。研究室無作業時間，約占開會時間三分之二以上，頗能活動自由，不似聽講之易感疲勞。又以作業替代聽講，不分領受與練習爲二，亦無須課外研究。是平均每周爲四日七小時二日六小時的工作，較之授課二十小時，加重課外練習與研究，實無過勞之慮。況如此研究，其學習作用固含有充分興味之價值也。

配置時數，現制尤相率習於慣例，而不覺其弊。試舉其概狀：

1. 每種課目應授時數，勿論由政府或學校所定，或由教者自定，試詢以依何標準，以此時數能期其若何成績，敢斷言無有能作確實之答復。

2. 在選課制度之下，因謀教授與教室的時間分配之便，每一課目時數率以三小時或六小時爲原則。因之課目應授分量,往往牽就時間分配的原則,故爲增損,而不能確與實際需要相應。

用研究室制,勿論何種課目,必每學期審查課程之對象,現有若何需要,應習若何分量,可期若何成績,以估量各課目應需之時數。當每學期終,必開教授會議,核定已有成績,共議下期課程如何進行,務期與實際情況相應。非若惟以依照章程授課,能滿學分、滿期限,即爲畢業,而不顧及成績之標准也。至於各課目時數參差,不便排列課表,此惟現制則然耳。如研究室的作業時間,占開會時間三分之二以上。但使非開會時間,即有兩班同在一室作業,殊不相妨。而高級所習課目,選修人數向例無多,亦可容納。時間既不虞衝突,則研究時數自當以實際應需者而定,不當受選課制配置時數的原則之限制也。

五、預定工作計畫

指導員在研究室中,純然本古訓教學相長之精神,盡自己應盡之責任,無以自己意見控制他人活動者。惟學生作業究竟爲學習性質,惟憑會議公共意見之控制,則課程方面所企圖之目的,與其應得之成績標准,將無內而致。所以研究之始,必須指導員預定一個工作計劃,爲研究室進行之標准。雖因工作進程、計畫的內容,可以酌予變更,然大體不能越也。此在法律上爲根本法,在教學原則上爲給予普通概念,工作計畫即具有此兩種意味者也。茲就其依據、性質、體要,分論於左:

(一) 依據

1. 應從教授會議,發現全體課程已學習的進度,定課目工作內容的輕重取舍之方向。

2. 應立於學生地位,估量其應求得的知識與應需的時間以及必遇的困難,而期成其可能之成績。

(二) 性質

1. 與教授綱要有別。普通所謂教授綱要,在就所授課程之內容摘示概略。此則不偏重內容，而在就工作之如何進行，與必需準備，規定其大體。

2. 與道爾頓制作業概要有別。作業概要，係就課程之內容及其學習方法，分段指定，學生據之以自由作業。此則用爲會議發動作業之根據。其逐段之進程與方式，視工作進行情形，由會議決定，蓋取道爾頓制定工約之精神，而不襲用其形式，故設計過程，得於研究工作中並呈其功用。

（三）體要

1. 工作可達到若何目的，或若何成績，應估計其學習之進程，明白揭出。
2. 工作之內容，應舉其概要。
3. 工作大部分應需之參考資料，應預爲提出。
4. 工作進程必須之分段與其所需時數，應就所估量者預行規定。
5. 工作大體上應取之方式，應預行規定。
6. 工作應購置之書物與必須設備，應預爲規劃。
7. 工作可給若干學分，應規定之。
8. 所定工作計劃，應予選課前揭示。

六、工作的過程

每種課程之工作，固由其作業而舉，然必參以會議而後完成。其過程因課目之性質與其進程各不相同。茲概括舉例，以備參考。

甲、閱讀過程（約以精讀爲主）

（一）指示讀物　1. 選定讀本。由指導員選定讀本一種或二種以上。選定二種以上者，由學生各別任選一種讀之。但亦可由學生提出讀本，請指導員決定。2. 指定讀法。由指導員將閱讀的旨趣，分段參考的資料以及各段讀畢應需的時數、應作的報告，或用書面提出，或於開會時口頭說明。這兩項皆於會議中定之。

（二）閱書程序　1. 作綱要。2. 質疑。此可於作業時，就便向指導員質正，或於開會報告時提出。3. 判斷讀本的價值。

（三）報告　以（二）之1、3兩項爲主。

（四）討論　（三）（四）兩方式，皆於會議中行之。

乙、搜輯過程

（一）計劃，皆由會議決定。1. 討論搜集方法，視來源與性質而定。2. 討論分類或體例及項目。3. 討論登記、排列、保存等方法。4. 討論工作分配。

（二）進行工作。

（三）準備報告。依研究室工作第二類之功用a、b、c三項而定。

（四）報告。

（五）討論（四）（五）皆於會議中行之。

丙、考訂過程　1. 討論工作方針，由指導員提議，亦可由學生提議，但須經指導員決定。2. 指示參考資料，由指導員以書面提出，或口頭說明。3. 討論研究方法，以上皆會議定之。4. 進行工作。5. 報告。6. 討論。

丁、制作過程

（一）計劃：1. 製作方針。2. 製作體式。3. 分配工作。以上皆會議定之。

（二）準備：1. 搜集資料。酌用乙的過程。2. 閱讀書籍。酌用甲的過程。此與（一）項須並用，或獨用，依工作情形而定。

（三）進行工作。

（四）報告。

（五）公同審訂。

七、研究室的設備及表簿

研究室最重要者，爲圖書設備。每一個研究課目，應依預定工作計畫，指定應備圖書。先查圖書館所未備者，預行備置。於作某項問題研究時，將所需圖書悉數取置室中，俟作業完畢，如數歸還。

會議席設於室之中間，排列長形，取兩面有抽匣之長方桌大小相等者若干張拼成之，周圍置坐凳。所需數目，以該室開設課目的最多人數定之。

　　每開設□課目，須備兩面有抽匣之書桌一張、坐椅兩張，作指導員與書記辦公之用，其位置設於室之周隅。另備三層之書架一張，最下一層須如書櫃式，以便放置所保存的物件，此須在該課目辦公桌附近設之。

　　必備用簿，爲會議記錄簿、書籍登記簿、成績登記簿、雜文登記簿、文件粘存簿等。此外尚有報告與作業用紙（應規定式樣以期劃一）及登記卡片（此係可作爲成績品者，如各人自用者當自備）。

　　必備之表，約有下列數種：

第一表　每周工作進程報告表

期　　週　　　課目工作進程報告表　　　民國　　年　　月　　日學生

工作摘要	
質正問題	
提議問題	

第二表　每周工作進程報告表

項目＼姓名	題目	交到月日	數量	作業時數	評號

第三表　會務成績計算表

姓名 \ 項別 \ 會次	第　周		第　次	
	缺席符號	報告	題目	報告評號

第四表　每月工作成績報告表

民國　年　期　係　　　　　　　　　　　　課目月工作成績報告表

姓名 \ 項目								
開會缺	席次數							
報告	次數							
	每次題目及評號							
作業	件數							
	每次題目及評號							

第五表　決議報告表

民國　年　期　　　　　　　　　　　　　　係課目會移報告表

第　周　第　次　月　日　午　時到會人數	
缺席姓名	
報告姓名及題目	
議決事項	

八、附帶的三個問題

在研究室制度之下，應須特別說明者，有三個問題：1. 指導員的時數。2. 研究室的室數。3. 選課的人數。

（一）時數的問題

以兩小時研究，作授課一小時計算，在指導員方面自非加多時數不可，必有以此相難者。試思在講演式制度下，教授須編講義，即用課本，每授課一時，應預備者決不祇一小時，而課後尚須預備問題，檢閱答案。若以研究室代教室，則授課前後所需時間一切可省。而關於此課程之研究，或須翻檢他書以及抄記者，皆得於作業時，指揮學生分任其勞，自己惟集其大成。是加多時教，於個人實際並不增勞。而學業實際有教學相長之益，且易成就有創作之成績。苟不以授課爲商業行爲者，當不對此有所爭執也。

（二）室數的問題

研究工作的時數，比普通授課時數增加一倍。假使原用教室，無一時不授課者，如各種課目皆行研究室制，似乎原有教室將不敷用。然此可勿慮。研究室每課目開會時數，不及作業時數三分之一，比原來授課時數爲少。勿論何類作業，每次工作須繼續兩小時自由研究。在作業時，即有選兩種課目之人，同在一室工作，實不相妨。而時間配置亦可審察各種課目之人數，使同時得以容納。而況自由作業，即晚間開放二小時，亦無不便。計每日午前四小時，午後四小時，每一日的時間得分配於四種課目之研究。綜每周研究，可以容納八個三學分的課目。如每課目每周開會爲兩小時，八課目當需十六小時，尚有三十二小時，可取八分之三的時間，供增設兩課目同時作業之用，是一室可以開議十個三學分的課目矣。吾敢決其向來授課，其需用教室之時數，鮮有超過此數者也。

（三）人數的問題

研究室的指導，在合個別教授與集合討論二種方法，分施於會議與作業之中。如研究人數過多，不惟個別輪值報告之機會太少，抑且指導亦慮不周。必須人數衹在二十左右，始能期各有相當之效率。現在學生選課，往往有若干課目，選修人數過多者，不外兩種原因：其一，共同必修之課程無規定功課。其二，在講演式授課情形之下，不以學生工作爲成績標准。但能平時不缺課，及考試翻閱講義，即無不及格之慮。所以學生可以任意選課，而且貪選多種課目。因之性質近似普遍且易學習之課目，即爲其視線所及。由第一原因，即不採研究室制，學生亦應亟謀解決。由第二原因，惟有行研究室制，可以改變學生選課觀念。何也？一是研究工作時數，倍於授課時數，事實上不能多選課目。二是每一種研究課程在選課之前，即揭示預定工作計劃。學生對於工作整個情形，既知其概要，則選課必不至如往時之盲目嘗試。加以選修課目，有種種限制，濫選之弊，庶幾免矣。至於同一班級授課，不宜人數過多，在教學上早成問題。今之實驗課程與語言文字課程，多有每班百人左右者，此於減少教學效率之關係甚大，學校固宜謀救濟之方也。但亦有特種課程適用講演式者，此則無關於人數多少，雖開放課程，任其自由聽講可也。

河南大學附設實驗學校計劃[①]

一、總説明

查實驗學校爲近二十年來之產物，德、俄二國之革命後，尤全國一致努力，求教育澈底改造。雖其定義與方式種種不一，大抵有三個傾向：(1) 作業。(2) 共同生活。(3) 綜合教學。以此改正傳統教育以學校爲教授所與學校隔離社會之錯誤。即英、美各資產社會國家，對於基礎教育亦幾衆無異辭。此種實施必須有相當設備，而後教學得資以進行。至

---

① 原載《河南教育月刊》第 1 卷第 2 期，1930 年 11 月。

如何實現新時代的教育精神，其原理及方法當於學校內部規畫中說明。茲陳設備計劃便定預算，惟應剴切聲明者，教育學系不設實驗學校，與理科不設實驗室、農科不設農場、醫科不設醫院同一失其效用。並且教育系高年級生須有充分實習時間，有自辦之學校實習，即減少直接授課時間，以一實驗學校所需經費，與一專任教授月薪比，相差有限。又因此而使大學所營事業兼收社會運動之功效。其他各院各系有志學校教育者，亦得練習其實際所欲解決之問題，即需費較多，實屬用得其當。果認教育系有設置必要，自不能不設實驗學校。若實驗學校而不如所擬者辦理，即設亦無絲毫價值。轉瞬四年級生即屆畢業，勢難再緩設置用。特陳述意見，敬請公決。

二、組織

國民小學校學生人數：一二〇——一六〇，以實年參照智力、學力，分爲四班，附設補習學校，以識字爲主參加情形，設實業補習科目分六組：(1) 午前班。(2) 午後班。(3) 一、三、五組。(4) 二、四、六組。(5) 星期組。(6) 夜學組。每次繼續學習兩小時。

教職員人數：普通教員四人，分任小學各班主任。專科教員三人，一擔任手工，一擔任音樂遊戲運動，一擔任學校園務兼授自然學科。將來高級小學增加二班或三班，亦不增教員。事務員一人，附設補習學校各組主任，即由以上各員分別兼充校工一人、園工二人。

關於課程編制設施等事項，由文學院教育學系各教授協議提出（但須請農學院教授或其他各院各系教授指導），經小學教員會公決。關於實施議決案及校務進行，由教員會協議執行，教員會由小學教員及實習生組織之，推選一人爲主席。關於課程進行，由擔任教員與學生協議。關於處理學生事宜，由各班主任與學生與學校自治會代表協議。自治會由全體學生組織，其代表以較高年級爲限（但須經相當時期訓練後實行）。關於事務協議，校工亦得出席，但須經相當時期訓練。另有家長會（須由學校用種種方法促進，不可流於形式）。聯席會議，以教員團、自治會、家長會及教育學系教授公同組織，每學期始終舉行。

實習生教育系三年級生爲助理，至少須占每學期修學時間四分之一。四年級生爲助教，至少須占每學期修學時間二分之一，均不支薪。二年級生修畢教學法、教育心理者，亦得充助理。

補習學校課程，由小學教員與實習生兼任，大學教育系以外之四年級生願擔任者亦許可之。

洒掃、存置、繕寫、裝訂、飼畜、栽培及其他作業，由教員、實習生、學生共同擔任，並廢除固定課程時間表及教科書。

三、設備

（一）房舍及場所

1. 運動場及學校園據美人伍歐脱氏主張，小學面積至少須有七百二十方丈，以半爲校，有半爲公園（即用學校園），公諸市民。茲擬用三百方丈即以本校西北院之屋充校舍，或用現在預科房舍之一部分，亦可以西北院東北一帶空地劃出，作小學運動場及學校園，並請農學院協助經營，學校園即作爲學校農園或花園，並許市民遊覽。

2. 教學室設普通教室二，兼備補習學校之用；大會堂一，兼備遊戲風雨操大會之用；標本室一，以方隅陳設動、植、礦等自然物及各種商品人造物；圖書室一，以方隅陳設初小兒童書籍、圖畫、報章；成績室一，以方隅陳設兒童各種成績，備作各學科量尺材料；手工教室一，專備技能工作之用（以上四室皆爲特別教室）。

3. 辦公兼會議室一所。

4. 住室應敷教職員之用。

5. 飼畜室及花卉暖室應足備教學之用。

（二）器具及物品

1. 各教室用具。

2. 運動場應備用具比開封各處所設者須較完備。
3. 手工室應備用具。
4. 學校園飼畜室暖室應備用具及物產。
5. 標本室應備自然人造各種物品以及陳設用具。
6. 圖書室應備兒童圖書以及陳設用具。
7. 教員參考用書籍並教授用具。
8. 應備風琴一具寒暑表風雨表時鐘各二具。
9. 其他應備牀桌椅凳及各種雜件。

四、經費

1. 開辦費。如上設備（一），各項約需費六百元。（二）1約需八百元，2約需一百五十元，3約需一百元，4除取給於農學院外尚需若干，5約需一百元，6約需二百元，7約需一百元，8約需六十元，9約需一百五十元，共計二千二百四十元。

2. 經常費。教員七人，每人月四十元，共二百八十元。事務員一人，月三十元。工人三人，每人月十元，共三十元。辦公費月需二十元，學生用品均由學校供給，平均每生每月一元，以一百二十人計算，月需一百二十元。非赤貧者酌收學費及學用品費，即以此收入作小學及補習學校之維持費，共計每月需四百八十元。

河南大學附設實驗學校預備工作之初步計劃[①]

一、公約

1. 此工作以一個月為限（十九年十一月一日—三十日）。

---

① 原載《河南教育月刊》第1卷第3期，1930年12月。

2. 教育系三、四年級同學須全體加入（但對此工作過於缺乏興趣者亦不必勉強加入），二年級或他系同學對此工作有興趣者得自由加入。

3. 加入此工作後，須分工合作努力，實現公同所欲達到之目的，不得藉故推諉或畏難不前。

4. 此工作須從社會活動而實現，各個人之活動力，勿拘守從前靜坐讀書之觀念與習慣。

5. 此工作應分組或合作，須另行討論進行計劃。

6. 此工作進行有需教職員指導或協助者，由參加此工作團體之要求，文學院院長當盡力籌畫。

7. 此工作團得另定組織規則。

8. 此工作應給予之學分，依團體與分組之工作實在時數與工作成績及其組代表之報告，由指導員作總批評，提出系務會議決定之。

二、工作

1. 關於設備者

（1）圖書——調查開封各小學之設備、組織、管理、閱覽及指導情形，各種圖書之名稱、價目、出版處（此可參考本校寒假作業論文），作調查報告並擬設計方案。

（2）手工——調查各小學（高小在內）有手工科目者之教授材料與方法以及有手工教室之各種設備，如器具之名稱、式樣、用法、製作所，以及桌案之式樣、尺度，並其一切布置作調查報告並提出設計意見。

（3）園場——調查濟汴中學及在鄉間所設小學之設備、布置、工作時間、工作情形以及關於工作之教授（此與課程有關，為便利起見，宜同時調查），同時並調查本校農場、栽培、畜養及實習情形，作調查報告並提出意見。

（4）運動——調查開封各小學校、各公共場所等運動場之面積、布置，以及運動器具之名稱、樣式、尺度、布置地位與方法，作調查報告並擬設計方案。

（5）桌椅——調查各小學桌椅之形式、尺度、排列等，作調查報告並參考書籍所載式例擬設計方案。

2. 關於課程者

（1）實際資料。調查附近農村生活狀況，如生產、耕種、養畜、手工、產業分配、人民房屋、食品、服裝、老幼勞動情形、各季農作情形，此當與農學院推廣部接洽並搜取其材料報告，同時關於附近之古跡風景以及旅行路程，分別作調查報告並整理資料。

調查開封城關之古跡——所在地、內容、歷史；市場——所在地、營業情形、本省出產品、中外貨品及銷售情形、雇員工作及待遇；工場——所在地、工作品、原料及製造與銷售情形、勞工性別年別及工作與待遇；公共營業機關——所在地、內容、管理情形、職員工作及待遇；公共遊覽機關——所在地、內容、管理情形；有名水井——所在地、周圍狀況、汲水情形，作調查報告並整理資料。

調查附近黃河之水流、堤防、治河工作情形，以及附近水道並整理資料。

（2）參考資料。搜集各書坊所出小學教科書、教授書及關於兒童讀物，作調查報告。

搜集各書籍雜誌所載（從民十一年起）關於課程組織方案以及各單元設計方案，彙成一編，作調查報告並提出意見。

為輔助以上工作進行起見，開始將圖書館所有關於小學教育書籍以及以前各種教育雜誌悉數取出（借出者亦悉數收回），並調查近十年來關於小學教育出版物（取各書店目錄、各書附載廣告以及耳聞目見之書），為圖書館所未購者，限期由圖書館分別購置，與原有各書悉另室保存，以便檢閱。

批評陳鶴琴氏初小默讀測驗之不合①

教育測驗，自麥柯爾來華以來，陳鶴琴、廖世承諸君努力編造，頗爲吾國研究教育者所重視。惟學術事業，係公共應負之責任，必須改良修正，始可漸企完善。時歷數載，關於測驗問題，報紙上雖間有論述，而繼起編造，殊鮮有聞。尤其對於通行之標準測驗，所用材料與方式，是否適合，迄無議及。而吾國人從歐美輸入學説者，標榜以科學方法，製作規範，往往偏於襲取形式，忽略內容，如所製各種測驗，尤爲顯見。茲於國語教學研究之餘，先將陳氏初小默讀測驗，細加批評，俾資新制測驗之研究。文中舉例，以陳、廖二氏所編《測驗概要》爲本。亦因各種測驗，題目太多，不便備載；逐一批評，又嫌繁瑣；概要所列，固可窺其全豹也。

一

初小默讀測驗一例

1	
2	
3	
4	
5	
6	
7	
8	
9	
10	

---

① 原載《河南教育月刊》第 1 卷第 3 期，1930 年 12 月。

目的——測驗辨字能力

用法——每行五個字，其中有四個像字都不是字，把是字的一個圈起，照例子十行。

陳氏所認爲不是字者，其中卻有許多是字。如弓即篆文戶字，六即長字，合即古文財字，夂即歺字，屯在中部有此字，臼即叩省寫。吞在漢有此姓，吏與古鬧字同，丬則半合他字爲字即寫作丬。如此，則每行一個字是字之目標，不能確定。如以所摘出者，非通常之字，或通常之寫法，勿論通常之界，未有標准，且亦不能以非通常者，即以不是字名之。

陳氏每行並列之五個字，其中不是字之四個字，惟以彼之意想中像字不是字爲準則，非進以形似目標中一個是字之字爲準則。間有以形似是字之一個字，構成其餘不是字之字；而筆畫繁簡，相差太遠；間架結構，亦不甚同。夫現今兒童識字之弊，多有對某字之音與義，皆能記憶；而對於某字筆畫之些微錯誤，往往不能辨別。不根據此種教學經驗，作是字不是字之標准，則辨形殊無價值。似此以圈起之一個字，與其餘四個並列，惟在辨其何者是字；而是字之形，筆畫稍有增損變更，能否辨認，無從測知其結果，是僅能使辨某形是字，而不能必其辨某形爲某字，以及辨某字之正確筆畫，則所得者祇爲記憶上之籠統觀念。其測驗價值，亦可見矣。

即就是字不是字言，在構成字形上，必須有確定之原則。陳氏每行平列之五個字形，同此橫直撇捺，所謂是字與不是字者，既非本六書以定從違，又無自定嚴格界說，依何判別？且甲行不是字之構成，與乙行不是字之構成，界說亦不分明。況中國字自變爲楷書，每字多一筆，省一筆，並無明確之規範可言。惟以率由舊章，資爲定律。因而認爲何者是字，何者不是字，若但以是字、不是字爲辨字標准，就一切成字者而言，雖宿儒猶有難辨，若取每行中所能圈出者，必爲所認識之字，則又不屬於是字與不是字之辨。用陳氏辨字測驗，印象所及，將予兒童對文字發生一種迷惑之觀念。

初小默讀測驗二例

1	那裏也？
2	什又麼？
3	弟弟妹同打皮毛球
4	母親不在走家
5	請覺看新聞報
6	地球是國圓的
7	她吃力東西
8	這朵花兒真點可愛
9	這條路樹極平
10	表兄拿算錢去買魚

目的——測驗用字能力

用法——每句多一個字，把這個字圈起。

此方式尚屬適用。惟其所應圈起之字，計陳氏所用題目共三十行，即目標字三十個，細加檢查，約計名字、靜字各三分之一，動字占七分之一，不及其他詞性之字。其中有過半數之字，與原句上下之字，毫無關涉。由字之分配言之，無目標可言。由字之系屬言之，句爲語體，苟與上下字渺不相涉，使行中各字皆所認識，或非漫不經心，何字應行刪去，一見了然，與用字能力無關。所以此項測驗，必須有如下之注意點：第一，多出字應依初小學習情形，準詞性爲適當之分配。第二，多出字所在位置及其配置意義，用意在與句中某詞相混者，即夾於某詞上下或中間。用意在與句中文義相混者，必須夾在讀下或連詞上下。而其字義，則與原句上下字相混。屬上者與下一字不屬；屬下者與上一字不屬。不此研究，惟在每句中任夾一字，對每一句所夾之字取何意義，每套各句所夾之字依何標準排列，無系統可以說明。即令所測驗者能得其用字能力，要皆雜亂無章，不能測知學習所得之整個能力。

至謂各句多出之字，與其餘重要字之難易相等。所謂相等，則以陳編字彙所見次數之多少爲標准。次數相等，謂爲字之通用相等，猶可說也，謂爲難易相等，未免不倫。

初小默讀測驗三例

1	手	
2	石	
3	樹	
8	籃	圖省，請查原書或測驗紙。
9	一個僧人打鐘	
10	一只小燕子在窗前飛過	
15	一群鴨在池裏遊水	
16	一個蝴蝶飛到樹上去采蜜	

目的——測驗解字能力

用法——每行左邊有一個字或一句話，與字句對照有四個圖，把對的圖圈起。

作者爲兒童作前兩種測驗，或感疲乏，以此測驗，頗足喚起興味，誠爲合理。惟文字藉助於圖畫，祇適用於教學。如初學識字，初學作文，皆其例也。在測驗亦惟非文字測驗適用之。至於測驗解字能力，在求得已學習之整個能力，各字之義，非盡可以圖表明。此所測驗，果能求得解字之如何能力，殊無明確範圍。若爲計分簡便，不能不惜圖表義。即令舍用圖以外，別無方式，而整個能力，無從測知，亦不當用。說明測驗二之方式，所測知者何嘗純爲用字能力，而非關於解字之作用耶？如此項測驗，可分爲兩類剖析之：其一，所謂一個字對照之圖，即測驗解單字能力。圖所表明者祇限於有形可象之單名字，是名字之不易以圖表明，與合字爲名詞之單字，皆當不在測驗之數矣。其二，所謂一句話對照之圖，即解句中所含之字義，使圈起之圖，僅認識句中有關繫之字，而即能指出；則其他之字，同於虛設。使圈起之圖，必認識句中全數之字，而始能指出；如因一二字不識，不能了解其義，並非所有字義，皆不能解。設圈起之圖而是,其中有一二字之了解,純屬機會;設圈起之圖而不是,又未免抹煞其所了解之部分。由前之例不能包括一切之字,則所測知者不完全;由後之例,含有混合性質,不能測知了解力之單位。是測驗形式雖若有趣,於解字功用,抑已微矣。

初小默讀測驗四例

1	看　新（　）	立,已,究,書
2	你　　（　）	來,以,三,本
3	那　　（　）	很,者,個,之
4	拿　金（　）	錢,直,免,改
5	我有弟（　）	妹,土,布,肉
6	心　　（　）	什,家,便,好
7	讀書（　）字	號,守,寫,圍
8	（　）力	政,氣,西,在

目的——測驗組字能力

用法——每行左面一句話中空一個字,右面四個字祇有一個字可以填空白,把這個字圈起。

此與測驗二同功用,不過一在從原句多出之一字删去之,一在從原句空出之一字填補之,方式本可並行不悖。惟陳氏誤分為二,且於所著《測驗概要》中,説明測驗二之功用為用字,測驗四之功用為組字。就命名言,後者自重於前者。就實際言,用字與組字之功用,皆須於句中求之,且須各依詞性,分別配置,使空白須兒童自填,自比僅删去多出之字為較難。此則填空之字,並列右方,任其選擇一字,與删去一個多出之字,難易不相上下。可與用字並為一類,分為兩個方式;不必分為二類,與解字、辨字並列,使分析能力失其均衡。至所示例子,每行右方四個字,是與不是者,義太懸殊,不足混亂兒童觀念。使其字皆所認識,字義皆所了解,一見自能去取,無從辨其組字能力。使此測驗而以解字爲目的，尚有取義，然既以組字爲目的，自當測知其選擇用字之能力。若慮相混之字，不易選擇，須知所謂混亂兒童觀念者，並非用相對之義，比較何字最當。實則是與不是者，仍爲絕對之義，不過稍近疑似，或與上下字僅一方可以連屬，或詞可相屬而與句之文義或事實相反，或字同詞性而義異，或字同類而詞不相屬，以此須費少許思索耳。余尤以爲舊時填字方法，設爲種種式例。講新教學法者，方譏其陋劣，不意編造測驗，僅取其一種簡易式例，竟認爲唯一測驗造句能力之法，毋乃矛盾之甚耶！

二

抑又有言，提倡默讀爲一事，測驗能力又爲一事。陳氏初小默讀測驗內，分辨字、解字、用字、組字四個方式，統名曰默讀測驗。如以測驗應取默讀形式，則各種測驗，皆當如是，不獨國語測驗爲然。且此可於測驗規則中説明，似不應標明爲測驗之名稱。如以所測驗者，在由默讀而驗其能力。就方式言，默讀不過讀書最重要之部分，不能占領全部。就實際言，測驗在求得已學習之整個能力，即如陳氏四個方式，所測知者，亦從講讀、作寫及練習各方面而來，烏得一律視爲默讀之能力耶？

余以爲國語測驗：第一，當從學習所得，分析其能力，以定總額，使每個方式使用，確爲表現某項之能力。陳氏以默讀與默字對立，而默讀所用之四個方式，一方不足以表現默讀能力；一方又不純屬於默讀能力，其不合者一。第二，每個方式所用材料，必須由某方式之題目，確能測知某項之整個能力。陳氏四個方式，題目排列，依何標準，成何系統，並無具體計劃。而解字測驗，取材之不完全、不分明，尤爲顯然，其不合者二。第三，達上兩個之目標，必須對於材料本身價值，分別事項，爲精密研究；而後取材有方，自成統系。陳氏辨字測驗，對中國文字如何構成，未事精求，用字、組字測驗，對語法、文法系統，未加深究，因之編制測驗，支離破裂，漫無準的，其不合者三。第四，下方答對之案，與疑似者並列，必須推求兒童學習時種種錯誤情形，以成立是與不是之界說，而後兒童在下方所排列者，選擇一個，得發現其真實之心得。陳氏辨字、用字、組字測驗，下方所列是與不是之答案，純由臆造，毫無依據，其不合者四。

總之，陳氏過重形式，又專注意於記分簡便，內容殊欠精審。此在初製測驗時，本難遽期完善，倘使此不完善之方式，奉爲規律，則所測驗之總能力，實無真正價值可言。此在吾人所當共起努力而從事修正者也。

初小國語測驗預備材料及方式之說明①

誌言：本文應河南教育廳委托擬製測驗標準而作，因取以作大學研究課程之用，嗣因事未克將標準製定。然與《批評陳鶴琴氏初小默讀測驗之不合》一文，同爲引起國人製造測驗者之自覺，或不無貢獻也。

一、編制旨趣

（一）分類意義

國語教學作業，分爲說話、讀書、作文、寫字四類，說話可並合於作文中。作文寫字之遲速與優劣，須特定成績標準，其基本學習，與讀書相連屬。而讀書的基本能力，則視其識字程度如何。故就教學法而言，識字當在讀文中教學，此不惟使學習有意義，抑使文字之理解與應用，能在整個語句中認識真切，便可增進讀書的能力。所以初小國語測驗，欲分析其能力，即可於取得工具之情況中求之。而取得工具之步驟，第一在認識，第二在理解，第三在應用。當實際學習時，有時認識由理解而得，有時理解由應用而得，其步驟並非有分明界限。即其取得工具，亦不能嚴格別之曰：某能力成就，根據認識學習；其他能力，各專根據於何種學習。然而能力之各別表現，確可以區別事項，認何者爲某項之

---

① 原載《河南教育月刊》第 1 卷第 3 期，1930 年 12 月。

認識作用，何者爲其理解作用，何者爲其應用作用。因此，初小之初步測驗，可分爲兩類：

1. 識字測驗　吾國文字之認識，必形、聲、義三者俱審，又繼續以書寫練習，斯識字之功用始全。而形、聲、義三者應如何貫穿教授，以及連帶於讀書中之書寫應如何練習，一方面在從實際教學求此功用之完備，一方面在依測驗結果，推求教學缺陷之原因。所以識字測驗，當分爲 a. 音讀，b. 解義，c. 辨形三個方式。a 與 c 屬於認識作用，b 屬於理解作用。書寫練習之正確與否，亦可於 c 項，測知其概狀。

2. 文法測驗　此在初學，以用字爲主，與字義了解有連屬關係，亦可云由理解而進於應用者也。所以別於識字而自成一類者，識字須於讀文中教學，目標仍屬於字之本身，若用字之法，雖以字爲出發點，然其目標則屬於成語句、成詞之關鍵，非祇於徒審形、聲、義以及能書寫已也。此類測驗，取其簡易者，有兩個方式：a. 就已成語句辨別應去之字。b. 就未完成語句選擇應填入之字。前者從正誤之方式而出，後者從聯綴之方式而出，即取陳氏用字、組字兩個測驗方式，而成一個文法測驗者也。然所同者祇在測驗形式上求答案之簡易，而取材與命題，另有具體計劃，初非率爾爲貌襲也。其詳容於各個測驗中分別說明之。

（二）測驗形式

取陳、廖二氏編制測驗形式之優點，使答案劃一而簡易，避去文字答述種種繁瑣之病。

（三）材料標准

分三項說明：

第一意義　依現在各初小普通學習情形，大率採用讀本。

因取世界、商務、中華三家國語讀本，統計其公用生字，作爲測驗用字之依據。就文字本身言，此所取公用字，未必即爲兒童應識之通用字。然政府既未頒布通用字表，若以個人所擬通用字爲測驗根據，如果其中有未學習之字，則測驗根本不能成立。但取某家讀本用字，又不能一般適用。惟測驗用字在抽取代表之字，但使選用之字，依各個測驗性質，各定標准。則此所依據，尚足以測知整個能力，而不嫌疏略；較之陳氏依據自編字彙，猶覺切近於實際也。

　　第二意義　在初小學習期間，讀書能力之大小，與識字數目之多少有密切關係。此識字之數，與年俱進。測驗之用，既非計識字之數，則用以測驗者，必爲已學習之字，而後可量衡其能力。而一般學校教授國語，在初學年已開始識字，不過第一學年識字無多，即字形、字音、字義，尚不必急於離書本而求其盡量機械記憶。至第二學年，則讀音、辨形、解義練習已極重要，且與三學年以下學習之能力比較，亦應測知其相關之度。所以國語測驗，當從二年級起與三、四年級適用同一之測驗。惟當分別者，此同一之測驗，必有若干部分爲各學年所公同者。又有進至某學年而始能答對者。以此順序勻配，年級低者可以間隔作答，不致因難自沮；年級高者，於其特殊部分可以驗進度，於其公同部分，可以與低年級比較衡量。所以統計之公用字，又依二學年以上學習者，三學年以上學習者，四學年內學習者，分別列表，各個測驗即據此依性質而類集用字。於是，每一成分之材料，皆與學習分量相應；而各別之真實能力，又依測驗性質可以整個表現。

　　第三意義　上所論之測驗用字，分年排列，專就測驗之目標字而言。此外爲測驗所用者，分論於下：

　　（1）題目字。屬於公同題目，當取二學年以上已習之字爲題，屬於三、四年題目，當取三學年以上已習之字爲題。如此，則被測驗者，不致因題目有未學習之字，妨碍作答。凡專屬三、四學年答題，當記一符號，即二年級可以不答之題。

　　（2）配置字。與本行目標字學習情形須相等，即本行目標字，係二學年以上已學習者，其配置字亦爲二學年以上已習之字，目標字係三學年所習者，其配置字取三學年以上已習之字，不必以在某學年內所學者爲限。

二、音讀測驗

（一）材料來源

依公用字表分別彙集同音字，注明二學年以上，三學年以上，四學年，以便查照。

（二）分配材料標准

據汪怡氏《國語發音學》所列排音表，國音計有四百四十二個，單音不在内。此當取如何之音與若干之音讀字爲代表，準國音發音原則，取廿四個以上，卅個以下之音讀字命題，斯聲母與韻母之類別與拼法，在音位上能得到相當代表字，即廿四個聲母，必有一個字由其發音，而雙拼與三拼，又由十五個韻母爲相當之拼合也。此在製命題之音讀字時，可查汪氏國音聲母表，國音韻母表，與彙集國音字對照。

（三）並列配置字標准

各個配置字之使用，必須其性質與意義對本行之目標字，在選擇時能使正確觀念因比較而益顯明。其普通標准：

（1）須因應本測驗性質

（2）須因應本命題形式

（3）須與本行目標字發生疑似情形

本測驗之配置字所取標准

（1）與本行目標字須爲近似音，但有一定界限，即同一聲母而收聲韻母不同，同一韻母而發音聲母不同，不取同切而分四聲之字，或偶取二三個字亦可。

（2）在配置字中，或取一個字之形似或義同，或類同，或詞性同之字。

（四）方式

任取一字爲題，令於下列之各行在與題字同音之字下劃一線。式如下列三行，每行有一個字與"落"字同音，即在這個字下劃一線。

乐药苟约　各阁洛略　恪索格络

（五）行列程限

每一音必求三個之同音字，即每取一字爲題，下須列三行，每行有個同音字是也。在開始三個命題，所求之字，皆須爲二學年以上已習之字,即此測驗從二年級開始,不當有未學之字,令其望而生畏也。所用全字數,取二學年以上學習字四分之二,三、四學年學習字各四分之一,蓋以初學年作業,音讀比較重要也。自第四命題以下,每連續之三個命題,一題取二學年以上之同音字二個,三學年同音字一個,一題取二學年以前之同音字二個,四學年同音字一個,一題各取同音字一個。順序排列迄於二學年以上,應取之同音字排列完畢,即取三、四學年之同音字。因此,所得分數屬二年級者,以二乘之;屬三年級者,以三分之四乘之;斯各年級成績之百分數相等。

三、解義測驗

(一) 材料來源

依據定本測驗材料標准分項查照公用字表選取測驗用字,二學年以上,取七分之三;三學年、四學年各取七分之二。在音讀測驗中選用各字,須多多採用。

(二) 材料標准

凡字所含義,爲日常習見事物形狀,或字義解釋,無須藉助於說明,此類之字,苟識其字,即解其義。不明此旨,則解字測驗之結果,祇屬於字之認識與否,與解釋無與。如現行式例用圖畫表義,不惟易犯上述之病;而且單字之圖,祇及於少數名字;語句之圖,其中因一二字障礙,即影響於整個語句之義,不能分別測知各個字義。又如並列是與不是之各種解釋,令其選擇一個解釋,則表明事物形狀之字與須說明解義之字,難以簡單文字得正確解釋。而且解釋文字,不能必其與所解字,同在一個已學習之進度中,尤感困難。況依何標准抽取代表之字,在上兩方式中無適當範圍。因此本教學經驗,與吾國文字構造,求解釋標准,分爲十個例式。

(1) 形聲有解之抽象名字。先取具體而不能圖形狀者,式如:身〇——肉、眼、體、腳;次取爲無形之實質者,式如:向先生行〇——里、理、體、禮。

（2）不能由形知義者。此類字多屬於拼合之字，含有不成通用字之形，以及形體變遷、形與義不生關係者，與上項必取形聲字且無某字省者不同。式如：○化——騙、變、並、便。

（3）字義解釋須作勢表明者。此類字概屬動詞字，字形構成雖多與（1）同，而字義不能即由音而得其概念者。式如：在河裏○水——求、浮、泅、走。

（4）字義解釋須用言語演繹者。此類字概屬形容詞副詞及動詞一部分，取義同（5）。式如：恭○——敬、近、進、道。

（5）字義爲引申義或別義而與本義並用者。式如：種田太○苦——力、心、新、辛。

（6）字所含義爲日常不習見之事物形狀。式如：一隻小船順風張起○來——紙、翅、舵、帆。

（7）字爲文言者。式如：貓怕○——鼠、馬、犬、鷄。

（8）字義隨意標而變者。式如：○流値日——輪、綸、倫、論。

（9）字義隨聲轉而變者。式如：勻○——名、呼、稱、乘。

（10）易爲近似之義混淆者。式如：把鷄蛋○出小鷄來——孵、伏、抱、過。

（三）配置字標準

（1）取其目標字音同義異之字

（2）取與目標字義近或類同或詞性同之字

（3）取與目標字音標同、意標異之字

（4）目標字另一義解釋之字

（5）與音讀測驗配置字標準（2）同

（四）方式

每行左方列命題，空其目標字所在之一格，右方列四個字，一個是目標字，三個爲配字，各在所認定之一個字下劃一線。此在外形用填字方式，而目的以解義爲歸宿。於此當知文字形式與實質之所由分，形式屬於語句中字所在之位置與其語氣，實質則屬於字義。而實質又有屬文與屬字之別，屬文者爲事實之內容，屬字者爲義之內容。前者理解，求之於事實，所謂常識是也。後者理解，求之於字義，即本測驗之目的也。今之編制測驗者，往往於此類界限不十分了解，測驗造句能力，則侵入實質範圍；測驗字之解釋，則混常識與字義爲一。字義誠有與常識相關者，如果認清目的，則解釋自有其相當範圍。所以本測驗取語句命題，用意在表出所欲測驗之字義，即以此便由字之實質而取得理解，非如填字之重在聯綴也。

（五）行列程限

本測驗依上述十個標準，由（1）至（2）每項用三學年以上學習二個字，三學年、四學年各一個字。由（5）至（2）每項三學年、四學年及二學年以上各兩個字。（9）（10）兩項三、四學年各二個字。計測驗用字五十六個，二學年以上二十四字，三學年、四學年各十六字。所得分數，二年級以三分之七乘之，三年級以五分之七乘之。

四、辨形測驗

（一）材料來源

依所定本測驗材料標準，查照公用字表分別選取。測驗用字取二學年以上已習字十分之八，三、四學年所習字十分之二，蓋二學年以上所習字雖不及全數之年，而構成之筆畫與結合之形體，大體已備，舉例即可以概其餘。而字形亦以初認識時，能得正確印象，斯以後認識新字，所誘起之聯念，始極真切。其稍及三、四學年所習字者，蓋欲以比較而測知其相關度也。

（二）材料標準

吾國文字形體之研究，論字形如何構成，自許氏《說文》發凡起例，備極精微；論成形之字如何結構，至歐陽率更結字卅六法，亦甚詳盡。然字變爲楷，六書構字之法，不盡可通；即可通者，亦非初小兒童所盡能了解。結字法注重書法之用筆作勢，不可以釋形。最近各小學國語教授書，間有重字形者，不過匯集形似之字，實嫌疏漏。教育部課程標准，對字形解釋，雖有摘取六書義例之意；然秖於取他人之片言主張以相告。即所主張者，亦秖於片段理想，初無具體研究也。惟艾偉氏《漢字心理研究》，於釋形有具體報告，所發現原則，具有抉擇，然僅屬普通辨形之情狀，尚未發見兒童對字形認識之種種疏誤原因也。茲審查吾國楷書各種形體及筆畫，與書法結構各種式例，兼體會舊時所發現兒童認字、寫字種種錯誤情形，又參與艾氏發現原則，規定下列各項標準。會通雖具成條理，而補正實有待於將來。

（1）顛倒字形測驗其辨別能力

a. 筆畫顛倒　即左右易位，例如，上下作土土，或丁作⅂，此取獨體字爲主。

b. 部分顛倒　即將字中並合之各部分移易位置，例如，時作䴴或作塒。

（2）點形增損測驗其辨別能力

a. 筆畫增損　例如，馬作馬、馬、馬，武作㦻、武、式。

b. 部分增損　取合體字形之單位與兩字相並，筆畫在十五筆以內者，例如，嘗作當、甞、甞，劍作□、劍、劍。

（3）取相似形測驗其辨別能力　字形相似，兒童率多誤認，惟用整個相似字測驗，手續太繁重，茲取字中一部分所含之形測驗之。例如，阝、阝，邦寫作邡，柳寫作枊，如衤、礻兩偏旁，兒童多誤礻旁爲衤旁，當分別提出字以測驗對於偏旁能辨別與否。才、扌、木三偏旁，禾、木二偏旁互誤。如恭下體之㣺與泰下體之氺，多將小、㣺、氺混而爲一。又如兩、夾所含爲人、爲入、爲乂，多有互誤。夏下體作夂、作又、作文，亦不甚辨。字之一部分爲辰或誤作長，曰作日、白，九作尢、丸，廴作辶，弋戈，瓜爪，辰，互誤。以上所列，皆所習見。

（4）含折斜形測驗其辨別能力　凡字之含折斜形者，皆兒童極難寫之字。茲分別三個例式：

a. 折斜形字與他形帖合爲字者　例如，易、仍、朶、鬼等以局、易、易並列是。

b. 折斜交叉之字　例如，兒童將花寫作䒑或作𦬒或作花，我寫作我、戎、戋。

c. 多形字含折斜甚多者　例如，疑、怨、殺等，稍變更其折斜之形如疑、疑、疑、疑並列是也。

（5）用向背形測驗其辨別能力

a. 筆畫成向背形者　例如，交爲左右向背，衣兼上下向背。衣與衣、衣、衣並列，交與㐅、犮、交並列，此以減筆或變形測驗之。

（2）對待體成向背者，例如，兆肥，測驗方式與上同。

（6）用錯綜形測驗其辨別能力　此與上項，在他項例式中，或亦取舍有此形之字。惟測驗方式，各有專注目標，故特列一項。

a. 筆畫錯綜　其一以穿插之筆畫而停勻其兩旁形體，例如華、夾，以華、華、華並列，夾、夾、夾、夾並列。其一聚數個不同之簡單形，疊成單形字，例如亭、希，以希、希、希並列。

b. 形體錯綜　即一個字而含排疊各形是也。此爲最複雜合體字，至少含有三形，例如寶、讀，此當以增減筆畫或變形或遺漏一部種種配置字並列。

（7）用繁密形測驗其辨別能力

a. 筆畫密　此屬於字中某部分之筆畫特別繁密，最難辨識。在左或右之一部分者，例如獻，測驗方式與形體錯綜同，即獻、獻、獻、獻並列是也。在上下之一部分者，例如變，在中方包裹者，例如團；在排形正中一部分者，例如擲是。

b. 體繁　此與形體錯綜不同者，前取排疊錯綜，此則排列各自成形。例如，排形之瓣，疊形之靈，測驗方式同上。

（三）配置字標准

各項配置標准，已分見於上所論列。惟（1）（3）（5）項數目，係採錯誤之適當情形，不限於用三個不對之字。

（四）方式

依上列標准，分爲七組，每組照標准應取字數，排列若干行，行中祇有一個字寫法對，令在寫法對之字下劃一線。

（五）行列配置

（3）項舉例取十二個代表字，（7）項數同。其餘各項，每例取二個字，共六十個字。三、四學年取十分之二，即十二個字在（3）項中配置六個字，餘六個配置於較難部分。二年級所得分數，以四分之五乘之。

五、文法測驗

此取陳氏用字、組字兩個測驗方式，合爲一個測驗。關於方式之取用，應說明者有兩點：

（一）專從一個語句，衡量句中用字，於文法有若何關係。當知語言與文章由句而成，句由詞而成，詞由字而成。如欲了解成詞之字在句中之職務與關係，必於字與字之連屬求之。果於此而確能了解，斯於文章之所由成，思過半矣。

（二）兼用陳氏兩個方式爲文法測驗，蓋以手續上避免文字答述之繁瑣，而結果又須得到比較整個之能力，初小國語文法在附帶於讀書中，由作文練習而指示。兒童作文語句不通或欠妥者，最顯明情形，即（1）句中有贅句，（2）句中有不貫串字，（3）句中有不正確字。測驗（1）之情形，適用陳氏用字方式；測驗（3）之情形，適用陳氏組字方式；測驗（2）之情形，非從正誤與選擇方面觀察，不能表現其整個能力。此本測驗兼用兩個方式之微旨也。

方式雖無問題，然陳氏選材，尚無具體依據，必須從文法功用上，爲系統之研究。此當說明者，二個方式公用之點，皆依九品詞性，定多出字或空出字所在之位置。因此命題語句，（1）以名詞、動詞、形容詞與副詞爲目標者，各提三題。（2）以代名詞、介詞、連詞爲目標者，各提二題。（3）以助詞、歎詞爲目標者，各提一題。查公用字表二學年以上字，對（1）之三個目標，各取二字，對（2）之三個目標，各取一字；三學年字對九名詞，各取一目標字，共取十八字，即命題亦須製十八個是也。但在多出字方式（即第一個方式）中，所取目標字，不在依詞性選用字，而在係屬於句中之位置與所取目標之詞性，可以相混，而不能搖動其真正價值。或與係屬字之品類相似，在語句上文氣上相屬而義不相屬，例如"袋繩子可以裝米"是。或與係屬字意義相似，在語句上文氣相屬而文義不相屬，例如"他睡得很深暗，還沒有醒"，"你嗅看着茶的香味沒有"是。或與係屬字僅上下之一方能連屬，例如"我忘記了帶架書包來"是。或係屬字上下爲容易混過之贅字，例如"這朵花真點可愛"是。或係屬字之詞性相似或品類相似，而不能連屬成詞、成語句中需要之詞，例如"弟弟妹妹打度毛球"是。準此類推，自敷運用。在空出字方式（即第二個方式）中所取目標字，惟準本方式應有詞性之數，分別湊成各個命題。所取配置字，不惟當取與目標字同學年之字；且須用第一個方式多出字在句中之相混意義。上所列舉，可資參考。至其命題配置次序，前三題須純取二學年之字，後三題取三學年之字，餘題循序分配。二年級所得分數，以二乘之，或者文法測驗從三年級起亦可。

請全省小學教職員特加注意的一件事[①]

諸位同志：

你們每天在校，不是忙着上課，便是忙着辦公，真真是忙個不了！可是，諸位雖然忙，卻是還有一件頂重要的事，沒有忙到！

諸位實施教學，辦理學校行政，或閱讀教育書籍，是不是常常遇着困難？遇着困難，是不是應該亟於求解決？說到這個地方，諸位必然說："我們遇的困難，真真的不少，我們實在是想解決，可是我們請問誰？誰又肯答复我們呢？"諸位感着困難，沒有人代諸位解決，這確是實在情形。因爲這樣，我們幾個雖對於小學教育，沒有什麼研究，可是很願意

---

① 原載《河南教育月刊》第 1 卷第 5 期，1931 年 2 月。另載《河南教育行政週刊》第 1 卷第 18、19 期合刊，1932 年 1 月。

和諸位討論小學教育的問題！祇要諸位樂意下問，我們没有不掬誠以復的！

現在我們擬定的辦法：

第一，我們擬組織一個"小學教育問題討論會"，請諸位自動地將姓名、籍貫、年齡、性別、資格、履歷、現任職務，及對於我們將來應怎樣討論研究的計劃，一一開列寄下。

第二，我們於三月底，將所收到的來件，除逐一詳閱外，並統計起來，看大多數的意見，擬將如何進行。

第三，依照統計的結果而實施。每月將所有詢問及討論的問題，在本刊披露。

以上辦法，不知諸位以爲如何？

最後還要說的，就是我們幾個，對於任何有關小學教育的問題，祇要能以討論的，没有不切實的答復。——有時恐怕還要拿著實際問題，來請教諸位呢！如果我們能進行起來，更不至於有始無終，還望諸位特加注意！

李步青　高維嶽　高芝生　丁培之　霍陸亭
吳家鎮　于祥文　王海涵　杜遥欣　趙子傑　　同啓
祁錫侯　馮選兹　蔡衡溪　孫淮陽　李道祥

來稿請寄至河南省教育廳編輯處李道祥同志收。

現代小學教育的共同傾向[①]

今天兄弟和諸位談這個"現代小學教育共同的傾向"的問題，預先須要聲明幾點，就是：（一）這個題目的範圍很大，今天所談的稍偏於教學方面；（二）所談小學教育的共同傾向，也可說是一般教育應有的傾向，不過小學爲基礎教育，比較要特別鮮明一點；（三）我是站在方法論

---

① 原載《河南省立第一師範學校週刊》"27週年紀念特刊號"，1931年5月。

的立場上來說話的。但所說的方法，是爲達到目的應取的手段，且係根據事實問題而來的一種具體方法。

近年世界各國都風起雲湧地設立各種實驗學校，所設的實驗學校並非中國式的那種實驗學校，乃是實驗一種學理、一種主張，雖然各有各的特點，大過不外下列三種共同傾向：

一、作業

以前的教育，都是一種"主知主義"，就是偏重知識，但是何謂知識呢？天地間的一切事事物物的現象，是知識嗎？或是書本記載的就算知識嗎？不是的。這是知識的來源，真正的知識，必須對於事物現象、書本記載，能夠認識或了解，所以取得知識，乃是刺激和反應構成的概念或行動。按刺激方面說，是教師的言語、書本的文字，可以刺激嗎？很明白的，當然不限於此。再按反應方面說，學生對於所授教材沒有什麼活動表現，或者因教師命令而始回答，並沒有形成新經驗，這能算反應嗎？算正當的反應嗎？試問"主知"的教育，能超出上面所說的範圍嗎？所以教學須以兒童的經驗爲根據；如不以兒童的經驗爲根據，則兒童完全得不到真的知識。近百年來，歐洲特別注重實科，一洗從前偏於重視文學歷史的風氣，於物質文明不無補助。然而，於人類整個生活，仍然日形墮落，正是偏重主知的弊病，並且現在正是平等主義高唱入雲之時，絕對的應該打破以勞心爲高貴、以作業爲下賤的傳統思想。作業的原理，就是人類的活動，不但是單用腦力，並且還須要用手力、體力、四肢力，所以在教育實施上，有人主張以手工爲教學的中心，其他學科都以手工爲出發點，且有主張由工廠施行教學，這都是建設教育於手之活動上的。近則有注重四活肢動，而以旅行觀察爲重要教學的；至於主張廣義的教育家，把作業作爲一種教學過程。

二、綜合教學

宇宙間的知識，是統一的、整個的、實在的，不能分成一個一個的科目，而學校內卻是一一分着，於實際生活相隔太遠，所以，有許多人對於這種分法很爲懷疑，於是就生出兩個改革的辦法：

1. 各科聯絡——是將分立的科目，互相聯絡起來，如手工和圖畫的聯絡，歷史和地理的聯絡等。但這種辦法不澈底，還不能根本打破科目分立的枷鎖。

2. 設計教學——設計教學，可是打破各科分立而成爲一個整個的活動了，但是如果沒有充分準備，或是教師不良，不見得兒童就有普遍的活動，只是幾個優等生在那裏活動罷了。並且驟然打破科目，事實上也不易做到。德國實驗教學——綜合教學——以自然觀察或手工爲中心的教學比較是較易辦到的。

三、共同生活

從前所謂教育目的，不用説是在"做人"。究竟做什麽人，怎樣去評定做人道德的標准，確是一件難事。因爲道德的標准，是隨時而演進的，如宗教的道德標准，是在遵崇上帝或敬神；倫理社會的道德標准，則在崇德性、信聖賢，這樣的道德好不好可不用説，因爲是時代的問題。古代道德標准的修養方法，既不能保持信仰，且不合於現代一般人的心理。那麽道德標准，或是做人的方式，當然要求之於共同生活的社會內。這個新社會，當然要根據團體中各個人的自由意志所形成，才能引起社會的利害觀感、責任心，而爲公共所信仰，爲社會所尊敬、所服從。學校是由家庭過渡社會的一個樞紐，假使學校教育沒有一點勞動共同生活，也没有一點感覺到有共同的利害、觀感、責任。這種教育有效嗎？有價值嗎？諸位，試想現在學校教學和訓育分離，把學業和品行分別訓練，又有課內和課外的分別。又如記分懲罰、獎勵等方法，無一不是提倡個人主義的表現。日日駡舊教育不好，日日説起新式的教育，然而大家卻整個的在傳統教育的路線上討生活。這是我們應該覺悟、應該追求的。

在小學實驗指導部第一次會議上的報告[①]

　　小學實驗，在這幾個月內，討論了多次，經千呼萬喚，才於今天把一個大概的計劃，向試辦三個小學的同事報告，這是行政方面；學校方面，尤其是我們專門研究教育的人們，應該同聲引以爲憾的。

　　關於小學實驗的會議經過，用不着詳細報告。現在祇將怎樣進行的旨趣，大略申說一遍，可分爲兩點：第一點是擔任工作的旨趣；第二點是目前應做工作的旨趣。說到擔任工作的旨趣，也分作兩點說：

　　第一點是變更原來主張，分作三校試辦的原因和此後工作應注意的旨趣。當初我們提議試行實驗，本來是想由官廳集合熱心實驗的幾個研究者，幫助任一個小學校，並且調動幾個實際從事小學的技術熟練者，集中到一個地方，做比較澈底的工作，供其餘各校參考的資料和方案，並不是有偏重某校的意見。後經參加各校人的會議結果，票決由一校、四校、十校三個小學試辦，於是預計的集中和澈底，在以課餘精力來幫助實驗的各位指導員，更照顧不來。所以此後工作，是要三校直接負責和協作的同事，更要加重責任。勿論每學期或每周的工作計劃，在預計和實施都由各校同事負責。指導員祇能就各校預提的工作方案，加一番審查。每周或每單元的結果報告，作一番討論。如果預提方案有特殊事項，或實施時有特殊情境，需要指導部幫助，自當盡力所能及，貢獻種種意見。這一點在指導部不是避重就輕，事實上祇能如此做去。

　　第二點是整個實驗，先只從初小一、二年級開始的旨趣。這並不是因爲人才和經濟不能貫澈到全部小學，實以實驗步驟，低年級未經實驗得到相當解決，不便進行較高年級的整個實驗。在進行這低年級實驗，三個小學的全體同事必須認清楚的，就是全體同事雖然不直接擔任低年

[①] 原載《河南教育月刊》第 2 卷第 3 期，1931 年 12 月；另載李廉方等《實小教育》，河南教育廳小學教育實驗指導部《實驗教育專號》，1932 年 1 月。

級功課,卻要都分一部分的課餘精力,像各指導員一樣,或者比指導員更要努力,來幫助直接負責的同事,訂方案,找教材,籌設備,以及一切部署。各位要知道,你們幫助他們,就是幫助你自己。並不是說你們現在幫助他們,他們轉來也可幫助你們,彼此交換幫助。實在是低年級的實驗工作,就是高年級實驗工作的準備。他們的實驗工作,有相當的成功,你們將來的實驗工作,就可以減少許多糾紛。並且他們創始工作,實在需人幫助。你們尚未開始直接責任的整個實驗,也有幫助他們的可能。低年級實驗成功,不僅是直接負責任的某人教學成功,是全校教學的一部分開始成功,也是整個教育的縱面一部分成功。希望大家把這責任共同擔負起來,不要說非我擔任的功課,就與本身毫無關係。還有一層要特別注意的,就是責任要共同擔負,而官廳所給的設備費,祇專爲低年級用,不能絲毫顧及其他年級。這並不是蔑視他年級,因爲高年級到了試行實驗時候,自當另籌設備費。現在經費既有限制,決不可視爲利益均沾,分散效率。如果學校當局,手揮五弦,目送飛鴻,這實驗就要完全失敗。

說到目前應做工作的旨趣,分兩部來說:

(一)是部分實驗,又分小問題與課程改造兩類,這是各年級都可任提一二項來做的。

小問題實驗,在籌備會裏曾假定四個原則,各位早已知道,現在略爲具體說明。譬如在國語讀法裏面,識字要整個語句提出,開始誦習,不宜讀寫同時並進,這已經有正確證明,用不着我們來實驗。但是讀寫必須到如何時候,才能聯結一起,以及聯結應采如何步驟?如聽寫、默寫、摘寫,都可析爲若干具體問題。又如開始識字,怎樣讀音,怎樣辨形,怎樣解義?古時讀書方法,和初改學堂時候認字方法,何以不適用?西洋式語言文字教學方法,在原則上是沒有什麼問題,卻是方法被一般不了解中國文字的教育者,弄得錯而又錯,以致文字工具的成績,一天不如一天,這卻是教育基礎上一個很嚴重的問題。第一,我國字體由各個獨體拼合而成,比拼音字純由音母拼合而成,複雜不祇百倍。並且獨體字元素所謂部首的文字，為字既多，形亦改變不少，像通《說文》先辨部首，已不可能。然而要辨形，卻不可不知字的構成元素。第二，我國字形和意義有連屬的關係，同一字形又因用法而變更意義，於是解義和辨形可發生問題，我們應如何本教育原理，改造教我國語言文字的方法，這更要急於實驗了。由此類推，如果每一位教員，在每一學期裏，或一人單獨進行，或聯合數人進行，提出一二個小問題實驗，積久統合起來，便足以革新教育。

課程改造是可以分科進行的，如以為所擔任的某門功課，從整個系統改造力有不足，我可提出一個比較簡易的方法：每授一單元教課，教材如何組織，教程如何進行，何處得何反應，何項有何效率，以及開始如何準備，練習如何分布，自己最後有何感想，逐一記載，然後就比較有體會者，整理出來，提出討論。雖然不是直接改造，卻也和改造有相當影響。

（二）是整個實驗，就是各校所預備進行的低級實驗，這在實驗計劃上分項都有說明。不過這個計劃，是集合許多人意見而定的，詳略不一，疏漏亦多。我現在把比較一致貫澈的幾點，特別提出來一談：

第一，每日學習課程，是以兒童為中心，看他中心問題需要什麼，才使他學習什麼。並且所學習的各種事物，注意各種互相關係，非須特殊練習的，絕對不分離研究，就是練習也是實際要求的，不像舊時從各學科裏取單元教材，依某樣單元教材，採用某樣固定的教學方式。而是使他在學習事物裏，得到學科原來所有的價值。

第二，讀寫算的工具，是適應他學習的機會，審量他的能力，逐漸伸張。不拘時間多少，遇機會即當學習。絕對不能脫離當前中心問題，求與實際不相宜的工具。

第三，學習不是以求知識為目的，而是應付當前的需要，使他在書籍裏、科學裏找尋解決問題的答案，在自然界及人事界探討各種事物的意義，並且使由日常生活中，練達人類任務；由學習歷程中，習慣於團體生活；逐漸形成公民應具的品性。所有實際知識，自然在他的經驗中取得，因此而富有生氣，爲增進智慧和控制能力的淵源。

最後，我個人還有一點意見，我們的課程標准是什麼，我們的標准生活是什麼。我覺得我們的教育，一部分是我國傳統遺留下來的裝飾品，一部分是西洋式輸入的資產社會教育，並且都祇有形式而遺了精神，絕對不能生存於新時代的。歐美各種實驗教育，仍多脫不了資產社會的色彩，所謂公民訓練那更不必説了。還是蘇俄小學課程，假使消除階級鬥爭一方面的意義，比我們部定課程標准，覺得尚有一點真實教育的意味。我們沒有德國漢堡小學教師那樣能力，能夠養成兒童判斷社會價值的實力。如果參考蘇俄小學課程，把階級鬥爭的意義，改換爲勞資調協的意義，構成一種新課程，比那什麼教育宗旨和實施原則，一味抄襲尊孔和奉基督教的舊路徑，在教育原理路上走不通的，或者較有實效。

《教育周刊》發刊詞[①]

實現三民主義，已成口頭禪。今之教育制度，與學校設施，所以異乎非三民主義者，於何見之？

談黨化者莫不言培植民主勢力，此勢力係於民衆，如果不從基本教育入手，是否爲正當之培植？

各強大帝國頗努力於國民教育，且以科學方法生產，而其社會終不免於畸形發展，且致失業日衆者，此在教育政策上有何問題？

國家政制，既與教育社會不相容。此形成資本主義的國家之教育制度，是否有整個因襲之必要？

吾國社會革命，誠不當階級鬥爭。然則施行階級之教育，是否合理？即教育無階級，似此惟便於有力者與富人之子弟入學，有不形成階級教

---

① 原載李廉方、邰爽秋主編：《教育周刊》（河南《民國日報》特刊之三）第 1 期，1932 年 3 月 31 日。

育者乎？

　　人人謂宜打破封建思想，此思想構成人類之遺傳心理，人人自蹈而不覺。尤其聰明才力之發展，均傾向於權威之用。此種錯覺，應如何由教育澈底改造？

　　近來負政治責任者，對於教育現象之反感，頗傾向於道德問題、紀律問題、禁邪說問題等，引起復古運動。余非反古者，但對於提出此種問題之內容與方式，不無疑問。即如此教育，在二十五年以前均極嚴重，何以不能保持原狀？今不別尋正常途徑，復返舊路，是否可以求解決？

　　學校與社會，教育與政治，學生與教職員，今皆成極端矛盾之現象。學校地位愈高。吾人所習聞之教育原理，與交贊之優良學校，如取為規範，果足以免除上述之矛盾現象乎？

　　人類所企求之新生活，一方面在使物質進於文明，一方面在使精神不受物質支配，今已成整個問題，教育當如何解決之？

　　新社會之實現，所需於教育者，在使一般人有適應新生活之能力，維繫社會；特殊人能以深造之學術，貢獻社會。特殊人之養成，必須受高等教育者，確有深造能力，而又不受境遇限制。一般人適應新生活之能力，必須完成普通教育後，進受適當之職業教育。使未施如此全民教育，是否能造成真正之全民政治？即強為解說，此非一蹴可及。然現在教育行政之措施，是否有絲毫的全民教育之意味？

　　教育非可旦夕收效，謂社會改造，必一一推本於教育，尤其任小學教育，急進者毋以為迂遠。然使改造社會，而不經由教育，徒取革命手段，則多數人民將不知革命為何，非結果不良，即加以敵視。尤其造動革命，與壓抑革命，純成為權利爭奪問題，人民並受其害，而視若無睹。即今新社會實現，因革命得以促進，影響亦祇及於表面。吾人苟知新社會實現，在全民皆充分發展其智能，其工具存於整體教育之中，斯對於教育改造問題，思過半矣。不過世人所謂科學救國，教育萬能，教育獨立，教育清高，種種一偏之見，與今所提出教育改造問題，不相涉也。

　　茲當本屬刊發刊之始，不知從何說起，拉雜寫此，藉以促有志教育研究者之注意。

兒童節的感言①

人們在脫離了猴形生活，在人的社會裏面，所以能夠控制自然，支配世界的，不外於兩個作用：一個就是人類作用，一個就是國家作用。

紀念國家，有國慶日，紀念人類，除了兒童節，還有甚麼恰當的日期呢？

每逢稍有權威的大人先生們到了開封，公安局的警士，便挨户傳諭懸旗寫歡迎的紙條；黨部也沿街張貼許多標語，大恭維而特恭維啦。可是今天是四月四日，早經中央規定爲兒童節。我坐了一輛人力車，從家到校，又從校回家，没有感覺到一點特別情景。或者我老眼已花，爲這小朋友們張羅的東西，都看不見嗎？

聽說前年舉行兒童節的紀念，英國倫敦街上，到處都貼滿幸福的標語。英皇和皇后親自訪問，市長和他的夫人尤其熱心。美國胡佛總統並且開放白宮，歡迎全國兒童入内遊覽。

中國真可算是老大國家，祇有有權威的大人先生們，值得一般人們恭維，尤其是近幾年來，政府更提倡不遺餘力啦！

更有值得注意的，我們任到一個街頭巷尾，都看見當父母的打罵自己的小孩啦。小孩爲什麼挨打挨罵？是生來不好，還是受了這成人社會傳染呢？這種成人社會，是不是歷來有權威的大人先生們造成的？所以我對於這個兒童節，有無窮的感想，也不欲往下多說了。

三民主義與教育改造②

黨治下之一切設施，悉以三民主義爲旨歸。站在黨的立場談教育，

---

① 原載《教育周刊》第 2 期，1932 年 4 月 6 日。
② 原載《教育周刊》第 2—9 期，1932 年 4 月 6 日至 6 月 1 日。

往往離開教育本身問題，而以宣傳政策，伸張黨權爲目的。站在教育立場談主義，往往偏重理論研究，或攝取理論爲教材，而不推求工作與設施，應如何貫澈主義之精神。所以教育與主義，言論愈多，形式愈重，實際相離愈遠。此係教與訓分離常見之謬誤，不過世俗不察，動輒背道而馳。今者黨治下之教育，尤切中此弊，如不覺悟，是猶南轅而北轍也。茲研究教育改造問題，從三民主義的整體理論中，取得基本觀念，一切改造問題，皆根據此基本觀念而建設，不必枝枝節節求之也。

三民主義的整個理論，有四個基本觀念，爲吾人所必須認識者，試撮其大要。

一、三民主義的對象，爲武力、官僚、資本──帝國主義

武力、官僚、資本形成之政治，當互相結託。分別言之，武力爲造成國家之具，其政治以侵略其他國家或民族，爲自衛與發展之策。在國家混亂時，則純爲個人自私自利的工具。官僚政治以憑藉治權操政權，擁護其特殊勢力。虛偽的民主政治與階級專政，同一作用。資本政治以榨取利潤，壟斷其不勞而獲之物質享受。

所以，形成三種政治之原因，則自人類爭生存以來，所得於個性片面發展之賜者，積久而爲社會遺傳，構成人性中之支配欲，在往時尚可藉助於成訓格言之社會制裁。今之教育，純爲裝飾與機械二種方式所形成，並制裁作用而亦消失矣。世愈變則支配欲領域愈大，方法亦愈新。所謂支配欲，即以自己之欲望權利生存，壓倒他人之欲望權利生存是也。蓋政治社會與經濟社會，人類不能離之而生活，其中即支配欲最易發展之所，亦即政黨以劫取政權爲目的之最大原因。因之政治與經濟之組織，迭有變更，迄今在任何形式的國家中，猶未脫人類支配欲之桎梏；而一切個人行爲、公共制度，無在不留自私自利、虛榮欺騙、妒忌仇害之痕跡也。此在政黨政治之國家，各黨迭爲起伏，雖各私其利，而不能不憑藉於結託於民之一二種善政，以競勝於選舉。在階級專政之國家，雖當局橫暴，其政策必予一方面人民以利益。如係一黨專政，而又非站在任

何階級的立場，稍一不慎，則國家政令，皆爲少數執政者之個人支配欲所驅策。正不獨君爲臣綱，父爲子綱，夫爲婦綱，爲專制時代一種支配欲形成之倫理觀。即如領導與指揮，苟純由權威而產生，又何嘗非支配欲之變相的作用耶！

二、三民主義以民族爲本位，以民權、民生爲工具

因爲本位在民族，必推本於民族之現狀、固有文化，及其缺點，以發展其精神。以故所求民權，在造成全民政治，不容資產階級、知識階級以及強有力與狡桀者，壟斷其政權與治權，成爲虛僞民主與階級獨裁之官僚政治。所求民生，以共產爲目的，其發展產業，在求民族全體的生活改進，不在滿足階級的特殊要求，使形成資本主義之企圖，或者製造階級鬥爭。

因爲工具在民權與民主，故民族主義所企圖之國際地位平等，非如國家主義之信賴武力與外交，或利用民眾排外之一時沖動；亦非憑藉世界主義相號召，期其民族獨立。而在從政治與經濟的雙方條件之下，解除內外兩重壓迫，因以取得民族解放，並求世界主義之實現。

所以三民主義從體的方面觀，爲整個性，即一貫之義。從用的方面觀，爲連環式，即相互爲用之義。總理在桂林演說有曰："要解決民族問題，同時不能不解決民權問題；要解決民權問題，同時不能不解決民生問題。"

三、三民主義的精神爲平等——國際地位平等、政治地位平等、經濟地位平等

1. 平等的基礎

一、須爲全民，即"國家爲人民所共有，政治爲人民所共管，利益爲人民所共享"（民生第二講）。

二、須不受客觀條件的限制，即"人人所應得者，起點地位平等，後來各人根據天賦的聰明才力去造就"（民權第三講）。如果客觀的環境，

因受身分或經濟的限制，顯然有誘致相殘相仇之事實。但期在人類主觀上灌輸其互相親愛之意義，消弭其彼此敵對心，此不可能者也。所以，"宗教之力窮，慈善之事不濟，就不得不以革命圖根本解決"（民權第四講）。

2. 平等的社會性

一、社會的基本能力，即"人人皆爲生產分子，民生問題便可解決"（民生第四講）。

二、社會的服務精神，即"人人當以服務爲目的，而不以奪取爲目的。雖天生人之聰明才力有不平等，而人之服務道德心發達，聰明才力愈大者，服務亦愈大，造福亦愈多；無聰明才力者亦當盡一己之能力服務，必可使之成爲平等"（民權第四講）。

四、三民主義的歷史觀爲社會進化

"民生爲社會進化的重心，社會的進化又爲歷史重心……人類求生存，才是社會進化的原因；階級鬥爭，不是社會進化的原因。"（民生第一講）因此進化條件，由三民主義所詔示者，有如下之四項：

1. 人類不間斷的努力，"古今一切人類之所以要努力，因爲要求生存；要不間斷，社會才有不停止的進化"（民生第一講）。

2. 群體擴大，"中國四萬萬人先聯合起來，推己及人，再聯合弱小民族，共用公理打倒強權，此爲發展世界進化應負之責任"（民族第四講）。

3. 調和經濟利益，"社會之所以有進化，是由於大多數的經濟利益相調和，不是相衝突"（民生第一講）。"純用革命手段，不能完全解決經濟問題"（民生第二講）。

4. 新制度發生，"社會上因爲常常發生新制度，所以常常有進化"（民生第一講）。如社會與工業改良，運輸與交通收歸公有，直接徵稅，分配社會化，皆近代社會進化的事實。

根據上述之四個基本觀念，改造教育，由一、二兩項所具要素，辨明方向；由三、四兩項所具要素，取得基本原則——因此，發生以下之二個問題。

其一問題爲應施如何之教育。其二問題爲如何而成全民教育。在討論問題前，有三種趨向，爲吾人所當認識者：

（一）民治發展之影響，趨重於全體人民應享之權利。

（二）社會革命之影響，趨重於生產消費之科學化與社會化。

（三）心理實驗之影響，趨重於手之操作、體之動作與環境事物之刺激。

前二者爲教育的背景，即社會，後者屬於教育的主體，即兒童。三者匯合聯結，遂構成新時代教育所必循之方向，由此而達到三民主義的教育之目的。

解決第一問題

（一）改造思想先須取社會遺傳習非成是之概念，潛伏於民族心理間牢不可破者剷除之。此習非成是之遺傳，皆封建制度官僚政治特殊階級等，積久所釀造，直接或間接而助長其支配欲者，試分論如下：

1. 以從順爲美德。此係專制時代詔示人民對威權之態度，不許其訴諸自己意識，而服從於無條件之下。尤其政府、師長、父母自命爲能而明者，每每易犯此弊。因之人類在社會中，具有性別、年別、分位別、境遇別、能力別者，亦認愚弱者之一方，當具此信仰心。久而久之，不必能而明者，據有優越地位，即視權威爲自身所固有。教育之流爲被動的、機械的，即浸入於此社會積習而不自覺。

2. 以超群出衆爲向上目標。在未實施全民教育之國家中，世人所以送其子弟入學，且竭力使之受高等教育，希冀其爲超群出衆之人才，其子弟亦具有相同願望。彼其目標，無非以此增高個人在社會上地位，因得以享受優越生活，與科舉時代心理無異。使教育祇爲個人謀福利，是學校適爲製造階級之場，而又附益以壓倒他人之戰鬥力也。

3. 以勞力爲卑下之役。此係貴族專政時構成之心理，官僚政治因以擴大其形式，驅國人群趨別於凡民之一途。一方勞心者不治生產，一方勞力者不事學問。直至封建之階級消滅，而治者與被治者，竟成對峙之局，自是人民日益分化，由農業而及工商業，皆以勞動者爲魚肉。社會分力者日衆，一人貴顯，自親屬以及僕從，依附以食租衣稅者，無一不流爲遊手好閑之人，在公務則增加營私舞弊之爪牙。從前尚有迴避之制，今者防閑一切打破，所謂主人得道，鷄犬登仙，直滔滔皆是也。此猶表象則然，若夫民族構成反進化之心理，群喜不治生産而安富華榮，因而忽視手之練習與身體勞動，甚至認抽象理論，爲修養精神的原素，以致個人不能得身心一致之發展，尚能競存於此後之新時代耶？

（二）培養能力使成爲社會有用分子，循共同生活之型式，取得新生活，因以促進社會進化，並發揚民族精神。其要素有二：

1. 社會工具

（1）運用政治能力。直言之爲使用四權之練習，養成之法有二：其一，使具有政治興趣，即目前社會問題，時時於課中引起其探索動機，但最忌宣傳與頌揚之暗示。其二，使具有政治知識，即對四權使用之形式與功用，須在各種作業活動中，以適當機會，得到具體經驗，勿參加目前有作用之社會活動，致入歧趨。

（2）增進生産能力。即使爲生產分子，當受學校教育時，由普通教育之陶冶，養成操作習慣；由職業教育之練習，備具實用知能，以之生產，能用科學方法以增效率；以之工作，具有作業興趣者也。

2. 社會精神

（1）同情。同情必須傾向於人類之共同標準，或發生於社會之共同興趣，損一方以利一方，非正當同情也。故同情之出發點基於愛，其表見於事功則爲合作。以日益複雜之社會，而能圖發展且進於和平，彼此關係日益親密者，皆由於同情之擴大。當其生活於學校中，培養此種基礎，首當由智慧產生所受之感覺。其在指示歷史事實，有所選擇，不在蒙蔽罪惡，而在由完備知識啓發之。推而至於養護動物、栽培植物、公同玩具，無在不可增進其同情。尤其在作業上，使互相刺激，交換知識，養成分工合作精神，起而代替競爭地位。凡日常活動，努力學業，非爲強迫所驅，亦非好勝之心所激蕩；斯一切罪惡之源，皆可由教育消滅之。

（2）責任心。此與前者皆代替外部權力，而為民治社會之要素。責任與服務，含義雖殊，功用實同。蓋誠於中者為責任，形於外者為服務。不了解何者為責任，即不知如何而服務。吾國先哲以齊家治國平天下，推本於修身，言之至為精審。特末流競求之於文字記誦中，此社會所以日衰敝也。如舊時訓以奉命惟謹，與今之誤認權力轉移，皆不能使自覺其責任者也。

（3）創造力。所謂創造者，係於潛伏力量之增高，並非少數天才所獨有。如學校作業，將一具體事物之工作，自己計劃，自己制作，即為創造力之表現。故學校中種種活動，須予生徒以合度的自由，有相當的學術設備；並使由經驗取得知識技能，由科學方法取得經驗，更常由具體事務之工作發展之。凡縝密與勇敢，慎思與進取，循序與冒險，種種相互相成之品性，惟此能期成之。

達上述之目的，必須教育建設於整個社會之上。而人類任受何種教育，又須從整個教育中分演而出。然各國教育現制，皆由種種畸形社會所演進，遺痛宛在。欲完成改造之功用，先須一一指摘其疵點，茲再申論於下。

（一）改造官僚政治之形式教育。官僚社會所以統治人民者，全恃其外部權力。權力形式之構成，最重要者莫如法律。法律固為維持社會不可少之要素，然使社會秩序，惟恃法律形成之權力以維持，是使守法律者完全由畏懼心理而產生；或其法律僅為一部分人之意識所構成，至少含有行使權力者自便私圖之成分。在官僚政治之下，凡百設施，皆與其政策相應，甚至所謂學者亦根據此種社會背景，演成學說，居然為世人遵奉之信條。學校教育何能例外，因之訂種種規條，以賞罰為唯一手段。夫學校而恃規條管理學生，衡以教育本義，豈不剌謬？無如習非成是，末流所極，致教學與管理分而為二，所謂良好教師，只以灌輸知識為已足；而品性薰陶，徒存形式——此為西洋式教育傳入中國所演成之特殊現象。今之以訓育為重者，亦不過外形演變而已。因權力作用，必重形式,故對人類之一切活動,皆以固定形式律之。劃一課程與機械教法,皆由此而演出。此外則獎勵入官,如交官任用,等級視畢業資格爲區別,有此規定,影響於中等以上教育甚大。於是學農工商者非爲實業而入學,亦不限於以從事實業爲出身之路。彼一般學生雖極不滿意於所居學校,猶勉強忍至畢業者,謂非以畢業資格可以增進地位而何。

(二) 改造資產社會之畸形教育。近世歐美學制,由資產社會所演成,吾人應注意者如下:

其一,小學限制人人必須入學,中學以上,聽其自由。此與教育不普及之國家相比,未嘗不視爲滿足。惟所謂限制必須入小學者,即教育史上所盛稱之國民教育,實則此,係根原於國家主義之發達,在以受教育之國民,爲國家爭優越地位,非立於人類平等之上,爲國民謀教育也。雖近亦有推及補習教育與國民高等教育者,不過對於小學教育,頗覺其生活能力不足,非使全體人民,各個由教育適量發展其充分智能也。故國民學校以外之教育,勤敏而貧者,雖應入學,因境遇而被阻;愚惰而富者,雖無深造能力,亦有入學機會——學校地位愈高,此種現象愈顯。於是大部分人民,在整個教育中,被擠於學校以外,不得以充分能力貢獻於社會;而希望博士、碩士、學士頭銜者,大半非凡民俊秀,祗爲榨取利潤而來——此其妨礙社會發展,與學術進步,影響顧不巨耶?

其二,直接生產教育顯然含有階級性質,此類教育,大抵小學以上設職業教育,初中以上設實業專門。所以形成如此教育,大抵應付社會上階級要求,由教育可以增進各別生活之效率。在需要上未始無相當功用,然終無以解決社會問題,甚至增加社會紛擾者,何也,蓋個人之各別需要,純視私有經濟如何而產生。因之教育結果,構成一種不良的普遍性,即人人依賴教育養成之能力,取得物質上享受,非謀社會繁榮。卒之個人欲望,萬難滿足,一方有所挾制,一方不甘沉淪,勞資遂永無調協希望。雖在此複雜人事中,如此類別之生產教育,終不可少,然祗可視爲目前需要上之救濟,非擇業固當如是也。

(三) 改造古代貴族所貽之閑暇教育。人類所以視學問爲閑暇之事,迄今而心理上因襲，猶影響於修學態度者，誠以學校起原，大抵爲貴族而產生。彼輩皆不事操作之人，居講席者必博聞強記，始能勝供奉之任。流風所被，競以談天博古爲能，風流儒雅相尚，勞動非其所習，遂開身心二元論之漸。而人類活動，有資於手之操作者，浸廢而不用。此今日學校，勞動皆需僕役，即習實科者，從事於農場工場，猶賴乎雇用也。又其日常誦習，除消遣外，皆治人之學。所謂智慧事業，格調愈高，去一般人之實際生活愈遠。因之尚純粹理論，重記誦知識，如專門學者所修，固猶未脫此習也。

（四）改造古代經典所重之記誦教育。在科學未發達以前，當時遺留文化，具載古人書籍中，本足爲搜討資料。其弊也以書本爲知識唯一泉源，以口耳爲求知識唯一工具。此種現象，以大學爲最鮮明，不獨文法各科爲然，即實用學科，關於純粹理論不由應用實習而深究，應用經驗不從具體事物而取得，亦復偏重求知識於書本之中。故論學術則失舊時書院自由研究之精神；論技術則視專門學校有遜色；論成績則於社會甚少貢獻，徒侈寬博之名，並無宏深之實。此實古代貴族好整以暇之操練地，歷代政府粉飾治平之遊息場，近世資產社會擁護利益之收容所。乃習焉不察，美其名曰學府，虛糜國家最巨歲費，供野心家利用，收養士類，製造政爭。若不採一七九二年法國取消大學之手段，終無改造之可能也。蓋現制大學所從事者，關於應用知能，可移於專門學校；關於學術研究，應屬之研究院；混而一之，是謂兩失。

（五）改造科目制論理系統之教育。今之學校課程，大抵依古代所有者，逐漸增加，頗感繁重。就學科言，當然愈分析愈精密。就人事言，鮮有專據某科知識以應付某事者也。就學習言，教材孤立，興趣索然，且不易了解相互關係；而程度較低者，尤不宜取某種教材之縮影。自分科排課，往往學習材料，拘牽科目範圍，輕重取捨，與人事不相應。即常識必須豐富，修養宜傾向於廣博，亦當因應教育進度，依據人類活動之目標，念知自然、社會兩方面種種事物之關係，而不當以科目自身系統爲求知之具。根本既誤，因之學問愈深，愈迂遠而不切於人事，此改造課程爲今日教育急要問題。

　　上之所述，重在矯正已往錯誤，並非無中心思想之實用主義，僅僅以純理與文雅課程，不足適應現代生活已也。茲惟就實施所應注意者，列舉三個原則：

　　（一）當以學校爲社會中心。有新社會而後人民可以享受新生活，革命可以期新社會之產生，不能必所實現者確爲民治社會。尤其在非階級鬥爭之國家，革命分子多屬於當時失意之人，或者憑藉利用之勢力，取得政權之後，力謀鞏固自己地位，不得不排斥異己。於是盡忘其本來面目，使現政府爲惡化與腐化之叢，至犧牲一切而有所不恤。欲期減少如此弊端，惟有使新時代之設施，悉建築於教育之上；並使新時代之教育，確合於平民政治之目的。此種意義，決非如帝王之壟斷教育權。因之而所企求者，當如下之意見。

　　第一，教育不當受政治勢力的支配。自官師分途，官愈高而學問不必與之俱進。自科舉廢，而教學成爲職業。由前之說，教育固不當脫離政治而獨立，然教育事業，決不能視官吏一時之意旨爲從違。由後之說，官吏無定，教學職業有永久性，以有永久性之職業，似不當爲無定官吏所操縱。雖已往教育，傳襲科舉心理，浸淫於西洋式資產方式與機械技術，流毒已深，實有徹底改造之必要。然此屬於學術問題，不尊重有學術之人，並不認清政治的身份與洋式的學位，不足以代表學術，而專取政治手段，以某種職務須由黨員充任；一切設施，受命於政府；甚至以含有政治作用之黨部或學生會，非由有學術者組織，竟認爲有指導學校之天職，有不令百年事業教育，爲一般政治野心家所利用，與一般不學無術者所敗壞，吾不信也。

　　第二，教育計劃當與一切政制同時並進。如學齡家庭生計之調查，公益衛生之運動，當與民政協進。實業教育之設施與入學選科，當與農礦工商交通之建設以及工廠公司之進行，互相策應。使政治機關，各自爲政，教育形成孤立，即足以證明政治之失去統一性，任何教育，皆不能有完整設施與良好效果。至於政府用人，由勢力支配。販夫走卒，並膺顯秩。常識未具，掌管政務。甚至所謂信徒，亦藉軍力或趨附顯者可以一旦取得資格。雖有良法，亦未由舉行也。

　　第三，學校當爲社會而產生。今之教育，就行政而言，則教育事業，政府視爲官廳之職掌，非教職員所得過問。學校設施，教職員視爲本身固有之權力，非地方人或生徒之父兄所得過問。就內容而言，一循主管員司與專門學者之意見，抄襲成文。對於當地社會有何適合的需要，生徒能否各如其量而充分發展，並無深切的考慮。以此而學校與社會日離日遠，教育文化與民間事業各不相謀，學生一入學校，幾成天生驕子，其學業又不足以貢獻於社會，無怪乎教育流爲閒暇階級與資產社會之工具，積重難返。若不反上述之弊，重與更始，並使其房屋與設備，足供公共團體之使用，以及社會之新興事業，皆有資於當地學校，則雖不辦教育可也。

　　（二）教育當建築於生徒生活的基礎上。生徒生活，因年齡、願望、環境有種種不同。但由其基本作用，可使共同生活之目標，日益向上。必須應環境取得親切之知識，更由學習取得改變環境之能力。使個人的自然發展，由社會中發展而來，並非以取金錢與面包，爲求學問之代替物。由此推求，有基本之原則二。

　　第一，自發活動。今由小學以至大學，無一不爲被動式機械式之教學，結果流爲放縱者，物極必反使然也。必洗舊時書本誦習、課程固定、管教分離、偏重理智種種之弊，使任何學習一應生徒之需要，才能、興趣控制於本身意識之下，循目的而活動，因而發展其經驗。或由作業中所引起之問題，以尋求知識，取得有系統之經驗。庶教學上之啓發，皆爲發展平民政治之基礎。若僅期形式普及、形式提高，於民治無與也。

　　第二，多方發展。今之教育，一方爲學科分離，不能統合爲有用之寬博的知識。一方爲傾向狹隘，徒爲畸形發展。前者爲普通教育所形成之弊，後者爲職業教育與專門大學的選課所形成之弊。所以各國大學，對於一、二年力謀建設整個的文化學程，對於三、四年充分求專門研究，並適應生徒才能而予以自修便利。其對於中小學教育則由種種基本練習，經相當時期發見特長，進而依各別願望，盡量發展，為效用社會之工具。凡畸形教育、機械生活的教育，無與於共同生活者，屏而弗取。顧以三民主義的政治之教育，猶在資產社會過去制度與方法下討生活，如之何弗思也。

（三）品性當建築於知能的基礎上。論品性即聯想及於道德問題，已往教育，非不重品性，顧其效果不顯者，非僅道德形式，與時代不相應，實由於養成之法不建築於智識之上。惟注重古訓格言，或以苦行刻勵，因之道德與知能分離，所修道德成矯揉造作之行為，所得知能亦為可善可惡之具。故此後教育，欲養成如何品性，以及改善個人行為，苟不由事物關係之深切了解，培養其正當態度，由作業進行程序，取得正常習慣，則教育最高之目準，終無由實現。惟習慣養成，重在幼年植其基。雖三歲或六歲之說，未必成為定論。但使幼年浸染於家庭與社會不良之風習，而以理想之品性，期於學校養成之，抑其效已微矣。至於中學以上，愈趨愈壞，有由來矣。此今日國家，對於幼稚教育，謀設公育所與公共幼稚園，所以成為最切要問題。無如世俗之人，上焉者徒希望自家子弟品性之良好，下焉者則以取得高等學問資格增進地位，而不顧一般人民教育如何與教育基礎何在，是不揣其本也。

解決第二問題

（一）機會均等

1. 公款設置的學校其逐漸普及之數量應與全民的智力相等。義務教育既須分年籌設，依現在辦理情形，最貧之兒童，必待最後完成普及之日而後能入學。勿論普及無期，即令可以達到普及，而階級已由教育而逐漸造成，絕無均等之可能。並且普及而以小學為限，其他教育，不啻純為資產階級而設，所謂政治革命，於全民何與？如藉口於國家無此財力，須知有限財力，亦當為全民用之，使入學者祇有機會限制，而不為境遇所限制。或以教育普及進至小學以上，當於小學普及後行之。須知教育為國家之事，整體當有一貫政策。即進行不無步驟，亦不能採縱斷或橫剖之辦法，致阻礙社會發展，甚或引起糾紛也。至謂小學普及，今且無期，欲進展至小學以上，豈非夢想？此則惟視政治之方針何如，使全民政治，爲黨治下門面語，即擴充正復無望，遑論普及。觀於民國二十年來之義務教育，徒有具文，是否純由國家財力不足所致，可以思矣。果政府確知整體教育之措施，關係社會問題之解決，而以取之於民用之於民，又根據兒童智力之量度，爲逐漸推進數量之標準（其辦法與理由詳前代河南教育廳擬定扶助貧苦的優秀兒童方案），實施全民教育，自有道也。

2. 人人入學機會不受經濟限制。此不惟使因家庭生活影響而不能入學，並使入學而不影響於家庭生活。僅僅一律免費，固不適應，即採用獎學金補助費貸款等，亦無補萬一，或且形成爲辦學者操縱生徒之工具。約其救濟之法有二：（1）對初等之貧兒，供給學用品，可參照義塾辦法；（2）對中等以上之窮苦學生，補助生活費，可參照蘇俄職業學校辦法。惟此種措施，當使受者不以爲惠，不當受者不求幸得，上所述之扶助方案，當合並觀之。

3. 高等教育以能力爲限制，即勤敏而貧者必使入學，富而愚惰者必限制其入學。蓋入學受境遇限制，則取得資格，仍屬於富而有力者。尤其高等教育，爲促進一切事業達於科學化之地位，非學力與才能果真超軼群衆，不足以資深造。今之學校招生，固訂有入學標准。無如應試者非整個民族之結晶品，又憑一日短長以爲取舍。所以學校愈高，而習氣愈壞，徒爲弋取畢業文憑之場所，直接爲學術問題，間接則爲社會問題，不可不亟謀更張也。

（二）人人皆爲生產分子

1. 生產意義有直接、間接之別，如從事教育，即間接生產也。故生產分子構成之要素：其一，所學習者能有效率於社會貢獻。其二，重在不分利而分工。然其主體固以能直接生產爲要也。

2. 生產分子的養成方法有基本與特殊之別。

生產基本力，由普通教育養成之。在教育理論方面，有所謂職業陶冶，注重手工，注重作業，以及課程建築於自然與社會之基礎上，皆取同一傾向者也。教育年限，過短則不能固築下層基礎，過長又厄於國家財力，往往於正則系統教育外，由旁支教育以謀補救。惟有一最大矛盾現象，即中等教育是也。理論以普通教育為目的，實際則一方顧及本身職業與升學預備，一方保守古代中學典型，而又牽合於教育理論，遂構成今日初中、高中之制度。高中以升學預備或職業預備為目的，課程所含普通意義，與初中所謂普通教育，不同性質。初中地位與高中相屬，教育目的相屬，課程組織與教法又似因地位而忘其目的。如欲貫澈普通教育之目的，似應取初中並入初等教育段，廢去高小一級，分初等教育為前後兩期，各以四年為限。或分小學為初、中、高三級，各以三年為限。如此則初等、中等之教育目的分明，設施亦較方便。就初中言，因並入小學，可以改善課程及教法。就小學言，因初中並入，可以提高小學教師程度，並消滅中小教育界之痕跡。至應社會情形，於後期小學中，設旁支教育，其變通方法，仍與往時無殊也。

　　生產特殊力，由職業教育養成之。職業類別，因社會需要有種種不同，人類職業，亦於青年時期發見其特性，故中學高級實為職業預備之時期。惟必使所預備之職業，人人在同一立場上而求教育，而教育又須在同等作用上，供給一般人之各別要求。現制高中部，普通文理分科，專為大學預備，適用於貴族求教育之制度；農工商分類，偏重實業知能，適用於資產社會中產階級求教育之制度，現制職業學校，收容生徒，大抵屬於無力負擔高等教育費之家庭，而不必其志願與才能，不足以升大學者。並且學校設施，不必為整個社會各應所需之職業。而職業學校以外之教育，仍為榨取利潤之製造場，並非在整個社會上，選拔足以發皇學術之人才。此今日中等學生，多徬徨歧路，而辦教育者亦適應無方也。又中等教育，以普通與職業兩種性質，分立並進，無異於雙軌制之小學教育，不足以養成人人皆為適當生產分子，尤與平民主義違反。

　　（三）失學救濟

　　1. 補習教育。此當與正則之教育系統相並進展，如附於高等學校，即大學專門，有甲種補習學校，為不能受正則高等教育者而設。附於中等學校，即高中，有乙種補習學校，爲不能受正則職業教育者而設。附於初等後期教育，有丙種補習學校，爲不能受正則後期初等教育者而設。其詳情可參考拙著《考察日本實業補習教育記要》。

2. 文盲教育。此爲成人不識字者而設，如民衆實驗學校是。惟設置須由公立機關、公立學校負責推行，費省而事亦易舉。如認爲獨立事業，非等於具文，即發達結果，易成爲小學教育之代替物。至於識字運動，空口宣傳，於實際何益？

總上所論，由實現三民主義之教育，以達到教育改造的地位，詳細情形，尚待分析討論。然改造途轍，於此略可見已。

我所希望於開封教育區的開始工作①

開封教育區的規程，業經河南教育廳擬定，會同河南大學辦理，呈請省政府備案施行，這是一件如何可注意的事。盡管注意，如果不了解做法，不過是等於各地方設甚麼特別市普通市，增加了幾個人的飯碗罷了；或者等於一般機關設甚麼委員會，簡直有名無實，掩耳盜鈴罷了。

説到開始工作，閑話少講，直捷了當的説，是在質的改造，而不是在量的增加。我並非不主張量的增加，也並非不知道量不增加，不能完成全民教育的目的。因爲專注重量的增加，費了九牛二虎之力，還是不能普及。即使能夠普及，算不算真正教育，更是一個疑問哩。要知道全民教育，不是普通人所謂普及教育，僅僅是量的問題。如果教育的實質，依然是承襲古來封建社會的形式，或者模仿西洋資産社會的榜樣，這樣教育，豈不是愈辦愈糟，還談甚麼全民教育呢？

人人都認得教育重要，並且覺得已往的教育失敗了。雖然認得覺得，但是所認爲教育重要的是事業不是學問；所認爲學問的是大學是專門，把小學看作卑之無甚高論的。普通人如此，專門學者更如此，甚至於號

---

① 原載《教育周刊》第 3 期，1932 年 4 月 13 日。

稱教育專家的博士、碩士、學士們，對於初等教育，根本沒有具體的研究和經驗，也大膽高談其所謂教育。

救濟已往的教育失敗，從人心方面說，就有所謂精神教育問題。從謀生方面說，就有所謂職業教育問題，也是物質問題。我所要說的，不是兩個問題如何重要；而是精神教育是不是用嚴格訓練或語言教訓可以收效，職業教育是不是熟練業務的技術便算成功。並且兩個問題如何融貫爲一，表現於教學歷程裏面，使學生的品性，由取得知識技能而形成，知識技能不變成人類爭地位的工具。這在性理學方面說，是知和行合一；在心理學方面說，是身和心合一；在教學方面說，是教和訓合一。

以上所說，固然是整個教育的問題，卻是要從基本做起。所以小學教育，沒有澈底改造，一切學校，都沒有辦法。成人補習教育（即民眾實驗學校）像現在的辦法，簡直算不得是教育。然而大人先生們和學者們，所認爲教育失敗的，祇是控制青年不住的問題，祇是選擇學科的問題；毫不感覺到學校的一切設施和各種課程，全失掉了教育真義。讀者不信，試問現在談精神教育的人們，不是踏著復古的路前進嗎？談職業教育的人們，不是踏著資本國家的路前進嗎？

現在單就小學說，把上面兩個問題融貫爲一，歐美各國正在努力實驗，即如小學實驗指導部所擬計劃，也有同樣的傾向。祇因種種困難，沒有走到大路上去。我希望這次開始工作，集中人才，委員會的各職員和各小學教師們振起精神，在確能領導者底下，切實做一點比較澈底的實驗工作；並多方調查搜集，供給各種各樣的教材；更把各校詳細視察，通盤規劃，使一般學校，都能迎頭趕上去。我尤希望教育行政當局不吝惜正當的費用，給予創造的一切需要，勿當作照例的事務辦理；更慎重聘請委員，寧缺勿濫，勿使名不副實。現在把這兩種希望，寫在篇首，就是我的一點小小貢獻。

貢獻開封小學教師們①

諸君：我們的國家殘破，民族危亡，現在總算暴露得很明顯了。雖然黨國要人，宣言決不絲毫損失國權；然而時勢到了這個地步，事不由己，任他們如何赤膽忠心，保不了國家的完全領土和權利。我們唯一希望，衹有民族生存一個問題。

在目前嚴重情勢之下，從具體方面說，青年們所高唱的執戈衛國，和大人先生們所勸告的物質科學救國，這兩種辦法，如果有一種做得到，或二者並行不悖，未始不是民族自存的政策；然而仔細一想，還是頭痛醫頭，腳痛醫腳的辦法，從抽象方面說，精誠團結，要算最堂皇的口號，可惜仍太抽象了。

諸君：扶植民族，衹有你們是唯一的希望人，也是你們唯一的責任，也就是中華民國的唯一出路。說到此處，全國的人，沒有一個人，敢公然說不要辦教育，卻沒有幾個人，知道怎樣辦教育，並且知道教育是小學唯一重要。就使口口聲聲說小學重要，也不過說人人都要受教育，並不知道怎樣才算是有效的教育。尤其是專門研究教育的人們，都不從事小學教育的實際研究；而實際從事小學教育的人們，都是拋開了教育理論來辦學校。這並不是我故作高論，事實確是如此。

再說到民族問題，一方面說世風不古，另一方面說舊禮教吃人。一方面鼓吹固有道德，另一方面鄙夷為野蠻成性。尤其是政府和黨部要人，多未圖覽宋元明清學案一遍，徒摭拾總理遺教的斷章意義，提倡中國舊道德。像這樣矛盾說法，都是各有各的立場，各有各的作用，我且不去批評。我所要說的，我們怎樣做人，做國民，是不是像一般學校所用的訓話式或讀書式，和一般辦教育的先生們，所用的公安局保安法——嚴格訓練可以達到目的。如以為可以，我們不應該反對舊式教育，更不必

---

① 原載《河南教育月刊》第 2 卷第 7 期，1932 年 4 月。

講什麼教育學、教學法。如以為不可,為什麼辦教育的人們,專走舊道,未必僅僅變更了組織形式,就算是學校革新嗎?這和今日機關改了委員制,就以為是民主政治;做了黨國的官,就以為是革命政府,有什麼分別呢?

中國有一句舊話:"蒙以養正。"近代心理學又告訴我們:"兒童習慣,多半自三四歲即已形成。"我們要知道,今日中學以上所以難辦,大原因不在中國本身,而在始基壞了。不僅是習慣改正比培養更難,就是學習工具也一日不如一日。尤其是心身發展,學校地位愈高,即平均性愈減低。試審察一般學生情形,大抵初小一、二年級,多數比在家庭時,較為活潑,較為進步。這因為一般學校,雖不滿人意,究竟環境比一般家庭較好。自此以往,就多數受壞習氣的傳染,舉年歲俱增了。於是學得的知識,專謀個人利益,或反變成做壞事的工具。再從社會方面觀察,社會進步,一天比一天複雜。就是普通人民,非有適當的生活能力,決不足以應時勢需要。這種生活能力,更不是空讀幾句死書,可以修養成功的。假使從小就慴於偶像生活,不惟廢學的兒童,僅僅認識幾個死文字,毫無實用;並且升學的兒童,也將天才斷喪大半,日向歧路或幻想中求出路。我們不看別的,試看今日中外畢業高材生,曾有幾個人能發明創造?並且做壞事和賣國的,尤以知識階級為甚。今日黨政有權威者,十之八九在四十歲以下,除掉幾個由綠林出身者,雖沒有受過學校教育,就是全國軍警和民眾團體代表,受教育的也不占少數,假使教育有效,革命決不會這樣成功的。

在帝國主義的國家,尚賴國民教育發達,努力始能夠擴張。我不知道施行民主行政還有打倒帝國主義,舍了急辦並革新小學教育,是否別有根本辦法。雖然大人先生們提倡的職業教育和人才教育,也是同樣有益。如果基本教育弄壞了,即不像過激派所說職業教育是造成資本家的奴隸,人才教育是貴族階級的製造所,那麼普通的知識技能不備,這種畸形教育,祇是利少害多。

諸君:在我們這大貧小貧的社會裏,本來談不到甚麼無產階級利益。

卻是公務員們、有知識的人們，薪俸愈多，地位亦愈高，就和民眾的痛癢愈不相關，他們的背景是資產社會，他們的立場是權利支配。革命後一切立法行政，仍是由這些位高多金的人們所改造的。他們固然不否認小學教育，但是心目中祇有世俗羨慕的巍巍赫赫的事業，那裏把小學教育當一回事。

諸君：你們的生活，是和平民接近的。你們的責任，是國民預備的領導民族前途的希望，全係在你們身上。縱使國家殘破，祇要培養的國民能力，能夠漸漸和世界民族平衡，即一時屈辱，終究要復興的。

諸君：你們不要以為地位低微，社會上沒有哪一部分的人，比你們更有權威啦。舊勢力和惡勢力推倒，新勢力和好勢力養成，政治祇是形式的，其實大半是你們的意識所養成之國民形成的，只有由你們正確的意識形成，才是澈底改造，才能把社會進於光明。不過我希望你們要憑改造社會的識見和力量，循著教育正當的路線，來培養兒童，參與社會，為改造社會的基礎。不要自己蘊藏政治野心，藉教育機會為宣傳工具。

諸君：你們更不要氣餒，以為不是博士、學士，不是大學或專門教授，難得有精深的研究。試翻開教育史，大多數的教育家，都是從小學經驗得來的。祇由你們每期每週每次的教學，事前有相當的預計，臨時有相當的考查，事後有相當的反省，處處和平時誦習的教育原理事例相印證，日積月累，便是貢獻教育學術界的頂好材料。

現在我要說教育怎樣才有效了。一般新青年，不是口口聲聲痛罵舊式教育嗎？我要問，現在通行教法，異乎舊日講演式的曾有什麼？有些自謬為啟發式的，問答所得，比舊時記誦成績，有何效率？更自炫為自動教學的，究竟兒童是不是仍在被動地位？就內容而言，由書本上授歷史、地理等知識，一味抄襲讀練文字的教法，根本就無益於實際生活。尤其是公民基本訓練，被用硬性和神秘的貫注，這種辦法，都是孔教徒和基督教所曾經玩過的把戲，他們據為新教育不二法門，把教育弄得體無完膚，更把總理遺教毀得一塌糊塗。

上所說的，還不是整個教育，更有兩點，值得我們研究：一是教育最終目的，要形成兒童品性的。我不知道離開教學講訓育，那訓育標准如何成立？一是人們的生活經驗，是具體的，是流動的。像那科目制課程，把整個經驗一一拆開，教材固無，時間固定，依何標准，形成兒童的基本知識技能？

你們學校的標語，都是什麼兒童本位教育，什麼扶植民主勢力。試省察你們的實施，除了幾句口頭教訓，是不是站在反動立場。如果不是要養成反動份子，那麼就要改變教育的傾向。二十一年元月由小學實驗指導部出了一本《實驗專號》①，雖然沒有多大貢獻，但是要達到你們標語的目的，卻在那《專號》上開闢一條大馬路，比南門到龍亭的新路，或者更寬平一點。希望開封小學教師們，共同起來研究。

提倡六月六日爲教師節敬告同胞②

又名雙六節！

全國民衆應一致參加慶祝！

近世社會運動，恒確定一永久紀念日，如勞動節、兒童節、婦女節，皆所以聯合群衆，謀一部分人群生活地位之增進，直接有利於此一部分人群，而間接亦有利於全社會者也。蓋以社會中一般人蔽於成見，安於故常，對於一部分人群生活之痛苦，往往習焉而不知察；則非有普遍運動，斷不足以轉移風氣，變更觀念，以收改進之效，此紀念日之規定所以不可少也。

同人等深覺中國今日之教育人員其所負責任至重，而社會責備至嚴，然其生活至不安定，地位至不穩固，而復缺乏修養之機會，在在足以影響其事業，使不克盡其責任，此固教育人員之切身痛苦，抑亦全社會之重大損失也。

---

① 即《實小教育》，李步青、鄭若谷等編著，河南教育廳小學實驗指導部 1932 年 1 月印行。另載《河南教育月刊》第 2 卷第 3 期《實驗教育專號》，1931 年 12 月。
② 原載《教育周刊》第 6 期，1932 年 5 月 4 日。

夫小學教師之俸給，不足以仰事俯畜，此固盡人皆知者。即大學、中學教師，時因欠發薪水，生活每起恐慌，疾病而不克醫藥，學校復靳其俸給；年高而不勝繁劇，學校復解其職位；生活代價與家庭負擔與年俱進，而學校並無年功加俸之制。不幸在職病故，身後蕭條，任其妻子凍餒，而學校又無撫恤之條；於是身爲大學教授者，其子女當不克進大學；身爲中學小學教師者，其子女且無力進中學、小學。事之不平，孰有甚於此者！此教師生活所以至不安定而亟應力謀改善者也。

至言教師之地位，徵諸事實，恒視學生之好惡，及其他特別原因爲進退。對於教育之功績與處事之忠誠如何，則非所問，已屬毫無保障；而復因政局變化，校長更換，黨派傾軋，社會排擠，時有朝不保夕之勢，致不能爲久遠之計劃，積漸之深功，又何能實其爲學術之研究，教學之改進耶？夫社會雇傭，猶有契約維系，而教師之聘任，乃竟毫無保障。此教師地位所以至不穩固，而亟應力謀改善者也。

且也，優良教師之養成，全賴社會之扶植，乃通常辦法，對於修養不足之教師，惟知檢定淘汰，其於被淘汰者，又多不謀補救。至對於修養較深者，則畀以極繁重之課務，使其無暇研究。此種辦法，無異絕教師進修之路，而廢棄其有用之材。則雖有學力優異之士，亦將永遠埋沒，不克發展。其較遜者，更將永無上進之望，此非教師之自暴自棄，實國家社會處置之失當，有以致之。此教師缺乏專業修養機會，而亟應力謀增進者也。

同人等有感於此，欲聯合全國人士共起挽救，冀以促政府之注意、社會之覺悟，擬定六月六日爲教師節，以期群策群力謀根本解決之道。凡我教育界人士，無論大中小學教師，或教育行政人員，統希一致參加，藉收衆志成城之效，至所以定爲六月六日。取以雙六名節，便於號召，且適當學年將終，下學年計劃方待確定之時，則吾人得貢獻意見於教育當局，申訴苦衷於一般社會，冀得逐年改進也。至本節日運動之目標，不外下述三點：（一）改良教師待遇。（二）保障教師地位。（三）增進教師修養。凡此，僅就運動大綱，標其旨趣而已。至於詳細辦法，則有待於公衆之意向。同人等人微言輕，然以此種問題，關係全國教育之興衰、社會之安危，至深且鉅，則又安敢辭其奔走呼籲之勞？我全國同胞，孰無子弟？就學以後即委其教育重責於教師，則於此種休戚相關之運動，知必有投袂奮起贊助參加，爲吾教育人士之後盾者。爲此鄭重宣言以敬告我全國同胞，幸垂察焉。

王書林、李步青、李清悚、汪懋祖、邰爽秋、胡叔異、許恪士、馬客談、夏成楓、張耀翔、張坊、張耿西、程其保、彭百川、蒙文通、趙振甫、盧冀野、謝循初等352人同啓。

教師節發起人李步青等呈教育部文[①]

竊查近世社會改造運動，恒確定一永久紀念日，如勞動節、兒童節、婦女節，皆所以聯合群衆謀一部分人群生活地位之增進，直接有利於此一部分人群，間接亦有利於社會之全體，意固至善，法亦至美。步青等深覺中國今日之教育人員，其所負責任至重，而社會責備至嚴，然其生活至不安定，地位至不穩固；而復缺乏修養之機會，在在足以影響其事業，使不克盡其責任。非確定一永久節日，斷不足以轉移風氣，變更觀念，以收改進之效。謹爲我部長陳之。

自官師分途，習俗所崇尚者爲安富尊榮之祿位。末流所趨，能由工商以置巨產，在社會亦占優越勢力。所謂碩學純儒，當其生不逢時，往往顛沛流離，幾不齒於世人之口。即有著述，或尚待顯者表彰，而潛德幽光，終於淹沒者殆不可勝計。講學結局如斯，苟非超越凡流之士，誰復安心授徒，致以窮愁老死。雖大學講座月薪較豐，以視鑽營優差，投機營業，歲致巨萬金者，何啻霄壤。中小學之不足以資事畜，更勿論已。其所以致此之由，皆曰大多數之業務，率以平凡生活爲標准。然使教育之事，徒爲糊口之謀，則從事教育者力不足以官僚化，必致於胥吏化；

---

① 原載《教育周刊·教師節特號》，1932年6月6日。

事不足以企業化，必致於販賣化，以此而期其潛心修養，爲人模楷，憂憂其難。況如待遇規條不備，欠薪習以爲常，又何怪一般教師，席不暇暖，見異思遷，今已浸成風氣。此狀就教育本身方面而言也，若夫政治趨勢，日傾向於民治發展，不推本於教育，則民治徒爲飾辭，國家與社會一切建設，將不協應教育而規劃，亦不依賴教育而供給。極其流弊，則建設變爲官吏漁利方法，或違反社會經濟利益之目標。以故救濟之方，必須政府與人民咸視教育爲推進政治改造社會之中心，然後對於教師，知所尊重，知所選擇。而爲教師者，亦必圭璧自飾，立己立人，視教育爲終身事業，而使教育能有永久之價值。方今之務，更無重要於此者也。

步青等有見於此，爰邀集京滬汴各處教育同志，一再籌商，僉以確定教師節紀念日，爲刻不容緩之舉。至該節日期則擬定爲六月六日，因以雙六名節，便於號召，且適當學年將終，一切計劃方在確定之時，則吾人得貢獻意見於黨政當局，申訴事業於一般社會，冀得逐年改進也。至於詳細辦法，則有待於大部之規定。爲此臚述理由，呈請部長鑒核，準予仿勞工、兒童、婦女等節辦法，規定六月六日爲教師節紀念日，並通令全國，一致舉行慶祝。迫切陳辭，無任待命之至。

我們爲什麼要規定教師節①

我們要規定教師節，並不是爲教師張目，實在是替國家打算。這個節日，含有國家新生命的意義，現在提出三個理由來說。

第一從教師方面說，現今政治上的罪惡，直接說，是軍閥和政客造成的。從根本上說，都是曾經受過教育的人們，或者助紂爲虐，或者置若罔聞，才有這樣現象，這是歷來教師們要負責任的。要使各個教師，認清責任，加意修養，立己立人。不僅是改良待遇，保障權利，可以達

---

① 原載《教育周刊·教師節特號》，1932年6月6日。

到目的。必須從整個社會裏，明明白白，表出一種衆意所屬的意義。能使他們感覺責無旁貸，才不推諉，並且使他們得到一種神秘的安慰，才加倍努力。所以教師節的規定，比那基督教的禮拜日，還要深切而有意義。

第二從社會方面說，中國向來重士，原來是以士爲有學問而且有品行的人，自把士專當作取富貴的階梯，於是士也不成爲士了，可是於今變本加厲，學問不足貴，祇認有錢有勢。除了官僚和現役軍人外，豪商大賈，在社會占了最重要的地位。近則工人和學生，也能在組織團體方面，取得優越勢力。惟有教師上不在天，下不在田，加入職工，則因非勞力者而斥爲寄生蟲。加入學生，則時則已過而斥爲老朽。名爲優秀分子，倘沒有黨籍，便失掉了領導資格，幾乎在民衆方面，沒有獨立權利。國人天天談社會改造，把社會中心人物，取消了立場，試想還成一個什麼樣國家。我們要改正錯誤，便須採取原來重士的要義，才可以恢復民族精神。所以仿照勞工節規定教師紀念日，那麼社會觀念改變，風氣自然轉移了。

第三從政治方面說，賢人政治，強有力的政府，都成了過去名詞，被野心政治家盡量假藉利用，業經沒有存在的價值了，我們今後所希望的是科學政府，這個政府一切組織和設施，是根據真實事實，構成正確理想。凡大小官吏，都建築在專門學術的身上，也就是古來官師合一的遺意，所謂學優則仕，仕優則學，是不能分成兩截的。以往的訓政失敗，原因全在不學無術，犯了馬上得天下馬上治之的流毒，知識階級簡直變成了御用品。與其空爭憲政，仍走虛僞民治的故道，何如屬行教化，把政治和學術熔爲一爐。如果定教師紀念節，表示尊師重學，爲立國根本，那麼由學術形成政治，便可逐漸達到目的，同進於大同世界。

以上所說，雖包括不了教師紀念節的意義。但是這三個理由，爲國家打算，實有從速規定紀念節的必要——教師們起來！

《教育論叢》序①

教育研究，由玄而之實，此必然之趨勢也。惟其玄，故所論恒及於整體；惟其實，故所證必基於分析。研究固緣分析而深造，亦因此而易遺其整體作用。於是求智慧則形爲機械動作，求實用則忘其人生意義。所以現今標榜之科學方法，往往不脫形式訓練之窠臼也。衡溪從余問學有年，每標舉一問題，必多方搜集，竭思以求新發現。其努力之勤，爲最"可畏"之一人。年來服務教廳，目不瞬，手不停揮，所造作不下數十萬言。由此努力不輟，博而返約，以進於體大思精之境，正意中事耳。茲以初刊《論叢》見示，爲之忻喜不置，因弁言於卷首。

民國二十一年八月李步青廉方序於河南大學

《教育論叢》（第二集）序②

衡溪《教育論叢》（第二集）既成，復囑余序之。余維教育之敗壞，至中國今日而已極。傳統之搢紳教育，形式雖摧，其遺毒仍潛在於民族之腦中。而歐美歸來之學者，復取資產社會教育之形式，襲貌遺神，與傳統教育相結合，以致學校造成戕賊天才毀滅社會之淵藪，爲世詬病。雖窮極必變，而積重難返。似余之窮年致力於平民之基礎教育者，固爲當今號稱學者所輕視。衡溪獨一再問序，深喜吾道之尚未孤也，爰綴數語，其以自勉並以勉衡溪也夫。

京山李步青廉方題

---

① 原載蔡衡溪《教育論叢》，開明印書局 1932 年 9 月初版。
② 原載蔡衡溪《教育論叢》（第二集），開明印書局 1933 年 10 月。

教材研究[1]

開場白：今天同諸位講教材研究。教材是達到教育目的的方法，教育是國家行政的一方面，教材適當與否，直接關係教育的良莠，間接影響國家的興衰。現任中國的教育目的雖是很新的，方法卻是仍走舊路，所以沒有長足的進步。現在我們就教材方面加以研究，以企找出適當的教育方法作改進教育的張本。

一、教育的趨勢

（一）錯誤

從前的教材研究是包括在教學法裏面，它是教材心理化，可能的，願意的，當作的，不能謂完全錯誤。教育之成爲科學，始於海爾巴特，愈演而愈進步，但年代既久，僅存形式，發生下面兩種錯誤：

1. 用如何教材，用如何教授法。一般學校將教材分爲知識的、技能的、道德的。知識的重整理，技能的重練習，道德的重推理。我們固不能不承認教材性質之特殊情形，但以不適的教材強以教學法謀解決，這種硬的教學，糖果式的教學，是不會收很好的效果的。

2. 用如何教材，養成如何能力。一種教材都有各方面的關係，不能強行分開，一種品性之形成，是多方面的，不能靠一方面養成。過去的教學根據官能心理學的偏見，以想像的、判斷的、審美的籠統標准，將教材強行分裂。以不同的教材希望養成不同的能力。如希望兒童清潔就用清潔教材；希望兒童愛國就用愛國教材，祇顧工具，而不顧內涵，實在是不妥的。

形式教學法（五段教學法）和官能心理學，雖成過去的東西，而其傳統勢力依然存在，爲施行新教學法之極大障礙。

---

[1] 原載《鄉村改造》第 1 卷第 6 期，1932 年 9 月。

新設計教學法因受五段教學法傳統勢力的影響，亦流於固定的形式（如建造、欣賞、研究、練習等過程）而不能活用，甚至肯定某一單元用某一種過程，實在是錯誤之至，至分科設計、分系設計等說法，也都是走官能心理學的舊道。

道爾頓制也沒有跳出官能心理學的範圍。

我國教育界人士對教育方法無系統研究，所以拿新的方法而仍走舊道。

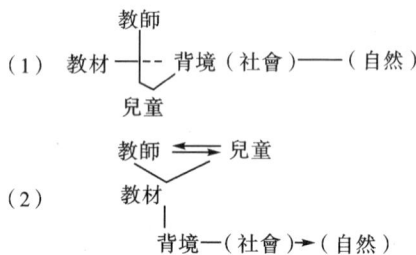

（二）方向的轉變

1. 傳統的錯誤。光換招牌，不換內容，已述於前。

2. 個別教材形成的錯誤。現在的教育因爲想適應個別需要，遂因城市教育，鄉村教育，商人、工人、農人教育之不同而編爲各種教材；但此種光在教材本身上繞圈子，是不會有好的效率的。現在的教學，是靜的不是動的，是書本的不是實際的，是固定的不是活動的，這些問題都不是教材問題可解決的。我們要打破靜的書本的固定的教學，必須認識工具和原料的界限。

3. 今後方向的轉變"環境適應"。現在一般教學上的錯誤，已如上述，今後必須轉變方向，最要方針就是環境適應。教師對學生必須供給環境，使學生在其中多方面發展。使性向不同、能力不同的兒童，都得到適當的各個的發展，使"學生受到教育後到社會，對任何事情都能有正確的判斷"；這樣養成了學生能力的轉移作用，將來社會無論變化怎樣的快，絕不致不能生存的。

二、分科與綜合

現在的課程完全是在科目的支配之下，茲就科目的來源、變遷趨勢分析如下：

（一）科目緣起

1. 由高等教育演進

（1）正式教育發生。正式教育是由過去非正式的教育演變而成的。中國商店的徒弟制，便是一種非正式的教育。他的學習是完全和實際生活相應的。原始社會是在家庭或團體中學習些生產技能和團體規律，他的特徵：一是共同生活；二是共同娛樂，三是共同禦侮。他的教育目的是共同生存，他的精神是爲團體的。時代演變，共同生存的教育目的逐漸消失，教育隨變爲消閑的，爲個人的。

社會年代愈久，文化積存愈多，交通範圍愈廣，要保存這些經驗使他繼長增高，過去直接參與的方式，絕不能負起這種使命，於是正式的有組織的教育發生。過去積存的經驗愈久而愈博，任何一人不能完全傳遞，乃以具有專長的人，分門別類的傳習，隨演成科目制度。

（2）文字發明。文字是知識之交換及傳遞的犀利的工具，文字發明，社會經驗的記載日多，爲謀參考的便利，將所有記載的資料，分門別類編成書籍，而科目發生。

（3）學術有專業。要發展社會事業必有專門從事的人，這些具有專長的人，把分門別類的經驗的結晶不斷的傳之後人，而學術愈發展，西洋的詭辯學、幾何、文法等，中國的禮官、樂官、史官等都是專業的。

現在分門別類的學科，是由高等教育演進的，是將高等科目縮小範圍而成，一方是專家的心得，一方是分析的綜合，是事物的論理組織不是真實現象，是結果不是歷程，爲成人之工具則可，用之於教學、用之於兒童是不合道理的。

2. 由社會變遷演進社會需要多，則科目增多：

（1）門類增多：如國語、算術、史地、自然、圖畫、手工等。

（2）範圍變遷：A. 分析，如將國語內容分爲國語、歷史、地理、博物四項。B. 合併，如合歷史、地理、公民、衛生爲社會科；合博物、理化、生理爲自然科。

（3）質的變遷：如讀經、修身、公民、黨義；國文、國語；圖畫、形象藝術、美術；手工、工用藝術、工作。

總上以觀科目演進的趨勢：一是門類由簡而繁；二是內容由狹而廣；三是活動方面由靜而動，由感官的接受趨於手指和身體的動作。怎樣把它合起來成爲一統一的學習，適應兒童的學習呢？這是我們應加意研究的。

（二）小學科目變遷分合

在教育目的上分析學習內容，可分爲三方面：一工具；二知能；三品性。每種科目都有知能和工具，知能的類合便成品性，小學科目在歷次變遷的過程中，三者的關係如下：

1. 包括知能於工具中。背景時代的關係，在工商業未發達時，人民生活簡單，略識文字略具知識就可應付生活的需要，這時做人的標准，完全是根據前人的成訓格言（在宗法社會倫理很重要），熟讀前人遺書，就可達到這個目的。此時小學的課程中，工具知能、品性是統一的，中國的教育所以始終流於書本式，完全是中了知能包括於工具中的遺毒。

尋常小學堂科目（光緒二十九年）：修身、作文、習字、輿地、算學、讀經、史學、體操。

初等小學堂科目：必修：修身、讀經、國文、算術、體操；隨意：圖畫、手工、樂歌。

2. 知能與工具分立。工商業未發達時，一切功課多傾向文藝方面，未形成知識科、技能科之分立。在市府時雖有貧民實科學校之設，但這是僅見的。十五世紀後，產業革命，過去的教育不適社會的需要。小學科目中，隨增加很多的實科。中國在光緒宣統年間，初小科目，尚無自然科，迨民國成立，部頒（民元教育部）小學科目：國文、修身、算術、體操、音樂、手工、圖畫。

此爲知識技能科目分立的開始。民十二各省教育聯合會開會於雲南，議決小學科目：國語、算術、社會、歷史、地理、公民、衛生、自然、工用、藝術、形象藝術、音樂、體操。此時知識科與技能科，儼然對立，無稍軒輊。

知能與技能課目分立後，雖可使學生多得知能，而教育的統一性卻因此失掉，學校組織複雜，教訓分開，工具鍛煉的機會也因此減少了。

3. 包括工具於知能中。工具是了解一切科學的基礎，但是學習的時候卻乾燥無味。想使兒童對於符號科目（工具）的學習感覺濃厚興趣，必須從他的需要上出發。民十八部頒暫行課程標准小學科目：黨義、國語、社會、自然、算術、工作、美術、音樂、體育。此標准書內詳列各科教學方法要點，頗致意於教材聯絡及設計教學，此時工具教學包括於知能教學中。

就小學課程變遷的歷程上看，自光宣迄民十八，小學課程是一時比一時進步的。

課程變遷中有兩個方式：

一是書本式。中國編訂課程的人，大多是抄襲別人的東西，所以僅管變遷，卻始終沒有離開書本式的陳套。

二是分科。現在整個的課程，還是建築在分科之上，雖前後互有出入，實際組織未變，傳統的勢力依然存在。

在知能分立的課程支配下，教育統一性是否能保持？能否解決品性問題？學校生活是否整個的？教與訓應否分立？都是很重要的問題。

三、分科之弊

分科是受過較深教育的人爲研究便利，而整理研究資料的一種手段。在生活中心的小學教育上，很不適用。舉其弊端如下：

（一）趨於形式。各科的內容都是現在的資料，是有學問人的心得的結晶品，姑無論兒童不易了解，就是能了解，也未必能用之於實際。在分科制之下，將一整個事物因它的性質不同而分爲許多片段，這樣的教學對於具體問題將如何解決？至於編訂課程時，各科目的主編者大多是就個人的主觀見解按周期年編定質量，對於整個的生活絕對顧不到。至如教學地方教材，究竟應留多少時間，事實上更不值問了。

這種光在教材本身着想，絕不能適應兒童當時的需要，它的效能祇能使兒童得些支離破碎的知識或能力。拿這種一成不變的東西去應付瞬息萬變的社會生活，是絕對不可能的，那末這種教育還有什麽意義呢？

（二）不能形成具體經驗。凡一事物都有它的特性，這種特性是由全體表現的，此一事物之任何一部，其位置雖小，但和其他部分都有相互的關係。兒童初到社會，聽的見的都很少，他對於宇宙的觀念，常把自己耳聽目見的部分的當作整個的，我們要使兒童對於事物的反應有意義、有價值、有效力，必須以具體的事物去刺激他。

智慧是由感情動作形成的，割裂的事物的學習，沒有感情動作可言。無論任何事物分在各科中，都是一部分或一方面的，若各個事物拆散，在學習時不能形成具體經驗，絕不會有好的效率的。

（三）減損學習興趣。關於興趣之認識，一般人對於興趣，有三種錯誤的認識：

（1）從教材本身誤會，認爲生動的、變化的、帶滑稽色彩的教材是有興趣，否則無興趣。

（2）從兒童本身誤會，認爲合兒童心理的東西，應使兒童學習，其實兒童歡喜的東西不一定是適合的，並且多數兒童不一定都歡喜某一種東西。

（3）從動機方面誤會，現在一般教學的或編教學法的都是想用幾句俏皮的言語，去引起動機，其實這是很大的錯誤，因爲動機不是幾句空話可以引起的。

真正的興趣是持久的努力，是內發的不是外爍的。要使兒童對於學習有持久的努力，必須具備下列兩條件：（1）切己的，即能滿足自己的欲望；（2）預期的結果與所附的欲望。

分科的編制是不具備這兩個條件的，也不能把整個的關係表現出來，兒童對之絕不發生濃厚興趣。至於因時間問題而產生減損學習興趣的情形，更屬不能避免。

四、綜合課程的價值

（一）整體生活。在分科課程之下常把學習歷程喪失。綜合課程是以整體生活教學，這裏面有物質的，有精神的，要在一個單元中，把各方面的關係協調，無零碎割裂之弊。

（二）態度、理想與知識同為教材屬性。態度與理想在教學上的地位非常重要，分科教學僅注重知識，對於態度、理想未能顧及。綜合教學，在活動時須有適當態度以進行實際工作；在開始時計劃分配，由總題發生各個問題，思想是自動的。這種教學對於態度、理想和知識可為雙方並顧了。

（三）動作與理智協調。在分科教學之下，身與心是分離的，知與能是分離的，課內與課外是分離的，綜合教學要使身心合一，知行合一，課內與課外打成一片。

（四）教材有中心。綜合教學教材有中心，無零碎散亂之弊。

（五）以地方材料作出發點。過去從事教育的人有很多注意直觀主義及感覺主義，但僅偏於事物的分析，其價值不甚重大。綜合教學是根據環境，使兒童於環境中了解對事物動作的意義，由此推廣而利用，環境控制環境。這種智慧的養成，終身可以應用不盡。

（六）對設計大單元之辨明。設計課程異於其他的地方是在於大單元，單元的特質：(1) 不是孤立的事實；(2) 不是雜湊的事實；(3) 不是二十分或四十分的功課；(4) 不是簡略的大綱；(5) 不是定期或原理。

五、教材的基本分類

旨趣。凡能控制環境而成為生活問題的，不是事便是物。單體事物有屬於自然方面，有屬於社會方面。學習問題卻不是這樣簡單，就教育觀點說，大多是有社會意義的，而社會同自然有密切的關係。過去把道德公民——事和物不相關聯的抽象東西硬讓兒童學習，殊屬不妥。

學習形成單元，我們要注意的有二：（1）教材本身；（2）學習情境——一般的注意集中或各個的注意集中。

在社會自然以外的工具，要和社會自然聯合起來，形成工作。

1. 原料。空間的：自然、社會；時間的：過去的、現在的。來源：自然方面如學校園、園圃、田野、山上、水中、樹林、名勝地、自然現象；社會方面如身體、同學間、鄰里、家庭、學校、古跡、祠廟、村莊、道路、工廠、商店、公共機關、公共建設、慈善機關、文告、報紙。綜合起來，分家事、校事、職業等。

古代的古典教育和近代的職業教育，都含有階級性，學生對園藝作業不感興趣，此實爲重大原因，這種不良現象我們應趕緊糾正，我們要在活動中，使兒童得到倫理思想，要在設計中使學童學習農業，了解環境。

2. 工具。實質：國語——文字、字帖；算術——數、名、計數器；音樂——詞、譜。用法：國語——文法、語法、寫法；算術——四則、整數、分數、小數、諸等數；工作——器具使用法、製造法；體育——基本技術。

實質同用法是連帶的，不論何種用法（手指、身體），都不能離開實質而單獨活動。在綜合教學之下，原料是活動的，工具是統一的、固定的。工具學習要包括在整個活動中，使兒童在活動中，養成基本能力。

3. 特殊練習。過去一般的教學，學科是分立的，知與行是分離的，他們常施行單獨訓練——把教學內容較難的部分使兒童單獨練習，致兒童極感煩惱。在綜合教學之下，如欲養成兒童的基本習慣，便需定出長時期短時間的功課，在平常單元中設法訓練，欲練習較難的知能則另編練習單元。

4. 公同與特殊。小學教育關於共同與特殊方面的問題有下面幾個說法：

（1）學業初步。我們不承認小學是升學的教育或中學的預備，事實上小學畢業生不能完全升學，我們祇能說小學和學業的初步有密切的關係罷了。

（2）生活預備。這是過去的陳舊見解，在新的教育原理上說不通。過去把成人的一切去教授兒童，是錯誤的，不過我們也不能否認小學教育和成人生活有關係。

（3）國民教育。小學教育固在使全國民有共同觀感共同能力，但不能因此而統一教材，因為在不統一的教材中，一樣的可以實現共同的目的。

（4）教育行政。在統一的教材之下，教育行政當局，容易實施考核，我們不能否認。然地方情形卻不能不求適應，不能超出公同原則之外。

（5）職業問題。在工商業發達的國家，分工極細，欲求其經濟而有效，多主張添設職業科目（農或工商業科目）。但小學教育是在使兒童能認識公同生活的目標，我們祇能求大體的適應，不能且不應用特別的教材去適應每個人特別的需要。

總之，在綜合教學之下，原料是個別的，目標是統一的，在同一目標之下用不同的材料適應年級不同、環境不同的兒童的學習，庶無大謬。

六、基本設計

設計教學不外對某事或某物，但對自然的歷程不容忽視，茲就事物二者分述於下：

做某物：（1）意義在目的之外（如某工作的目的在展覽）；（2）以當時作品為活動工具（遊戲的實用的工具）；（3）從某項作業或接觸環境引起需要，如畜養需要鳥籠，寫字需要字本。

做某事：（1）活動全程對目標發生任務；（2）在概括目標下產生具體活動；（3）遊戲化的動作實現企求目的，如故事表演、實際生活表演、郵差設計、小商店設計是。

對某物：（1）以觀察為主要工作，如參觀某會或某場所；（2）以試驗為主要工作，如試驗種子發芽。

對某事：（1）以調查爲主要工作，如調查學校的四圍；（2）以搜集爲主要工作，如搜集圖書、畫片、實物、花種等。

做某物做某事，是客觀的由活動產生問題；對某事對某物是主觀的由問題產生活動，二者互相推動，而活動便連續不絕。

尾　言

設計教學法，在現在是較進步的教學法，我們研究設計教學，一方面要把理論了解清楚，一方面要從小問題著眼去試驗，同時對於此外一切的新方法也採取而利用之，那末設計的教學自日趨精密，教育前途也可漸放光明了。

［附］

設計教學參考書

1. 《教育哲學大意》，杜威著，孟憲成譯，商務。
2. 《蘇俄小學課程論》，崔載陽譯，商務。
3. 《歐洲新學校》，華虛朋著，唐現之譯，中華。
4. 《明日之學校》，杜威著，朱珞農、潘梓年譯，商務。
5. 《初等教育設計教學法》，沈有乾，中華。
6. 《設計教學法》，楊廉，中華。
7. 《設計教學法精義》，曹芻，中華。
8. 《設計組織小學課程論》，鄭宗海、沈子善譯，商務。

開封教育實驗區成立之宣言①

大凡一個民族，能在生存競爭之世界上，已享最悠久而光榮之歷史，

---

① 原載《教育周刊》1932 年 11 月 3 日；又載《開封教育旬刊》第 1 卷第 1 期，1932 年 11 月 1 日。

必有其自立特性。當其衰敝時，外來勢力可以亡其國，而不能消滅其民族。蓋致亡之政府，雖由其民族所產生，使民族特性不與之俱亡，其復興猶可期也。

吾民族自華夏奠基，昌明禮教，蔚成大國，中經五胡紛擾，元清攘奪，皆不久而還我河山，無形同化。惟往昔情勢，吾民族文化，遠過於其他民族之上，一時被抑制於武力，終以優越之文化克服之。而朝代變更，僅搖動其統治階級，無與於民生。故"撫我則后，虐我則仇"之成訓，易主而其說仍可通。今者時代驟變，我國固有文化，因政治不昌，益顯裂痕。西方科學，則與資本主義帝國主義相互提携，日新月異，其勢力外溢，足以搖撼故步自封之國家。淺識者流，又目迷心醉，襲貌遺神，欲舉我一切固有而摧毀之。迄今知識階級，習爲風尚，至有視張四維之禮義廉恥，亦認爲禮教遺毒，其末流有較北齊小兒之學鮮卑語、羅馬貴族之模仿希臘風而更烈者也。

《書》曰："兼弱攻昧，取亂侮亡。"使我國之衰敝，確係於整個民族之本性使然，則如羊豕之任人宰割可也，何有於國難？如其不然，彼人類，我亦人類，如流亡之猶太民族，猶得寄附於異國以自存，而不似紅種人之靡有孑遺者，何也？其民族固有其自立特性也。

吾民族之特性，如堅忍耐勞，如寬宏，如信義，經祖先精神之孕育，與夫廣大土地之濡染，歷久而成爲社會遺傳。由其結合以馴服古代之野蠻民族，由其個性以競勝今之文明民族，事實顯然。尤其社會風紀、國家政令，皆基於倫理觀念而形成。方今世界交通，人類適應時代之工具，誠不能拘墟而不變。惟因革損益，政治革命，僅能變其形式，而潛移默化，必取途於教育。此不惟非馬上可以治之，抑非政治家之以操縱爲能，可期民族之解放，而應付時艱者也。

進而言教育，古代教育偏重文字，由其時代使然。惟所需工具與爲人之道，同時於記誦中而得之。又其師所以傳道授業解惑，僅事記誦，不足以爲師也。故其時教與訓合，知與行亦不分。自科舉興而師道廢，然書院講學，猶存遺風。及歐化東漸，停科舉，興學校，正西方主知主義傳播之時。於主義則尚功利，科目應有盡有。於方法則重形式，階段鏊然。所謂學習心理，完全爲體會知識之用。其稱爲良好教師者，不爲填鴨則爲糖果而已。夫人世生活，無往而不發於情。體係之表部或內部感應，與神經衝動，尤息息相關。古時以成訓示教，偏於懲憤窒欲，誠不免使學者有人生冷酷之感，而天真活潑之兒童，或更格格而不相入。尤其感情必馭以理智，理智實爲知識之產物。然使人身之整體生理，遺其相關度而不顧，則知識或成爲個人作惡之工具，情感亦將永保其衝動生活。此今日最強盛之國家，外表極其文明，舉國人猶以逞獸性滿足者，皆此不健全之教育有以致之也。

再就知識而言，如分析門類，爲整體事物之各別部分。如論理系統，又爲事物分析後之整理。以論前者，吾人與人世相接觸，無一非整體事物之應付。使學習時全爲各別部分，此割裂之經驗，在應用時能否構成綜合作用？或即綜合，而是否立即構成作用？由常識經驗已足證明之。雖應付環境之動作，決不能由學習時而一一經驗。然必培養其應付整體事物之能力，而後控制環境，無入而不自得。以論後者，吾人了解一種事物，無不期其有論理之思考。惟此爲最後歷程，且必從實際體會而產生，斯所得者非祇於語言文字之傳習而已。今之教育，即此知識授受，猶在迷離摸索之中。縱令所選教材皆合實用，而進程已誤，有不食而不化者鮮矣。

吾國教育，尤爲襲貌遺神。論制度則取建築於資產社會與國家主義之上者，作爲軌範，無復含有施設全民政治之意味。論教學則學習上訓育分立，學校課程與社會活動不相溝通，知能進修與人格完成不生關係，先生以講學爲販賣商品，學生以升學爲抬高市價。一方限於種種規定，無一不足摧殘其個性；一方造成種種競勝，又無非誘起自私自利之動機。以法治素無根基之社會，布滿個人主義之空氣，習非成是。乃欲以一服興奮劑，起麻木不仁之痼疾，而期其血脈周流，四肢能爲強有力之協合動作，此必無之事也。

嗟乎！國亡無日，匹夫有責。各國富強，無不造端於國民教育。普及之謀，政府尸之。施教之方，責有攸歸。吾國小學，自民七至十三年間，頗有新興氣象。顧以試驗方法，本來缺乏中心思想，而仿行者或多不審環境，競尚形成，因之未爲國人所重視。民衆教育近始規定，其所設施，視前此簡易識字學校與平民識字教育，尚無若何顯著成績。吾人深感於現今教育，有根本改造之必要，又因國難益堅其改造之志願。從小學始者，以立教育之基礎也。兼及民衆教育者，期收相互之功用也。

改造非仿作也，最低限度，當有兩點：其一，當有新生命之產生，不明舊者缺點何在，因何錯誤，以及國民最缺乏或最需要者爲何，則所謂新者，未必即足以矯已往之失。已往之失，具如前論，吾人惟當變易方向，一一求其具體實現。其二，當求有實效而且比較經濟，即如文字工具，如果漢字不廢，與拼音字之構造迥然不同，學習自異其趣。今之論教授國語者，關於讀寫作三方面，全棄歷代專家之經驗，而採用異趣之外國語教授法，號稱新法。甚至選字及國文測驗，作者根本不了解中國文字學，貿然馭以科學方法之形式。此在本身上已發生正確與否問題，即無實效可言。國人每歎近來學生文字日劣，初不審錯誤全基於小學，而小學教師相習成風，更不審其教法日在錯誤中也。至於比較經濟，在教學進程中，不必從部分分析，察其機械動作，而當問各別學習，是否從整個單元中之需要而產生。蓋學習出於需要，則注意集中，自不至浪費時間。此工具學科，除練習外，當應單元之需要而學習，不宜定獨立科目，在固定時間中學習者也。若上所指分析之機械動作，殊不能控制教學整個歷程。近人所實驗者，如朗讀、默讀，因教材、因情境而各異其用。如橫行直行，長闊之度是否相等，文字內容是否相等，被試者習慣是否相等，且於普通學習上價值甚微。以此比較學習經濟，去實效抑已遠矣。

茲當鄭重申明者，吾人原不取玄學心理之論斷，然當知教學進程，勿論兒童何種動作，莫不表現其整體與統一之活動。活動中之神秘，實有不盡可以意象測者。實驗心理所貢獻者，雖差足以堅定學習傾向，究未可以解決教學整個歷程也，亦不取腐儒主張，偏重純粹道德論。然當知人格之完成，前代理學家尊德性、道問學之修養，其精神實堪矜式。吾人當貫澈其精神，置諸近世心理學家所發現兒童傾向之路綫，與生理發育程序，由其可能性，以發展所期成之行爲標準，即爲理想所培養之國民性，亦即世界人類所當有之共同性。更以此促進心理學之神經研究，當注意於體系之原始作用，與腦脊系之綜合作用，相維系，相調節，以控制吾人之學習生活也。

至於因國難嚴重，思所以激發吾民族自振者，惟有促進吾人根本改造教育之決心與勇氣，並不必於上論之外，另有企圖。何也？國民對於環境之適應與控制，苟多方培養一種普遍性，遇事而能觀念正確，能力敏捷，任何時變，皆可以應付之。若惟取特殊之教材與方法，激發感情，可以激動於一時，不足保持其恒性。稍一不慎，如火燎原，激起逾越常軌之動作，殊與教育之旨相違也。同人之敏，竊持斯義，作爲實驗方針，抛磚引玉，庶幾啓予。

教學單元應有的基本認識[①]

教學單元這個名詞，在教學上是佔有地位的。但是要問教學單元的要素是甚麼，不但實際從事的先生們不大考究，就是講教學法的也都略而不論。我認爲這是很值得研究的一個問題。

從前五段教學法盛行，實習生作教案，沒有不拿單元作教學本位的。雖然把單元看得很重，但是所謂單元，是拿已編成的一課教材來分配學習歷程，並不問構成教學單元有甚麼要素。所以盡管重視教學單元，大家並不了解教學單元。因此，教學方法陷於形式，趨於割裂，那是勢所必至的。

一定有人說，從前教授法講到教材，不是要論教材組織嗎？不錯，不過這是整個課程的編制問題，因各科目的、材料性質不同，各有特殊

---

① 原載《開封教育旬刊》第1卷第2、3期合刊，1932年11月15日。

研究，不是一個單元教材的問題。雖然在談組織裏面，有時也説到單元教材，但不是研究的主體，怎樣能使人注意到教學單元的要素呢！

　　要認識教學單元，先須把種種類似的術語，辨別内容。例如教授細目、活動大綱、作業要項、動作單元等，本和教學單元不同，但是這些名稱容易混淆，内容又彼此時有分合出入，實際從事的人們遂不免發生誤會。上舉四個名稱，所包含的是課程内容應有的質和量。教授細目、活動大綱、作業要項等，名異實同。列舉事項，勿論分科或綜合，大體是教材綱要，間或旁及教學形式。至于怎樣構成單元，是不計畫的。動作單元則是打破分科課程的一種編制方法，在規定的各個目標下，分析爲種種活動的事項或問題，如程湘帆《小學課程概論》（商務，1923）各科目標下所列小注是：這兩種僅有分析，未有組織，且不涉及連屬方面種種關係。他所列的内容，在實施時有一項可分爲數個單元的，有數項可合爲一個單元的，有合數項的某部分爲一個單元的，有某項僅爲許多單元的注意條件的。雖分別列舉的某項，或有具一個教學單元的規模，但不能因這樣就都當作一個教學單元。總而言之，教學單元在綜合課程中就是一個設計，在分科課程中則爲某科教材的一個題目，就是教科書中的某課。

　　因爲一個設計，即爲一個單元，所以教學單元的要素，就可用設計定義來説明，也就不是從教學形式中構成一種教學單元。設計定義，其説不一。就中説得較具體的，有謂注重有具體成就的活動；有謂不限於具體成就，惟從有目的的活動，由問題產生有價值的物或知識而得到解決；有謂以實演的作業爲本位。任取一説，作爲教學單元的要素，都是很有價值的。更説得詳盡一點，如所謂：（1）有一個基本觀念爲集合事實的中心；（2）在主要動作進行中，形成一個發展思想的歷程；（3）問題爲具體的，觀念就表現於活動歷程中；（4）組織和應用知識時，以一定的目的爲根據；（5）實際結果包含在真生活的具體情狀或事物中；（6）含有轉移性，即一個設計成功，爲同類許多事業的關鍵和解釋；（7）由小的局部的具體基礎，可以漸漸擴張到大的整體的解釋。如果依這樣條件構成教學單元，那麼每個學習和全部課程的關係和程序都相連屬，而且都有具體的結果，就使在固定課程下，亦不致像現在照本宣科的教學。

然而現在流行的設計式，影響到教學單元的有兩點，却不可不辨明。第一點是因襲舊式教授法產生的，如所謂建設、欣賞、研究、練習四個方式，創這說的未始不無獨到見解，研究教學法也不無相當用處。不過我們小學教育界運用這四個方式，竟成了階段式的變相。要知道單元成爲設計，是集中在一個中心目的，教材絕對不像學科孤立性質，並且歷程中引出來的問題，也須連帶解決。如果說某單元必採某方式，就走不通。而且整個計劃中，常含有分計劃，實施時關於討論、批評、欣賞等，必須適應計劃次第，分成若干步驟，相間運用，決不限定某一次或某一個時間。運用某一個形式歷程，尤其是語言活動和身體動作，如果不相協調，各在一個階段下形成，那麼動作即十分努力，但是缺乏思想，和世俗的手工機械練習有何分別呢？每次語言活動佔時過久，多數無事可做，不易維持全體秩序，這是啓發式屢見不一的流弊。

第二點就是大單元的誤會，其實設計功用，並不在乎單元大小。所以不同於分科課程的，因爲設計成爲單元，不是分類組織教材，而是建築在事物整體上面。雖然有綜合各科的可能性，並不一定要綜合各科始成設計。就是綜合各科的範圍，亦不是一定要單元愈大，包含科目始愈多，如果牽強聯絡，反失了整個事物的真面目。即如馬克馬利論設計教學法，標榜大單元的五個功用，其實都是設計的標準意義。不過設計教學，每學期中總有幾個主要設計，佔的時間較多較久，這是必然的事實。

照上文所說，一個教學單元，是要從目的或問題產生兒童們的活動，不是專從預計教材規定學習歷程，業經說得很明顯了。所以它的最低限度，可以決定如左：

（1）進行一個學習，必有一個共同活動的目的，這個目的，不是給以抽象的意義，而是要形成具體活動的目標。

（2）依據這個目的，因應本級兒童的活動情境，必有適當的歷程。這個歷程，不是一種形式的程序，而是要由逐步所產生的新活動，各自形成活動部分的具體工作。

（3）在每個歷程中，勿論從主體方面，或附隨方面，兒童學習應該得到甚麼，最後應完成甚麼？這些結果不是突如其來的，並且活動表現不一定專靠機械的作業作成績的。尤其須審量勞力和時間，有沒有空耗或浪費。

假使一個學習，不備具上三個條件，或者形式備具，看不出兒童自發活動是什麼，任有怎樣良好教材，都是白費時間的。還有一層要注意的，就是教學功用不是專灌輸知識技能的，而是要從功課中的活動範圍一切動作，表現他的真實人格。這個問題，將來或許專篇討論，這裏不過揭出旨趣罷了。至於學校舉行一種大規模的會，簡直不建築在兒童活動方面，而且不能由此學習什麼，那更是重大的錯誤。現在我特別提出三點來説：

第一點，學校一切活動都要分別事項，形成一個教學單元，不要以爲教學單元，祇是世俗所謂正課的一種形式。凡是日常事務，或訓育問題，不要做得太零碎太簡單了。固然一個訓育目標，應該隨時留心，並且分布到各方面來培養，不過不能因此就忘了具體的規劃。例如清潔問題，假如變成一個整理教室或公共處所的設計，在這個設計中，每次有種種的活動，全學期有前後照應的事項，我想一定比所謂清潔檢查有效而且有趣的，尤其不可失掉綜合教學的良好機會，如各校校曆所定的事目，皆可作公同的設計。就使没定校曆，如紀念節，如大規模的例會，不是每學期都有幾次嗎？這是多麼好的設計機會。可惜各校遇着機會，不是學校代辦了，就是當作一種消遣的日期過去了。

第二點，任何教學單元，必須審察全部歷程，可以產生如何的新活動。假使在某歷程中，可應用比較具體的舊經驗，教者應分別記出，免致在新情境中作無謂的討論，虛耗時間。至於應產生的新活動，也必確信他可以作同類解釋的關鍵。我很希望各個教師，對於有經驗的人參觀或詢問，遇有上述情事，能夠這樣相告，這個教學是一定能成功的。

第三點，教學單元如需時較多較久，雖是連續作業，却不一定要作整日功課。例如養蠶栽花的設計，因爲時間很長，許多知識技能，都是從工作中得到的，許多訓育問題，都可融貫到裏面，養成習慣。這類設計，分布在幾個月內,每天需要工作,並無一定時間,直到完成時爲止。假使不從開始做起,或者中途間斷,就失了教學的意義。我定名爲長期短時的日課,很主張每學期像這樣的設計作一二個,一定可達到訓教合一的目的。

許多參觀的先生們,在一個教學單元中,隨便抽看若干分鐘,也不深究各部分前後有關係的學程,總合考核,漫然就下批評,未免太冒失了。然而對於毫無素養的教師,這話又從何説起。我最後大膽地説一句,勿論你是參觀,你是教學,請自己審問一下,你對於教學單元的要素,認識清楚了嗎?

在開封城厢省立小學及民衆學校校長談話會上的致詞①

兄弟今天代表兩個人來講話,第一代表河大許校長,第二代表本會常務委員徐侍峰先生。現在先代表許校長講話:許校長覺得河大教育系,向來祇閉門研究,與各學校及教行政機關皆不發生關係,以致所學學理不能時時與事實相印證,故特與教育廳合組實驗區,使河大學生多得研究機會。再河大本擬專聘兩位教授專負實驗指導之責,惟所聘多未實現,以致僅少數教授來此幫忙,責既不專且又無多時間,這是河大所抱歉的。

第二代表徐先生説幾句話:各位小學教師都是工作很忙、待遇很薄的,現在因本會的工作給諸位添許多麻煩,諸位即不嫌麻煩,本會却有這樣感想。然而本會要加緊這工作的,正是因爲知識階級祇有小學教師工作最忙、待遇最薄,尤其是都會小學教師,開封又是工作更忙、待遇更薄。惟其是這樣情形,才能從民族復興的路上談教育改造,並且實驗出來的,才是最經濟最實用的。因爲過去的教育,充滿了資產社會的色彩。在待遇很優、工作很簡的先生們,是不曾有真實感覺的。並且工作很忙、待遇很薄的這個問題,不是可以單獨解決的。如果我們能從改造

---

① 原載《開封教育旬刊》第1卷第2、3期合刊,1932年11月15日。

教育上找到光明大路，這個問題會自然解決的。所以我們毅然決然成立教育實驗區，並請大家一同努力。這是要聲明的第一點。

　　本會雖由河大及教廳所合組，但本會的工作決不是幾個委員和幾個幹事所能完全擔任的，是要各校教師們對於教育實際問題多多提出，共同研究，共同解決。雖不能謂爲必可成功，但惟有多數人共同研究，才能有成功的希望。這樣做法，非各位校長起來領導不可。這是要聲明的第二點。

　　無論何種工作開始，都應有相當調查，作改進的根據。本會對於各校如有各種調查事項，務請大家以真實情形見告，不要誤認爲有考核的性質。蓋欲使教育臻於完善，必須尋出真實問題，方有研究物件。對與不對，係另一問題。真實可靠不加粉飾，却爲我們所當預先抱定的研究態度。這是要聲明的第三點。

　　至於實驗區成立的經過，也有略加報告的必要。實驗區的成立，在張幼山、黃任初長河南教廳時，即有成立實驗區的提議，不過未曾實現。李前廳長敬齋時代，又曾提出教育會議，製成實驗方案。去年成立實驗指導部，又因無人負專責，亦未得作出相當成績。本年暑假邰爽秋先生重提此議，經河大許校長約同李敬齋先生商及齊真如廳長，始得成立。齊廳長對這事非常高興，態度卻極慎重，開始即聘請徐侍峰先生爲常務委員。徐先生因北平事務未了，暫留北平。事畢當回汴擔負專責，對開封的教育作整個的計劃。

　　至於本會的工作，最近要作的有兒童不良行爲調查、實施衛生教育和大單元教學的實施調查等。關於大單元實施調查，如"菊花比賽會"，現在已經調查完竣，正在整理。其他各事，不久亦要舉辦。最後，還有三事要對大家聲明：第一，關於調查的意義是想知道各校實施情形，以作解決實際教學問題的根據，務請大家多以真實材料供給。第二，對於自然社會及其他等科擬請各校教師組織各個研究團體，本會委員幹事，當幫助共同研究。第三，本會之《開封旬刊》，有徵集叢書之發起及通信研究的專欄，希望大家多將實際材料和問題，赤裸裸地寫出來，由本會代爲刊佈，以便共同解決。本會同人甚少，能力薄弱，務請大家多多指教。

復王子和函[①]

子和學長：

來書把一年內整個經驗，抽出三個要點，説得透闢而且深切。在我國從事小學實驗的人們，都是作枝節問題，或者裝飾門面，像這樣精警的報告，赤裸裸地發表出來，是很不多見的。

書內三個感覺：一是不當拘於大綱的形式，作不自然的知識灌輸；二是布置設計的環境，任兒童去觀察、發現、探索、研究；三是兒童勤勉，要在所學的本身發生興趣。對於這三點舉例説明，都很徹底。但是第三點説到"勤務巡視，在前一期因爲學校設備上的關係，總是感覺不發生興趣和無事可做"，這是去年各校教師們都是這樣説的，固然也是事實。不過我個人感想，總覺得大家所謂困難，不是從設計本身體會出來，而是拿着習慣應付新生活的一種推想。試把我的兩點感想提出來説：

第一個感想，是教學作用，重在控制兒童的生活。兒童任何動作，假使是有意識的，沒有不是表現整體和統一的活動，教學的日課，就要瞄準這點。往時教學因爲分科的緣故，所得盡是割裂的知識。就是變各科目爲各種活動，或歸併若干科目爲幾個系，如果分別部分作爲學習單元，仍是容易失掉整體和統一性的。即如勤務和巡視，我們平時研究，盡可專就這個性質特別研究。若是實施時候，作爲一種孤立課程，任有甚麼設備，却不能使兒童們帶有興趣的，且不容易發生甚麼意義的。要把訓育融納在教學裏面，就是這個道理。所以勤務和視察盡可在規定時間內作業，如果不是在一個教學單元之目的裏產生工作，簡直是多此一舉。各校清潔檢查，兒童們都不感興趣，這是一個很明顯的例子。各教師們沒有想到規定專案要活用，並且要適當聯合，貫穿在一個教學單元

[①] 原載《開封教育旬刊》第 1 卷第 2、3 期合刊，1932 年 11 月 15 日。

之目的下，自然要發生錯覺的。

第二個感想，小學設備，固然也要完善，却是教學並不是一定要有設備纔可舉行的，尤其是設計教學應該如此，不然，設計簡直是一個資產社會的方法，用不着研究了。我們要知道在這麼廣大的自然裏和廣大的社會裏，教師利用環境，盡夠兒童們找學習的事物。所以需要教師佈置環境的，是要就廣大環境裏面，隨時劃出一個範圍，引起兒童們發生問題，所以教師要利用環境，作種種設計。至於應教學需要而不能不設備的，一定是大家對於這個問題，興趣非常濃厚，自然會共同想法子的。不過這樣工作，應如何□□和分佈，教師卻要費一點預備工夫。來書所稱本期用去年採集的和兒童找到的種子，來栽培、灌溉、記載、觀察，就是一個實例。無如一般低年級教師隨便看了三兩個不相干的例子，不假思索拿一種變相的啓發式教案，硬說是試行設計教學，把設計教學太糟塌了。此次各校菊花展覽，就有不少這樣的事。我國有一句格言："不知的就作不知，所知的才是真知。"這是教學必須有的精神。

最後打算作一個兒童生活曆，我是非常盼望的，不過我也有兩點意見：

（一）十小本期兒童生活曆，對於活動方面未甚注意，內容亦多可商處。

（二）兒童生活曆這個名詞，總覺不妥。因爲兒童生活，非我們所能規定的，並且教學是兩方面事，我們固不能抹煞兒童，卻也不要忘了自己的責任，希望再想一個名詞。

廉方　十一月一日

致厢民[①]

厢民先生：

先生第二函齒及下走，策以希望，非所敢承。惟其好與小學教育界

---

① 原載《開封教育旬刊》第 1 卷第 4 期，1932 年 12 月 1 日。

爲緣，且連帶及於民衆教育者，向來見解，頗以國家事業，無更切要於國民之基礎教育；而教育學問之基礎，必自了解小學教育始，且尤須以教學實際爲研究中心。嘗怪國內所謂教育學者，不從教學實際爲整體與系統之體察，以求教育推進。竊不自量愚陋，本此信念以爲研究。每一新學説出，必反復推敲其癥結，雖未盡識，抑不可謂不涉其流也。自清季迄今，間有發表，大抵爲國人所未及言或與國內學者之言不盡同。此外非所欲言，從未道聽塗説，自鳴心得，所提綱要，或不致如教育部課程標准之目標，所謂健康體格、良好品性等，空空洞洞，漫無所指。如有就鄙論所及，發爲具體問題，極願竭其所知，不斷地反復討論。若無以問題相與辨難，初不知自己所言必如何而始爲詳盡也。本年暑期講習會之講演，苟非語音隔閡，當亦不在例外。先生有何見教，皆所樂聞。

李廉方　十一月二十八日

《教育研究專題》序①

甚矣今日之大學教育，鶩寬博之名而無其實。其爲學也，以耳代目，以目代手，教授終日皇皇於講義與演稿之預備，卒之學生鮮有所得，至並記誦功用，亦或失之，甚矣今日之大學教育也。余承乏河大文學院務，曾爲大學研究室論，思以試行於專門課程，事與願違，不獲果行。今年春，鄭竹虛先生②主講教育，設有專題研究一門，不以講演式爲教，與余所主張之研究室制相合。當時選課者六人，每週研究二小時。一學期畢，諸生於功課繁重之餘，各以所研究者成文一篇，造詣既有深淺，内容自不免瑕瑜互見，惟其目的在請益，初未期其問世也。然以視在嚴重考試制度之下，但以寥寥答案，計月考成績者，或不無上下牀之別焉。蔡同學衡溪主教育廳編輯事，取其文刊爲專號，非作者本意也。計文六

---

① 原載《河南教育月刊》第 3 卷第 2 期"教育研究專題"專號，1932 年 12 月。
② 即鄭若谷，河南羅山人，華盛頓大學教育碩士。時任河南大學教育學系教授，後歷任系主任、文學院院長等職。

篇：《教育哲學引論》，黃增祥作；《朱熹之哲學及教育思想》，魏鴻緒作；《河南教育經費獨立之過去與將來》，楊家賓作；《中國社會及其農村教育之出路》，潘維新作；《各級學校師生關係之研究》，宋傳檟作；《小學課程研究》，董德舒作。

二十一年河南大學文學院院長李步青廉方識於獅子座流星迸飛之期

《開封教育旬刊》新年題辭①

天道周流，滿一年而四時更始；故人事推衍，端重歲計。

歲言易也，凡物莫不呈其新生命。新生之演進與否，胥視人工所施，影響於先天嬗變與後天發育如何。若任其自生自滅，苟非具特殊之質，未有不日即於退化者也。

嬗變與發育之方，隨環境而異宜，故橘逾淮則化爲枳。本自然界之現象，反而求諸教育情況，彼執一不知變者，亦可以已矣。

小學與民衆教育，爲邦本所託命。吾國教育，一誤於傳統之習染，再誤於資產制之流毒，習非成是，如醉如夢。不有改革，無救危亡。司教育生命者，甯祇於匹夫有責已也？往者已矣，屆茲新年，追省過去，預策將來，如本册初步改造建議，實爲要圖，當仁不讓，吾將拭目俟之。爰係以辭，藉當新年之頌。辭曰：

維茲歲首兮，萬象爭妍。

改造教育兮，統一訓與教爲先。

以求知爲工具兮，需要必重夫當前。

取精用宏兮，並空虛形式而悉捐。

新生活其發軔兮，曙光照耀於鐵塔之巔！

---

① 原載《開封教育旬刊》第 1 卷第 6、7 期合刊，1933 年 1 月 1 日。

開封城廂各小學校初步改造的建議
——試用二重制度

工作方面——照原有規定，各校每日可抽出四五分之一的教師自行研究

設備方面——城廂各小學可餘五十個教室辦民眾教育，特殊設備用各項照例的擴充費有餘

課程方面——兒童可分科目或事項各修適當學程不相衝突並且適於養成生產技能勞動及合群的習慣

說到教育改造，就引起兩個問題：一是工作太忙；一是沒有經費和餘地擴充特殊設備，差不多成了一般小學的普通例話，尤其在開封更是普遍。究竟形成這樣情境，是否一向走錯了道，還是實在困難的事，我覺得先要檢查一下。茲將開封各小學關於這個問題的事實，匯列於下。我對於現在民眾學校的一切實際，沒有詳細研究，暫不列，或者也可以由此類推吧。

據表一所列，應注意點如下：

1. 每一級必設一個普通教室，這是各校同樣的事實。至於特別教室，設三個的有二校，設一個與二個的各有五校，並非和該校班級多少相應。並且和教室有同樣作用的，如禮堂、圖書室或成績展覽室等，各校大概是都有的。

表一　开封省立各小学教室数、学级数、教师数比较表

項目 數量 校名	教室數			學級數			教師數		
	特別	總計	普通	高級	總計	初級	級任	總計	科任
一小	2	14	12	4	12	8	12	17	5

---

① 原載《開封教育旬刊》第1卷第6、7期合刊，1933年1月1日。

續表

校名	項目數量	教室數			學級數			教師數		
		特別	總計	普通	高級	總計	初級	級任	總計	科任
二小		2		9	3		6	9		3
			11			9			12	
三小		1		10	4		6	10		4
			11			10			14	
四小		2		12	4		8	12		3
			14			12			15	
五小		2		8	3		5	8		3
			10			8			11	
六小		3		17	6		11	17		7
			20			17			24	
七小		1		8	2		6	8		3
			9			8			11	
八小		1		10	3		7	10		4
			11			10			14	
九小		1		7	2		5	7		2
			8			7			9	
十小		2		9	2		7	9		3
			11			9			12	
十一小		不明		8	2		6	8		3
			3			8			11	
男附小		3		13	4		9	13		4
			16			13			17	
女附小		1		9	3		6	9		5
			10			9			14	

注：虛綫是表示普通教室數、級任數和學級數的相等

2. 各校教師人數和班級數的比例，係根據十九年七月河南教育廳規

定，即高級二班 3 人，三班 4 人；四班則初級 5 人，高級 6 人；五班則初級 6 人，高級 7 人；六班初級 8 人，高級 9 人；七班初級 9 人，高級 10 人；八班初級 10 人，高級 12 人；九班初級 11 人，高級 13 人；十班初級 13 人，高級 15 人；十一班初級 14 人，高級 16 人；十二班初級 15 人，高級 18 人。這規定是高級每兩班添 1 人，初級必備四班添 1 人，六班添 2 人，十班添 3 人。

再就課程及時數來說，各校不無小有參差。但是所以和部定參差的原因，各校既無特別說明，也無確實效率的估計，旁人更看不出特點來，所以本問題的討論，只好拿部定科目及每週教學時間表作根據，茲列於下。

表　二

科目 \ 年級時數	低年級 一年級　二年級	中年級 三年級　四年級	高年級
公民	60	60	60
衛生	60	60	60
體育	150	150	180
國語	390	390	390
社會	90	120	180
自然	90	120	150
算術	60　　150	180　　340	210
勞作	90	120	150
美術	90	90	90
音樂	90	90	90
總計	1170　　1260	1440　　1380	1560

據上所規定，部定各級應學習的時數，和廳定各教師所擔任最低限度的時數相較，一年級尚少三十分，二年級多六十分，三年級多一百八十分，四年級多二百四十分，高年級多三百六十分。總計部定初級四個學年的時數為五千二百五十分，若按廳定初級四班為五人計算，其所擔

任之數,共應爲六千分,除去部定各級應學習的時數外,尚餘七百五十分。現在姑且以一千二百分計算,每人每日所擔任的時數,不過三小時半,如果接連授課,尚不到半日的工作,是所謂工作太忙,當然不在授課時數。謂爲忙於預備,現在知識教課,用現成的教科書教授書照本宣科,沒有什麼預備,技能教課更不用説了。這當然不是太忙的原因。然而現在教師,卻有許多人們的確是很忙了。除去因本人基本修養太差,和那特別努力的,他們是忙在特殊情況之下以外,大概形成一般的太忙工作,不外下説的幾點。

(1)分節太多雖然每日正式授課時數祇三四小時,或者還不到三小時,但是每日總有五六次或六七次授課,分配在上下午,把中間不授課的時間,都混合在忙裏白費了。

(2)課外處理太忙我並不是説課外不應該有處理的事,不過像現在這樣的處理,不知現在曾否有正確的測驗,曉得兒童因處理而得到如何的效率。我總疑心這樣做法,各位教師祇是怕官廳調查或家長責難,不得不這樣做,因此形成一種照例的工作罷了。

(3)級任難做。在科任先生們,除了照例上課,開會也可以不到,此外和兒童了無關係。祇有級任先生必須填表、處理作業以及該級一切事務。如果切實負責,簡直是整日做不完的。

在未提出整個的改造辦法以前,對於以上三點,先要説明我的意見。

(1)對於第一點——分節太多。約在距今十五年前,我國小學授課,都是以一小時爲單位,兒童不是要來遲,就是要早回,每天在校有半天工夫。因爲部定授課時數祇有四小時内外,教師除了授課外,是可以不管學生的。因此社會方面,頗有學校不如私塾負責的感想。現在改爲分節,學習時數雖和從前一樣,次數卻多了,分次休息的時候較多,所以上下午在校的時間都較長,不曾發生從前的問題了。不過有幾個應該注意之點:①完全因科目性質定分節時數,因爲分節太多,不便臨時伸縮。②每次學習時數較短,自然不致十分疲倦,但有時也要抹殺學習的興趣。③教師擔任功課,自以每日上下午均須分配爲宜,但每級既都有科任功課，若不在每週抽出一二日，使每位教師祇任半日功課，那麼教師未免缺乏研究時間了。

（2）對於第二點——課外處理太忙。教師擔任每日的授課時數僅三時半，祇有半日，那麼他的功課雖是分配於整日間，在不授課的半日間，抽出一半時間，處理課外事務，斷沒有不夠的。

（3）對於第三點——級任難做。我以為這完全是科目制形成的，分科擔任功課，也是不得不然的，不過分科形成教育上的錯誤，卻不可不急於矯正。第一點，級任和科任要平均分擔同樣的責任，並且要減少級任的責任，不要苦樂不均。第二點，教學盡可從所擔任的科目為出發點，或者從整個單元分配各人應教學的作業，但是任何單元決不是從一個孤立科目找教學歷程，應該使兒童學得相互關係的知能，所以每個教學單元，全級所有的教師在課前必須協定，授課時應該相助為理。尤其是符號的練習，就是科任教師也應在級任配置之下負點責任，不僅關于管理問題啦。

以上所說，專從教師方面說，但是教育改造，學校行政是很有關係的，尤其是教室和設備的問題。現在學校的設備，大家都知道太普通了，不足以進行實驗工作，決沒有人感覺到這種普通的設備，大部分是浪費了的。這種傳統觀念不打破，不必談什麼教育改造。我現在任取某校某級作業時間表列下，其中加方格線的都是該級教室空着不用的。

來復一	來復二	來復三	來復四	來復五	來復六
早操	早操	早操	早操	早操	早操
早會	早會	早會	早會	早會	早會
國語	算術	國語	算術	國語	□□
算術	國語	算術	國語	算術	國語
地理	音體	美術	歷史	地理	自然
□	自然	美術	童軍	自然	歷史

☐	歷史	國語	自然	音體	黨義
☐	黨義	地理	音體	國語	國語
☐	國語	音體	國語	公民	童軍
☐	珠算	工作	國語	工作	衛生
☐	☐	☐	☐	工作	☐

　　該級週表共有六十四節，不用該級教室的三十三節（早會並不限於在教室內），簡直每天大半時間把該級教室空着，這是未必應該的，或者果真沒辦法不得不空着嗎？其他各級大概一樣，以及開封各小學各級也是這樣，由此類推到全國各小學和中等以上學校，無一不是這樣。而且還有許多不作教學用的房舍，整天的在那裏空着。各校設備既這樣空閒，然而一查教育官廳的預算，每年因爲據各校呈報房舍不敷，撥付臨時建築費數目很大，其實實際空着的，比所謂不敷的還多，不過大家習常守故，縱使有明眼人道破，還要執迷不悟哩！

　　我現在提出改造辦法，並不是祇圖節省經費，實在因爲人力與財力必須各盡其用，才可使理想的教育實現。要知道傳統教育的流毒，現在全國所承受的，在教學方面，有一部分是承受科舉教育的流毒；然而新進的知識階級，口口聲聲罵舊式腐敗，卻自己處處走舊道，不過變了一個方式。大部分卻承受歐美資產社會的流毒，現在仍一直前進不已。尤其是所謂教育學者和科學家，習慣於資產社會的形式，關於學術設施，勿論在任何表現方面，都非多花錢不可；即令學術不無表現，究竟所花的錢和所得的效果是否相當，簡直是一個疑問。固然今日求知，即在小學方面，也不像往時讀書，祇預備幾本幼學的書籍就可以行。不過我要問設置學校，關於兒童需用的房舍和器具，如果空放着等機會來使用，或者整日祇有一部分的時間使用，這樣浪費，和教師白費勞力及時間一樣。教育所以成爲裝飾品，即此一端，已充分表現出來。所以我提出的辦法，認爲初步改造，就是這個意義。

　　我們都知道教育旨趣，是培養全人格的。然而現在教育，最好效率，衹在知識技能方面表現。就是知識技能，如果專在教室書本上學習，到了實際應用時必成問題，這也經大家承認了。因此綜合以上的意義，提出我的辦法來。

開封城廂各校，都是多級制，並且適用多級制。所以我主張各校宜用二重制度，將本校全體學生分爲二部，各級作業分爲三類，試假設一个十二級的小學，舉例說明。

1. 學生如何分爲二部？即將六个學年的學生上期爲甲部，下期爲乙部，或以一、二、三等年級爲甲部，四、五、六等年級爲乙部。這個意義，第一點，就是兩部輪流上課，學習時數照常，用一半的設備，收容加倍的學生，可以節省經費。第二點，勿論房舍或用具，終日充分使用，不會空閒。第三點，功課天然相間，較易減少兒童的疲倦。第四點任何房舍和用具，不爲一級所獨佔，不致發生級和級的衝突。

2. 作業如何分爲三類？即按部定科目，歸納於三種不同的地方授課。第一類爲普通教室課業——國語、算術、社會。第二類爲實習場所課業——自然、勞作、美術。第三類爲集合場所課業——公民訓練、衛生、體育、音樂。這樣分類所各別包含的科目，不過因主要目的比較相近，並非絕對各自獨立，其實實際授課，第一類課業有時可以在第二類或第三類作業中學習，第二類或第三類的課業有時可以在第一類作業中教授。這是要看單元所含的歷程來定的。因此十二級的設備，依上分的三類配置，第一類需要普通教室三個。第二類需要實習場所三個，即工作教室或工場一、自然研究室一、學校園或農場一。第三類需要運動場一，最好能容全校學生三分之一，最低限度也須容四分之一。圖書室一，最低限度必須倍於普通教室，成績即可在此展覽。遊藝室一，與禮堂合用。音樂亦在此授課，雨雪時可以收容運動場所的學生。值授課時候，甲部在第三類場所作業，乙部就以二分之一在第一類教室作業，二分之一在第二類場所作業。乙部和甲部調換作業時也是這樣。這個意義，第一點，全校整個設置，都可以利用爲學習場所，也就是各處設置都含有教育的意義。第二點，兩部調換作業，没有一部分在整個時間內閒散無事，作無目的動作。第三點，三類別各含有不同的作業特殊意義，僅第一類可以適用舊式教學，自然打破文字或書本式教學的偏見。

　　辦法和意義，上文已有所言。但是運用這個辦法，還有應該說明的。因為這個辦法，原是根據教育即生活的意義，從組織上產生理想教育的功用，並非沒有教育哲學作背景，僅僅在方法的形式上作計較。雖然比任何方式簡而易行，且不容易陷於形式，但是辦學校的人，對於所根據的原理沒有真正了解，還是難得運用自如。茲更分別說明於下。

　　1. 各校現有的設備，自當充分利用。如果因環境室礙對於作業分類的某項設備，如學校園各校大半無寬廣場所。像這樣情況，當有變通辦法，將普通教室暫時比上所規定多留一所，不設學校園；或學校園和自然研究合併為一。一種辦法是學校空場栽培，每學期限一個學級使用，一種辦法是不必作學校園的工作，祇作自然研究的試驗。這是可以類推其他設備的。不過遊藝室、圖書室是不可不重新組織的。不然，分類便無意義了。

　　2. 各校最少的七級，最多的十七級，自不得不照上說十二級組織的例式，稍為損益。除僅有七級的一校，不必用二重制度分為二部，但在分類作業中，僅設二個普通教室，餘照前款酌為減損，或將第二類、第三類課一部分的合併。其他少於十二級的，在十級以下，設普通教室二個。多於十二級的，最多亦祇須設五個普通教室。

　　3. 甲乙二部調換作業，須以九十分為單位，其中係一部在第一類和第二類作業，一部全在第三類作業。在這九十分以內，某部第一類和第二類的作業必相調換，但以全類所有人數整個調換為便。那在第三類作業的一部，唯有體育、音樂，應分級或合級在一定時間學習，並不得超過綜合各次該部人數二分之一。如遊藝室、圖書室可以稍予自由；不過課前應有適當商定，臨時也須在當值的指導之下作有目的動作，或者在這兩室內酌採道爾頓制的辦法，但所採用的，係作業指定和指導評訂等方法，並非用其他的形式，這是要注意的。

4. 各級兒童到校舉行朝會，會畢即分兩部調換作業，午前二部調換二次，午後二部調換二次，每次九十分，共六小時。在兒童學習時數加增，因為分三類作業，第二類不感疲勞，第三類有自由餘地，自不嫌負擔過重。在教室教學時間減少，照廳所規定，高級四班六人，初級八班十人，共十六人。分三類授課，同時每處以一人直接負責，擔任四小時，共六十四小時。每日膽出三人祇任半日內二小時的功課，計六小時，尚餘擔任四小時的一人，可以交換在集合場所幫同處理。再就各類分別減去應學習的時數，或者更可抽出人來。

5. 三類各別包含科目，依部定每年級每週時數，如下所列。

表　三

		一年級	二年級	三年級	四年級	高年級
第一類	國語	390	390	390	390	390
	社會	90	90	120	120	180
	算術	60	150	180	240	210
	合計	540	630	690	750	780
	均日	90	105	115	125	130
第二類	自然	90		120		150
	勞作	90		90		150
	美術	90		90		150
	合計	270		300		390
	均日	45		50		65
第三類	公民	60				60
	衛生	60				60
	體育	150				180
	音樂	90				90
	合計	360				390
	均日	60				65

照上列標准，第一類最多一百三十分，最少九十分；第二類最多六十五分，最少四十五分；第三類高年級六十五分，初年級六十分。那麼，在規定分類作業時間內，要發生兩個問題。就是標准學習時數，不應該到這限度，在普通教室第一類作業，容易發生疲倦。補救辦法，就是把自習容納在規定時間內，任兒童爲有目的的自由練習，低年級應該多用競賽的練習。第二類作業，沒有這許多的工作，或是沒有許多科任直接授課。我們改造辦法，正是要把這類作業，作爲中心，時數當然加多。而且還有幾個補救辦法：一是這類作業，兒童以個別或分組表現工作，不必處處須直接授課。二是關於符號練習，要運用綜合教學方法，有時可由教普通功課的教師協助。三是工作有餘的時間，在教師允許之下，可以到遊藝室或圖書室去，尤其是低年級應該如此。至於班級少於十二級的，本來第二類、第三類可以併合運用，更不成問題了。這裏要附帶聲明的，這個二重編制，第一在分類部署得當，第二在日課配置適宜，並且要斟酌情形，每期須更換二三次。不然，前一點變成抄教科書的道爾頓制，後一點變成每級占一教室還拿自習來穿插了。

6. 分類作業，在第二類和第三類，爲兒童最活動的場所，也就是融納訓育於教學中的主要場所，因此對於舊時形成教師責任的問題，大有改變。第一，技能科如體育、手工、園藝、音樂、美術等，不惟要時間加多，方法改良，而且要在技術熟練的歷程中，兼能陶冶品性，除圖書室指導由第一類教師充當或級任輪值外，所有第二類、第三類各處主任，必由科任充當。所以選擇科任教師，比任何教師更重要。我以爲照規定標准添人，應在這裏注意。第二，級任雖可仍由普通課的教師擔任，但是他的任務，祇於該級課程計畫和總成績統計，至於該級管理，應由該級全部教師分擔，各別爲臨時處理，不要完全加在級任身上。

7. 每類各項作業，雖以級爲單位，可於相當期內，更換課表，斟酌兒童個別的能力和進度，升降班次，在第一類降班的，在第二、三類或得升班，即在同類中亦得分科各修適當的學程，有時並得把比較高級和低級參合，作某項課業，使得相助爲理。

8. 此種改進，自適用於多校同時進行。各校校長，以處理行政爲唯一職責。關於課程計畫、功課支配、教學方法，可綜合多校，分別由專家指導。並且行政上的任務須以教學爲出發點，避免舊時教學受行政控制的弊端。一方有任何能力的教師，容易充分表現，一方有才幹的校長，即令學術稍差，也不致影響到教學進行。這樣辦法，或者校長和指導者有發生裂痕的可能，然而校長正當的權依然存在，責任減輕了許多，假使他是明白事理的，決不會發生裂痕。總之城市地方，同樣的學校很多，不這樣辦理，任甚麼都不經濟，並且好的難得影響到壞的，而壞的卻容易牽掣到好的，這是必然的事實。

以上所說，本是從美國葛雷式組織推演出來，卻是要鄭重聲明的，這二部調換作業，並不是半日學校的變相，而是二部式（舊式）、分團式、自學輔導式、道爾頓式、設計式的結晶品。因爲這制度的精神，完全是運用分類作業的功用。所以在班次較少的多級學校，不必分部，祗要分類作業，也就減少普通教室。

一定有人說，照這樣改造，對於第二類、第三類的設備，不是需要許多的臨時費嗎？不錯，我要問兒童課業，祗用得着普通教室，成一個甚麼樣的教育！況且我的辦法，所需要的改造費，並不要另外設法，祗要把擴充普通教室的錢拿來，換一個方向使用就夠了。

第一，省立十三個小學，尚有九校不滿十二級，當然要分期添班。照向例添班就要添修教室，添置桌椅。這不滿十二級的九校，就是最少的七級，所有的普通教室和桌椅也超過十二級所用的。把添班所浪費的錢，用作正當的設備，依然一樣的添班，這還不應該嗎？

第二，民衆教育不是急於要擴充嗎？第一難關就是沒有房舍。即使找到房舍，修理和設備也需很多的臨時費，不要說從新建築啦。如果照我的改造辦法，這十三個小學，共有一百四十五個普通教室和用具，除去一部分改作第二類、第三類的用途，按照目前班次，最多的可餘七個，最少的亦可餘二個。約計當餘三分之一，當有五十個教室可作民衆教育的用途。用比較經濟的方法來辦，以及夜間借用各校的教室，日間可以辦一百班，夜間亦可以辦一百班，差不多可以容納一萬人。把這五十個教室給民衆學校，拿這筆修置的臨時費，補助各校第二類、第三類的設備，我想還不要這麼多的錢哩。並且民衆教育和小學聯合，凡兒童家中年長失學的男女，都可同在一處受教，學校就成爲社會中心，那是多麼好的改造社會的機會喲！

寫到這裏，我也不多說了。所望負教育行政責任，辦學校的，以及領導民衆的各位先生們，把這篇建議平心靜氣展閱一遍，究竟作何感想，有何反應？

在教學研究會發起會上的致詞①

各位校長，各位教師，剛才齊廳長、許校長、趙校長、邢校長對我們說了許多褒奬的話，我們實在不敢當，謹代表實驗區同人向大家表示謝意。

諸位都是在舞臺上實際從事活動的人，實驗區同人不過隨同諸位搖旗呐喊而已。要想表現整個的成績，還須諸位各顯身手。

今天開教學研究會發起會的意義有三點：第一點，是表現宣傳作用。實驗區設立的開始期間，應儘量使各方發表教育的意見，這本是徐侍峰先生的主張，組織教學研究會，也就根據這個主張。第二點，實驗區同人祇有幾位，時間有限，能力薄弱，要想對教育整個研究，使有整個的改進，非大家共同努力不可。教學研究會之發起，即欲聯合大家共同研究，作教育上整個成績之表現。第三點，各校自有各別的研究，不過各校各自努力，力量分散，且無從交換意見。就使各校自由聯合，但教師們都有自己的功課，如果沒有專責的人來整理一切，有時進行要發生困難，所以本會才負擔發起的責任。

小學教育值得重視和現在的教育的失敗，差不多成了大家普遍的感

---

① 原載《開封教育旬刊》第1卷第6、7期，1933年1月1日。

覺。然而一般人僅僅感覺小學教育重要，卻還未曾覺得小學教育有很深邃的學問，我認爲小學教育不但是最重要，而且研究也是更難的，現在小學教育不振的最大原因，第一是一般教學的人，不肯多費思想，一切依樣畫葫蘆，輾轉謬誤。第二是怕失敗，雖然有人願意改進，但是沿用舊路不致受人指責，用新法一遇失敗就要大受攻擊，所以不敢輕於嘗試。這樣守舊的心理，確是教育革新最大的阻力，我們要共同努力，打破這種萎靡不振、畏難苟安的心理才是。

關於教學研究會所要研究的途徑，我以爲也有三點：第一是整個改造，把學校課程、時間、教法、教材全部推翻作整個之徹底改造。但這種試驗，不能望之一般的人，不過要大家幫助做試驗的人，使他完成工作。第二是部分改造，原有課程，依然存在，不過找幾個共同作業的事項或問題，或特別做幾個大單元試驗。第三是科目改造，把沿襲的教材及現有教科書，估量其價值，取消其不適用的，重新分別作有系統的研究。以上三點是實驗區同人的意見，提出來供諸位將來參考的。最後希望各校按照教學研究會組織規程，於一週內選出代表，函知本會，以便於寒假前招集各種教學研究會。這是最所盼望的。

就單級課程和國語教學問題答高天錫[①]

教育實驗區諸位先生大鑒：

頃讀《開封教育旬刊》，見關有"通信研究"一欄，這番舉動，惠及鄉校遠道教界，無任欽佩，謹將个人意見二則簡單提出，敬請指正。

一、現在鄉村小學，多爲一班四級。這種純粹單級課程表，按部定科目配合，多感困難。因常識一科，分量很重，若必欲授完，勢必將直接教授的時間增多，以減少兒童自動工作時間。或者同時間排列同科目，

---

① 原載《開封教育旬刊》第 1 卷第 6、7 期合刊，1933 年 1 月 1 日。原文題目爲"通信問答"。

不然則至學期之末，他課授完，惟常識往往賸餘，以致同時開始而不能同時完結。此種困難，可否於學期之末單獨補授常識以謀解決？

二、現在一般鄉民，不信仰學校的緣故，大概因爲已受過前期小學，四年畢業的學生們，服務社會，不能應酬世事所致。試想：社會上應酬細微各事，多爲文字方面。小學科目中，時間多，分量重者，首推國語。兒童盡力四年國語，尤不能運用文字，應酬世事，此不能專咎兒童學非所用，教師的教學方法也當力加改正，我以爲教學國語應用下列的幾種方法，不知可否？

（一）在國語教學中，形式方面，不僅使兒童知音知義，尤須於每課中新授生字，融合成二三語句，在未授全文以前，先教以生字運用之方法，如融合語句欠妥，再就兒童原意設法疏通補充之。這樣教法，音由拼注音字母可成，義由檢查字典能明，不是比用口教授的印象更深嗎？

（二）在課文關節、轉折處、前呼後應處，以及提句、鎖句、撇句……等，當一一由教師按部具體範示引導，使兒童心靈中生出無限興趣，并在濃厚的興趣中將全課文字自然領會之。

（三）遇到"否則""但是""却""惜"……等轉折詞，教師當隨時舉例示範表示之。教學如是，兒童所學方不致成爲機械的知識。

西華縣東關小學助教員高天錫謹上

天錫先生：

所問歸納爲兩個問題，茲分別答覆於下：

第一，係四個學年的單級課程問題。

我不知道你們的課程如何排列，但就所問情形推測，當是以異科目同時排列。所謂異科目，係以教學形式不同爲準。例如以算術、工作、美術等和國語同時排列，時數恰恰相當，餘下的常識的時間，沒有可以同時排列的科目，因此發生問題。不然照部定時數，國語比常識還多，何以獨有常識不能完結。若祇是科目各別的分量問題，和排列課程不相涉，僅有課程教不完的問題，這裏教學上形式所感困難，平時也是一樣，我單從單級教學的原則說，或可解決一切的問題。

單級教學第一個注意點，是學年編制的問題，這是看本校所有的班數和任課的人數而定。如果祇是一位教師，設學年編制可不必看得很重，若是有兩位或兩位以上，假使有學生四班，就應該把大部分的課程分爲兩組，小部分的課程斟酌情形單授或合授。這樣分合，依學年，或依能力，都是可以的。

就課程排列說，同時間同科目，和同時間異科目，祇是不同班次，在同教室同時間授不同的課，所應注意的有兩個顛撲不破的原則：（1）是要避免的，例如同時出聲之類。（2）是要調節的，例如去某組示教某組確是應該自學的功課之類。依這個原則，單就科目性質分配同時間的課程，有時異科目教學也要違犯的。就使達到第一個原則，決難達到第二個原則的。如果運用得當，就是同科目同時間授課，也可以適合原則。工作、美術、算術不待說了，國語本來有讀、寫、作三種形式，未嘗不可適用呢。祇有常識一門卻易爲問題，所以成爲問題，因爲用書本式教學而然的。其實常識分隸於各種科目下，本身也究有限。即因教師本身問題，不能不用書本式教學，也應該和國語爲相當聯合。因爲書坊的教科書，有許多課祇是文字上的認識，根本就要刪除的。那專授知識的，也可以少許時間作文字練習的整理。我並不是主張唯一同科目同時間的，祇是要遵守上兩個原則分配課程。

怎樣分配課程？其一，要分別把各年級各科的單元，詳審相互的聯絡，一一提出，併爲綜合的教材，依科預計各占時間若干。再計各科獨立單元占時間若干。其二，把上所分別的各個單元，詳審若干單元可以某某年級合授的。其三，詳審各個單元所處特別示教或特別練習的，以及在各個年級需特殊教學的。其四，依單元教材或依科目分別性質爲同時間的配置。其五，依學年分，兼採能力分組制，每學期內隔兩月須變動一次。其六，因各學年時間不同，以及各級預定學習時間臨時須有伸縮，每日或隔日須分別提出各級特別示教或練習時間，但是在某級單獨教學時候，對他級自學功課，應預先有切實規定。這裏所說，是把分團式、自學輔導式以及最近新式參合來用的。從前單級教學法，專就科目同異討論排列，是缺點很多的。在民五以前，國內頗推倡單級教學，形式上也還有幾本書。當時我所見的學校，有些雖然編配很合適，實則每一時間教學，如果四級同在一室，每級真正學習，還祇是四分之一的時間，其餘時間大半空費了。現在教單級的，遵從前單級教學法都未詳細研究，不知成了如何情況呢。我希望教單級的採用我的說法，或者不致如上所說的弊病吧。萬一教師因勞力和學力的問題，不能完全用我的主張，祇要把上面兩個原則切實玩味，用於課程分配，用於臨時教學，並酌提少許時間，分別爲各級學習，甚麼補授某科，根本不成爲問題。

第二，國語教學問題。

（1）所稱鄉民不信仰學校，因爲初小畢業生，無服務社會的實用工具云云，這的確是實在情形。不過僅僅國語一科是不能解決這個問題的。即就國語說，也不是如所列幾種方法——認字和文法——可以達到應用社會的目的。

（2）關於認字教學，向來都是未授全文、先教生字以及就新授生字綴成語句。自心理學所謂有意義的學習，應用到國語教學，於是在讀文的語句中認生字，已成顛撲不破的原則。然而近來師範畢業生，祇曉得這個原則，不知道而且不能用有興趣的方法練習生字的認識和運用，都是一般通弊。在較高年級讀文前，先由學生檢查生字，也不知指導學生從詞來解字義，並從體會整個語句及上下文來了解字的用法，以致學生查字典、找字義，往往不解本文的生字究爲何義，甚至有單注華盛頓的頓字爲人名。這裏附帶要說的，就是認字是否祇識音和義，如果須要識形的，吾國的字有多義，初次所識的，是本義，是引伸義，是假借字，解釋方法都不同，這是要深明教育而又通《說文》的人作一本新字典，或可解決這個問題。

（3）關於文法方面，如所舉課文關節和轉折字，在形式本很重要，舉例示範也無不可。不過要請注意的：第一，僅示範而不使練習，學生還是不會了解的。第二，所舉的在初小並無需一定如此，尤其是國語教學。第三，要使學生能作文，不是專從形式上練習便會作文的。最好注重學生發表方面，由圖寫和口語進於筆寫。祇要時常從環境和實際上，使兒童從目所見的、心所想的發表出來；更從日常口語或記述方面的錯誤分別情形爲個別或公共的訂正；尤其是當前需要，勿論何時，有作文或認字的練習機會，無不充分利用，這就是初小國語教學最有效、最經濟的方法。

李廉方　十二月二十四日夜

寫在卷首①
――小學生書信練習之感言

在飛沙揚塵之開封城厢裏，景物時爲所蔽，甚不易開拓一新興局面。吾知必有人重苦沉悶，接觸於太虛清氣，輒不自已其深長呼吸。雖偶聞謦欬，或以爲空谷足音。庸知蘊積於中，思一吐其胸臆者，實繁有徒。此吾所以於子和、厢民、進修諸子通信之後，展讀二小書信練習報告，而不知手舞足蹈之何從也。

二小各教師，指導兒童練習書信，不從如何寫信與寫如何的信找方法；惟根據教育原理設法，期兒童如何能寫，如何願寫，如何大家寫，並且如何寫得好，如何寫得有趣，如何寫得用心。凡可以用信的，可以通信的，無一不有盡量練習的機會；而不待師長指揮命令，自能爲自己目的而動作。必備如此之條件，始爲真能運用學習心理之法。整體教學方面，並爲達到民本主義之教育方法。何也？實驗心理所發現者止於片斷研究，雖足以供給教學方法之改進，究不足以解決教學整體問題。今之教育學者用所謂科學方法，實驗幾個心理問題，以及實際教育者從事幾個小問題實驗，便以爲盡實驗教育之能事。故其結果，往往在教學方面徒存形式，而喪失教育完整概念之真實價值。至舊社會所形成之人格，

---

① 原載《開封教育旬刊》第 1 卷第 8 期"二小書信訓練實施專號"，1933 年 1 月 11 日。副標題爲編者所加。

凡不幸之人，所有動作，皆受有權位者或有資產者之支配，從無有自己存在的目的，而一唯以聽天由命之格言，安慰此不幸人或失敗者之心理，其結果非群趨於卑怯，即激動其支配欲。被動式之教學方法，即由此而形成，亦即形成鄙惡社會模型之工具。今之教育界言論雖極其動聽，而教學旨趣，無一不仍舊貫，如兒童本位、學生自動、剷除封建思想等目標，不過口頭禪耳。蓋有目的之動作，雖已成教育界公認之辭，一考其實，猶視同舊時預備段指示目的之意味，初不審如何始為兒童自己目的也。教學者不認清此點，即日對兒童宣傳三民主義，且每課抄演其材料，皆未由陶鑄建設民治之國民。茲所介紹之二小書信練習，雖發表止於文藝，作業止於課外活動；然學習情況，所表現教育上之價值，確已盡其能事，吾人不可不深加體會也。

然則二小之書信練習，因何而有如此教育價值，此不在練習之方法，而在習練之環境。此環境何由而造成？則產生於小郵局設計。在設計教學中，當有此類設計教案，未始不無相當價值。顧其作業範圍，止於社會事業之模仿，兼於模仿動作中，利用機會，以進行文字計算之練習，與常識之探求，初未嘗以此設計成功之激誘，達到另一主要目的之學習。蓋教育學者一方墨守心理學上手續與觀念轉移之原則；一方拘牽舊時教學慣例，啟發能力，惟依據教材而分配歷程；因之所謂有目的之動作，祇能於設計本身圖學習，而不悟及設計之產生目的的動作，更在於新起活動延續不已也。

於此而我國設計教學之不振，可得言焉。其一模仿例子，其二專重形式。所以然者，談理論者惟知稗販抄襲，初不一一推想及於實際。教學者不審實施是否根據教育原理，率爾從事，任何新式方法，皆循舊神經過道以進行，流為變相。因此設計教學，即在設計本身，所形成兒童動作，自己目的已不時常存在，更何有於繼起活動？故吾人研究設計不可不細玩味克伯屈（W. H. Kilpatrick）設計之定義，以全心的志願活動當之。克氏之言曰："欲承認設計在教育上價值，必其所含意義，具有真確概念，作教育有價值之貢獻。在教育程式中有許多重要的並且有關係的方面，當期其聯絡統一。如果尋得此適合此目的之概念，必注重行爲，尤注重專心致志的行爲。同時本此概念，利用學習法則，使兒童得到適當學習，且顧及道德要素，陶冶其高尚情緒。似此統一聯合，必須歸於方法範圍之內，其具體標準表現於行爲，即爲最有價值之生活模範，此當於一種社會環境中專心致志有目的的動作中求之，直言之，即由活動統一之要素內求之。"克氏所重者學習態度，任何志願活動皆爲設計；任何教學程式，如能誘起興趣，指導活動，皆爲設計法。雖論者或覺其泛論活動，語近於玄；然志願的活動之價值，固無能否認者也。吾國教學，任何新法皆歸失敗，皆由於實施者使用方法，曾無一個根本觀念，作教育上有價值的貢獻，同時湧現於心靈中，又不悟確有教育價值之活動，亦不限於必取形式。此可由吾國舊時作文寫字之例證明之，不善學者對於古來作家之文，惟模仿其格局與聲調，對於古來法家之字，惟模仿其間架與筆畫，卒之貌肖而神不屬。善學者心知其意，任筆所之，神與古合。吾意二小同人獲得書信練習之妙用，何嘗有設計法在意中；祇鑒於已往練習書信，力勞而效率不大；求所以貫澈"怎樣生活便怎樣教育"之旨，遂於組織小郵局之動機中盡量利用，因得以產生不斷之新興活動。試一衡以克氏所論，真可謂契合無間矣。殆所謂"文章本天成，妙手偶得之"也夫。

　　關於此種活動之價值，基本理論具如上述。其實施情形，鄭、賈兩君分別報告。報告所未盡，而事實足資參證者，茲就參觀所得，分爲兩部，記述如下：

　　第一部屬於組織小郵局的。

　　一、市政府執行委員一、二年級學生無代表。關於組織小郵局之討論調查報告，皆由出席委員主持。其決議案除以文告公布外，並由各代表分向本級報告。

　　二、關於小郵局之籌設、布置、製定用具及單據，規定郵局與價額以及投遞手續，均由市府直轄之建設局長偕幹事四人、書記一人並聘請師生若干人辦理。

三、郵局局長、郵務員、投遞員不限於以市府委員充任,任期一學期,與市府委員同。

四、訓練郵局職員,先說明章則,次試做,然後實施。

五、支局長無辦公處,但在本教室內登記本級投遞信件。

六、組織小郵局之經過,約一週半。

第二部屬於實施通信的。

一、小郵局成立,舉行開幕典禮。通信聽學生自由,教師毫不過問,惟於投信時向學藝科登記,即以支局長兼任其事。

二、興趣之發表、求知、做事、交際四項,非由統計而分類,乃教師於事前暗示從各方面取得抒寫之資料。

三、封面錯誤,係郵局長發現之統計。內容錯誤,除直接向教師通信,由復信指導外,另徵集學生在收信中所發現之錯誤,予以訂正。

四、各生未通信者,以各級登記來表示之。

五、所列敘述之例二,有一年級生通信係其姊助寫。

綜上所述,參合報告本文,以九級學生,歷時僅四週,得信至一千零四封之多。使非由小郵局組織之誘起,任何方法,皆不足以致此活動。此爲教學者所最可玩味,抑即研究設計法者所當領會而求類推者也。關於通信活動,二小實施,具有可觀。若更略陳鄙見,質正於二小同人,並貢獻於有志作書信練習者。

一、小郵局設計固爲誘起通信之活動,然郵局之組織與服務,可以取得應用知能,兼培養其責任心與服務精神,似應普及於全級兒童。其一,當市府組織小郵局議案通過後,應由各級出席代表分向本級宣布,在級任指導之下,討論進行辦法,以其結果,由代表報告市府,或加推臨時代表數人列席亦可。市府彙案討論後,指定每級若干人,分向總分局調查。調查結果,公推數人審查事實作總報告,各代表據此分向本級宣布,再以討論結果報告市府。然後由市府會議決定方案,分配工作。關於各種圖案單式,市府仍須先行限期徵集。其二,郵務局員,均以一月輪選爲宜,若慮更人太速,影響工作,可留前屆局員協助爲理。每學年或每學期班級更迭,尤注意於未經輪充之人,予以相當職務。如此則由郵局所得之訓練,不致祇及於少數之人。而兒童於通信之外,皆取得郵局訓練機會,興味當更較濃厚。且因變換而事業亦易保持其恒久性。再從政治方面觀察,職員不限於少數人充任,含有全民政治意味,不僅全體皆得適當學習已也。至於此種設計,並不必限於由市府而組織。不過引起動機,不可強注。開封他校如欲實施,率學生參觀二小斯可也。

二、關於通信實施,所應討論者:其一,爲增進通信方法問題,吾人實際生活,不僅個人對於個人,而個人對於團體,與團體對與團體,尤爲生活中要素。欲使通信含有社會意義,即應使各級引起種種團體之組織,並如何而利用此類機會。其二,爲指導問題,徵集改誤,吾未知其詳。惟封面由局員統計,未必完全正確。指導祇於直接,機會較少。吾以爲各級投信之登記,應有教師在旁視察,見有封面錯誤,即予訂正;或用簿逐一記明錯誤之點,作爲統計,分類並分期比較。至於兒童寫信,固不必一一送教師先閱。然本級相互通信,事後似宜由教師訂正。並且各級全部書信,每月可彙集一次,定期由全體教師將其錯誤字句與不合款式,逐一摘出,分級分類統計,以資訂正與對照,並供國語教學之參考。其三,爲喚起未通信者通信問題,據表所列,三年級以上,不通信者至少之級,亦占百之八十。然各個兒童之信,多少當不等。如何而使少者多,未通信者亦通信,各級登記表之揭示,固足以刺激之。然分別誘進,仍有待於教師也。

鄙人在匆忙中,率草此文,觀察欠密,意亦未周。然闡微旨,藉資介紹,或於小學供獻不無裨益也。

答森君問[①]
——關於學校教育問題

鄙人在教育方面是一無所成之人,何足以承仰望。重辱不棄,不恥

---

① 原載《開封教育旬刊》第 1 卷第 9 期,1933 年 1 月 21 日。副標題爲編者所加。

下問，敢不竭其愚款！惟坦率論事，言或逆耳，幸勿誤會，是所盼望。

在分別答覆之前，有幾個論點要請注意：

第一，社會成分都有我或我們在內。勿撇開了我或我們而責斥社會。

第二，不可存主觀之見。勿論論學論事，苟以自己立場爲觀點，則所謂是非，即易攙入感情成分。

第三，宜反省。勿論受外界如何影響，或受非難，如果對己而先加以原恕，必致形成文過飾非之傾向。

本上三論點以答尊問。

如開場所云，謹答覆如左：

第一，聲明社會字眼並非□□，不知何爲而有此聲明。如開幕首段之文世人雖頑鈍，何至一聞社會字眼而便疑懼。果如所想，則小學之部定社會科目，不亦大干禁例乎？

第二，聲明以學者態度觀察，係怕人家疑其站在階級立場，更怕別人亦站在自己立場，似乎表面極慎重矣。然按之實際：（1）學者態度，是否因離開立場而形成之。（2）真理是否因立場而異，若不問言之是否爲真理，而祇問所言之人爲如何立場，是直自己預站地步，以堵塞反對之言論也。

第三，以教育爲社會的產兒，所以然者，即目的在教育不好，由於所受社會力量而致。茲當問者，教育是否爲社會產兒，且應否爲社會產兒，使其結論爲絕對，則社會之形成，當與教育無緣；而改造社會，亦無需乎教育。尤其社會力量之產生，係於自然，抑在人爲。如其爲人爲也，使教育爲有效，所以演成今日之社會者，是否有關於已往教育。又今之從事教育者，是否確已盡推進社會之力，如其未也，而委之於社會，吾滋疑焉。

——如學校教育政策所云，謹答覆如左：

第一，教育政策所列三民主義……各項平列，是否各個獨立，抑互相連續？在問者或用意有在，而答者對此錯綜之目標，比宗旨更爲渾括，殊無從爲具體之討論。

第二，假如所列政策各項，爲不攙入違反宗旨之表示，即應先注意所實施者是否貫澈其主張。假使學校所表示者，除標語或偶發口語而外，曾無整個實施以符其政策，甚至沿襲傳統方式時常與所列目標違反而不自覺，徒藉此以塞人口實，則目標祇成爲自己掩護工具。所以我主張根據所言政策考察，當考察自己實施，不當對社會方面而發也；當考察整體與一貫之實施，不當專爲某事而興奮也。

　　——如家長之家庭教育政策支配學校爲非理一段所云，謹答復如下：

　　此問不知所指爲何，若如最後論斷，以家長不向學校發表意見，逕由教育廳命令，是謂以力支配學校云云，此當分別討論之。家長所以不向學校發表意見：（1）是否學校不爲社會所信賴；（2）是否學校向來視家長之言爲無足輕重；（3）即令無上二者之原因，而家長對學校有何意見，是否必限於向學校發表。徑由教育廳命令，可從形式與內容兩方面觀察。從形式方面說：（1）是否家長假藉教廳命令，如係假藉，則屬於官廳處分問題。（2）由家長而發生教廳命令，是否程式或手續之不合問題。如其不合，則爲此令有效與否問題。從內容方面說，如所言而對，似即無教廳命令，而亦應承認。如所言不對，似即爲教廳命令而亦應抗議。若不問言之是非，惟因家長不向學校發表，遂並教廳命令而非之，如此家長之態度，固可非議。如此校長、教師之態度，寧有愈於如此家長者乎？至於謂懇親會之設置，盡有家長發表意見機會，使學校以此而表示滿足，則所予家長發表機會者，亦已靳矣。而況懇親會之成爲形式，誰能於鋪張揚厲之中，有不滿意之表示也耶？論及家庭教育與學校教育之關係，家庭教育不良之子弟，誠足以影響其受學校教育。若謂現在學校教育政策，因受家庭教育政策之牽制，學校職教員之實施，因受家長之干涉；遂至違反其所謂教育政策，此則吾所未見者也。函中所指之家長，當然屬於力足以向教廳說話者，此等家長，固未必盡諳教育，然大抵皆曾受教育者，必謂彼輩對於教育之見地，皆不如現任校長、教師，恐未盡然。凡人之勉勵其子弟，未必不如師長教導學生之親切。固有對子弟不無溺愛者，然未必即以此責望於學校，且事實上亦不能責望於學校。況教師亦具有家長資格，家長亦不無具有教師資格者，夫豈地位一易，教育觀點遂迥然不同耶？若因其批評學校，遂概斥其不懂教育意義，不知國家民族公共利益，毋乃過當。雖然學校不能惟每個學生家長之言是從，按之事實，並未如是，然亦不當因此遂謂家長不應問學校之事，祇限於懇親會中發表意見也。函中之言，或者有激而發，但衡以所謂學者態度冷靜頭腦，似不應如此云云也。

——如社會習慣支配教育非理一段所云，謹答復如左：

先就標題說：既認此為非理，即與開幕謂教育為社會的產兒不無矛盾。若以前所言者為現象，此所言者為理論，任取如何之舊教育學說，曾無主張以社會習慣支配教育之言。所以成為如此現象者，並非社會之力，震憾學校而無以自拔，實由於從事教育者敷衍苟且，不知而且不能以適應新時代之精神啟發之。試問現在學校教育，勿論在行政方面，在教學方面，在訓練方面，曾否有適應新時代之精神，而貫澈其目的之實施？即令形式時髦，曾否一估計其效率，確有如何之進步？不此之求，惟痛恨社會習慣之惡劣，於實際無補也。

再就內容說，可分為三點：

其一，痛斥靜的教育固極表同情。不過不從學校實施方面說，而僅憑習俗無關宏旨之格言，為學校卸責。其實社會何嘗以此為唯一標准，學校亦未以此為教育方針，而教育無在不暴露其靜的之習弊者，果誰負其責耶？試觀於遊戲、運動與手工之教學，無不表現其機械作用，可以深思矣。

其二，痛斥形式會議。此並非社會習慣，祇是近年來標榜之虛偽民治。其實每週會議數次，除開場習熟於主席"諸位先生""諸位同學"一點形式語外，其他初無與於民權初步之練習也。

其三，痛斥字紙簍。表面上我與尊論同，內容上與尊見則殊。先論文字教學，我反對書本式教學，反對教死文字，反對用固定科目教文字。但文字工具為開一切知識之鑰，舊時要求於兒童所能之技術，亦可云社會一般之要求，迄今並不能未減，不過方法大可討論耳。至論及道爾頓制教學，此制雖不無弱點，然在教育上自有其相當價值。國內關於此制之書籍論述，本屬有限，並無若何錯誤。開封各校，竟以直抄教授書爲務，此任何實施之校所未有者。實施者不自咎其曾否深切體念，詳細研究，充分準備，乃歸咎於受社會因襲與趨時之習慣所支配，與無聊的教授法抄寫者所誘惑。雖其中不無難言之隱，究非學者態度所應爾也。我以爲畏懼落伍，當努力研究，切實從事。如其稍有回護，未有不終於落伍者也。蓋學術事業，非爭權攘利之政客軍人可比，斷無取巧餘地也。

——如當局專重表面之非理所云，謹答復如左：

原函所論，自無異議。不過鄙意仍須進一言者，即欲打破表面之教育，不必專責備當局，專希望當局，而應從我們，尤其是我的本身設法。此並非取與當局奮鬥之方式，必須切實研究，不取表面辦法，確能自表現其成績。蓋學校教育之所以趨向於表面，當局固爲致誤之主因，而校長惟知奉行故事，不但求無過，並藉此而求有功，實有以促進之。一般從事者雖或感覺無益，而本身工作並無特殊表現，又何能阻止此表面方式之橫溢也。

——如窮困和設施一段所云，謹答復如左：

設備簡陋，誠爲普通現象，然以此爲教學離實際走入讀文章路上之主因，余意不然。

第一，各校已有設施，或空閒，或無益，是否大部分爲浪費。

第二，無需特殊設備之環境利用，在自然與社會方面是否確已盡教學之能事。

第三，手工、美術等非文字之教學，如現在各校狀況，是否走入離實際之道上。

第四，專就文字教學的本身而言，是否即爲離實際之作業。

——如難爲了教員學生所云，謹答復如左：

教師無保障，影響及於工作，誠然表十分同情，然藉此解除我或我們對職務或社會的責任心，則絕對不敢贊同。果如所説推之，則無保障的弱小民族，惟有自甘淪胥而已。況教師之無保障，並非單純的教育問題。如果不謀教育改造，而期望政治與社會問題之先決，仍非根本之論。而教育改造，舍我們從事教育者誰屬。我之對於教育改造，較教育保障更急切者此也。

至謂教師之主人太多，殊使我惶惑不解。校長支配學校，教師支配學生，幾等於政府之於人民，具有無上權力。以我個人聞見，尚未知有何校長創造一新政策，有何教師創造一新教法，因受阻撓而不得實施，除非自己疑心不得實施，即不創造。然既未具體表現，又誰信其真能創造也。謂受主管者之壓抑，或者校長與教師之個人活動，爲所操縱。若夫內部實施，實有自由改革之可能。謂受家長壓抑，如前所指，百不一見，況須視其動因與發生之事，始得加以評判乎。諸位教師皆有弟妹子女入學，易地而爲家長，如此概斥，能不爲一般家長呼冤耶？謂爲教育空想家所壓抑，使教師皆富有研究，則空想家之言論，直同夢囈。況實施者祇有因襲，從未從事於某種學說之試驗，證其說不可用，如何而知其爲空想？如其真能辯明，其說又何從而誘惑之？謂爲舊習慣擁護者的貴族所壓抑，歐美學校，或不免有資本家爲背景。吾國公立小學尚未有專收特殊階級之子弟，亦未見受何特殊階級之指揮。即令有一部分學生，因舊社會傳染，不免帶貴族習慣之色彩，不願勞作。此則全仗教師之潛移默化，奠定民族復興之基礎。其實兒童多喜勞作，所以不願爲者，由教導之無方也。

論及學生，依據教育宗旨而定政策，誰敢侵犯？支配教育力量，主管者亦惟行政有權，並不干涉其內部，此外無有過問，如其視爲矛盾，直實施者之心理矛盾耳。至所提早起……樸素等問題，吾不明用意何在。專從字面說，則向前幹與畏縮，誠實與虛僞，華麗與樸素，有何疑問。或者華麗與樸素，因兒童家庭境況之懸殊，難期一致，然雖以樸素爲主，固不必定標准也。如活動與靜止，因情境而殊，無正負可言。攢入字紙簍與跳得高，無從相提並論。惟有早起與遲到，形似對比，而旨趣各殊。遲到必須對於準時而言，始爲養成守時習慣，遲到固非，早起何益？亦不經濟。如其意在提倡早起，亦須有確定時間，且不當以各學期開始所規定之時間爲準，措施尤須協乎情理。開封各小學所提倡之早起，任何方面皆有訾病，據所習聞，其最要理由有三：（1）因各校獎勵先到，學生有攜燈前往，鵠候校外，以待開門先入者。住址近校者有先往簽名，仍回家休息多時再往者。距校較遠之學生，到校在上課一點以前，仍被斥爲遲到者。（2）遲到者有罰，輕重任意，至有由他生執行懲罰，羞辱備至。（3）名爲自習，常無教師指導，至有教師尙鼾睡未起，任學生自相喧擾，最苦者亦不過爲無目的之溫習。以搶先與濫罰之原因，兒童多因睡眠不足，有傷身體。且爲時過早，住戶皆未開門，路上亦少行人，慮有意外危險。爲此言者，並非盡出於特殊階級，即以我個人所聞，不下三十人，有友朋言，亦有工人、商人之質詢。迭經研究教育者，研究兒童衛生之醫家，並遍查各國小學生早晨入學規定，皆覺與此不合。故教育實驗區建議教育廳準情酌理，加以修正，保持提倡早起之精神，而革去搶先與濫罰所釀成之弊害。使各校確有如上述之三種事實，不肯認錯。而尊函之早起與遲到或指此而言，因並斥家長說話爲非理，且加家長以貴族頭銜，此爲如何心理，甚盼其一平心靜氣思之也。

——如教育改造當從教育政策說起，謹答復如左：

前段係以改造責任專屬望於當局與學者，此輩誠應負責，我則以爲責任應由校長教師同負之。使此輩效政府責備人民口吻，謂一般人知識幼稚，將又云何。實則職無大小，各有其分內責任。新事業能否進展，並不屬於有權威之少數人，而專視大多數人之努力如何。當局即令無能，尚不致對於新事業而有意掣肘。學者並不限於教師以外求之，先進國家之教育學者，出於從事小學教育者甚多。如教師不各自努力，即有如所期望之當局與學者，亦未見其能改造教育也。我盼國民託命之小學教師，不要期望當局與學者，而先期望我們自己，天下事庶可爲也。

後段係以教育不良，爲社會制度與教育所形成，教師毫無過錯。教育固與制度有影響，然從事之人影響尤大。試思社會與教育之不良，果無涉於教師之因循敷衍乎？即在此種制度之下，教師在可能範圍內，果已確盡其改造之能事乎？果如所言，必現在教育無需改造而後可。如其不然，教師是否自擬於劊子手乎？劊子手專事殺人，殺之當否，彼不任咎也。教師直接戕賊兒童，間接即危害國家，其責任非他人所能負也。

最後更進一言曰，尊函所述教師身受之困難，我不否認。不過專責他方而不自責，又脫卸責任太過，遂不免有躲閃之言，故以針鋒相對之說勉之。蓋社會之所以墮落，人實爲之。吾輩之所以墮落，非社會之能墮落人，人之墮落其社會耳！茲以期望於教師者重大，故責備亦較切，非有他也，惟諒其誠意而宥其質言，不勝萬幸。

我所主張的鄉村教育①

閒話少講，分組織、編制、設備、課程四方面，提出大體意見。

一、組織意見，主張小學校與民衆學校合設

這不但是爲省人省費起見，且使兩部分教育不相妨而相需爲用。怎見得不相妨？前清辦理簡易識字學校，結果發現的流弊，在就學方面，貪圖學用品出自公家；在辦學方面，因爲設施簡易，容易邀功，竟至撤散了小學生徒名額，或挪用擴充小學校的經費。聽說現在號稱民衆實驗學校，也不免有這樣弊病。如果合設，那麼班次和課程都須適應情事，便不會彼此攙越了。怎見得相需爲用？在人煙稀少地方，分開則各不成班，合攏就可以分部授課。並且地點集中一處，分時授課，便於相互看守家庭；同時授課，便於年長者照料幼者。尤其小學中的家庭聯絡，向來竟成廢話。如果兼辦民衆教育，學校教育就是各個家庭的全體問題，自然形成了社會的中心。

二、編制意見，以單級或複式學級施行教學

這不但是兩部分開應採的辦法，也可因應功課把兩部爲適當的分合。

---

① 原載《鄉村改造》第 2 卷第 2 期，1933 年 4 月。

就是關於特殊之農作工藝課程，可以利用年長者作領導；關於特殊之文字計算課程，可以利用小學高年級作領導。我現在所欲說明的，第一單級內各組，是活動的不是固定的。第二單級教學，不僅僅是拿同時同教科或同時異教科，作配置的標準，而是把個別作業分團教授，運用於設計課程裏面。至於鄉村教育如何適用單級編制，這是大家知道的，用不着來說明了。

三、設備意見，以適合地方經濟爲原則

這裏是依據單級編制來說的，因爲小學和民衆學校合設，分開授課，可以用二部教學制度。第一，校舍。祇須有容納一個單級人數的大房一間，左方能開適度的窗戶，作爲通用的教室。另有空地一處，作爲遊息場所。其他房屋三四間，作爲特別教室和教員住室。第二，工作場所。最低限度須有園圃四五畝和田地二三畝。園圃宜比田地較多的，因爲鄉村的小學和民衆教育，祇有小學教學，宜以工作爲中心，而小學工作又不可勞力過度，祇有栽培和飼畜較宜於日常從事。第三，教學用具。一切皆取簡易的，即農具亦須和地方生活相應。

四、課程意見，以農事工作爲教學中心

工作分園藝、農作、工藝三種，本可以並行不悖的。不過因學年高下，工作得有偏重。大概低學年以園藝爲主，中學年以農作爲主，高學年以工藝爲主（但工藝須和農事接近）。凡是一個中心教材，勿論自然和社會學科，須形成互體功用；就是工具學科，如國語、算術，也須因應工作的目的和需要，爲適當的學習。並且由這樣整個的動作，養成國民應有的品性。不過在單級教學中，我們應當注意的，就是低學年的中心工作，和中高學年聯合時，應以中高學年的生徒爲領導者。中學年或高學年的中心工作，和低學年聯合時，低學年的生徒祇爲參加學習者。

我這點小小意見，雖然無甚高論，卻是徹底改造的途徑。像空喊口號到農村去的先生們，或是宣傳實業教育的學者們，他們是不會了

解教育的真義的。像現在各師範學校的教課，祇是愈走愈入歧途的。末了，我惟有希望鄉村師範趕快的徹底改造，我所主張的鄉村教育才可以實現。

爲小學教師待遇又進一説①

從前國家之強盛如何，係於國民教育普及之限度。故號稱文明國政府者，莫不以普及教育爲唯一要政。蓋非此無以使其民族之武力與經濟爭勝世界，有教育終愈於無教育則然也。自社會問題日趨嚴重，一切傳統式之教育，任在何方面，皆加重人類罪惡之成分。於是教育問題，不僅在其量而在其質。此所謂質，專循實用或生產之歐化，固不揣其本；然亦非復返於中國之倫理觀，或佛家之主靜論，可以推進者也。各國競事小學實驗，雖未盡解此旨，然其由學習以解決人類之全生活，實已漸趨於公同傾向，即人類之普遍要求，所賴以救濟社會者，非徒在有教育，而在教育之質，可以斷言。其所以必重視小學者，蓋人類之智力與習慣，皆於小學立其始基。始基或有缺陷，改進綦難。培植始基，惟小學教師司之。此國家命脈係於國民教育，而小學教師爲國民之母也。政府欲強盛其國，而不首從事於教育，或重教育而淺視小學，是猶浚河而不先疏泉源，其涸可立而待。然使重視小學，惟循前世紀普及之路，重量而不重質，則有教育較之無教育，在現今和平擾亂之世界中，爲效甚微。此種重質之教育，既非憑傳統觀念可以演進，開其途者固有需於一二研深極幾之人，而推演則不能不望於肯負責任與多研究之一般實施者。欲期一般實施者肯負責任與多研究，使立一校即盡一校之用，有一人入學即收一人之效，此則端視政府獎進之方何如。如其獎進無方，或簡直不加獎進，則少數有材能者，習處於循例敷衍之環境中，積勞既不以爲功，動輒嗤爲多事，始或躍躍欲試，久亦相習成風。國是敗壞，基於一般人

---

① 原載《開封教育旬刊》第 1 卷第 13、14 期合刊，1933 年 5 月 1 日。

心墮落，有由來矣。方今國難嚴重，政府與知識分子應付時事之論點，大抵皆偏於治標，無論如何策以萬全，終無救於國難。其實應付國難，不在目前而在將來，但使吾輩所培養之後嗣，不似今日吾輩之暗弱與自私自利，即使國破家亡，此龐大民族，終有復興之一日。夫國家政治與社會事業，不納於教育之中，則事無可爲。教育生命，又視兒童之能否適如分量而培植其基礎。果真注重此點，及今圖之，凡後代兒童，皆爲自效於國家社會之有用分子，而非屬興家立業或爭權攘利之產物，必不爲人類所棄也。

河南省立小學教師待遇標准，原定五年進級，言者頗以爲不便。其一，限年太久。今日局面，凡事皆無保障，即有保障，輒成具文。因此，教師之進退與轉移靡常，教師無甚專長者，不爲人所注目，往往容易延續其職務。加以生活進度日漲不已，稍有才能，不堪家累，視此望梅止渴，誰能坐待？其二，功與年難並行。因爲環境不良，官廳考察漫無標准，從事者循例敷衍，容易塞責，於是以但求無過爲有功，寖成風氣。凡歷事愈久者，學問上之經驗追求，每不敵敷衍風氣之傳染，期以五年，必演爲計年不計功之事實。試檢河南教育廳進級成案，已成鐵證。實驗區同人鑒於此種情形，建議修正，其目的在以最適當的獎進之方，策進教育，樹國家百年之計，非爲窮無所告之小學教師訴苦或邀賞已也。聞齊廳長對此建議，頗不漠視，終因廳務會議與審查者保留，再覓機會討論，在當事者自別有委曲，非局外人所得測知。惟此事雖小，關係匪輕。果持上論議，並非囈語。吾意國人具有復興民族志願，官廳更負革新教育職責，欲使革新之事得以進行，即當以修改小學待遇爲先決條件。如其以現在小學無成績可言，則成績善否，另爲一事。茲當問者，規定小學教師待遇，是否切要；原定標准是否應當修改，如其無說以相難，則保留實爲擁護私見之變相。且正惟小學無成績，就教育方面言，影響於中等以上教育之良否；就國家全體言，影響於民族之存亡。不有適當獎進，一切改良與實驗，均形束手，此余所以不憚煩而向教育廳大聲疾呼者也。至於以經費爲辭，則五年進級之條例，頒於民國十八年，刻已屆期。修正之議,注重計功,所增當亦有限,苟爲有益之舉,正當竭力以圖之。且使計年不計功之成例,造成庸者倖得、能者灰心之結果,不至愈演愈烈,當局不可不思也。又或謂鄉村小學教師待遇極薄,省立待遇較優,進級太速,更爲不平。不知不平而使之平,當隨環境而轉易。若藉此相難,則野有餓莩,政府不當梲腹充公乎?總之,小學教育急宜徹底革新,而修正教師待遇標准,獎進有方,則人知奮勉,革新庶有期望。舍此不圖,萬事一無可爲,吾民族惟有日即於淪胥耳。嗟夫!

開封城厢小學及民衆教育實驗區工作計劃[①]

一、大花園教育村計劃

試驗目標:試行社會中心教育,發展農村經濟,充實農民生活,以謀中華民族之復興,公平社會之實現。

實施原則:(一)以全村爲整個教育場所,取消學校形式,並打破家庭、學校、社會三種教育分立的制度。(二)以村衆全體爲教育之對象。施行混合式之教育,打破小學教育、成人教育分立的傳統觀念。(三)寓教育於整個生活之中,就社會實際需要,隨時隨地施行有形或無形之教育,所有按時上課、下課、寒假、暑假及學期、學年等辦法一概廢除。(四)以農村社會直接或間接的經濟活動爲基礎,制爲大單元的設計,在不違背心理的原則之下,特別著重陶冶社會生產的品格,訓練社會生產的技能,並熟練與社會生產有關之各種知識。文字教育僅居輔助地位,所有科目制度、教科書制度,一概廢除。(五)提倡"互教制",指導村衆互教,俾教育事業得以推廣,教育效率得以增進。

組織概要

本教育村之組織,分研究、教育、合作三股,設指導主任一人,主

[①] 原載《開封教育旬刊》第1卷第13、14期合刊,1933年5月1日。

持試驗工作進行事項。各股任務及人員名額如下：

（一）研究股

本股設正幹事一人、副幹事三人，其任務如下：（1）調查本區內人民職業、土產種類、生產狀況及生活需要。（2）研究本區內土產改良方法。（3）研究適於本區內人民從事之家庭工藝。（4）編制大單元的教學設計。（5）其他。

研究結果如有價值，其應用範圍斷不止一村。故在研究工作上所需費用，宜就事業之性質規定。初辦時擬設具有農工訓練之幹事一人、教育訓練之幹事三人，分擔各項任務。

（二）教育股

本股設正副指導員各一人，其任務如下：（1）組織村眾，推進各種教育活動。（2）推廣研究結果，改進村眾生活。（3）其他。

本股事業範圍相當於通常學校教育及社會教育兩方面之工作，為適合我國經濟情形，俾將來易於推廣起見，本股費用應力求經濟，以不超過本村村眾在通常學校教育及社會教育項下應需經費之比例為原則。其指導員以曾在師範學校畢業經驗豐富之小學教師擔任之。

（三）合作股

本股設正副幹事各一人，其任務如下：（1）辦理信用合作；（2）辦理生產合作；（3）辦理販賣合作；（4）辦理消費合作。

本股事業，並非為一村而設，故所需費用，宜就事業之性質規定。在生產合作事業未舉辦前，關於訓練生產技能之場所，可與村民協作辦理。或在本股指導之下，託其代辦，或利用已有場所，給以相當津貼，均無不可也。

此外，另辦鄉教育指導員訓練班，附設於本教育村組織之下，其詳細辦法另行規定。

大花園村概況

大花園村位於開封宋門外。其土地、人口及經濟狀況，就調查所得者略述如下：

（一）土地：該村面積約十方里，地勢平坦，無山林亦無河流，惟墳地甚多。耕地約三十頃，其中沙地占十頃，在村之西北隅。至每家所占田地平均約四五十畝，佔有一頃以上之住戶，殊不多見。

（二）人口：該村共有住房一百十九家。其中務農者一百一十三家，無業者六家。每家人口至少四人，平均約七人，有多至二十五人者。總數爲八百八十人。其中男四百六十八人，女四百一十二人。其在各年齡時期內之分配如下：六歲以下，一〇六人；六至十歲，八十七人；十一至二十歲，一五二人；二十至五十歲，三七三人；五十歲以上，一六二人。

（三）經濟狀況：該村農產品以麥、豆、花生、高粱爲主，萊菔、西瓜及白菜次之。副業方面，僅有肩挑、販賣、養雞、養豬、織布數種。收入頗屬有限，故該村人民之生活除極少數外，皆甚貧苦也。

（四）將來發展之可能：該村可發展之生產事業甚多，僅舉重要者數種如下。

（1）種柳。該村沙地約有十頃，皆種花生，爲利甚薄。若改種柳條，三年後蔚然成林，以製巴斗、提箱等物，可獲巨利。

（2）織布。該村農忙期間，在四月至十月，其餘各月頗多閒時。可由本村合作社賒以棉及紡織機等用品，利用農隙，從事紡織；其出品仍由合作社代售，所獲純利，作爲各戶合作股本，復用以發展公共營業之生產事業，使本村各戶皆逐漸變爲生產事業之主人翁，庶不致爲高利貸者所盤剝也。

（3）養雞。該村出產高粱，用以飼雞，最爲經濟。據村農云：養雞一隻，每年獲利至少一元。惟春秋二季常患雞瘟，無法防禦；且飼養過多亦不便管理，故該村農戶無有以養雞爲業者。若於防瘟上與以相當指導，並介紹優良雞種，更或辦理集合養雞場，共同管理，則將來養雞所獲之利，定可爲該村人民經濟來源上一大補助也。

教育實施辦法

（一）於花園村之中心，建茅屋數間，用爲教育村辦公所及村民會堂。該會堂約能容百人，其旁設儲藏室，放置教學活動上各種用品。會堂及辦公室內一切設備，務求簡樸，並以由村民自製者爲上選。

（二）由教育指導員指導組織公義團、服務社、兒童會或類似之團體，為推進教育活動之機關，其詳細辦法另行規定。

（三）教育活動有需共同參加者，在村民會堂或曠野行之。

（四）各團體人員，除特殊情形外，均須練習生產技能，由教育指導員支配，於各生產場所行之。

（五）所有與教育活動有關之知識，就該活動之需要，在生產場所、村民會堂或其他處所隨時習練。

（六）各團體人員在教育指導員支配之下，就個人自身情形，分赴指定之住戶或田野參加下列活動：（1）宣傳家庭生產的重要；（2）介紹家庭生產的方法；（3）介紹改良生產的方法；（4）指導生產的活動；（5）傳播與教育活動有關之知識；（6）將生產合作的原料分配於各住戶；（7）將各住戶的生產品帶至本合作販賣；（8）宣傳購用土貨的重要；（9）指導怎樣購買土貨；（10）宣傳節約的重要；（11）指導怎樣節約；（12）其他與經濟活動有關之事項。

（七）指導員須調查村民個性及其家庭狀況，遇必要時，應更調其經濟活動之種類，俾有多方練習之機會。

預算（略）

二、杏花園鎮教育計畫

社會概況：杏花園鎮係開封縣的一個小單位自治區，位於開封城內之東北部。全鎮包括杏花園、鏃匠胡同二街。街道窄狹，路政不修，兩旁密排著一般手工業者的生產處所。全鎮人口百分之七十以上都是生產勞動者，不過因為方法守舊，出品銷路不廣。多數生活異常艱困，甚有晝夜勤勞，不獲一飽者。加以教育幼稚，風氣閉塞，雖具有勤樸耐勞的民族德性，因受經濟及知識的相互壓迫，卻充分表現出沒落的景象，很可以代表中國城市一般舊手工業者生產組合的雛型。其戶口、職業等情況據調查如下：

（一）人口調查統計

（1）全鎮住户共二百三十五户，營工商者一百二十一户。

（2）全鎮人口共一千三百三十二名，營工商者七百人。

（3）男子九百八十一名，女子三百五十一名，十五歲以下者二百四十二名，十五歲至四十歲者七百零五名，四十歲以上者三百三十五名。

（二）職業統計

表一　杏花園鎮職業統計表

職業種類	户數	人數	備註
筆業	7	72	
布鋪	1	2	
木匠	26	162	
錫匠	2	6	
泥水匠	1	2	
刷子骨頭匠	2	11	
裱糊匠	2	9	
畫匠	3	8	
書業	1	2	
紙煙業	1	4	
茶館	2	12	
成衣鋪	2	12	
油饃鋪	2	12	
雜貨鋪	6	25	
理髮業	1	4	
政界	25	63	
教育界	14	72	
軍警界	13	35	
商界	18	117	
工界	103	587	
無職	62	462	多爲兒童及婦女
總計	235	1332	

表二　杏花園鎮工商業統計表

職業種類	戶數	人數	備註
銅匠	50	282	
鐵匠	2	7	
銀匠	1	8	
染匠	3	28	
油漆業	8	46	
刻字業	1	2	
饃鋪	1	2	
總計	121	700	無職業之婦女兒童未列入人數

表三　杏花園鎮生產能力調查表

每月收入銀數	戶數	備註
二百元以上	無	
百元至二百元	6	
五十元至百元	32	
十元至五十元	114	
十元以下	21	
總計	235	無職業者未列入

以上三表係委託杏花園鎮鎮長所調查，是否可靠，雖未敢定，但大致情形，或無錯誤也。

教育目標

理論與事實都如此告訴我們，產業革命的波濤將要卷沒中國固有的一切手工藝。農村家庭手工副業不但早經絕跡，就是廣泛的城市手工業者，也無處不感到瀕於絕境的恐怖與悲哀。事實是如此的：

（一）新式的機器生產方法，淘汰了拙笨的手工技術。

（二）機械工業的精美出口，代替了粗製濫造的土貨。

（三）"托拉斯"和其他合理的經濟組織，摧殘了封建的行會制度。

（四）三十年來教育實施的結果和世界新教育潮流之趨向，已明白暴露了過去教育之失效和不適合中國現在社會之需要。

所以我們要想挽救中國手工業的危亡，發展城市民衆經濟，糾正過去教育之錯誤，必須：

（一）實行以社會和生活爲中心的教育——教育之内容、方法均以整個社會、勞動生產和實際生活爲中心，以免除分割、對立、浮泛、空虛之弊害。

（二）改進手工業者的生產技術——從原有生產技術的循序改進中，使能運用適當的機器，以便迎頭趕上，免致落伍。

（三）改進手工業者的生產物品——調查一般社會對與生產物品的供求情形，從而儘量改良出品，以求適應其需要。

（四）改良手工業者的經濟組織——打破封建的行會制度和各自爲政的經營方式，采開明的合作制度，以集中並增加社會生產的力量。

（五）改變手工業者的人生態度——救濟愚昧與貧窮相互爲祟之事實，提高公民常識，訓練社會道德，養成開明的進步的人生態度，以充實人民生活。

因此，我們根據杏花園鎮的社會情況，確定整個的教育目標，試行社會生產教育，以充實市民生活，實現理想社會。

實施原則

（一）以生產勞動爲教育活動中心，用教育的力量改良生產，由生產活動中，實施教育，使教育與生產事業打成一片。

（二）以鎮民全體爲教育活動人員，俾兒童教育與成人教育打成一片，並自教教人，以收相濟爲用，齊足並進之效。

（三）以鎮區全部爲教育活動場所，混合家庭教育、學校教育、社會教育的方式，相機應用，以謀教育力量的集中，教育效率的增高。

（四）以市民整個生活爲教育活動範圍，從市民生活之各方面，應用各種適當方法，實施各種有效的教育，俾教育與生活融合爲一。

（五）生產能力的增進和生產習慣的培養，同時並重，俾生產和消費互相適應，以養成經濟暢遂的生活習慣。

（六）以經濟有效之方，利用並培養全鎮人才、全鎮財力以辦理全鎮教育及生產事業。

（七）以促進生產合作爲活動的先鋒，以改良生產物品爲活動的骨幹，以改善生產技能爲活動的重心，以增加社會生產爲活動的鵠的。

實施辦法

甲、行政組織：

（一）杏花園鎮教育行政委員會爲全鎮教育行政之最高權力機關，設委員九人至十一人，由實驗區委員會就具有下列資格之人員中聘任之。（1）正副鎮長；（2）熱心公益提倡教育之鎮公民；（3）省立實驗民衆學校之教職員；（4）對於社會生產教育富有研究及經驗之專家；（5）實驗區委員會委員及幹事。

（二）教育行政委員會之職權如下：（1）決定全鎮教育實施方針及計劃；（2）決定全鎮教育事業經費之籌措方法；（3）審核全鎮教育事業經費之預決算；（4）監督並指導全鎮教育事業之進行；（5）激發並引導全鎮公民從事各項教育之活動；（6）決議本鎮教育指導人員及鎮民關於教育之建議；（7）其他重要教育事項。

（三）教育行政委員會設常務委員三人，由全體委員互推之，召集會議處理日常事務。

（四）教育行政委員會之下分總務、事業二股，設總幹事一人，由實驗區委員會聘任之，秉承行政委員會負責辦理二股事宜。

總務股之職務如下：（1）屬於調查統計之事；（2）屬於文牘、會計、庶務之事。

事業股之職務如下：（1）屬於普通教育；（2）屬於職業教育；（3）屬於補習教育；（4）屬於特別訓練之教育；（5）屬於合作規劃及進行。

二股之詳細計畫，由教育行政委員會根據上列各項，依實施程式，隨時分別規定。開辦之始，總務股暫不設幹事，雇事務員一人，辦理文牘、會計、庶務事宜。關於調查統計由事業股兼任。事業股暫設專任導師三人、兼任導師二人、單級小學教師二人。俟事業進展，再行擴充。各員均由實驗區委員會分別選任之。

乙、活動方式及程式

（一）以學校教育爲改造全鎭事業及生活之活動的主要機關。

（二）舉辦全鎭社會調查，特別注重經濟的調查。如職業種類、生產及消費的情形，收納與支出之盈虧等。

（三）根據社會調查之結果，分別登記各項生產活動爲若干種類，從而劃分爲若干組，以便實施設計及訓練。

（四）就各組或各家之共同需要，分別組織成立信用、生產、販賣、消費等合作社。

（五）根據各生產組別之需要，利用合作社之力量，在某種精確設計之下，分別先給予以相當知能上之訓練。

（六）視訓練之性質而定訓練之場所，如利用學校、茶館、工廠、鎭公所、家庭客室等處。

（七）某種需要之知能熟練後，即指定活動方向，開始工作，由各負責指導人隨時說明並指導之。

（八）相機舉行與社會生產有關之各種訓練，如語文訓練、康樂訓練、公民訓練、家事訓練等。

（九）從各種訓練進行中，充分宣傳社會生產之關係、合作社之意義、改良生產技能與生產出品之必要，以及我們辦理實驗區和鎭民應予合作之要旨。

經常預算（略）

三、編輯小學各科活用教材計劃

甲、理由：

教材爲實現教育目的唯一工具，教學方法及效率亦視教材爲轉移關鍵，所以各地進步小學皆努力於自編合宜之教材。部頒課程標准，僅具大綱，不列具體教材；且不備各地之特殊情況。坊間所出各種教科書，大都取材廣泛，不切實際。斟酌損益，端賴實施。是現有之固定教材，頗難盡適用於河南小學也。

本會成立之始，齊性一廳長即以編輯適當小學教材相勉。嗣於校長談話會，教學研究會發起會席前，尤屢屢提及。本會負此委託，力求自效，爰訂編輯河南小學各科活用教材具體計劃。擬集合全省對於小學教育素有研究者，因應環境，依據部頒課程標准之原則，編輯適合河南省小學之各科教材，以資應用。謹將計劃列下：

乙、計劃：

（一）編輯方針：根據部頒課程標准，適應地方需要，編輯活用教材。

（二）編輯種類：

甲、修改教本。不限於全部修改，可任取某科教本之某一課，提出原教材不適當之點加以改正。

乙、補充教材。專就一種事物爲有系統之叙述，自成小册，共分兩類：（1）地方需要。（2）時事需要。

丙、兒童讀物。改作、翻譯、創作不拘一格，但必須適合現代兒童閱讀之用。

（1）常識讀物：A. 自然常識。B. 社會常識。

（2）文藝讀物：A. 兒童畫報。B. 兒童故事。C. 短篇小説。

丁、大單元設計教案：

（1）創作之設計。

（2）整理散見於書報之最有價值的設計。

（三）編輯辦法

1. 本區職員須查照上款之甲、乙、丙、丁四項，每學期開始自認若干題目，每月編成若干，必須預先確定，分月送委員會審查。

2. 特約專家及有教學經驗者編輯。

3. 徵稿（此與 2 項之酬報審核均另定規則）。

4. 審訂上列1、2、3之稿件,由本區各委員分別負責,提出審訂意見於常會中表決,遇必要時並得聘專家審訂。

5. 本區職員須指定一人收集稿件並擔任印刷,於每次常會中報告一切事務,遵照議決案處理。

6. 印刷用小冊或活頁。

經費預算(略)

對於勞作科課程及教學之意見①

十小勞作科教師孫覺民君編制《勞作科教學計畫大綱》既竟,本旬刊將印爲專號,冀以促進工藝與美術教學之改良,並引起各科教學方案之繼起實現。孫君於小學工藝與美術頗有具體的深切研究,由其計畫大綱即可窺見一斑。余對小學教育之主張,本稍近於以手工教學爲中心的傾向。以此類技術,非所嫺習,不欲多所論列。惟是教學實際,由分科構成之孤立情事,即改良而不免蔽於所習,在原則則成爲籠統目標,在過程則成爲空虛形式,已成今日新式教學之一般傾向。爰本其平素之教育見解,就孫君所擬之計畫大綱,更進一說。抛磚引玉,或有裨於貢獻云爾。

部定課程標准,勞作原稱工作,其作業類別分爲校事、家事、農事、工藝四項。在總說明中謂農事、工藝可單設一種,即以所設一種命名某某科,其餘必要作業併入性質相類的各科中;又低年級得併美術、勞作二科爲工作科。在教法要點中謂本科應充分與社會、自然聯合教學;又討論、研究,須與操作、調查打成一片,不可獨立爲一種作業而流於空談。以上所述,爲編制勞作課程宜基本認識之點。

欲知勞作之應如何教學,先須認清勞作在整體教育上所具有之意義。在近代教育思潮中,勞作所以成爲方法之共同傾向者,勿論起因於社會

---

① 原載《開封教育旬刊》第1卷第18期,1933年9月1日。

方面或心理方面，總而言之，在改革從來之知識本位的教育，而易以行爲本位的教育。惟如此傾向，成爲功用，係產生於整體教育之上；非設某個學程，或行某種方式，可以達其目的也。在分科教學中，誠有某個學程最適於勞作。然必以此爲中心學科，一切設施，一切教學，皆由此而分佈而推演，而後可以完成其教育之主張。如部定課程以勞作名科，地位占科目十分之一，時數尚不逮焉。以整體教育之功用，建築於些微部分之科目上，即形式已不完整。如其以設一種爲已足，則用舊時之手工學程即可替代此種作業，勞作不過名稱之變易而已。至於作業類別，校事、家事與農工並立。實則各別部分，多有相互關係，如衣食涉及農事，製作涉及工藝，其最顯明者也。假使依類而成單元，則分別作業，即易啓割裂之弊。如果但就部定之目標與教法要點以論，未始不可完成勞作教育之理論。若由作業要項，求其如何運用於實際作業，並估量由作業所達到勞作之效率，敢斷言其問題甚多也。

使教育部當局以及起草課程標准者，有感於吾國教育陷溺於士族式、書本式之積習太深，確信勞作教育之方法足以挽救之，即應標明勞作旨趣，貫澈於小學整個課程之中，以確立生產教育之基礎，並培養平民政治之精神。其最適於勞作之科目，如自然、手工、美術等，應就其範圍所及，提出改造標准。若僅變易名詞，擴大一科目之範圍與意義，無論爲勞作或工作，均空泛而無當於實際，或且損及勞作教育之真正價值也。

孫君勞作科教學計畫，分爲二部：一美術，二工藝。因此而余之意見，可得言焉。

其一，美術與工藝分別計畫：就科目之性質言，自各有其不同之點。關於練習部分，亦可分別而獨立教學。惟作業單元之形成，雖可劃分部分而爲學習，然必建築於綜合教學之上。美術與工藝既合爲一科，即宜打成一片，組織教材。況美術作業分繪畫、剪貼二類，如與工藝結合，成爲學習歷程之一段，尤爲設計教學必循之方式；若名爲合併，而教材與進程仍自分離，是合併純爲毫無意義名詞也。

其二，以工藝與美術佔領勞作之整個領域：前論勞作之意義，業已闡明其旨。雖美術與工藝較適於勞作，然使與其他科目分離而作業，即勞作之真正價值恐亦未能具體認識。此固取部定名稱，可不復論。如果求勞作教育之意義，實現於此種作業之中，則編制課程應注意者當有三種。

（一）正學習。即一個單元教材之本身也。此在美術與工藝方面，其要素有三：1. 材料。2. 製作法。3. 器械使用，皆從來教學注意所及者也，應分年規定其內容與進程。

（二）副學習。美術與工藝具有一種創造活動，此在取得知識技能之進程中，涉及品性之動作，較他科目猶多而且明顯。嘗見製作與飼畜等作業，教師往往任兒童侵佔或損壞用具，浪費材料，即令正學習確有所得，而品性已受損害，此學科日趨實用，而自我益形分裂也。新教育必要之改造，當視所含副學習之意義如何。此種規定，必依正學習之主要事項，審察其人與人及人與物之關係，由開始學習所表現者，預計其應當如何與不應當如何，以便使兒童由動作而自行發現，免致遇機會而漫不經心。

（三）主要關係。此不言副學習者，則以教學計畫，立於一個科目之上，其與他科目有連屬關係，有待於相互進行者，惟有提出要項，彼此對照。其整體作業，結合各科而完成，正副則可隨科目而易位也。

原計畫祇對一項略有規定，不及三項。則本科之作業要項，無由全部完成其設計。不及二項，則教與訓不能合作，勞作之功用已微。至於教學過程，美術分欣賞、研究、製作三種，工藝分研究、建造二種，此係一般流行之設計所尚者。以所計畫，隨教材之部分而活用，誠為有益。若用作分類的整個單元之固定歷程，猶之五段教授法也。關於此點，余曾歷歷言之，茲不深論。

抑又有言，勞作誠為現代教育之共同傾向，然並非任何勞作之學習，即有教育價值也。美術與工藝誠具有創造活動之性質，然並非注重此科目，即能培養兒童創造力也。設計誠足以改造課程，然徒襲形式，其結果或較劣式教學更劣也。最後舉此三點，喚起勞作教學之注意，即以結束本文之意見。

單級教學[①]

命名之義——編制全校學生，爲一個學級。

界說：1. 多級之單式學級——以同年級或同程度者編爲一級。2. 複式學級——係在多級中合併若干級，運用單級編制之意義。3. 複式教學——不限於用單級編制而採用其教學方式。

從成立的立場觀——經濟。

從教學的方面觀——自習。

前此不發達的原因：1. 純認爲經濟立場，不深求本身之教學價值。2. 教者保持流行的教育觀念以進行教學。

學級編制：多級分爲單式學級和複式學級。單級分爲普通編制的單級和二部編制的單級。

學級編制：

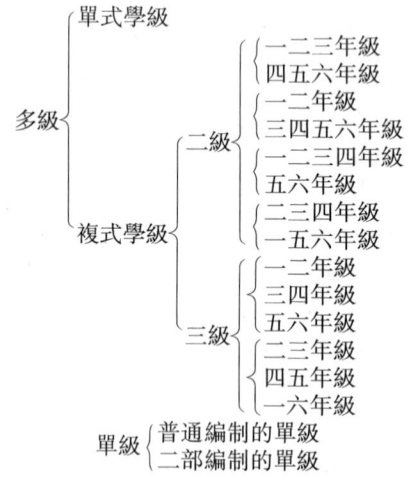

---

① 原載《鄉村改造》第 2 卷第 15、16 期合刊，1933 年 9 月。

甲、普通編制的單級

(一)
一 年				
二 年				
三 年				
四 年				

一時　二時　三時　四時　五時

(二)
一 年				
二 年				
三 年				
四 年				
五 年				
六 年				

乙、二部的單級
（以一二年級爲二部，三四或五六年級類推）

(三)
一 年		
二 年		
三 年				
四 年				
五 年				
六 年				

(四)
一 年			
二 年			
三 年			
四 年			
五 年			
六 年			

丙、二部的單級

（以一二與三四爲二部）

（五）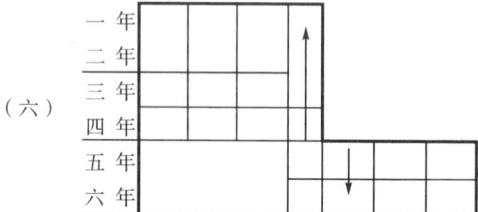

（以三四與五六爲二部）

（六）

丁、二部的單級

（一二三與四五六爲二部）

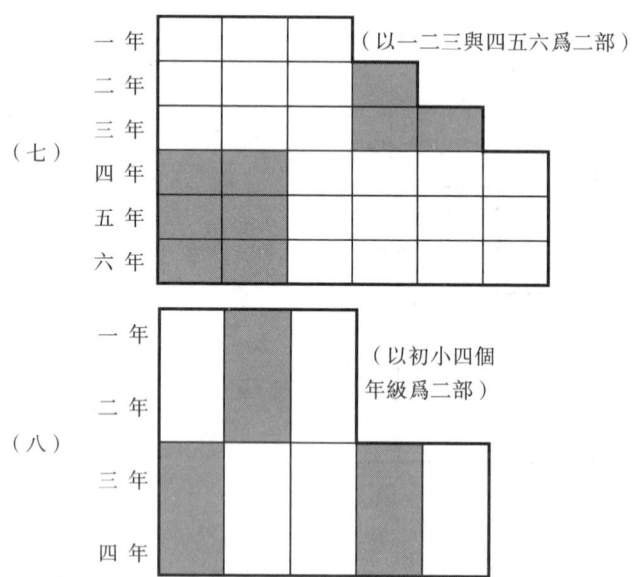

（七） （以一二三與四五六爲二部）

（八） （以初小四個年級爲二部）

教學配置：

甲，共同時間的教學

1. 較適宜之科目或其部分，體育、工藝、美術雖用不同教材較便於同時教學，然每學期中未始不可進行少許之同教材，由高級生領導爲之。公民關於集合訓練、偶發事項、紀念節日，唱歌關於公用歌詞，皆適於共同教學。國語之寫字，亦甚相宜，惟作文不宜屢在同時間爲之。

2. 教學時間不限於某科目，亦不占任何科目之全部時數。

乙，分組教學

如有三個年級以上之學生，自當進行二部的單級式，使同時教學因分組而減半，則困難亦少。然依單式學級通行之教材與教法，則同時教學之各組效率將視直接與否而定。

吾國小學未發達，大抵施行單級者多屬於初小，每組祇有二個年級，將教學時間劃分前後，各偏重一個年級而教學。若依此旨而分別論之。

國語之寫、讀、作，各有其獨立教學之部分。甲組讀則乙組作文或寫字，反之，乙組作文則甲組讀、寫。

算術在直接教授之下，習題自可劃時間二分之一，此亦便於交互配置。

自然與社會，和用文字講解，可劃出若干時整理記述；如爲實地之觀察或搜集，則適於個別指導，有時亦可與圖畫或國語相聯絡。

工藝、美術、體育等分組活動更爲便利，惟應注意者：

（一）教學時間應特別提出之部分

1. 開始學習之事項；

2. 特殊練習之事項；

3. 初入學時之訓練。

（二）分組合用之主要教材

1. 以循環式組織有連續性之教材；

2. 設計單元組織有推廣性之教材。

（三）預定之事項

1. 作業要目。每學期始規定全部單元要項或分科細目；

2. 教案。每週之前將教課之題目、準備事項、新教材及練習教材、程式等項預定教案。

以上皆分甲、乙兩組列表，以便對照。

丙，控制自習

（一）自習之劃分。普通編制的單級所注重的自習皆寄附於同時教學之中。若參用二部制，則自習當有三種：1. 半自習；2. 間隔自習；3. 午前後自習。

（二）自習主要工作，與直接教學合爲一體而成單位。

（三）除半自習外，應預先指示自習之具體事項。

（四）自習時在不妨害他人外，兒童應有自由。尤其 2、3 兩種自習，得許有隨意之工作。

（五）二年級以上，得選組長在教師指揮之下負指導與監督之部分的責任。

（六）關於各科自習之旨趣：

讀法在直接教授之日，至少須有半小時自習，復習或預習前後時間之功課。

作法非屬無膳正時，不得作其他功課。

寫字不得寫未經教授之字，在休息時間內，教師須檢訂之算術習題不得過多，利用卡片便於檢訂。

史地教材在直接教授之前須有自習。

自然以復習爲主。

工藝、美術尤其是國畫，可任兒童隨意自習，低年級最爲相宜。

體育可使高年級或組長領導之而作最樂意之遊戲。

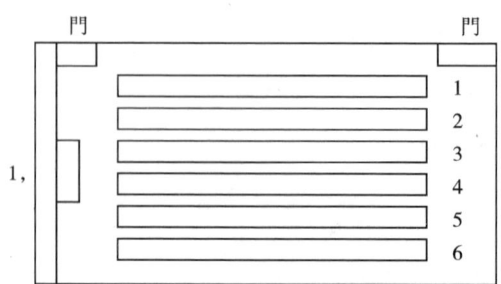

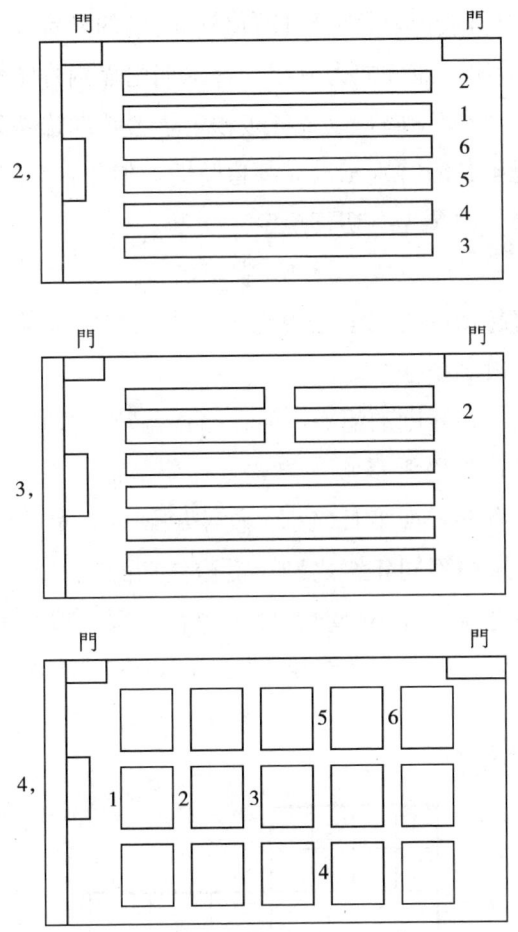

排列課程：

1. 應避免的——例如同時出聲之類。

2. 應調節的——例如某組示教他組自學。

分配課程：

1. 分別把各級各科的單元，詳審相互的聯絡，一一提出，併為總合教材，依科預計各占時間若干，再計各科獨立占時間若干。

2. 把上所分別的各個單元，詳審若干單元可以某某年級合授。

3. 詳審各個單元所有特別示教或特別練習的，以及在各個年級需特殊教學的。

4. 依單元教材或依科目分別性質爲同時間的配置。

5. 依學年分組，兼採能力分組，每學期內隔兩月須變動一次。

6. 因各學年時間不同，以及各級預定學習時間臨時須有伸縮，每日或隔日須分別提出各級特別示教或練習時間，但是在某組單獨教學時候，對他級自學功課，應預先有切實規定。

二部教學

定義——將超過一班兒童之規定數，或二個年級以上之兒童，分爲二部，由一班之教師擔任之。

用處——係一種變則的組織，但在屬行普及教育時，却甚重要。

方式——以編制學級爲唯一方式，從學級說，有全部與部分之別；從教學時間說，有整日與半日之別；從組織說，有單式與複式之別；從學力說，有同年級與不同年級之別；從擔任功課說，有一教師與二教師之別；從整體教育說，有小學教育民眾教育二種，單行與互行之別。此外有將課程分類者，但非了解鄙說之二重制，不便討論，暫不論及。

全部二部

1. 以初小分部

2. 六年級分部

3. 一二與三四五年級分部

```
┌─┬─┬─┐
│1│ │ │
├─┼─┼─┤
│2│ │ │
├─┼─┼─┤
│3│ │ │
├─┼─┼─┼─┬─┬─┐
│4│ │ │ │ │ │
├─┼─┼─┼─┼─┼─┤
│5│ │ │ │ │ │
├─┼─┼─┼─┼─┼─┤
│6│ │ │ │ │ │
└─┴─┴─┴─┴─┴─┘
```

4. 一二三四與五六年級分部

```
┌─┬─┬─┐
│1│ │ │
├─┼─┼─┤
│2│ │ │
├─┼─┼─┤
│3│ │ │
├─┼─┼─┼─┬─┬─┐
│4│ │ │ │ │ │
├─┼─┼─┼─┼─┼─┤
│5│ │ │ │ │ │
├─┼─┼─┼─┼─┼─┤
│6│ │ │ │ │ │
└─┴─┴─┴─┴─┴─┘
```

部分二部

5. 同單級乙丙之三四五六

半日二部

6. 參考（1）—（4）圖

整日二部

7. 同單級丁之七八

半整間二部

8. 同單級乙之四丙之五六

單式二部

9. 半刊式分部舉例

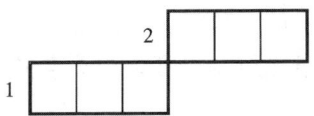

10.

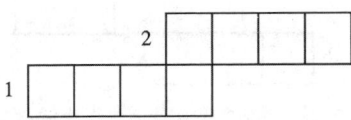

11. 整日式分部舉例

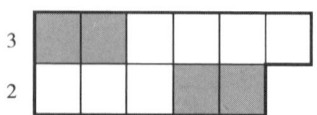

12.

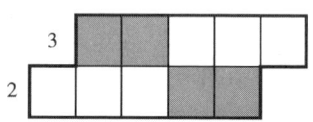

13.

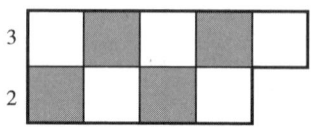

複式二部

14. 同單式 9—13 惟將 1，2 或 2，3 年級變爲甲乙二組。組所含之年級，如全部二部式。

混合式二部

15. 即單式複式並行之二部，甲組爲單式，乙組爲複式，如單級乙之三四。

同年級二部

16. （以一年級舉例）通用單式二部式惟將二個年級變爲同年級例如一甲一乙。

不同年級二部

17. 適用複式與混合式。

小學與民眾單行之二部

18. 施於小學式民眾之編制可任取上列各式小學與民眾互行之二部。

19.

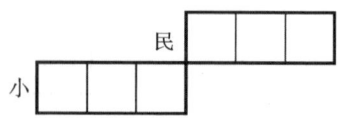

20.

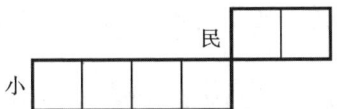

21.

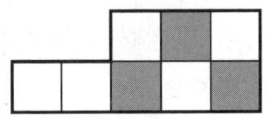

一教師擔任之二部

22. 上列各式皆可用教師一人擔任

二教師擔任之二部

23.

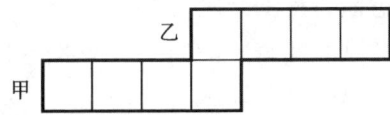

二教師擔任三組之編制

24.

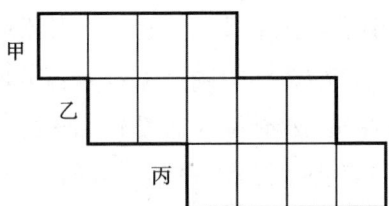

25.

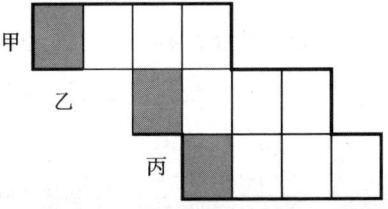

半日以民眾教育為最宜，整日以小學高年級為最宜。
分部應由單式學級推廣，漸及於複式。

自習準備應有充分的練習。

單獨授課時間二部皆至四小時者，只能減省教室。

附　　錄

1. 教育部通令之大意，限從二十二年度起施行二部制，大意謂省市現有小學，因地方需要，仍用全日制外，應盡量改爲半日或間時二部制。間時制旋行於教室場地較爲寬廣之校。

2. 上海市二部制消息：

（1）市區指定若干校試辦間時二部制，自低年級開始。鄉區指定學生擁擠校舍狹小若干試辦半日二部制。

（2）因實行二部制而增加教學時間之教員，其俸給按照比例增加之。

（3）二部制學生應繳費得酌減之。

（4）指定下列各校試辦間時二部制——務本附小（二教室）、敬業附小（二教室）、農壇（一教室）、比德（二教室）、呆竹（二教室）、和安（二教室）、德新（一教室）、樹基（一教室）、其美（一教室）、尚文（一教室）。

（5）指定下列各小學試辦半日二部制——引翔區（育才培德）、殷行區（殷行）、吳淞區（吳淞）、江灣區（虹江）、彭浦區（彭浦）、真如區（真如）、蒲淞區（適存）、法華區（虹路）、漕經區（華）、楊思區（楊思）、塘橋（壇南）、洋涇區（洋涇震修）、陸行區（三修）、高行區（培英）、高橋區（高橋），所有二部課程由謝督學周專員會辦。

3. 日本兵庫縣整個施行二部制之概況：

日本二部教學，最近施行部分者約一三九〇餘校，施行全部者約一二〇餘校。此制雖宣傳已久，殊未盛行。近自三省因經費節減，聯合發令，全國皆注意及之。惟兵庫縣自日俄戰後，即多採半日式二部制。明治四〇年政正縣令而以整日二部制代之。最近由縣府事務官之提倡，認爲有單式學級同等成績，可使教育健全發達，即該縣明石一郡，已有八十餘學級。茲摘錄其發表之旨趣。

二部教學，不僅因經濟與教師不足，還有重要理由。教部令雖以每學級用一正教員爲原則，然而優良教師之教育力，不要僅及於一個學級。從表面觀，兒童爲教員所教，其實同時亦隨他兒童而學習，即是二部教學，由教師優良之教育力，而擴大其應用範圍。上論雖不免言之過甚，然殊可玩味其教育之價值也。

寫在這次的調查報告之前[①]
——關於小學課外作業問題

各科作業處理的情形，由河南教育廳調取省立各小學練習簿及筆記（內含大小字筆記、日記、作文、算術等），交付本區領導、河大教育系全體學生，逐一檢查，按照本區臨時制定之表記數。經本區幹事趙君作安如數統計，分析列表，提出說明，編成調查報告。余校正既畢，更爲說以進之。

調查材料係教育廳長官當日派員守提，由各級教師檢出本級每門上中下各五本。一方面非任意抽調，一方面不便作僞。間有疑非本期作品，亦經檢查者審慎提出。是材料之較真實與適當，差堪共信也。

調查處理作業材料之動機，最重要的有兩種原因：其一，各小學教師以授課之外處理作業爲最忙工作，究竟一般忙至如何情形。其二，由此課外處理者，究竟給兒童以如何影響。至因之而知一般傾向所通用方式，在教育上有何價值，亦區區之微意也。

此次調查項目，全取其可以數目字表示者，固在便於登記與統計，然亦以眞實價值，惟數目字之表示爲最可憑信。雖項目內容，有非盡數目字可以表示者，然先由此得到概念，進而爲分析調查，當更正確矣。

現今小學教學上急宜考察之問題，莫要於學生課外作業與教師課外處理作業，幾形成爲一般傾向。教師以爲苦而不能不作，家長有所疑而

---

① 原載《開封實驗教育月刊》第 1 卷第 1 號，1933 年 10 月。副標題爲編者所加。

不敢非難，並且官廳視察，校長考核，皆以此爲評定成績之最重要條件。至於學生因此而造成苟且、敷衍、虛僞之種種惡習，教師藉此取巧而貽誤授課或削減授課時數，皆爲世人所淡忘，即令教師認真處理，所處理者是否有效；學生認真作業，是否不妨害其健康——從無人爲正確證驗。徒以相習成風，即最取巧之教師，亦不能不費少許時間，以完成此種形式。然而可憐一般兒童，爲此但求塞責之課外作業，得失不足相償，真可爲痛哭流涕者也。

　　課外作業所包甚廣，茲之所指，大抵以有練習簿或筆記爲範圍。當初提倡課外作業，原爲學有餘力者，給以補充教材，或者爲預習與溫習起見，指定範圍，與正課息息相關。其處理之方，並不限於課外訂正。即在課外訂正，其共同與個別之點，尤當分別予以適當之直接指導。今則課外作業，與課內並無分明界限。課外訂正，僅爲教師之單獨表現。如此教學，即令練習本與筆記，完好無缺，其能否成爲良好成績，殊可疑也。

　　余不解小學教師，動輒以課外處理作業爲苦，何以不取課外處理之時數，伸展爲教學時數，使授課與練習相連屬。任何練習，皆在巡視之下。任何訂正，皆在授課時數內處理之。如此則教師工作，疲勞至如何限度，盡人可見。然而計不出此，勢必課外處理作業，可以節省教師勞力，而教師則以爲苦也。或者課外作業，確有正確效率，而教師又無比較可以證明之。似此習非成是，舉國風靡，即此一端，已令人有無限之感喟也。

　　報告中分表說明，不少言外之意。茲舉其最顯明之兩點，或可予吾人以深省也。

　　（一）任何訂正，一般傾向祇在無正確標準的條件之下給予等次，凡稍費時間之方式，不甚採用，此在努力與價值二方面，均顯示以無可掩飾之情事。

　　（二）作文命題，大半近似雜誌上文人發抒聞見或感想之玄虛形式，如本文以"寫在這次的調查報告之前"爲題，即其例也。且有在形式上給兒童以不良印象，如"殺媽媽的兒子"，"我靈魂中的仇人"，其最甚者也。命題實質固屬重要，即形式上亦有急宜矯正之必要。

本報告原在藉調查所得，求一種問題之解決，絲毫無考核學校或教師意味。不過不相比較，則解決之途，即無由而得。閱者雖由所表出之事實，可以略窺各別真相，然亦惟實際從事者容易察知其隱微。幸勿誤會調查目的，在判別優劣，是則鄙人所鄭重聲明者也。

本區一年來工作報告[①]

一、引言

開封城廂教育實驗區之設立，其旨在溝通省教育廳、河大教育系、開封省立教育機關三者聯爲一體，一方謀行政設施與學術研究之合作，一方求理論與實施之互證。在官廳主持方面，動議於張幼山廳長，決定於李敬齋廳長，而成立於齊性一廳長。鼓吹者最初爲徐侍峰先生，繼爲鄭竹虛先生，嗣後爲許心武、邰爽秋二先生。及其成立，則王炳辰、王海涵、趙子傑三先生亦與有力。下走始終參與有成，斯可幸已。雇實驗兼具有事業與學術之兩種性質，而部分涉及行政、研究、實施之三方面，事非可以淺嘗，而力有待於共濟。去冬創始，公推侍峰先生爲常委，內部用人無多，以準備進行計畫爲初步主要工作，兼發行旬刊以傳播之。侍峰先生牽於北師大職務，不果回，下走無力兼顧，忽忽十月，初步工作，不免率爾。以致同人僅有無功之勞，而區事或煩補牢之計，良用歉然。年度甫畢，遵章報告，追省既往，策勵來年。謹分類陳述。

二、調查統計

（一）舉行菊花展覽會實施調查。去年十月下旬，本市各省立小學紛紛舉行菊花展覽會，本區以此種舉動所費經費與時間甚鉅，究含教育價

[①] 原載《開封實驗教育月刊》第 1 卷第 1 號，1933 年 10 月。

值若何，實屬疑問。為欲明瞭各校是否能利用菊花展覽會獲得教學機會起見，爰於二十一年十月，制定菊花展覽會調查表格，舉行開封市省立小學菊花展覽會實施調查，調查完竣後，並分項逐一統計，編制報告，更附加意見在本區《開封教育旬刊》第二、三期合刊發表。使各校再作此種展覽會時有所藉鏡。

（二）工作科成績調查。本會為明瞭各校工作科所制物品是否適用、所用材料是否國貨起見，特制定表格分赴各校詳細調查，期於調查完竣後，統計結果彙集研究，俾得尋出改良標准。

（三）舉行訓育實施調查。訓育問題為教育上的重大問題，實施時亟宜注重內容，不能偏重形式，查本區為明瞭各校訓育實施狀況起見，特制定訓育實施調查表格，委託河南大學教育系同學負責赴各校詳細調查調查，表內容約分：（1）訓育目標；（2）訓育行政組織；（3）訓育實施狀況；（4）訓育考查方法；（5）對於訓育的困難問題和具體意見，等項。

（四）小學課外作業訂正方法調查。近數年來，省內外各小學之學生課外作業事項，日漸加多，處理課外作業之工作，已成為小學教師之重要擔負，課外作業的活動，在小學生作業活動中亦佔極重要地位，處理訂正倘無有效方法，則結果恐使教師空加勞碌，學生虛糜時間，而在教學效率上不但毫無補益，反而徒增障害，亟宜深加考究。故本會於去年冬季開學三星期後，函請教廳將省垣各小學、各年級、各科課外作業各調集十五本，約請河大教育系全體學員分別調查統計，共計所得材料有作文、日記、大字、小字、算術、國語筆記等六項。現已統計完竣，所有整理研究將於近日發表。

（五）開封市中小學學生色盲調查量。1. 調查學校及人數：共調查中學二校，小學十六校，人數共四千五百七十餘人。2. 調查所用工具及方法：用日本敝原氏所制彩色字形圖共十張，另制登記表，將學生分成小組（約十人），各自按號登記。3. 調查期限，自六月十七日起至二十八日止。4. 統計報告：現在從事統計，待完成後即行編制報告。

（六）小學現有狀況調查。本區為明瞭本市省立小學及民眾學校內部情形起見，特將各校現狀詳細調查，調查專案分學校、校長、教師、學級數、經費、學生數等類，並繪制統計圖表刊登旬刊。

三、實驗研究

（一）二重制的實驗研究。自本年元旦日，本區委員會李廉方先生發表《開封城廂各小學初步改造的建議》——實施二重制的建議——後，本區曾根據李先生原文製爲議案，向教育廳建議指定學校開始實驗。經復函贊同，並指定省立第十小學作實驗學校。當經本區製定實驗設計委員會章程，由本區職員與第十小學教職員共同組織實驗設計委員會。籌劃除低年級因該校作設計教學未列入外，其餘各年級均於本年二月開始實驗。惟該校施行實驗在開學以後從事計劃，且班次未有增加，祇能變通辦法。故其實驗步驟約分：（1）劃中高級學生爲甲乙兩部；（2）編訂二重制課程表；（3）分配教室；（4）實行能力分組，等項。此項實驗已屆一學期，其經過詳細情形，詳第十小學實驗報告中。

（二）兒童常用錯字的研究。我國文字在結構和讀音上常易混淆，初學綴法的兒童和對於輟文有志學習的一般民衆，對之無不極感困難。教學者因向無適當統計可尋，於教學時無法預加注意，因之小學生的作文無不錯字連篇。民衆學校的書信教學亦苦於難得良好效果。本曾爲謀此等困難之打開，特在各省立小學及民衆學校之中，作常用錯字的調查和研究，擬將最易發現之錯字作一詳細統計，製成表格，編爲有趣之練習片或練習文字，使教者易於隨時注意，學者得有比較辨別類化認識的方便。調查方法和調查表格業已由國語教學研究會推定專人，會同本會幹事詳細擬定，即發各校開始調查。

（三）常用形似字的研究。吾國文字繁多，形體紛雜，每易因其形體相似而運用錯誤，致失卻原意，令人發生誤會。成人如是，兒童尤然。本區爲使兒童對形似字容易辨認，並減少使用錯誤起見，特編制常用形似字研究大綱。內容分：（1）目標；（2）研究方法；（3）統計方法；（4）研究應用；（5）研究限期，等項。並印製形似字統計表格，於暑假前分發各校。由各校國語教師共同負責調查統計，結果將由本區整理發表之。

（四）作文題目調查研究。國語教學研究會規定此項調查，以便各教師於作文出題時得到相當參考。調查辦法由該會規定方案及表格，於七月十日分發各校，在暑假內由各校國語教師就兒童作文簿中從事登記，待開學後再由該會分別統計結果。

（五）兒童讀物審查研究。兒童讀物關係兒童智慧之發展，至為重要。近查各書坊所出讀物甚多，但不合時代思潮與意義艱深之陳舊讀物，不但不能予兒童以知識之幫助，反暗示兒童以迷信、怯弱、殘忍、消極等觀念。如此任其購閱，何堪設想。本會有鑒於此，乃舉行審查工作，定為等級，優者予以宣傳，劣者禁止發行。其審查工作近日即可結束一大部分，當印專冊發行。

四、設計及建議

（一）小學二重編制的設計。查我國學齡兒童，據十八年度統計，凡四千一百四十四萬一千餘人。而全國小學僅有二十一萬二千三百餘所，初級小學者僅有七百一十萬八千餘人，失學兒童竟達百分之八十以上，教育如此不普及，更何能促進民族智識。且現在各小學每多粉飾外表，不重內容，浪費教師的精力和時間，虛糜寶貴的經費和設備，以言教育改造，不先解決以上諸問題，則小學教育很難有成績表現。本區有鑒於此，特於二十二年元旦，擬定開封城廂各小學初步改造計劃，期廣收失學兒童，而宏教育效能。原計劃已由教廳通過施行，並指定省立第十一小學開始實驗云。

（二）編輯活用教材的設計。小學用各科教材皆購自坊間，因時令、地域關係往往不能適合地方需要。故本區特擬定詳細辦法，編制預算，建議教廳。自下年度開始編制此項適合地方之活用教材，先在本市各小學試用，俟有相當成效再推行省外。

（三）編造小學各科測驗之建議。本會因應全省小學之需要，特建議教廳編造各科測驗，以供各校之應用。詳細計劃業已擬就送廳。

（四）創設兒童科學館的建議。本區見科學設備在小學極爲需要，特於本年春季擬定方案，及詳細設備計劃及預算建議教廳，期於二十二年度上期正式辦理。

（五）衛生教育實施的設計。國民體力之強弱，關係於民族之存亡，欲使國民體力強健，積極鍛煉，固爲一法；而講求衛生尤爲根本切要之圖。本區以爲講求衛生的習慣，必於學校中養成，故特擬具衛生教育實施計劃，及衛生教育委員會章程；並編造衛生教育實施預算書送廳審核，期於通過後即開始籌劃進行云。

（六）大花園教育村的設計。本會爲試行"社會中心教育"起見，特選定開封東關外大花園村爲實驗教育村。擬定詳細計劃，編制預算送請教廳批準，冀於短期間在開封近郊建立，以改進農村經濟、充實農民生活爲中心的新式教育村落。

（七）建議修改省立小學待遇標准。本會以現行省立小學教師待遇標准缺乏獎進效能，以致形成自今小學教育界之頽廢狀態，故特於二十一年十二月建議修改。修改各項目分兩部：（1）規定考核標准；（2）規定加俸辦法。總期以獎勵專業之策略，俾教師日在努力進步中並願終身從事。

（八）杏花園鎮生產教育計劃。本會爲試驗城市生產教育，改良手工業生產技能，特擇定杏花園鎮爲實驗場所。擬定計劃編造預算送請教廳審核，期於通過後開始實施之。

（九）建議修改學生早晨到校時間。查兒童教育，灌輸學識與保持健康，應行並重。開封各小學獎勵學生每晨最先到校，妨害兒童健康，有碍兒童發育，影響所及，流弊滋大。本區有鑑於此，特函請教廳，通飭各小學修改早晨學生到校時間，以重兒童衛生云。

（十）旬刊編輯。自本區成立之始，即發行旬刊，以便刊登區務及各項研究。全年預定兩卷，每卷十八期，每期印八百份，頁數自二十頁至六十頁不等。現已出至十八期，第一卷已完全出齊，統計如下。

開封旬刊第一卷（一至十八期）統計表

期數	論文	計劃	研究	報告	章則	通信	翻譯	轉登	啟事	統計	共載篇數	共作人數	共有頁數
1.	2	1		1	3	1			1		9	2	18
2. 3.		2		2		1					6①	1	68
4.	1		3	1		2					7	6	22
5.			3	1	1		1			1	7	6	22
6. 7.	2	1		2		4	1		1	1	12	11	48
8.	1			1		2			1		5	5	36
9.	2	1	2			2				1	8	7	28
10.	1	2	2	1			1				7	4	30
11.				2							2	2	44
12.	1		1	1							3	2	20
13. 14.	1	5									6	1	67
15.	1			1		2					4	3	50
16. 17.	1			1		1					3	2	45
18.		2	1					1			4	2	42
總計	14	14	12	14	4	12	5	2	3	3	83	54	540

---

① 原表數字有誤。

五、召集會議

（一）召集各省立小學及民眾學校校長談話會。本區爲使各學校充分明瞭本區實驗工作計劃，曾於二十一年十一月十日假教廳大禮堂舉行各省立小學及民眾學校校長談話會。當時齊廳長亦蒞會講演，並由本區委員李廉方、邰爽秋先生分別報告本區工作，講述實驗區成立的意義。

（二）教學研究會發起會。二十一年十二月十日，本區爲組織本市省立各小學教師教學研究會，特假平安電影院舉行發起會。到會者計有教育廳、河南大學、本委員會及全城小學及民眾學校全體教師約三百人，通過組織規程及一切章則。

（三）召集國語教學研究會全體會。二十二年六月十七日，本會假教廳大禮堂召集開封城廂省立各小學國語教師，開國語教學研究會全體會。通過研究細則，提出研究題目，並決議限期完成關于教部徵集之編輯國語科教材意見，及自編國語教材等工作。

（四）召集國語教學研究會幹事會。六月二十九日，本會召集各小學國語教學研究會幹事會，假教育廳大禮堂開第一次研究會。到各校幹事三十餘人，選出總幹事後，即就全體會所提出之研究題目開始討論。當即決定在所提之九題中選定：（1）常用形似字的統計研究；（2）兒童作文常用錯字的統計研究，與（3）作文題目的研究等三題，作爲暑假期內之研究工作。並推定專人起草研究大綱，編制各項調查表格，分發各校開始研究。

六、參加教廳工作

（一）編造省垣小學會考試題。二十一年十二月間，教廳舉行省垣各小學五六年級學期及畢業會考，函知本會編造試題。本會當專函聘請河大教授王徵葵博士擔任指導，會同本會幹事分頭編造，計出算術、國語、自然、社會、公民、衛生各科試題共六百餘；則由此六百餘則試題內選擇編定各科會考試題。

（二）參加省垣小學會考。本年元月寒假將終時，教廳派員分赴省垣各小學會考，本會幹事全體參加出發工作。

（三）參加教廳中小學畢業會考。河南教育廳於本年六月下旬，編造中小學各科試題，派員分赴各縣會考。當時廳內人員不敷分配，本區職員曾應教廳邀約，分赴汲縣信陽等處會考，協助教廳工作，往返共約日十餘云。

（四）參加省垣小學視察團。二十二年春季，教廳組織視察團七組，分赴省垣省立中小學校詳細視察。本會幹事編入六七兩組出發視察，共逾一週始各工作完畢。

（五）詳核會考試卷。教廳去年冬季省垣小學會考試卷，及本年暑季會考試卷，曾由本區人員參與評閱，需時各約十餘日。

函復教育廳指導各小學二部教學最新式實施辦法①

案準

貴廳八月二十五日一九六四函開："奉部令自二十二年度起實施二部制，廣招兒童而宏教育，所有省立小學先就一、二年級改編試行。函請指導實施並將辦法見復"等因。

查本區委員會在部令未頒之一學期前，曾就廉方所擬之二重制，建議貴廳，即包含二部制，而融納新教育之趨勢，使二部制不流於形式推廣，其旨趣及方式具詳前函。茲奉前因，果使二部制確實推行，亦可促成二重制之漸期實現，自當樂於從事。惟督促各校實施，完全由貴廳主政。各校如果願來諮詢，必知無不言。但是否實施與實施是否適合所指導者，本區無從負責，此不能不鄭重聲明者也。

至所詢之實施辦法，祇能就二部制之本身，揭其概要。從學級說，

---

① 原載《開封實驗教育月刊》第 1 卷第 1 號，1933 年 10 月。收錄時刪除了一些圖表。

有全部與部分之別。從教學時間説，有整日與半日之別。從組織説，有單式與複式之別。從擔任功課説，有一教師與二教師之別。從教育本身説，有小學與民衆教育、單行與互行之別。其主要關鍵，端在學級編制與課程配置，二者又常須結合而形成比較適宜之方式。兹分別以圖表明之。全部二部式如左：（數目表年級，無橫欄之空格表無課）。

以初小爲二部

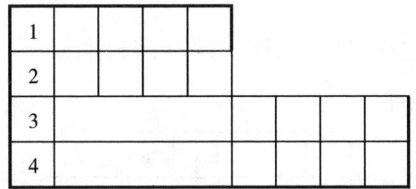

（1）此爲一二年級上午三四年級下午制

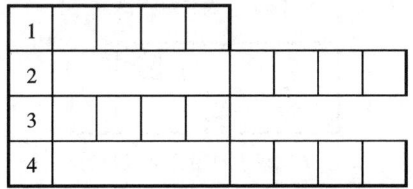

（2）此爲一三年級上午二四級下午制

初小、高小合六個年級，亦可如上之編制，將同時間之兩個年級變爲三個年級，或任取兩個年級與四個年級分在上下午。

部分二部式如左：

以一二年級爲例

（3）二年級亦可與一年級互換時間，餘類推

以一二三四年級爲二部

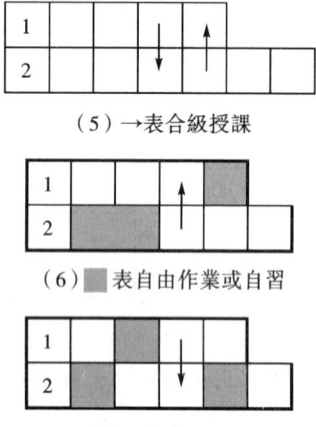

（4）

整日二部式如左（半日二部式閱前圖自明）：

以一二年級爲例

（5）→表合級授課

（6）■表自由作業或自習

（7）

（5）（6）（7）三圖爲近來適宜之二部制，尤以（7）圖爲最適宜

複式二部制如左（單式閱前圖自明）：

二個年級複式二部制

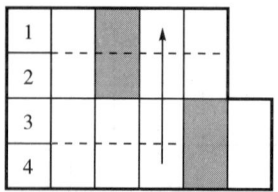

（8）--- 表複式教學，三個年級亦適用此圖，惟每部加一個年級耳

(8) ┈┈表複式教學，三个年級亦适用此圖，惟每部加一个年級耳

混合式二部制如左：

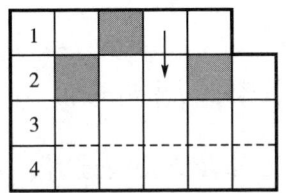

（9）此爲一二年級用二部制，三四年級合用複式教學

小學与民众教育互行二部式如左：

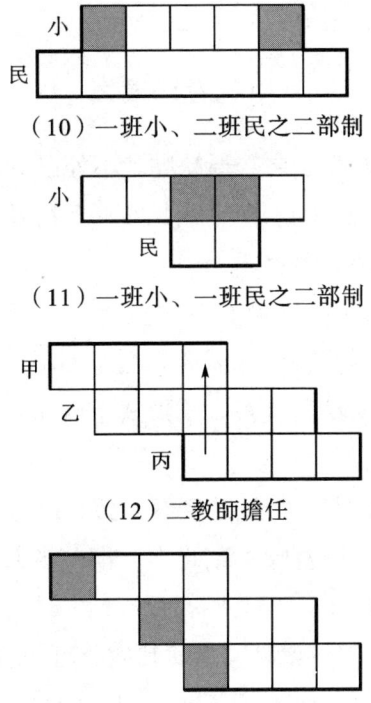

（10）一班小、二班民之二部制

（11）一班小、一班民之二部制

（12）二教師擔任

（13）三組之編制

二教師擔任三組，近來實施二部制者以此爲最有效率。可由上舉之例進而推求別種編制方式。

現今關於二部制參考資料極少，間或有之，非過陳舊即空涉理論。上列十三圖，於實施時或有裨助。如貴廳認爲可資參考，即請分別轉知可也。

此復　河南教育廳廳長

　　　　　　常務委員李廉方　廿二年八月

改造小學國語初步課程方案①

　　改造小學國語課程，二十年來屢有建言，未及整體論列。此次編制教材，就鄙見囑王君子和起草，多方搜羅，於意猶未盡。迺造斯文，貢獻一得，抑亦篳路藍縷之創例也。以下當領導子和賡續爲之，並試驗於本區小學。茲將付梓，附識數語于此。

甲　教學綱領

　　今初期國語課程及教學之普通缺點，不外以下所述：

　　1. 離開當前之事物及動作，而使認識事物及動作之符號，不易辨別，即辨別而不盡了解其內容。

　　2. 所選之字與語句，勿論如何側重實用，與兒童當前之活動不一致，不能使兒童對所習符號感覺需要，發生興趣。徒斤斤於生字與筆畫之多少，以及語句之難易與長短，爲形式上吹求，終成爲顧此失彼而且無法確定之主觀標准。

　　3. 讀與寫同時並進，二者之字不一致，則彼此不相聯絡。二者合一，則識字更形減少。以吾國單字之多，期其於數個月內，能誦篇幅較長之文，勢所不能。

　　4. 國語學習，易流於單調。即與其他科目相聯絡或綜合，僅在他科目中有練習國語的機會，而不爲了解一切知能之工具，更不能組成有系統之整體課程。

　　茲訂綱領，矯正以上四個缺點。在實質方面，完全從學習環境之整體活動，使藉事物及動作之認識，而取得傳達此事物及動作之工具。在

---

① 原載《開封實驗教育月刊》第 1 卷第 2 號，1933 年 11 月。

形式方面，在由學習活動所必需之用字與用語，應活動而使認識其文字，以至於應用。結合此二面以建設有系統之新課程，綜合教學固屬必要，即單科教學亦無不便。以下試依次說明之。

第一，看標貼。入學之第一日，必須率引兒童，游觀各處，此於文字符號之接觸，最顯明者約有二點：

1. 看門牌。如校爲何名，其匾額懸於大門前。各室爲何處，其名稱揭於入口處。

2. 看標語。此非指廣告式之標語，而以屬於影響日常行動者爲範圍，如參觀人入口，廁所由此往北，勿塗牆壁，隨手關門之類是。

每至一處，就地說明。宜將原有最注目之標題，詳爲解釋，並以教鞭逐字指示，讀之使聽。惟開始引導，僅在使知文字符號之形式與功用，作此後留心標示之暗示，正不限於此時即能認識各字也。

第二，貼名條。如入學之始，有一個設計，實施各種教學活動，此可不限於第一日爲之。其進行步驟如左：

1. 引起動機。先以談話式說明各人如何認定坐位，引起有貼名條之必要。如本校曾有若干班級，其坐位並貼有名條，當於事前參觀，特加指示。

2. 書示並介紹。貼名條一經決定，同時告以介紹同學亦爲必要。於是逐一問兒童何姓何名。每問一人，即呼至教桌前，將所預備之名條示之，使之認識，或臨時書示亦可。隨將書示該生之名條，持示全級，並讀其姓名，介紹其人，令向全級一鞠躬，然後交給名條，持以歸座。

3. 自貼名條。全級介紹既畢，於是告以粘貼之位置及其貼法，並將所預備之漿糊，令其取用，教師則巡視而指導之。如人數較多，必須估計所占時間，分兩次粘貼，較爲適宜。

第三，認校內標示。此分爲兩部分：

1. 本級教室內之標示　此又分爲四項：

一、屬於教具者，如黑板、粉筆、教鞭、算盤之類，此可就物使用，分別示以用法，並加說明，逐件以標籤之字使讀之。

二、屬於房屋及用具者，如桌凳、痰盂、門窗、架櫃之類，此可分別就物說明與個人關係及在行動上應注意之點，逐件以標籤之字使讀之。如爲兒童桌凳，並須認讀標明之號數。

三、屬於陳列懸挂之標題，此視該級教室所有而示。惟懸挂陳列者，不可軼出學習範圍，苟非當時所需，暫勿布置。此可就物分別說明其使用意義，逐件以標題之字示之。

四、屬於標語者，切忌應有盡有，或廣泛而無具體表示；而以初入學行動上最宜注意之事，且有種種訓練方法隨之而實施者爲主。此可就所見者分別板書，說明意義，即依板書之字使讀之。再此項亦有張貼於本級教室外，而與本級有關者，教室外之標語，應分隸於各場所示之，此則惟就教室張貼者指示。

關於認讀前四項之標示，須依當時實際情境，定指示之方，約可分爲二方面言之。

Ⅰ．本級教室如須與他級或他團共用，又或已有標籤，無須新製者。對於非本級所有之標籤，除爲本級兒童提請指示外，無須指示。對於已有標籤，則於指示時另以板書或預制之字片示之。

Ⅱ．新制標籤，須事先預備，於就物指示說明後，討論粘貼之方式與位置，非懸繫者不用硬紙。惟在如此情境下，應注意者有三點：

a. 初入校兒童，不宜連續認識多種事物，又不久慣於靜默無事。除如桌凳可使多數工作外，其餘就物指示，必須分全級爲若干組，每示一二件，即指定一組張貼標籤，並令全級批評。其張貼之人，依行或排之次序分配。

b. 如教室內所需標籤較多，必非一次教學時間所能完成，當就上列四類分若干次進行。

c. 如本級系單級制，兒童至少必在二團以上。工作盡可分工，而指導必須同時。如各團隔離時間，教者時間既不經濟，學者工作必有某部分或某團發生缺陷。不過各團程度不同，支配工作應有斟酌。如本綱所列認標示，比較簡易，當說明時可令高級之團說明，不合或不足者由教師申言之。當張貼時可令高級領導低級工作。如能判定高級有學習制繕標籤之能力，則標籤不必預備，可使高級低級相間而坐，在張貼標籤以前，由教師指導高級生制繕，低級生旁觀。

上舉三點，以後悉準此例。

2. 校內各場所之標示。此可分三個部分言之。

一、關於物具。最低限度，當有勞作用具（包括農工）、唱遊用具、整潔用具、搜集品物等，凡此皆在教室以外，必須有一定陳列所，妥爲部署。如原無標籤，以及須更換或增補數件，必須預行繕製，於逐件指示時，分別粘貼或懸繫，使注意標籤之號數與名字。其已有標籤，每指一件，先須詢明何物，加以說明，然後使認識其號數與名字。

二、關於標語。此在開始活動時，曾使其看門牌與標語。不過彼時目的，僅在使注意表示之符號，並不重文字誦習，而且祇於看其大略。此則每次所看者，限於一定場所，必須就每處所有，爲本級所必須注意者，使之認識，而且還須使發現有補充標語之必要。惟須注意者有兩點：

Ⅰ. 認識每一處標語，須在認識用具標籤時接連行之，以便觀念與印象，集中於同一目的。

Ⅱ. 標語爲開始活動所曾經指示者，應先行指問，驗其尚記憶與否。惟勿論是否已指示之標語，均須於意義瞭解後，誦習若干次。

三、關於動作規律。動作規律必須於學習活動中，發生如何必要，商定或指示某項規律，始爲適合。此自當於逐次活動，在有規定必要時，因而示以文字，非初次認標示時所能盡之也。如果前項所指示之標語，業已包括當時應指示之規律，或當時並不感覺有另示規律之必要，則此項自可省略。總之，誦習教室內所有之符號，隨時可與其實物標示對照。以上各場所，非專習文字符號之處。每處一經指示，必回教室各別復述，板書文字示之，印象始較深入。更進而以預制之圖片、字片結合而示，使所見實物，轉移於圖片上，俾以後便於練習。

搜集物品，爲教學最要之事。一可以補充校內未有之品物，多識文字；二可使兒童特別注意自己品物之標示，相互指導；三可以啓示將來進行採集之學習。其品物大概爲各兒童家中所有，食品如麥豆菜蔬等；衣料如布角棉麻等；燒料如柴炭豆梗等；以及樹木遺落果實，並可供計算之用。開始搜集時，應有適當說明，叮囑其不取貴重品物，不損害公物。並預備放置場所及登記簿，逐件陳列。其有需用或保留價值者，則另號標示，並記搜集者姓名，照認其他標示方式，展覽指示。其僅用以辨物識字者，則特別說明而以板書示字。

第四，認環境事物。比較本級教室外之校內場所更不相同，因彼在校內，所有品物，與兒童日常學習活動發生密切關係。即非國語功課，因其動作與使用，與標示相接觸，自然得到練習文字機會。此不惟多無標示，而且絕少自然練習機會。故一經規定時間之觀覽指示，回校僅憑當時復述與板書，決難期其必能再認，則移轉於圖片、字片之練習，實爲最要關鍵。其在事前，教師尤須有切實調查，分地分類，預先熟計。每次外出，必集中於一定目的，俾因直觀而指示者，僅與預計有少許之出入增損。所有圖片、字片，大半可以早爲制定，回校復述，即可取而應用。雖有少許待於補充，隨後補行練習，困難自少。

本綱約分爲兩部分言之：

1. 屬於本校之場所及品物。如運動場、園圃、環校樹木及其標示，此又可分三項言之。

一、爲已有標示者。分日指定地點，率兒童觀覽，就所見者指示並使讀其文字，回校加以練習。

二、爲須補充標示者。除照一項外，並啓示其補充標示之處，提議補充，教師記於簿上，回校後復述，仍令兒童逐件提出，將決定之標示文字，由教師書於黑板上，商制標示。制定後，定日再赴該處，令兒童各認定何標示應在何處者，指導一一粘貼或懸繫。

三、爲全繫新制標示者。在遊覽時，先周覽一遍，使知概狀。次提議標示，分別地點指示，即照二項方式進行。

2. 非學校所有之環境事物。此又可分二項言之。

一、原有標示者。此如公共處所或住宅之門牌或揭帖、指路牌、布告牌（簡單標示）以及指引禁約之標示，如此巷不通，汽車慢行，禁止便溺等，均用上舉已有標示方式指導之。

二、無標示者。如附近之家畜、什物、農産、農具、飲食、衣服、房屋、花木、鳥、獸、蟲、魚以及其他村莊場所、山水之名稱等，此類最散漫，又不便分類示教。惟有分別地點遊觀，導其與實物相接觸，隨時指問何名何用，於回校復述時示讀文字。其與搜集品物有相同者，則先提出已學習之字片，使之再認。

上分二項，不當分離，可分別遊覽之目的地點，沿途欣賞，就適當處所而指示之。惟須估計第一學期對於環境事物之認識，在可能範圍內，分次進行，正不限於遊覽某處一次，即盡所有事物而示之也。

第五，不屬於前者之日常聞見與動作。此在第三綱認教室內標示後，稍簡易者，即可與其他標示之認識，參互進行。惟大體總宜在第三、第四兩綱之後，或與兩綱某部分關聯事項在某部分進行之後。茲先列舉其要點：

1. 以上四大綱，皆可由教者預定某地點或某部分進行活動，在此活動內，至少非通常一節教學之時數所能畢。此則惟就臨時所表現者，給予標示機會，時間難以固定，而且多祇於一個標示之認識，需時無多。不過隨時認標示之說，於理論通而於事實往往扞格。除此項認標示可形成一節授課時間外，如果每日在上下午上課之始，或其最後之課，酌取一次開始時間行之，雖然不能包括一切臨時表現，積久所得自多。

2. 以上四大綱之標示，十之八九屬於名字，在學習國語整個問題上，自然發生缺陷。然使在上所指示之標語中，同時連及聯係之詞，或加以連帶之字，必致困難叢生，並前所指示之標語，而亦引起混亂印象；並且非前四大綱所能包舉者，亦阻害其學習機會。所以另定此綱，除應機會補充前所未見之名字外，並於兒童對某部分文字符號，業經有相當練習時間以後，或第三、第四兩綱，均經分項認標示後，即可組成短語示之，在名字上參用名字以外之詞。如此則由認字練習，可以啟示綴字成語之途徑，而增加日常應用字必須認識之成分。

要點既明，進而研究本綱活動之依據，可分兩部分，在教學時亦如第四綱兩部分之不當分離。茲爲便於説明起見，分列如下：

一、本體之表現

1. 屬於自然現象。如晴雨風雪等，此項指示，最顯明者有兩種機會：其一，由記載方面每日上課始揭示天氣而示之，如今日晴，或雨或雪是。其二，由自然課觀察而示之，如因天寒暑，或日長短，或有冰雪等，就所觀察之現象，示以主要語句是。

2. 屬於人類。如先生、同學、父母、兄弟、姊妹等，此可就上學回家之禮節及與社會交接，而與社會課相結合，或由談話中示以主要語句。

3. 屬於身體。如眼、耳、口、鼻、手、腳等，此可從身體檢查及衛生課之講演與訓練，分別摘取字句示之。

4. 屬於課業。如國語、算術、手工、遊戲、唱歌，以及如遊戲之踢毽子、拔河、賽跑等，此可就每日課業之活動新事項，在學習國語時示以文字。

5. 屬於集會及典禮。如學校之各種紀念或開會，得就其秩序單及各種活動事項示之。如地方之慶弔，得就當時所見者由談話中摘取字句示之。此與社會課應結合指示。進行本綱之步驟，試舉遊戲爲例。開始與他綱參互進行時，當然專示名字。進一步則可聯繫名字以外之字使讀，如踢毽子是。或者示以已習字片，而令以動作表出，如示以某排立正，則某排作立正狀；或某行伸左手，則某行皆作伸左手狀是。再進一步則綴成短語使讀，如我會踢毽子是。

二、附麗之表現

此本不能離開本體而表現，直言之即不能離開名字而表現也。其附麗並不以本綱之前五項爲限，綜前四大綱皆可有此類詞之附麗。茲在本綱下特別分列者，所以表明前四大綱及本綱之本身表現，皆爲事物之名字。任何事物，皆有靜與動之兩種表現。而綴字成語，惟開始用動靜字，始有形象可以指示。在前四大綱中不連類而及者，則以綴動靜字爲詞，不易以指示之形象，移轉於練習之圖片上，故必待兒童稍有離開圖片而認字片之能力，間參以此類品詞之練習，斯與已習名字相續，較易引起其聯想。至於此類品詞，全係屬於已習名字，且由日常之聞見與動作，表現於兒童當時眼中者。摘舉相示，則所示者惟取兒童活動中目前應用之字，教師固有一定範圍可循也。茲就詞性分析列舉，或於本綱之運用有當也。

1. 以靜表現者。可分爲顏色字，如國旗之青白紅；數目字，如星期之一二三四五六；位置字，如上下左右前後；等量字；如好壞長短深淺厚薄高低上下等。

2. 以動表現者。內動如坐起哭笑，外動如看聽吃喝拿打等。

第六，看口令。此所謂口令者，即教師提醒兒童或囑兒童遵守之通常用語也。曰看口令者，不用言語指示而以文字標示之也。何爲而以看口令爲綱？前所標示者，大抵屬於實體表徵之用字，可以圖表明者。若綴成語句之繫屬字，雖爲字無多，而在傳達工具上實占主要地位。以口令標示，雖無表徵可見，然爲日常學習之動作關鍵，所示者出於偶發，容易喚起注意，一也。影響於當時動作，即有不得不注意之勢，二也。又其在每次學習中，常需助於此類用語，練習之機會特多，三也。以茲三因，較以圖表明或更有力。向來用言語詔示，衹足指導其事實之動作，於文字無與也。易口說爲標示，不但兼使識字，且可增進注意之效用，蓋一聽即逝者，不及印象之可以留住也。尤其沉靜教室之空氣，莫要於教師不用語言，使兒童能領會其暗示，看口令即協斯旨也。至於教學國語，其足爲簡明有力之範語，以及容易影響於學習心理，實亦無逾於口令也。

關於口令之標示，當注意如下之二個原則：（1）必足以指示一般動作者，即對個人，亦必爲許多動作可以適用。（2）凡口令中所含之字，必注意於品詞中之同動詞、助動詞、副詞、介詞、助詞等爲兒童通常需用者。

茲析爲四部分言之，每部分雖不備舉其口令，然觸類旁通，在教師已有依據矣。

1. 通用口令。此可分爲兩種：

一、口令之語有象徵者。例如起立，坐下，停止，不對，舉手，報數，聽我説，看着做，看他排，閉着眼等，從左邊起，此可在第三綱 1 之標示後進行。

二、口令字稍複雜或有潛在性者。例如，不要説話，誰願意做，誰能夠做，再做一回，這是什麼，誰没有來，交給誰做，誰坐得最好，你怎樣做呢，誰來幫助我，剛才説明的什麽，現在應該誰做，我説的話都懂嗎等，此可從進行第四綱起，分次逐漸採用。

2. 各種教式中需要之口令。此當附列於教學方式中，以便運用。

3. 取遊戲運動之口令作識字練習。例如，向右看，向後轉，向前走，以及第一節……等，於指示位置字、數目字極爲適當。如果教國語者兼教遊戲運動，自可與上用同一方式，惟遊戲運動自有本身目的，識字練習祇可間或採用，不當因此而妨礙本身之興趣也。若教國語者不兼教遊戲運動，此種練習，仍當於教室行之。開始問兒童運動時有何口令，即板書口令之文字使讀。其後示以已習讀之字片，分排或分行令兒童如示動作，此亦近於識字遊戲之一法，在第三綱進行中，即可稍行參用。

4. 等於教室口令之標示。例如，○月○日，今天星期○，今天晴或雨或雪，缺席○人等，每日開始上國語課時，必用牌標示，懸於黑板旁，令全體讀之。此亦在第三綱進行時始可取用。關於看口令之教學，此處可以連帶説明。

第一步　初次用某種口令，同時並書示使讀之，使對於口令之符號，取得印象。

第二步　某種口令用於下次教學時間内，當於書示或以字片持示時，使注意習讀。並聲明嗣後用此口令時，即不用口令，而以板書或字片示之。

第三步　某種口令經過第二步之習讀，以後教學時再用之，則以看口令爲主。

其應注意之條件有三：

1. 必須在兒童學習活動中，當時有必須如此之需要，而附屬於學習活動以進行。

　　2. 口令用板書或以字片懸繫或手持示之，爲一種特別練習。

　　3. 在一次教學習時間內，凡未經習讀純熟之口令，祇當用一個看口令。

乙　教學方式

方式係根據綱領而產生，分別説明於下。

第一，進行步驟

開始指示

以當時直觀所及，及其行動所依據或發生者指示當時可能學習，並且爲必須學習之文字，其步驟必備以下之四個原則，分別於後：

　　1. 由近及遠。如先本級教室，進而及於校內各場所，再進而及於校外一切環境是。

　　2. 由實體而進於表像。如先以有形體之物爲物件，進而及於動作之表現是。

　　3. 由活動必需工具而進於學習必知原料。如先由教學之各種用具，進而及於環境所有之品物是。

　　4. 由名字而進於短語。如先認事物之名字，進而及於事物之詞上繫以表像之字，以及動作之語是。

　　上舉之四種步驟，皆於教學綱領之本身見之。不過綱領排列之序，係全部綱領分類之次第。此所排列，則爲各個綱領本身之進程，亦即每個綱領所有之開始指示，在本身上尚自有其先後也。更詳細言之：（1）從事物所在而言；（2）從事物所表現之質性而言；（3）從事物影響於學習之需要而言；（4）從事物之符號而言，事物代表構成本課程之目的物。當運用此原則時，當由 1 以求 2，由 2 以求 3，最後則結合於 4 以爲整個進程。

練習次第

第一步　移轉開始指示者爲圖片與字片二種，由對照而認識之。
第二步　由圖片之眉標，使對照隔位之字片。
第三步　去眉標而使對照圖片與字片，或示字片而使作式形容之。
第四步　使讀非名字與名字相續之短語。

此外關於動作之口語，無圖片可説明練習者，當於預備有何行動，或已發生如何行動者，則提出已指示口語，使資練習。此在看口令之綱領下，業已説明方式，不贅。標語符號，既不能移轉而爲圖片，又不似口令之時，當爲教室活動所使用。故其練習之法，於指示後祇得在某部分綜合練習時因便提出，使之再認。於此當聲明者，即所提方式，與舊時之看圖識字不同。彼爲字而識字，惟取可以圖表明者以助記憶，不但失去讀本教學中讀整語之意義，而且事物如不認識，即有圖表明，亦無所用。此事物既非當時接觸，固難必其認識也。此則取當時接觸之事物，由其整體認識，取得可以用圖表明之符號工具，使資練習。正不獨藉助於活動教具，增進興趣。並且不易以圖表明者，更從動作方面以補充之。

第二，用具

方式之旨趣既明，進而言其活動用具，其造作之原則有三：1. 須使用靈活，足以增進學習興趣。2. 須造作方便而且經濟。3. 須通用於各種方式之下。

最近關于國語教學用具，造作者頗不少，大抵鬥巧競奇，而應用甚狹，得失不足相償，其具備上三個原則者，殊不多見。茲力爲矯正，雖不多列，頗足供整體課程之用，特聲明於此。

其用具爲教師用者四，學生用者一。

1. 練習片

一、教學用字片。此專備指示及練習之用者，每類字片祇需一套。通用字片以容徑一寸四分之四個字爲主。寬二寸四分或與圖片同，長五寸，上下各空二分，以便插置。用硬紙製片，字體正楷，色不等。片上之字以同色爲主。如字片之詞，有某字含有須指示之義者得不同色。例如南關之關字黑色，南字紅色是。均依教學進度，分別部分預先製片。

並另以厚紙制摺或簿，此可利用報紙爲之。每頁半面，可插二個字片。字片練習已熟，則匯類保存，備臨時取用。

特製字片。係指示動作者，如標語口令之類，寬三寸，長以所含字數爲準，字徑與上同。

二、兒童用字片。此係代替初期讀本者，視該級所有人數而定需用之數，普通學校可酌收費。字徑六分，字片之長，以每片所含字數爲準，最短者須一寸五分，即一字之字片，亦以二字爲度，便於插置也。多於二個字者，每多一字，加長六分，不加寬。制字片用最厚之白色報紙，字正楷，黑色，油印石印均可。如爲省費計，可利用高年級制繕。其插置字片之摺或簿，則於本級勞作課內，指導其利用報紙爲之。每頁插若干片，全級一律。

三、圖片。用同教學字片，寬三寸五分，長五寸。凡字片可用圖表明者，均須預製圖片一張，由手工教員畫圖。每一圖片，須配一眉欄之小片，長六分，寬四寸，所書之字同字片，但爲橫寫，與圖片並插置於摺內，以便取用。

字片、圖片、眉片之上端，均須有小孔繫線，以便抽提。

2. 字袋　此備教學時插置字片、圖片之用，袋長六寸，寬三尺六寸至四尺，兩旁上下繫紐帶，用時即繃於黑板上。每袋縫口袋八個至十片，裏用白布，袋用黑布，外罩薄綢，用時可以翻轉。計須插字片之袋一個，插圖片之袋一個，移置圖片、字片之指示袋一個。又字袋亦可裱糊厚紙爲之。字片袋之口袋，留寬三寸長五寸之空白，冪須向上轉。指示袋同。

圖片袋之口袋，分二層：上層爲眉欄，留寬三寸長四分之空白。下層插圖片，留空白與字袋同。上層冪向上轉，下層冪向下轉。

3. 字盤　長寬同字袋，形如走馬燈，但分若干層，體爲多面，各插練習片，可以分別旋轉，用時以對準正面之字片、圖片爲指示或練習。

以上活動用具之用法，分詳於以下方式中。

第三，方式

1. 對示。此爲練習之最初步，每部分標示既畢，即就該部分預製圖片與字片二種，先持圖片示之，問爲何物，兒童答對後，再持示字片，不復記憶者再告之。然後將字片、圖片對插於字袋，字片在上，圖片在下，使學生齊讀，以至該部分之字片、圖片用盡爲止。如該部分標示較多，亦可分二次學習。又每次教學時間，字片、圖片對插已過五張，必須順序復讀一遍。

對示以用字盤練習較爲有趣，用時就已認標示之部分，取字片、圖片各五張（此以六面爲準而言，面加多類推），就相合者上下對準插置，空一面正當兒童。先任轉一圖片於正面，問爲何物，答對後，即反而轉與圖片相合之字片於正面（兩片相合對準同一順序，故開始用反轉），問爲何字，再指示使讀之。讀後，仍轉字片層之空面於正面，再轉一圖片，如上一一對準讀之。然後將相合之五面，隨轉隨令齊讀若干遍。此五張對照練習既畢，再換五張同前法練習。

在對示式中必需之看口令——這是甚麼，怎樣讀，齊讀，每對準一張就照着讀。

2. 查眉標。看圖識字，所注意者仍爲圖。以眉標介紹，則注意移轉於符號與符號之間。由此引進而與圖分離，在認識未久實爲切要。其方式有二：

一、取置式。此在對示式練習後用之。用法：將預備練習之圖片、眉片及字片，分別插於字袋。圖片與眉片須相合對置，字片與圖片之排列則不取同一順序。圖片袋繃在下層，中層爲空袋，上層繃字袋，而掩蔽其字片。開始應作移置練習，每揭去一張字片之掩蔽，即呼一人來前，令與眉欄對照，找與字片相合之圖片，插置於字片下之中層袋內。誤者另換一人，將不合之圖片還原，另找一張相合圖片而對置之。以次另換字片，均如前法寫之。俟所有圖片、字片相合對準，順序齊讀若干遍後，再將圖片掩蔽，分令兒童作還原練習。每揭去一張圖片掩蔽，即呼一人來前，令照對置字片，找其眉標，而取置圖片於其原位。

照上用法，可將兒童分爲二組，以片數定組之人數。一組移置，另一組還原；或二組，在移置與還原中，順序各以一人輪次爲之。不過分組練習。必須經過一次取置式練習，知其在若干時數內可以移置並還原若干字，由此估計一次教學時間內，可以分若干組進行。如其練習八片，即須一次教學時間之時數，則輪次之人，每取一片，可以二人或三人合作。尤其在初作取置式時，移置若干片，即占時數三分之一以上，當即進行還原練習，其未練習者下次再作，如此則練習方式有變換，而且容易熟練，不可不注意也。

每進行一片，即將其餘各片掩蔽者，原爲集中初學注意，較易辨別起見。如經過相當練習，或兒童程度較高，即可不必掩蔽，此在教師斟酌可也。

進一步練習，如屬於校內品物便於取置者，即可持示字片，分令兒童將物取來。俟取得若干物後，再對其他兒童，分示字片或板書，令將各物還置原處。經此練習，以後需用某物，皆持示字片代替口説，指令兒童取之。

取置式必須之看口令——把圖片放在相合的字片下面，把圖片還到原處，認清眉標的字，拿片要提著線頭，對嗎？

二、錯綜式。此在初步取置式後用之。用法：繃預備之字片圖片二袋，不用掩蔽，圖片上欄仍懸眉標，惟字片與圖片上下對置，有字與圖合者，有字與圖不合者。進行時可分兒童爲若干組，每人三人至五人，令將不合圖片之對置字片，逐一照眉標改置，由全體訂正之。

以上 2、3 兩式，因字盤僅一面對外，故皆用字袋練習。經過相當練習時間，取已熟練之字，可將圖片上欄之眉標摘去，依上法練習，但此以在 4、5 進行之後爲宜。

錯綜式必需之看口令——那個字片和圖片不合，對的不要調換，第〇〇爲〇組。

3. 發字片。照已認識之教學字片，預備發給兒童的字片，分束放置於教桌上，字袋之片，照錯綜式布置。即將兒童分爲二起：一從最左之行起，一從最右之行起，令每個兒童順序到字袋前。左行兒童改置字片，從左向右；右行兒童改置字片，從右向左。改置畢，由教師視每人所改置之片，若干相合者，即給預備之字片若干張。已領得字片者，歸坐後，持以告左右同伴。每經一次改置，教師即調動其字片位置，由以次之兒童改置。全班輪次既畢，即檢各字片未發完數目，斟酌情形，對未領得者作相當練習。如應發字片，一次不能發完者，分數次發之。裝字片之簿摺，應如何預備，須於將發字片前商定之。

發字片必需之看口令——改對了幾個片子就給幾個片子，挨次序來不許搶先，領得片子歸座後可以幫助同學。

4. 描字片。此於發字片後進行之，目的在由塗繪工作，使得到筆劃筆順之感覺，爲此後寫字的預備，與舊時描紅影本不同。用法須在發字片前，先就應發字片之字，取筆劃較簡易勻整者，雙鉤若干字，以便填色。描時用有色鉛筆，並得交換用筆，各字不必填一樣顏色。如爲學校預備，每次用畢即收回。其步驟從畫數分，初步八畫以內，進一步亦不過十二畫。從形體分，初步取近似單體字，進一步取左右排列勻整者。從字畫分，則注意於起筆與各種不同筆畫，初步取不同筆畫之點豎畫撇折在正中起筆者，如六、上、石、人、手、刀，等。進一步取由右旁起筆者，如四、河、伯、地等。以及伸出之筆畫非起筆者，如木、大、中、片、共等。綜合三個步驟，形成描字片之步驟。故指示描字片，當由教師就規定雙鉤之字，預製字片，或臨時雙鉤於黑板上，用有色粉筆依筆順填色，兒童即模仿而作。不過此所謂筆順者，係指其大體，並非如寫字之限於一畫一筆。如此雖近於機械動作，亦尚有興趣也。

描字片必需之看口令——看着做不許隨意描。各個字不必填一樣顏色，沒有這個字片看別人描。

以上各式練習，在某部分標示畢，即可進行。惟不限於此部分各式練習俱備，始進行其他部分之標示。

5. 對圖片。兒童既發字片，則練習時，即可就領得部分自舉字片與所示圖片對照。其所示圖片，可視領得最多之字片爲準備。此可分個別訂正與相互訂正兩種方式。

一、個別訂正

用字袋。照已發字片而插置相合圖片於字袋内，皆掩蔽之。每揭開圖片一張，即令兒童舉起相合字片，教師巡視驗其誤否。

用字盤。字盤上下全裝圖片，每轉示一片，兒童即舉起相合字片一張；或上下層同時各轉示一片，兒童左右手各舉起相合字片一張，悉如用字袋方式練習。

二、相互訂正

用字袋。取前 2、3 兩式而撤去眉標，令其移置或改正。

用字盤。上下二層，分插相合之圖片、字片各六張，任將二層之盤，分別旋轉，於其停止時，令兒童辨別圖片與字片是否相合，或轉到兩片相合時即呼停止而共同訂正之。在相當時間内，任何一張之片，盡可經過若干遍，卻不可有一張失掉練習機會。練習無大誤時，即換片練習。此方式省時而且有趣，在開始作對圖片練習時，尤為相宜。

對圖片必需之看口令——不對，轉到兩片相合就喊停止，舉起和圖相合的字片來。

6. 讀字片。此在由圖片、字片兩相對照，引進於離開圖示而逕可讀音，即符號在神經路線上，由此留住深刻印象。用法：就已發字片而揭示或轉示使讀之，不必與圖片對照，每示一片，就舉手者指令讀之，惟對圖片可使每人皆舉字片對照，此則每片祇宜於一人讀之。又前舉對圖片方式未盡分組功用，讀字片限於一人音讀，必須多方分組，始免單調。因此更列二種方式，以便運用。

讀字片必須之看口令——能認讀的舉手，看着讀。

一、比賽式

分甲乙二組，可將全級分數個甲乙組，此二組比賽時，其餘為公正人評定之。

試以讀字片為例。

由兒童相互司令者

Ⅰ. 甲乙二組斜線對立於教桌前，公正人橫列而坐。每人就所發字片各選自己能讀之片一張。待發令時，二組順序舉示字片，交互令對方之人讀之，誤少者勝。

Ⅱ．二組順序舉示字片，交換令對方之人讀之。對方不能讀或誤者，則由次位先讀本組前位對方之字片，再讀本位對方之字片，再誤者順序而下，誰先通過而誤少者勝。

由教師司令者

Ⅰ．教師預定若干字片，分別舉示甲乙二組讀之。前位讀誤之字片，由次位讀之，以次遞下，至讀完字片爲通過一次。以下就原字片順序一一讀之。如前例。每讀完字片一次爲一點，何組得點最多者勝。不過二組用同樣字片，持示後讀之組，須將字片之次序稍爲顛倒耳。

Ⅱ．二組分別順序讀字片，分計每人誤讀之數，合計誤少者勝，但此法須二組讀字片之人，先後互換，如第一位甲先乙後，第二位則乙先甲後，以次遞下是也。

以上方式用字盤轉示，各據上下一盤。用兒童司令，一組選定字片裝於上盤，轉示對組讀之。另一組則選定字片裝於下盤，轉示對組讀之。用教師司令，預定字片分裝於上下二盤，先以上盤字片轉示甲組，下盤字片轉示乙組；復以上盤字片轉示乙組，下盤字片轉示甲組。不必照上之顛倒字片，或讀次先後互換也。

再以對圖片爲例，用以上各法，將示字片易爲示圖片，使讀易爲舉字片對照，即可進行。即教師就二組人數，各給圖片一張，甲組示圖片，乙組即舉起相合圖片對照。乙組示圖片，甲組即舉起相合字片對照。此不能先示字片者，因圖片係教學用具，每圖祇有一張片也。如用字盤，則不持示圖片，而以圖片轉示之。

比賽必需之看口令——請照拿的字片來讀，不能讀的不必讀讓給下一位讀，從你起開始讀，誰可以作司令。

二、抽籤式

抽字片

Ⅰ．以圖片對照，字盤內插預定之圖片，或字盤上下皆插圖片，教師另放一抽籤盒于桌上，滿儲與預定圖片相合之字片，指令某行或某排先後同來各抽一籤，抽得某字片者，即揭取袋內相合圖片，同時並舉以示衆或轉盤上之相合圖片於正面，與所抽字片同時示之。

Ⅱ. 音讀。照上進行手續，抽得某字片者，即舉以示衆而朗讀之。

抽圖片。袋內或盤上滿儲字片，其餘手續，與抽字片Ⅰ之手續同。

抽籤式必需之口令——抽得何樣字片就取相合的圖來，圖片要和字片相合才對，每人一定要抽一支籤。

此外不無遊戲方式，可由教者自行酌用。惟須知用片遊戲，係以識文字爲主。其活動方式，取其含有遊戲意味，非以遊戲爲本身活動，藉此而練習文字也。呆板記誦，固屬非是。若偏重遊戲，拋荒本來目的，所失更甚。

7. 演字片。此當在5、6兩式後用之，稍簡易者亦可與前兩式互用。用法分兩種，列舉於後：

一、以動作表示者。此係由字片所示，讀其文而並以動作表明其含義，爲預備表演之啓示，分二項舉例：

Ⅰ. 屬於一致動作　教師擇取已習口令片，與標示中連帶所習標語片，以及預就已練習字綴成語片。每示一片，令全體或分排或分行之兒童照所示者作式演之。惟此須分別說明者，例如起立、坐下、向右看、伸手、摸頭、閉眼、向先生鞠躬等，勿論何時動作，均與實際一致。如洗臉、掃地、抹黑板等，則因當時情境，有時僅作虛擬形式。

Ⅱ. 屬於個別或相互動作。此亦當如上之預備字片。惟動作非求一致，則以採用兒童抽籤式，較易增進其動作興趣與相互注意。故其預備字片，必依以下之兩個原則：其一，所抽之片，不限於即爲自己表示之動作，則一片而可使多數注意。例如某開門、某拿粉筆來等，有指定之人，則抽籤者與表示動作者，不必即爲一人。其二，預備之片不必過多，而活動可及於全體，因此字片當如下之類別：1. 爲個別動作，例如開門、拿粉筆來是。2. 爲指定某人動作，例如某開門、某拿粉筆來是。3. 爲相互動作，例如某和某握手，某排和某排相對鞠躬是。預備字片以占全班人數四分之一爲率。或從中排起，或從前排起，或從後排起，或順次來，或逆次來，或從左起，或從右起，皆於抽動作字片前，任指定一人抽出示之。每抽出一片，必舉以示衆。片所示者爲某或某排動作，則某或某排即起立，宣讀字片，然後如示動作。其爲抽籤者本人動作，則請衆宣讀，而自己如示動作。

二、以綴字句表演者。此係啓示作文初步之預備。教師就練習已熟之字片，或聯綴熟字爲字片若干張，其中任何字片，必有與其他字片，可以相聯成語句者，分別爲上下兩束，指示兒童選取相合之兩片而對置之。此當然不能包括綴文種種法式，然在識字練習中，於其相當時期，穿插此種練習，既不乾燥，亦於綴文預備稍有補助。茲分別說明於下：

Ⅰ．分類

a. 用問答式，當就事物之形性或功用，使兩片聯合，此又可分爲二例：其一，答專名者，例如上片爲——甚麼是木做的，甚麼是紙做的，甚麼是鐵做的。下片爲凳、刀、剪、字片、盒、筷子等。其二，答通名者，例如釘子是甚麼做的，黑板是甚麼做的，字是甚麼做的，教鞭是甚麼做的，鋤頭是甚麼做的。下片爲木、紙、鐵等。通名之片當比專名之片較少，以便容易選擇。關於功用亦準上例，即上片爲〇〇有甚麼用處，或甚麼東西可以坐是。

b. 聯續未完成之語　此其目的在使瞭解通常聯係詞之用法，所練習者不必求盡也。例如，上片爲我有、我在、我是、我能、我要、我不等；下片爲字片、教室、男、女、唱歌、跑等。

Ⅱ．步驟

a. 初步將預備各片，先任取上束之一片示兒童，再取下束各片分別與之對置，令兒童讀之，逐一問其可相聯否。以次將上束各片與下束各片，一一問畢，不明者加以解釋，自漸了解兩片相聯之意義。

b. 進一步將預備各片，上下束分別雜置，令兒童選取相聯者對置之。

以上練習步驟，可用字盤轉示。即以應列上束之字片插於上盤，應列下束之字片插於下盤。初依上工式逐片轉動指示之，進一步則由兒童轉動相屬之字片，使之對置。若用字袋，則繫三個字袋，上層插上束字片，下層插下束字片，中層空。用時取下層字片與上層字片相屬者，一一移置於中層，使之對置。開始練習，上層字片須用掩蔽，每揭示一上層字，然後由下層移置相屬之字片于其下。

  8. 設計練習。此係取設計教學法組織教材之意義，應用於各種字片之綜合練習。一方使已習字片，得在教學時間內，歸納于一個目的之下，選擇練習，知所運用。一方使字片練習，因設計所包含之聯貫事實，于練習外發生新意義，不致乾燥無味。此種練習，當在讀字片或對圖片以後，與演字片相互進行。其練習方式，全適用7以前各例。惟如何組識設計，茲舉較便於初期練習者示例，在綜合課程中亦可成爲一個單元也。

  一、換名片。此可爲貼名條之推廣練習，兼習得社交之用語與方式。用法令各個兒童預備空白名片數張，名片即取日常用紙爲之，照名條書自己姓名於上，不能書者得由他人代書。演習時先説明社交之交換名片意義及其儀式與用語，再決定每人交換名片之組織，或分排分行而相互交換。此以利用來賓持名片來見，或其他用名片機會引起動機最爲相宜。交換者必須唱呼自己姓名，遞與被交換者視之。如此則各個兒童，對於被交換者之姓名字，可以取得深切印象，亦推廣識字之一法也。

  二、請客。此須由教師就請客可用之已習字片，依次插置於字袋內，以備選用，另預備空白字片數張，臨時書招待員姓名。演習時以談話式問兒童家庭請客情形，並補充説明其一切事宜，隨問誰願作請客演習，指定一人到教桌前爲之。教師於是開始提議問請何客，愈多愈好，從種種方面引起之，如學校方面、家庭方面、親戚鄰舍方面、社會方面等。令兒童依所欲請者就預備字片中提取出來（皆用通名不用專名，即稱伯叔不稱某伯某叔是），分類插置於字袋內，每插一片，即唱其名稱。次提議請誰招待，以所分之類，由兒童指派幾人，每人招待一類，亦須説明。

被派者即到教桌前，照片唱呼自己所招待之客。再次提議在何處請客，由兒童提取地點之字片插於字袋內並唱呼之。又次提議如何款待，即將需用器具飲食等之字片，一一插於字袋內並唱呼之。更次提議送客，由招待員分別說明送某類之客，由教師依次令全體齊讀，每一類讀畢，即由該招待員撤消其字片，隨即歸坐。最後提取收拾什物，由請客者每取出一片持示全體齊讀，各片取畢，請客者歸座。

三、開商店。此可分爲兩個例式：其一，教師爲直接店主，將所預備圖片，滿插於字袋內（至少須兩個字袋），令全體隨意買之。買者須持與所買圖片相合之字片（兒童用片）而指買，對者即取給之。字袋內圖片將盡，另以所預備之片補充取。經數次補充，懸示停止交易，收回圖片，各兒童一一換自己字片歸座。其一，以兒童數人爲販賣者，教師預取已習字片，須分爲若干類別，如農具、文具、糧食、衣服、木器、金具等，各置一束。演習時將類別書示並說明之，每排或每行選一人爲販賣者，令持所欲買圖片之字片指買，對者給之。經販賣若干時間，亦懸示停止交易收回圖片，各販賣者一一依序到教桌前，取自己原買圖片之字片，逐件唱呼調換，每交還圖片一張，販賣者即給還字片一張，並自取字片一張。此項練習，可在對圖片中行之。

四、遊園。此須先以談話式或其他動機，決定遊覽何場所之事物。或屬實際爲環境所有；或係假設，如動物園、植物園、玩具廠、工廠、花園、菜園、田野等，皆可從便。次決定經過路程，再次詢問該項之各部分事物及一切狀況。在此二個步驟中，凡可連類而及於所有標語者，均須持取習字片，使之誦習，並提問其注意事項。

總之，本文改造旨趣，係由瞭解整體的真實環境，認識必需之符號工具。而以一貫主張，結合綱要與方式，釐定整個系統與程式，十之八九出於創論，其格雖異，其理甚常，其用亦便。間有一二採用他說，亦必詳加疏理，自成一家機杼。由此開始，進而及於板書與挂圖之閱讀。則第二學期誦習正式讀本，即可讀較長篇幅之文，而不拘於流行之形式約束，進而兼習書法，再進而作文練習，在第二學年中，兒童即可查字典，參閱各種兒童文藝及常識書籍，自由作文，一切困難問題，均可迎刃而解矣。有志改造者，如取本文而試驗，敢斷言比現行方法，不祇事半功倍已也。至於以下方案，容再續述。

改造小學國語初步課程方案續①

關於本論單元部分，係本區常委李先生特爲楊君含真在本期試教於大花園低級所預定者，其詳細教案及結果，當於試教後分月在本刊報告。先此附誌。

一、課程分合之旨趣

前論國語初步教學之對於整個課程，尚有未盡，茲論列於下：

第一，課程產生於全部活動，即爲兒童在校之整體生活。在學習方面，進至某種程式，誠有傾向於科別學習之必要，然不可不注意者有二點：

1. 必對於全部活動方面，有相當了解，而後由此分析而出之國語工具，其練習具有各個觀念的體會，不流於機械認識。

2. 各科的學程中，皆有學習語言文字之機會。然使整個國語課程，皆爲斷片之活動所構成，則散亂無章，復習亦難配置適當。惟有從全部活動方面，分析爲國語學程，斯途徑鼇然有序。

本上二點，小學課程，必從兒童目前之整體生活，產生學習活動，國語課程即出於此種學習活動之中。當其將進行文字學習以前，必於學習單元所表現之事物與動作，從談話中領取常識，而後學習文字工具，自含有豐富意義。其所謂常識者，在本體上占有常識科目自然、社會兩方面之內涵，在應用上涉及勞作、美術、音樂、遊戲之活動。前者純屬於談話時間內課業，後者則與國語工具之練習分領時間，惟此項僅需少

---

① 原載《開封實驗教育月刊》第 1 卷第 5 號，1934 年 2 月。

許時間練習者，仍附於國語教學時間內行之。

第二，前論所列綱要及方法，完全站在文字學習立場，由實體觀察與有象動作之表現，移轉於抽象認識，故所提示者祇爲移轉練習準備，而且練習之關於進行手續，尤以不用口說爲增進學習文字之功用。由第一之二點所論，可知移轉準備，係全部活動中之分析進程。至於領取常識，必取途於談話。其主要目的，在使兒童對於環境之認識與控制，由其經驗之整理，獲得具體觀念。此當於兒童直接觀察或動作之後，以談話式進行教學，即作爲常識課程。另一方面即由此教學，摘取其現在必要而且可能學習之文字工具，引起注意，進而爲移轉練習準備之國語提示；更使與文字並重之言語工具與技術，培養其基礎。

於此必有人疑上之所論，所以爲國語教學計者甚周，對於兒童應給予之常識多疏漏者。此則吾人拘守學科範圍以論常識，而未深思應給予兒童之常識，何者爲兒童當時所能領受與必需了解。使此而不從環境出發，由兒童自身感覺其必要，則所謂常識者仍屬於紙上談兵。使盡環境所有者而能認識與控制，進而推及於環境以外，自爲具體經驗之擴充。本方案前列綱要，即協此旨也。

二、課程之單元組織與運用

爲適合第一之條件起見，即須預定學習單元，並及其運用程式，茲撮其體要言之。

第一，演繹前列綱領並補充之，分爲甲乙丙丁四大類。甲係演繹前列綱領，分爲七個大單元，每大單元分若干個小單元。乙丙丁係補充綱領所未及者，但乙丙均須各自組織獨立單元。丁則附於以上各單元中而進行。如爲以上單元所不能類及者，應在教學時間內，適應時機於課首爲數分鐘之練習。

第二，大單元內所列之小單元，每小單元應教學若干時數，完全適應當時之實際環境而定。但教學前規定教案，對於實際環境，教者必須實際查勘，分別估計。

第三，乙丙兩大類於時機到時，應就演繹綱領之小單元，作相當結束而進行，即方法上進行至發字片之過程也。惟丁則有時須擱置演繹綱領之小單元，此則在教師臨時審慮也。

第四，每小單元列舉教學事項，皆分觀察、聯想、發表三段，爲進行程式。但實際教學，往往有因事項而各爲體系。茲舉教師應注意之要點如下：

1. 觀察段爲國語與常識混合，所以然者，在意義方面，認識文字，必須了解其本體爲何。在應用方面，必接觸於當時環境之事物與動作，取得需要之語言文字。二者分離實爲兩失，故此段之目的，不以國語科目爲主要觀點，而在由此以取得工具。

2. 發表段稍偏重於抽象方面，自以語言文字之練習爲主要目的。爲調節觀察與發表二段傾向不同起見，在聯想段中，可就當時環境觀察，有關主要常識之部分，給予提示或說明。

3. 觀察、聯想、發表三段，雖程式分明，但不能一律嚴格劃分時間，因在觀察時有須問答說明，以進行觀察，發表時有須移轉或補充的圖片之觀察。至聯想是否必須獨立時間，純視接觸事物與情境如何而定。

第五，在發表段中有兩個重要事項，須教師特別注意：

1. 由環境觀察所準備之圖片、字片教學，經提示後，須依照前論之練習程式，逐步進行。

2. 由陳述或圖示之摘舉詞語，在當時僅以報書使讀之，再次練習，則制爲字片，與上列準備字片，參合用之。

第六，關於兒歌誦習，當在一個月教學以後，可與字片教學參用，其方式另有專論。

第七，關於計算與量度，應在觀察或發表段內，純以當時學習方便爲主。

以下列舉初步教學之預定單元，係大花園學校試教班所用，錄以示例。

甲、環境的適應

(一) 我的學校

1. 看標示

觀察

學校內各處懸牌

學校內各處標貼

簡要佈告

各種標示的式樣及顏色

聯想

各種標示所在地方之功用

各種標示文字的意義

發表

明瞭必須理解標示之方式

為再認的預備

不識字故事的畫圖指示或講述

2. 貼名條

觀察

本班同學熟識與否

本班同學的人類

本班同學的形像

本班同學的年歲比較和高低比較

聯想

同學和老師的關係及其意義

怎樣和同學說話玩耍

發表

認識自己的姓名，認識同學的姓名

貼自己的名條在自己坐的位置上

3. 了解教室的事物及活動
觀察
教室的標貼
教室的用具及佈置
參觀較高年級的上下課及作業情形
聯想
教室做什麼用
怎樣使用各種教具
應該怎樣上課下課及怎樣作業
了解教室的活動規則
發表
認識教室裏的一切標示
標示教室的工具並練習運用
教學中適當的活動態度
指示挂圖的問答
預備一張國旗片令學生作色（在觀察及聯想中，須使對國旗十分明瞭，此時並須指示鉛筆顏料之用法）

4. 認識校內各場所及活動的實際（分項活動）
觀察
運動場、園地、廚房、廁所，其他各場所的設備及需要
聯想
怎樣在運動場遊戲，在園地工作，在廚房做飯，在廁所大小便
各場所和我們的關係
各場所應守之規則
各場所缺少之標示
發表
認識各場所的標示
標示各場所的器物

在各場所應有的適當活動

唱讀關於學校活動之兒歌（斟酌當時學習情形而定，且須字片經過相當練習始適用之）

（二）我的家庭

1. 親屬及鄰戚的稱呼與禮儀

觀察

我家有些什麽人，共幾人，有些什麽親戚，有些什麽鄰居

家人相處的情狀

親屬及鄰戚的稱呼，相見的情狀

聯想

親屬及鄰戚各和我的關係

我怎樣去親愛他們

發表

禮儀的練習

稱呼的認識

家中常唱的兒歌及其玩具

2. 住處及來往路線

觀察

住房所在地方，是怎樣的住屋，有幾間甚麽房子，房子方向，自己的屋與租賃的屋，租賃的屋價

在學校的哪一方，經哪些處所，走哪些路，並轉哪些彎

（提上列問題使之注意觀察，並於教學時間內看教師所示之地圖，細察自己住處及來往路線。）

居住不遠者可以步量其與校之距離或量由校達到經過某處之距離

聯想

房屋是用甚麽做成的

爲什麽要有各別的房子

房子要怎樣才整潔

和學校房子的比較

了解自己的屋子與租賃之區別

發表

認識做屋的材料及房子名稱

關於住處及往來路線所應認識的字

畫一條從家庭到學校的路綫

用預備之豆與籤做一個房屋

3. 食品及衣料

觀察

家中所吃的飯菜，吃幾餐

家中各個所穿的有些怎樣的衣服

家中常買的是什麼

聯想

食品是那裏來的

知道哪些飲食的做法

衣料是哪裏來的

男女的衣服式樣有何不同

發表

認識食品和衣服的名稱及其簡略用法

摺一件衣服

預備作點爲一件衣服式樣的圖片，令其以鉛筆畫線連之，並作色

4. 操作及用具

觀察

父母兄姊在家做什麼事情，怎樣工作

家庭有什麼工作用具

自家田裏種的有些什麼

家中自做的有些什麼用具
那些用具是買的
聯想
家中靠甚麼生活
為什麼要作工
如何才會使用這些操作用具
我應該幫助家庭做些什麼事情
發表
報告家庭日常操作的情況
認識收穫及家庭用具的名稱
勤儉家庭的故事
補足圖片上幾件用具所缺乏之某處
(三) 我的身體及養護
1. 身體各部分的名稱及動作
覺察
手和腳的活動
身體和內臟的活動
頭和五官的活動
聯想
人的生活及生長
怎樣保護和培養我的身體
發表
認識身體各部分名稱及作用
重量的比較，長度的比較，視力的比較，聽力的比較，跑的速率之比較，觸覺的比較，上下左右的辨認
人體模型的圖示及問答
人形的畫或泥製人形
遊戲的練習（參考兒童國語教科書第一冊第二十課"點鼻子"）

2. 我的食物

觀察

每日正餐常吃的是什麼，各在什麼時候，最喜歡吃的是什麼，吃零食否，零食有些甚麼，小販叫賣的是些什麼

四季吃的食物不同的是什麼，調味的是什麼，喝的是什麼，代售處食品及價目

聯想

飲食何以必需

何以飲食不當即生病

吃零食的害處

發表

認識各種食物的名稱及作用

食物進化的圖示及問答

幾種飲食作法的陳述

味覺的辨別

食品價目的計算

3. 我的衣服

觀察

衣服的各種類，衣服的各部分

各時令的衣服

衣服長寬的量度

冠履及帶鈕等

衣服的縫紉和洗濯

各種衣料及顏色

聯想

衣服的作用，棉衣為什麼暖

衣服與身體各部分之適應

衣服與時令之適應

衣料及製作方法

衣服的清潔整齊

發表

認識衣服種類及各部分的名稱及作用

衣料及顏色的辨別

衣服的整理（上二行參考蒙特梭利之教育用具）

衣服進化圖示的問答

4. 保衛及合群

觀察

整潔的檢查

運動的鍛煉

休息的活動

各種工作的配置

聯想

健康與清潔

需要與供給

個人與團體

人與動物之別

發表

健康圖解的說明

合群故事的講述及重要語句的摘認

（四）我的鄉村

1. 房舍

觀察

草房和瓦房

公用的房屋和私人的住宅

各屋房所在場所及其方向

各房屋所有標貼

各房屋的形式

聯想

房屋是怎樣建造的

公物的用處

注意光線和空氣

原人的住所

貧富不同的住所

發表

記載房舍數目

認識各種房屋的名稱及標貼

分組用瓦片及泥土造一間小房子

人類居住進化的圖示問答

指方向的遊戲

2. 牲畜

觀察

村裏所有牲畜

牲畜各種的形狀及毛羽的顏色

四隻腿兩隻腿、有翅無翅的辨認

飼養的食物及處所

聯想

各種牲畜的功用

各種牲畜的特點

怎樣飼養牲畜

發表

認識牲畜及飼養的名稱和功用

牲畜音聲的仿效

呼喚牲畜的特別言語

補充幾種牲畜形體圖上的空缺

3. 道路

觀察

本村東西有幾條路，南北有幾條路

步量以上各路距離及與本校距離

與他村及他場所往來的路

附近的官道

通省城的道路

道路上來往的車，車上載運的東西

聯想

道路與本村的關係

道路應有的修理及設置

發表

認識車的名稱及關係路的字

依指迷圖之數字次序以線連之成路線

4. 樹木

觀察

本村現時所見樹木的枝幹根葉花果之狀態及形式與顏色，古樹之特徵

嫩樹之特徵

棲止樹木之鳥類

聯想

各樹木之功用

樹木生長之經過

怎樣種植及保護樹木

發表

認識樹木及鳥的名稱及功用

搜集各樹的木片及果實並分類記載

畫一棵樹

各種不等顏色的辨認（用蒙氏教具）

5. 田野

觀察

現時靠村田野的農作物

現時農人的工作情況

農畝與園圃

灌溉與肥料

農具的辨識

種子的搜集

聯想

農作物和人的關係

工作的勤惰和收穫的多少

發表

認識農產農具及工作

種子容積及輕重的量度

陳述並理解農歌

畫一張田野圖畫

6. 自衛

觀察

保甲的名目

自衛的用具

盜賊及乞丐（恐小學生不易了解，暫從略）

（五）旅行參觀

1. 天主堂

觀察

天主堂房屋之建築設備及其風景

天主堂外國人之儀狀動作與其生活

天主堂之標貼與懸掛

由學校到天主堂之路線與距離及經過地方之景物
聯想
爲何有天主堂
天主堂與地方關係
教堂與普通房屋之比較
外國人與中國人之比較
發表
參觀經過的問答
認識參觀所見的文字
關係天主教畫片的摘示並說明
2. 佛塔及回教墓
觀察
佛塔及回教墓的高低大小
周圍的樹木及碑石
量度墳墓及碑塔
沿途的其他墳墓
聯想
佛教及回教的生活情形和死後的葬儀
漢人普通的葬儀
立墳墓之意義
墳墓不同之意義
發表
參觀經過的問答
畫佛塔及回教墓的圖畫
摘識所見文字
3. 磚瓦窰
觀察
磚瓦窰的數目、大小、內外

做磚瓦的坯和燒窰的情形

由學校到窰的路線與距離以及經過地方之景物

聯想

磚瓦等之功用

製造的程序

發表

認識各種陶器的名稱及其功用

做幾種陶器的模型

各種方圓形的視覺練習（蒙氏教具）

4. 農林試驗場

觀察

到農林試驗場經過：惠濟河、鐵路

農林試驗場裏有：花區、農圃、暖室、假山、茅亭、小河、古吹台、動物園、碑區、三賢祠

由學校到試驗場之路線與距離及經過地方之景物（須由教師事先預備圖樣）

聯想

河流和鐵路在交通上的重要

農林試驗場與農作物的改良

試驗場與本校農圃之比較

發表

分別部分報告參觀經過

認識所見的文字

5. 城裏（此以兩次旅行合作一個單元）

觀察

(1) 龍亭附近：午門、潘楊湖、龍亭、體育場等

(2) 相國寺：實業館、美術館、自然科學館、遊藝場等

以上各處景物及其標貼

　　　　由學校至某城門再至觀察地點之路線及其距離沿途經過之街道商店等

　　聯想

　　重要史事的概略

　　風景及陳設的特徵

　　發表

　　認識所見的重要事物之文字及其標貼

　　分部報告所見

　　畫旅行所見的記憶畫

（六）開闢農場（此單元僅規定大體，爲全期之農圃工作實施時得間斷的分若干次，每次依下之三個步驟爲適宜工作）

　　觀察

　　農場的設置

　　各種作物的認識

　　參觀年長者工作

　　春夏適宜種哪幾種植物

　　聯想

　　計畫分園地的工作

　　計畫本園栽培的作物

　　規定長期諸日工作的程序

　　發表

　　量度本團劃分的園地

　　實行分配的工作

　　認識各種作物及工具的名稱

　　標示自己種植的作物及其他標語

　　計算每組或每人分配的東西

　　討論本園的工作

（七）整理教室　係統合每日灑掃布置以及定期之裝飾工作

而定。

　　實施時適應全期進程，分爲若干單元設計，或每週成一小設計，於週之始日作設計教學，餘日作例做工作，總以由動作中發見應守規則爲主。其工作事項，得因習慣訓練之目的與程序而隨時變通，不必於開始即期取得全部之部署與秩序也。

　　觀察
　　參考較高年級教室之清潔與布置及其裝飾
　　本園教室現在清潔狀況
　　教室佈置是否與學習事物相應
　　本園教室現在布置狀況
　　本園現在工作在教室應有的預備
　　本園教室應有的裝飾
　　聯想
　　如何清潔與布置
　　如何裝飾
　　以上工作時所需的物品及工具
　　工作如何分配
　　日常怎樣整理教室
　　發表
　　實行整理教室的工作
　　工作後的報告批評
　　認識在整理教室活動中所學習事物的文字
　　唱整理教室的歌

乙、時令的適應

1. 植物節（三月十二日）
2. 總理逝世紀念日（三月十二日）
3. 兒童節（四月四日）

4. 清明節（四月五日）

5. 國恥紀念日（五月九日）

6. 端陽節（六月十六日）

7. 放風箏

8. 捕蠅

9. 防疫

（以上各單元係全校的共同活動，雖然各團有本身的特別工作，然最低級祇知做參加工作，須俟某單元正籌備時酌量全校之共同活動，酌定本團工作，先期預擬教案。並且此項工作亦取簡略，其形式亦當如前七種單元之形式。不過此除準備與整理均在隨團體共同活動而擔任本團分配之工作耳。又此各單元可在前七種單元進行中適應時令抽出一部分時間作之）

丙、偶發事項

1. 本村婚喪及公共聚會之事

2. 本村或環境臨時發生之要事

3. 學校臨時發生之要事

（以上各事無一定時間，但均可於臨時作為教學單元）

丁、日常現象的注意和觀察

第一學月

1. 天氣晴陰的注意＊①

2. 風沙的觀察

3. 室內溫度的觀察＊

4. 日影的觀測

5. 注意學校和社會的新聞＊

---

① "＊"爲須每日注意觀察的記號。——原注

第二學月
1. 雲和露的觀察
2. 風向的注意 *
3. 晝長夜短的體驗 *
4. 注意最先萌芽的樹和花草
5. 雁的注意

第三學月
1. 樹葉和枝的生長
2. 注意最先開的花
3. 雨天的觀察
4. 鳥類生活觀察
5. 天氣漸暖的注意 *
6. 孵小鷄的觀察 *

第四學月
1. 新果實的觀察
2. 注意閃光及雷聲
3. 蜂蝶生活的觀察
4. 陽光強烈的注意
5. 注意夏日特有的鳥

第五學月
1. 牛羊脫毛的觀察
2. 暴雨的觀察
3. 注意強閃及霹靂
4. 虹的注意
5. 一日間溫度最高時間的觀察

（以上各月所列事項係分月特別注意觀察之點，並不限於某月專以所規定者爲限。因有許多事項須繼續不斷的觀察，又上列各事項觀察與移

轉於教室學習爲時均短，且無一定時間，應於前面各單元進行中每日任就某次授課之始，提數分鐘先作此種練習）

三、言語教學

爲適合第二之條件起見，談話實爲本論中心方式。現今幼稚園課程，多有列談話爲科目；小學國語課程，則有特定談話時間者。部定小學課程標准，國語之作業要項及教法要點，對談話亦有分別規定。是談話在國語教學中之重要，已爲一般人所共認。茲惟就開始側重之點，撮要論列。閱者運用前論之綱要與方式，參照本論提出事項，融會貫通，於小學全部課程之革新，當可得其體要矣。

（一）如何使兒童皆有話可說。語言教學，不是在設談話科目，或特定談話時間，由談話之目的而取材料。固然在教學活動中，爲探詢、請求、磋商、說明等形式，必需說話。一切教學所需提示、發問、說明等之內容，皆爲談話最好資料。然而心目中一限於國語教材，則談話之資料已狹。學習一限於偶發機會，將矜持而失常度。尤其未培養說話習慣以前，要使兒童由探詢、請求、說明而發言，實屬難能。現今小學說話所以成爲具文者，（1）祇在國語學科裏面學習語言，喪失其他學習一切機會。（2）專爲談話而取語言材料，不適應學習生活之整個活動。（3）談話時間內，皆依照教師所講說者而復述。在如此情況之下，任從如何形式方面，求合兒童心理與實際應用——如所課看圖講述、故事講述、日常會話、有組織的語言材料等，決難連續引起一般興趣。所以本課程之學習單元，混合常識與國語爲一，由實際整個觀察，形成具體學習。其進行步驟，每個單元開始，必依環境而爲適當佈置。其在教室部署，凡非當時所需要，概不陳列。務使兒童目前所接觸者，皆爲當時學習之準備。尤其目的所在之觀察場所及其事物，必預定計畫，列爲教案之一個步驟，於領導觀察時，當予暗示，俾其注意。在觀察中對於國語學習工具，雖可特別注重，然不可因此而拋卻整個觀察。觀察後之談話，爲整理整個觀察之觀念，由此分演，始進於國語工具之練習。茲將談話主要步驟列於後：

1. 談話開始，必使兒童就所觀察者分別陳述。

2. 每個陳述後，其有須修正或補充者，須設法使其他兒童表示。非必須教師表示時，教師勿貿然為之。

3. 觀察後之談話，有關常識之主要事項，應設法引起兒童發問。教師在說明中，得搜集主要事物提示，並板書主要文字示之。但練習文字與文字所表示事物的斷片說明，應在談話後國語課程學習時間內行之。

外此尚有一種不須觀察而可為談話資料者，如兒童在家庭之日常生活經驗，在學校之學習活動情狀，依預定學習單元之進行，由教師分別覓適當動機而提出，與直接觀察者亦有同樣效力。不過談話而純以此種為主體，必易演成現今小學之普通習弊也。

（二）如何使兒童皆肯說話。置兒童於有話可說之環境中，於肯說話之準備，即已立其基礎。茲更進而論列其要點：

1. 在領導觀察時，應留心某兒童特別注目於某事物，而鼓舞其興趣；或對一般兒童，提醒其注意某事物之要點。尤以對頑劣或羞怯之兒童，分別各給以暗示。因為親切有味或較清楚之經驗，最為兒童所樂道。使事前有充分預備，及於開始談話，雖羞怯者，亦不致終安於緘默。

2. 在觀察後談話，必須不拘形式，一如日常或家庭間自由談話之情形。有時即在觀察場所，圍繞交談，分別問答，參以說明。如其須移於教室而談話，亦不當如普通教學，依桌椅行列之序，正襟危坐，無形中感覺拘束。不過日常自由談話有別者，亦有二點：

（1）須在教師指導之下，陳述聞見，以為教師補充說明之基礎。

（2）必須在大家團聚中，陳述共同參加之經驗。

（三）如何培養談話之基本態度。如復述、講說、問答、表演、報告、辯論等，可以構成語言之各種形式。入學始期之語言學習，固不必備具各種形式，然實可由談話而立其始基，茲惟論列其特別重要之點。

1. 表述之基本動作。所謂表述者，在說話之中，時參以擬勢語之方式也。表述之基本動作，即擬勢語之動作，如何表現其方式也。擬勢語含有手勢、身勢兩種動作，原爲言語未完成時之一種言語代表。言語既發達以後，如演戲之做工，擬勢語即占其一部分；鼓書之動作，則純爲擬勢語之表現也。因此現代社會之擬勢語，在身勢、手勢之中，均表現二種功用：其一爲扶助，言語雖已表出，更作勢使言語有力或更明了。其二爲補充，言語所不及形容，由擬勢以表出其情狀。兒童陳述事實，言語不備，仍多藉助於擬勢。並且因注意言語中之動作姿態，則吐音發語，自必從容不苟，力求簡要，由擬勢之輔助，以求合於所欲表現之意義，而容易得到矯正機會。尤其現今中高年級一般兒童出席講演，趨向流行之示威榜樣，操拳踱腳，與言語不相呼應。推其原由，實以幼時語言練習，未曾留意擬勢，故一旦登台説話，摹仿流行榜樣，遂益顯其故意做作之體態。其於故事表演，因爲平時談話，缺乏擬勢之素養，故分節摹擬，多費練習時間而仍欠自然。爲矯正此種缺點起見，擬勢語言之訓練，更宜注重。若就最重要者論列於下：

（1）每遇談話，凡關於形象比方或動作説明，雖使其言語有力或情狀活躍者，何處應參以身勢，何語應附以手勢，語言與動作必須合拍。當其開始，不得不有賴教師在説明中，妥爲示範。至於手勢與身勢之運用與方式，當與各個單元教學中，逐日記載，彙案整理，另輯專篇，以餉讀者。

（2）依預定學習單元之各個旨趣，選取適於動作表演之兒歌，使在國語適當練習期間，隨唱隨演。此在出版之兒童歌集及讀本中，不少可採作品，當於再續論及板書掛圖時分別選錄。茲舉數則示例，如"掃地掃地，怎樣掃地，這樣掃地，這樣掃地"可與有關整潔之國語課程中演唱之。"排排坐，吃果果……"可於有關請客之國語課程中演唱之。"一個大胖子來了，他這麼粗的腿，他這麼大的肚。哎呀！你慢慢的走，哎呀！你慢慢的走"可於有測量體重之國語課程中演唱之。

2. 一般之秩序。此自然須積漸而成，而且必須於發生事故時培養之，其理由"開學與管理"一書中言之甚詳盡。茲惟舉開始學習期間應注意者數則，雖屬普通事項，然實爲基本條件，且必須初學培養其習慣也。

（1）勿論由教師談話或同學談話，凡聽者之視綫，必須惟集注於其人。但不可對之有任何神情表示，亦不可不顧而有任何言動。

（2）不可攙在他人談話未畢時而發言。

（3）欲發言者應照規定之式而表示（例如舉手），未得教師或主席許可，不得發言。

（4）問答時應離席起立。

3. 應對必須注意之事項。此之指導，與 2 同。

（1）用語。如"請你""謝謝""請原諒""請指教""是的""不會"等，應於適當時機，隨時指示並矯正之。

（2）禮節。如在途中，或普通場所，問必鞠躬，答必立正。如在任工作或職務之場所，應否起立，則視對方身分或本身當時情形而定。尤其他人有事或與商論時，必得許可而後發言，回答必待其說話已畢。

改造小學國語初步課程方案再續①

一、如何完成正式閱讀前之準備

首論國語初步課程方案，未盡教學上必需之方式。所以如是開端者，蓋以形意文字與拼音文字構造不同。拼音字之基本字形，皆出於音母之符號，義則與形無關。形意字之部首與音系，所以構成字之原素者為例較繁，因之由形可以推音義。二者學習難易之度，不可執一以論。講小學國語教學者，惟泥守拼音字之進程與式例，任取如何良好方法，收效終屬有限。蓋彼以辨字音為讀文之基，開始需助於視覺練習者為時無多。此則以辨字形為讀文之基，欲期其自由閱讀與自由綴文，非多識字不為功，且非經適當之視覺練習，無由保持其記憶。詳言之，即須由事物與

---

① 原載《開封實驗教育月刊》第 1 卷第 6 號，1934 年 3 月。

動作之接觸，認識其所以成詞之字，積累較多，斯讀文之扞格較少，否則，惟有待於教師授讀而已。首論在防止一味剿襲式例之誤，並集注於開始教學之點，僅於綱要內第五綱提出附麗之表現，方式內"看口令"與"演字片"提出語句教學旨趣，固足以示例。所慮教者習慣於形式教學，對此簡單示例，不加推闡，則閱讀態度與讀文興趣，未能充實培養，或至形成變相的看圖識字之窠臼。茲更廣其說，於小學第一期國語教學，庶幾完成其功用矣。

關於本論所以補足前二篇未盡者，約有三個原則：

（一）以板書補紙片之不足或爲其準備

向來一般教學上之提示，無有不用板書者。茲之所用，其旨稍殊。於此當知長方案紙片之功用，所以代替書本授課者，非僅取其適用於實際觀察，尤在集中兒童注意，與清理其觀念單位，惟此逐項揭示，始爲明確。凡字片與圖片兩相對照者，固可無藉於板書。然應習詞語，不能盡以圖表示之。並且預備不足，或臨時發現者，亦惟板書最便。尤其可用動作表演之詞語，更無取乎圖示。不過板書之後，仍須依所習者製成字片句片，以資練習。善用板書者，以後紙片練習，當更有效。蓋指引視覺之具，愈不取同一途徑，斯印象愈深也。

（二）由學習動境與其進程而提示新詞語

應用之字，以事物的名字最多，範圍與數目亦不易限量。本方案以環境觀察爲立場，則認識名字之範圍與數目，自有適當標准。應用固不以事物的名字爲限，然使所觀察之事物，先不識其名字，而指認其有關形性與功用之字，對此事物仍須預爲解釋，未免累贅。使僅認事物之名字，則對事物之觀念，必嫌空漠。事物既須說明，斯摘示旨要，一方可資爲理解工具，一方又增進其傳達能力。由名字進而認形性與功用之字，此屬於進程者也。此形性與功用之字，必在認識事物名字以後，由兒童所表現之活動，適應情境而分別指認，此屬於學習動境者也。不但此也，字片爲名字者，皆爲實體字之詞，大率與圖片對照而提示。屬於非名字者，不能單獨成爲圖片。若聯字構成之語句，祇能以圖片表現語句所含之意義，不能如單詞之字具體表現。首論所列方式，於語句之學習，固未詳也。

（三）由摘讀而進於讀文、綴文之準備

本方案課程由整體生活而組織，在觀察、聯想兩個進程，皆屬於全部活動，至發表則結束於國語進程，故以摘讀為學習之主要目的。此種摘讀，當然以單詞、單語為適合。於此有兩個要點，當為吾人所注意者：

1. 專從事於了解現在生活，而不培養其想像力，必使兒童形成一種乾燥寡味之人生觀，此宜調節者一。

2. 以識字為自由讀文、綴文之梯，自以多習單詞、單語為主。然使全個學期，惟此是務，或不免減損興趣。並且養成正確態度，僅此準備，不能完成其基礎，此宜推廣者又一。

準此以求，補充前論所未及，一以讀故事畫開綴文之途徑；一以讀兒歌確立正式閱讀之基。讀故事畫與兒歌，占初步國語課程之一部分，固一般論教材者所見及。惟應讀如何之故事畫與兒歌，以及應如何而學習，則為茲所唯一研究之問題，以下當詳論之。至於讀故事畫與兒歌，或隨各單元而附及，或獨占一部分時間（每類不得超過前列綱要時數四分之一），由教者斟酌施行可也。

二、單詞、單語如何補充

根據上之三個原則，補充前論所未備，先從單詞、單語方面言之。

（一）補充單元開始之摘示

前論所及，各個實施單元，均預備有一定字片。至真正實施時，所需於臨時補充者，有兩個機會：

1. 由教師說明或兒童表述中，產生應摘示之詞或語，為預備字片所未有者，惟以板書示之為便。

2. 因主要用詞之解釋，涉及當有的動作：如鈴必涉及搖鈴，黑板必涉及抹黑板。涉及可有的表象：如尺而涉及長短，手而涉及左右。似此搖抹之動作字，長短左右之表象字等有可預計者，有從偶發而出者，有预计而临时须增损者,皆视当时情境如何,而以板书示之。

如1例,每个小单元所摘示者,不当超过预备字片之半数,以便补充词语制成字片,与预备字片参合练习,对此无图片对照之词语,容易回忆。其提示方式,即照普通教法进行可也。

如2例,以动作的字为主。动作的字,有动态、动声两种不同表现。在一种表现动态之字。由拟势之动作声音,可以推测其动态者,最适于以游戏方式而识字。派克(Parker)所著教学法第十五章第二节记述哈代(Hardy)教学实况,可为范例,兹摘记如下:

> 阅读开始教学,课文含有跳跑等动作字,先摘示此类字,然后以游戏方式演之。譬如学习跳字,一个儿童站在屋角,另一个儿童到黑板前,手指跳字,口附教师之耳轻轻读音。随即拟势跳到本人位上。说道"好了",在屋角儿童说"我听得你在跳",便到黑板前,指跳字以告。对否由共同订正之。又在继续上课之始,离黑板较近处,全班排成半圆形,教师书示跳字,儿童均跳到本人位上。此类动作,儿童不时拟势演习,极所乐为。

上举范例,可以依动作字状态类推演习。其仅表现动态者,如听、看、拿等字,在认识某种事物名字时,如有摘示此等字之必要,可先由教师拟势书示其字,随用种种不同事物,插入已示之动作字,令儿童以动作表示之。仅表现动声者,如丁当、唉哑、呜呜、轰轰等字,惟连属于有关事物之词语下,效其声音而使识字。但此类之字,以用注音字母书示较为适合。总之,动作字之认识,必以拟势为进行学习之方式。在儿童本身方面,可由活泼而简单之动作,取得精神上与身体上之愉快。在学习工具方面,不特由视形听音而注意字之意义,并且必了解其意义,始能表示动作,诚开始最适当之学习也。

(二)补充单元练习阶段之摘示

凡主要用词,练习达于读字片时,就其形性与功用等,由儿童回忆復述過去經驗，摘示在提示時所未及之詞語。此在第三綱以後，每個小單元可擇取一二種主要事物，分別研究。例如我的家庭之事，就已認識之食品、衣服各取一種，於練習段中摘示新詞語。然亦有小單元不必進行此項補充者，例如親屬及鄰戚的稱呼與禮儀，保衛及合群，依本章一之１補充新詞，即無須更有如此演進之練習。如此分配，每單元開始學習，遇有內容豐富之主要事物，在提示中補充時（即一之１）識字分量不致過重，減損學習興趣，一也。練習之中，兼有增加新知之進度，二也。對事物之觀念，因認新字而回憶，有集中目的，三也。其方式則《德可樂利新教育法第》六章第三段可爲最好範例，茲撮述如下：

> 就圖片所表現之事物，撮記觀察研究所得要點於其下，另以字片分書同樣詞語。練習法先對照圖片下所記詞語，在字片中尋覓相同者並依序排列。次掩蔽圖片下之詞語，在字片中對圖而覓其事物應有之詞語，尋覓既畢，始揭開掩蔽而對照之。

依本方案所準備，此等主要用詞，皆有對照之圖片、字片。運用上之範例，當分爲兩個步驟：

1. 開始演進練習，就各個小單元，如前論分別摘示，隨即用問答法，令復述摘示之詞語。
2. 綜合練習，則就大單元所有小單元之此等補充詞語，製成字片，懸繫於實物下或放置於圖片下，進行德氏範例之練習。

三、以讀兒歌確立正式閱讀之基

語言文字之最基本興趣，充分表現於兒歌唱誦之中。因爲大自然現象，均以律動表現，日月循環，寒暑遞更，時時與生活相接觸。兒童生長於律動環境中，愛律動爲其天性。所以催眠之歌唱與搖撼，兒童不自覺而起反應。由此演成兒歌，唱誦者足蹈手舞，與音節合拍，開人類文學的教育之途徑。是兒歌之最適於始期唱讀，實已公認。惟如何使其自讀歌詞，在開始教學上，卻爲重要問題。據哈代氏教學經驗，分爲五個步驟：(1) 先學會全首兒歌；(2) 兒童念歌詞，由教師寫於黑板上；(3) 兒童讀全文；(4) 兒童認識單句；(5) 認識並記憶單字。

吾國各地流行之兒歌，僅憑流傳。其記錄者率經文人杜撰，有失原意。茲爲使於初步教學起見，規定選擇兒歌，有兩個標準：一是在形式方面，每首語句不多，句子不長，以三四句或四五句爲主。過此者，必爲重疊或復現之詞語，積累而成。二是在實際方面，歌詞意義之表現，必適於以一種手勢或身勢之單純動作，隨歌唱而表演，所表演者又與兒童生活相應。

教學方式，以哈代氏教學實例，最爲適當。俞子夷《蕩秋千》之例，似從此脫胎而出，茲撮錄哈代氏《開始教學》之一個實例。

（一）第一日（兒童入學第四日）

第一步，介紹兒歌

傑克，巧，

傑克，快，

傑克跳過——蠟燭台。

第二步，在實物上跳唱　預備蠟燭台一個，兒童依序在臺上跳過去，並唱上所介紹歌詞。

第三步，自畫自唱　教者指示一種變換方法之遊戲，用粉筆在黑板上自由畫一燭臺，其上畫一曲線表示跳過之狀，兒童隨畫隨唱。

第四步，依兒童念詞而書示文字　教者說明要在黑板上書示歌詞後，即問兒童先寫何語，照念詞無誤者而寫，以下逐句如式書示。

派克氏記至此處，附記兩個要點。其一爲哈代逐句書示，必如上所排之行列。其二留心授課時限，當逐句寫畢，已屬下課時間哈代另書"不要抹去"，以便下次接續學習。

（二）第二日

第五步，開始學習讀文之指引

讀文前準備。先計算出席人數，計算坐位。次書文中主要動作之跳字，兒童依書示跳到坐位。再次提起昨天所唱兒歌，問明行列，並指告"不要抹去"之揭示。至此始懸示掛圖，附歌詞全文，令與板書對照，隨即抹去。

讀全文。首由教者范讀全文，兒童隨聲齊讀。讀時用硬紙所製之指引簽，置於所讀行列之左，每讀單一行，即順序下移。次兒童輪讀全文，依指引簽所指行列而讀之。

第六步，指認句子　教者就已習歌詞，任讀一句，令兒童在圖上指其句子，指時用指引簽置於是句行列之左。

第七步，對照找句子　先由教者持示僅有歌詞之另一張新掛圖，令兒童與有畫掛圖之句子行列相對照。次將新掛圖剪成四條，令兒童持與有畫掛圖之行列，逐句對照，依序疊置於插袋內。至此開始找句子，令兒童閉其眼睛，教者任在插袋中取出一條，由兒童辨認，即從舉手中指令一人念所取之條為何文，並將取出之條，持與有畫掛圖相同之句，對照示眾，經共同訂正後，隨即還置於插袋內。當指令兒童念句對句時，如有誤者，應指導其讀全文數遍，並特別注意其錯誤之句。以上四個句子，每句至少必尋覓一次。

第八步，聽音找句子　此係進一步的遊戲，分組輪次練習。其式將四個條子，分給兒童，教者讀某句時，兒童分得是句之條者，即到黑板前，持與有畫挂圖之和同句子對照，然後還置於插袋內。

第九步，用試驗方式指認單字　教室另懸示挂圖，開首一句為"這是傑克"。教者念出"傑克"一詞，令兒童以指引簽指之，兒童僅有字位觀念，無字形觀念者，竟指這是為傑克。哈代在如此情形下，示以前所剪之句條，令其仔細與此挂圖對照，尋覓相同之字。

（3）第三日以下

改授他首兒歌，大致一如前首之學習方式，茲順序摘錄其可資參考之點。

1. 由溫習前首兒歌而授新歌。先由兒童移指引簽讀全文，次插句片，隨插隨令兒童讀之，再令兒童當先生，做找句子的遊戲。又次在數塊黑板上，分給許多畫的地位，令兒童隨讀隨畫，並注意不知用右手拿粉筆者加以指示。至此始介紹新授兒歌，先將歌中主要物，如山，與前首以蠟燭台爲主要物同，令兒童畫之。次即同讀新歌詞，隨由兒童念，教者書示之，再讀全文數遍。

2. 如前首教學方式練習而增加注意手續。在如式練習中，稱讚最優者，對不注意的兒童，則加以溫和之責勉，並使其必真了解始舉手。又插字條時，告以注意插置有無錯誤，即於插置中故意誤插一句，試驗兒童能否發見。

3. 注重單字分拆。預備本文字片，有連字之詞，有單字之詞，其中參有前歌之字。告以句片可與行列對，字片只能與行中之單字對。於是指定行列，分給兒童對字，即持何行字片，向挂圖何行對字，並讀字音。先指令優生對字，其有對準字而音讀誤或不能讀者，即令從是行之首逐字點讀。經此對照，再錯綜所有字片，用閃爍練習。與插片練習，使由準確而達於迅速。如有重復之字，則指令兒童持字片逐行對照，報告數目。字形相似者，則特別提出練習。又兒童持字片時，乘機告以字片不可放在口邊或貼在面上，保存清潔。此項字片練習，經過相當練習後，與讀全文找句子分次相間行之。

由上述範例，有足資效法者，有須活用者，茲分別說明如下：
(一) 足資效法之點

1. 矯正一字一讀之弊。派克論教法，譏當代小學之國語教學，兒童手持書，眼釘字，大聲喊道"這——是——一——隻——貓"，即所謂一字一讀之弊。吾國小學讀文，幾成通病，余於二十年來，屢經痛論。繼思其所以然之故，蓋以初習讀本，讀文與識字並進，必須逐字點讀，積久遂成習慣，牢不可破。哈代由唱誦兒歌入手，未識其字，先已熟誦其文。及至提出文字，如書示，如行列辨認，皆以分句爲基本練習。經此訓練，進於正式讀書，自不致有一字一讀之弊。

2. 矯正不對準文字而信口唱誦之弊。此與上之情形適相反，然而一般小學，則二者並犯。前者發現於授讀之時，後者發現於復習之時。哈代導以用指引籤，使兒童讀文向一定目標，集中注意。習之既久，自成爲一種正當的閱書態度。

3. 矯正不用思想而唯讀字音之弊。有心得的閱讀，非表現於識零散之個別字，而在由每串之字上，搜取其意義的單位。此非從初步學習，培養其辨別成語之能力，不易臻於斯境。哈代所授歌詞，分行排列，如《傑克跳過蠟燭台》，以兩行排列，即爲辨別兩個成語之指引。然使用書本授讀，兒童是否一一注意及之，無由發現。哈代藉助於板書與句片，每項活動，皆有一個單純的注意中心，使兒童直接對之，產生活潑而且深切之注意，並可以清理其觀念。

4. 學習程式之推進。例如，開始授兒歌一首，雖具列學習方式，不求詳盡。及授第二首，如練習則開始對不注意之兒童，責其了解；並故意搜置誤句，確實其辨認能力。單字分析，開始一首僅大略爲辨字形之試驗，至第二首則逐一分析。凡此推進程式，皆可想見其運用適當。

（二）應活用之點

1. 挂圖之運用。本方案所定課程，以環境事物與動作爲基礎。文字摘習，皆從實際觀察，移轉爲符號認識，且大部分與圖片對照。兒歌與故事畫，僅占課程之一部分。故事畫自憑藉圖畫，爲構成學習文字之資料。兒歌則重在由表演動作，取得歌詞之完全意義，無須再以圖表明之。使開始學習，專用兒歌，藉圖以助學習興趣，自無不可。惟本方案之大部分課程，已用及圖片，正不必每項學習皆輔以圖畫，並且兒歌亦有非畫圖畫所能表明其意義也。在哈代所用之兩張挂圖，一張有畫，一張無畫。本方案用兩張挂圖皆不用畫，並無不便之處。如此則哈代之第六步，可從省略。

2. 上列每步與教學每節或每次不同。上分九步，係作者其意析定，每節應進行或二步以上，可因應實際情形而定。以教學可依其步驟之序而進行，不必以其所分之日爲限也。

3. 課首溫習應與需要相應。哈代授第二首兒歌，運用前首整個練習方式。此因方式僅經學習一次，故以如此溫習，作爲練習新課之預備。若方式運用已久，此種溫習之例，不適用也。

兒歌全合於前所定二個條件，頗不易得。茲擇錄若干首。於適用上述之教學步驟，尚無不便，如僅從歌詞形式以求評價，未足以語此也。

1. 拍手，拍手，起來拍手。繞圈走，拍手拍手。繞圈走，拍手拍手。

2. 大家來，搭個圈，搭圈要搭圓。圓的圈，跳跳看，口裏還要唱。拉拉拉拉拉拉拉，拉拉拉拉拉拉拉，大家來，搭個圈，搭圈要搭圓。

3. 馬兒真正好，不喝水，也不吃草。我要他跑，就跑；我要他跳，就跳。跑得快，跳得高。跑，跑，跑；跳，跳，跳。

4. 小老鼠，上燈台，偷油吃，下不來。叫媽媽，媽不睬，骨嚕，骨嚕，滾下來。

5. 排排坐，吃果果。我吃小個，請哥哥吃大個。

6. 一籮麥，二籮麥，三籮開手打蕎麥。劈劈拍，拍拍劈。劈劈拍，劈劈拍。

7. 一隻哈叭狗，坐在大門口。眼睛黑溜溜，想吃肉骨頭。

8. 我們來掃地，怎樣洒洒水；這樣洒洒水，這樣掃掃，這樣再掃掃，這樣畚在畚箕裏。

9. 身穿花粉衣，看來很美麗。飛，飛，飛，飛到花朵裏。

10. 小螞蟻，找東西。找到一粒米，搬進小洞裏。

11. 螢火蟲，夜夜紅。飛到西，飛到東，好像一個小燈籠。

12. 時辰鐘，走起來，的答的答；敲起來，丁冬丁冬。

13. 一片一片又一片，二片三片四五片，六片七片八九片，飛入河裏看不見

14. 鷄不叫，狗不叫，北風冷悄悄。清早起來水上蓋着一層玻

璃罩。

15. 風也大，雨也大，我們雨傘沒有帶，大風，大雨，息息吧，讓我們好回家。

16. 孩子笑，像一朵花，哈哈哈。笑紅了面孔，像一朵芙蓉。孩子笑，像一個果，呵呵呵。笑開了口，像一個石榴。

17. 說你呆，你很呆，鬍子一把，樣子像小孩。說你呆，你不呆，把你一打你一歪；要你睡下去，你又立起來。

18. 小寶寶，睡覺覺。明天街上跑，買餅餅，買糕糕。小寶寶，睡覺覺。

19. 老黃牛，兩角尖。我給你的吃，你替我耕田。老黃牛，來耕田，耕好東邊，耕西邊。

20. 滿天星，亮晶晶，好像青石板上釘銅釘，一顆一顆數不清。

21. 列拉，列拉，列列拉，列列，拉拉，吹到小山下。山上小白馬，跑來吧，跑來聽我吹喇叭。

22. 小狗，你靠著牆，我替你量一量，看有多少長。小貓，你不要響，量好小狗，再替你量。

23. 一個大胖子來了，他這麼大的肚，他這麼粗的腿。哎呀，你慢慢的走，哎呀，你慢慢的走。

24. 楊家有隻羊，黃家有堵牆。楊家的羊，撞倒黃家的牆；黃家的牆，壓死楊家的羊。楊家要黃家賠羊，黃家要楊家賠牆。

關於兒歌文字之復習，上述方式，已盡其用。惟介紹兒歌，如何使之初讀，茲尚須申論者，在普通的教學上，授歌詞有二個例式。其一為讀本教學，雖韻文與散文之教學歷程不無稍別，然給予觀念，認識文字，了解意義，大抵均為靜的學習。其一為唱歌教學，先習譜，次習唱，再次表情演唱。本課程為國語教學，採前之例式，不惟開始即汩沒其興味；而且進行演唱，在動作毫無準備，更須示範說明。由後之式例，由唱歌教學而達於國語教學，太費時間。因此兒歌教學，可分為兩種程式。其取已習之遊戲或唱歌作文字學習者，則介紹兒歌時，可就兒童所最喜者決定一首，即行演唱之過程。或其兒童可作唱歌學程，則介紹兒歌逕由唱歌學程中爲之。其爲國語教學中專授歌詞，介紹時由教者示範演唱，或說明動作而唱之。對於表情動作，其目的純在擬勢，但取足以表明歌詞意義，藉助文字解釋之提示；不必如唱歌之手勢、身勢，依歌舞規律一一須與節奏合拍，以加重其動作的演習，並淆亂其認識文學之觀念也。

四、以讀故事畫開綴文之途徑

故事爲兒童所喜聽，圖畫爲兒童所樂觀，結合二者而爲故事畫，用作初步國語教材，自屬相宜。其成爲問題者，如下所述。

（一）故事固爲兒童所喜聽，不必盡故事而皆所喜聽。圖畫固兒童所樂觀，不必盡圖畫而皆所樂觀。在初步教學，當用如何的故事與圖畫，成爲問題者一。

（二）故事內容，多有非圖畫所能盡量表出者。必取如何喜聽之故事，始爲樂觀之圖畫，結合而爲故事畫，成爲問題者又一。

（三）用圖畫表出故事，則看圖目的，即爲欣賞故事內容，如何由看圖而欣賞其故事，成爲問題者又一。

（四）故事畫所以能增進讀者興趣，與成爲正式閱讀的準備者，必其由看圖探索故事內容，有移轉於讀書之功用，並且由此發現文字認識，確爲需要工具。此在讀故事畫中以如何方式取得之，成爲問題者又一。

由上之四個問題，求解決途徑，先就關於故事畫之我國出版圖書，分類批評，庶於問題之解決，可以得其體要，茲分論如下：

（一）坊間單行本之圖畫故事。從前初等教育雜誌上國語教材，曾有數册登圖畫故事若干篇。近則各書坊出版圖書，不少此類小册。其式每圖畫一幅，即附課文一則。此可稱圖文對照的故事讀本，非正式閱讀前的故事畫。至於兒童對圖畫所發生之興趣，是否同樣表現於文字學習上，仍視事實之內容與其構造如何。讀本之故事文。因爲限於生字數目，常有極好故事，經改造而失其精采；或者文字冗長，難於卒讀。如此之類，往往兒童看圖時，或眉飛色舞，及强其讀文，便昏昏欲睡。甚有因故事內容貧乏，並圖畫而亦不樂觀。蓋故事已進於複雜，不似看圖識字之單純，必使對照圖畫而讀課文，未有不損興趣者矣。

（二）各雜誌上所登之圖畫故事。《小朋友》（中華出版）登入之故事畫，雖不盡如上之圖文對照，然語句較多，非初識字者所能自讀，不在評論範圍之列。如《兒童畫報》（商務出版）、《兒童雜誌》（兒童書局出版）等，每册均有許多連續畫，有標名故事者，有不標名故事可作故事看者，此類每幅圖畫，插入單語，取材較善者，頗適於作初步國語教材。惟如何閱讀尚待討論，何也？吾國字體複雜，非如拼音字之略曉拼音，便能自認。初識字時，純令兒童自讀，不能由看圖而遂得識未曾讀過之文字。因文字之不盡識，於是圖中文字，難盡了解。然使圖畫祇於平鋪直寫，則事實必索然寡味。所以初步國語教學，不另闢新途，使兒童識字較多，並於較早時期識注音字母，雖使兒童由圖畫而引起識字之興趣，或由所注語句而理解圖畫表出之重要意義者也。現今各幼稚及初小班無從提倡自讀，以及初級兒童讀物不易發達者，職此之故。

（三）課本卷首之故事畫。兒童書局《初小國語讀本》，第一册卷首列看圖識字一幅。世界之《國語新讀本》、商務之《國語基本教科書》、中華之《新課程標准讀本》等第一册，卷首均附圖畫若干幅。世界、中華有圖無字，世界標出課目，並以封面圖畫作開始課程。茲參據其教授書說明，提出幾個要點論之：

（1）當知應用此種故事畫，爲正式閱讀之準備者，其目的在引起讀書之興趣。初步讀書之功用，有兩個主要學習：一爲文字的認識，一爲語言發表的練習。二者缺一，則讀書之功用不全。所以故事畫之功用，在以悅耳之故事、悅目之圖畫，結合而引致於語言發表與文字認識。惟語言發表，必須使兒童由圖之觀察，逐項說明。若必待教師講述。不惟有損於發表，抑置圖畫表出於無用。然而圖畫上之表出，兒童如何而能擒其重要意義，勢不能不需教師暗示。此種暗示，又以採取看口令之旨趣，插入簡要語句於圖上，使看圖者必先識此語句之文字，而後易理解圖畫所有意義。如此則插入文字，成爲了解其他事物之工具，兒童得以感覺其需要，以後讀書，自以注意認識文字爲主矣。各課本之用故事畫作教材，圖上不分注任何文字，其有在講述中摘寫者，祇於單獨名詞。或在單元之首，標一課目。教學時，看圖與講故事分爲兩截，圖畫之用祇於美觀，即觀察亦視與普通之插圖同科，其教學目的，純以講故事爲中心，因之歷程有所謂引起動機、問答、復述、深究、表演等，完全爲舊時階段教式所貽留之形式。雖在復述中有謂可以變通語句及情節，並可自編故事，似乎兒童有運用圖畫之機會。然此爲事實所絕對不許，一則自動習慣毫未培養，徒以空言責其變更聽講，決不可能。二則看圖皆爲零碎支節之問答，摘示文字亦無關於理解圖畫之意義，所憑藉者惟有教師講述，可資回憶。是此教案僅足爲講故事之示例，於讀故事畫而引起讀書興趣無與也。圖畫僅足使對此書本引起美感，未可爲讀書興趣之張本也。尤其對文認識，不能給予若何助力，徒使學習多經一歷程，興味即多減一分，即本單元開始興趣，且難保其維持到底，更何論以後讀書興趣之引起也。

（2）當知用故事畫作教材，所以異於課本上插圖者。插圖僅爲課文某部分或某方面之輔助或補充，故事畫則以畫分別表出整個故事之意義，不需另有材料爲教學上之輔助與補充。其所以分注文字者，蓋爲讀者方便，給予搜求圖上意義之目標，或者爲其觀察事物之線索。讀者欲有說明，惟有依據此目標或其線索，觀察圖上所有表現，進而就所表現者推演其情狀。即偶需教師提示，亦以此爲範圍。斷不能於圖上表現所無之外，任意增入種種名稱以及莫須有語句，使兒童觸及聽覺，在想像方面，在記憶方面，皆無實在印象，可以引起注意。然而各課之教案，皆以教師講述，爲提示整個故事之主體。其所講述者，在圖畫表現所無之外，增入種種名稱以及莫須有的語句，幾於成爲通例。而故事本身，反無精采，圖畫所表出者，竟無意義可觀。綜計所見，不外兩種形式：一爲平凡事實，演進故事屬之；一爲反復語句，反復故事屬之。前者取從來編制課文之通例，後者取近成童話之慣體。此種式例，大抵限於用文字記述，事必平凡而始爲習用之字，語必反復而始無過多之生字。若用圖畫表出故事，固無文字記述之約束，而取此爲例，以敷衍其講述，於文字學習無補，徒使故事失其精采而已。常見各種雜誌與畫報，所有漫畫、圖繪新穎，插語寥寥數字，耐人尋味，爲一切兒童畫報所不逮，課本之故事抑又遜之。夫故事誠兒童所樂聽，惟樂聽之故事，其表演出也以口述。用圖畫表出故事，在能激動其視覺，刺激與反應不同其方式，斯二者取材不盡一致。故前之故事，重曲折，而歷程不可失之過簡，過簡則聽難詳審。後之故事，重歷程分明，而情境不可複雜，複雜則圖難表出。觀於部定教學要點"開始用演進法連續的圖畫故事，次用半圖半文的故事"各課本於其開始教材，多采反復故事，其教學又不從圖畫表出而求之。其次則係圖文各占本書篇幅之半面，與故事本身無關。故其圖書在教學方面，不如普通書籍之插圖，取以印證課文或補充其不逮，尚能相助爲用。此以知用故事畫或圖畫故事教學者，尚未了解故事畫與講故事之區別何在也。

（3）各課本用故事畫開始教學，所給予於正式閱讀者，其功用何在？所貴乎閱讀前之準備者，原爲閱讀之習慣培養其基礎。國語基本教科書教學法第三編養成良好習慣列有五項：一有正當的拿書方法；二有正當的眼動習慣；三有正當的朗讀方法；四有正當的默讀方法；五有愛護書籍的習慣。所立原則，頗具體而切要。惟其開始實施教案，僅取普通講故事之程序。新課程標准教科書教學法竟於課前文字練習，專注重單字分析。如此則眼動、朗讀、默讀三項，完全未立如何基礎。拿書與愛護書籍，雖不無開始練習機會。亦未有明確示例。從初步國語教學整體而論，培養眼動、朗讀、默讀三者之基礎習慣，當以兒童誦習爲中心；培養拿書、愛護書籍之基礎習慣，當以用圖片、字片爲中心。僅以讀故事畫爲準備，誠然不能啓示閱讀應有之一切態度；不過各課本既標榜新法教學，而以此爲閱讀前唯一準備，即當在此準備中，確立相當基礎。即如所謂準備者，初非將正式閱讀之態度與方法一一如式培養，而係由此相當之範例，推移而漸進於完成。若始基不立，必待正式閱讀，始有如何態度、如何方法之培養，則閱讀前之準備，所爲何事？或者開始教學，而一一以正式閱讀之式例行之，是準備又不成爲開始之一個步驟矣。

總之，各課本之閱讀前教學，係就故事教學與文字教學之普通教法混合而列，並無特殊方式，表現其準備功用。茲更取趙欲仁《論低年級國語教學》，加以批評，以補足前意未盡之處。趙氏《論低年級國語教學》分三個步驟：第一步驟，取置畫片、畫書供給兒童閱覽。進而由圖畫意義到文字意義，其例子於圖上插簡單之文，有多至四短句者。第二步驟，由暗示使發生文字需要，舉例爲標示用具及使用法，記載天氣及出席人數，摘示談話或故事之重要詞句等。第三步驟，用較長故事講述表演並練習句詞字等，分爲十個歷程。此步驟及其方式，用於實際教學，殊有慎重考慮之必要，茲論如後：

（一）第一步驟所言，用畫片、畫書引起閱覽興趣，祇是引起動機之一種方法，可用於某種單元預備之開始，不惟成爲整個教學之一個步驟。至進一步由圖畫意義到文字意義，所舉例子，圖文對照，乃與上舉一之圖畫故事相類。謂文字教學，不強求認識了解，固無不合。惟文字不了解認識，則由圖畫意義到文字意義，不能達其目的。祇計及文字如何認識，不計及如何利用圖畫以學習文字，未爲得也。

（二）第二步驟所言，以發生文字需要爲主。就所舉例，除摘示外，較之圖文對照，更適於初步，何以定爲第二步驟？且摘示與記載，並不能占整個教學歷程之領域，更未可劃爲一個步驟也。

（三）第三步驟所言，依其教學方式，似取哈代氏誦習兒歌之進程，惟以此進程用於讀故事，殊成問題。

（1）哈代氏開始教學之兒歌，文字無多。此則故事分爲五節，每節短語在六句以上，雖中間數句多反復語句，不同之字，自屬不少。以讀故事全文爲學習文字的初步，其成爲問題者一。

（2）哈代氏授兒歌程序，由唱誦而表演，由表演而讀文字，良以歌詞適於唱誦，內容含有表情動作，且爲極單純的動作。故表演爲了解意義之初步，由此進於認識文字，在在皆與唱誦之音節相應。故事則情節複雜，講述易而表演難。非澈底了解不能表演，並非因表演而了解其意義，與歌詞演唱之成爲一定進程者不同。表演故事爲讀故事的預備，似未適合，其成爲問題者又一。

（3）哈代氏單字分析，必在第二個兒歌練習之。其授第一個兒歌時，僅擇舉數位測驗其辨別字形與否。此不惟盡量揀單字，並且以組成新句爲應用練習，舉凡讀書應有一切練習，幾於開始一課而具備，其成爲問題者又一。

（4）讀書以故事爲最易，讀反復故事較適於初步。惟以此爲讀書準備，是否可資爲認識文字之階梯，其成爲問題者又一。

（5）直接用書本以前，必須多識文字，爲趙氏所主張。乃其所舉較長故事，依其歷程行之，需時四五百分鐘。若一個故事而生字過多，勿論分若干節，不便學習，習一故事而需過多時間，多讀亦不可能。似此學習，如何而多識文字，其成爲問題者又一。

（6）以用較長故事，爲直接用書本之準備，而直接用書本仍爲一種故事，並不利用圖畫以助進學習。是此之學習，與直接用書本初無甚區別，其成爲問題者又一。

新課程標準教科書以圖畫故事開始，其教學法引趙說爲依據，抑歧之又歧矣。

兒童國語教科書卷首圖畫，純屬於看圖識字之例。然圖上所注之字，如我、我的妹妹、我的先生、我的父親、小花貓、小黃狗、我的小朋友、我的哥哥、我的姑母、我的外婆、賣玩具等，與其圖畫對照，如何能確實指定？又如我的父親、我的姑母、我的外婆等，均以上下兩字對排，其形體、行列、大小均等，似亦未合。

由以上之論斷，決定所讀故事畫，當具如何原素，再論於下：

（一）應爲如何的故事。先從應避免之形式論之。

1. 不是專以動聽爲主。凡預備講述之故事，勿論取如何最小限度，其情節必須較長而稍複雜，其意義必由言語而形容盡致。凡此而用圖畫表出，或難顯其狀態，當如非文字測驗之旨趣，專選其適宜教材。

2. 不是便於復習文字。反復故事，所以異於演進法而採取重復語言，以變換主詞構成各段爲其主要關鍵者，原爲便於讀文復習起見。此不能以圖畫表出之語言，雖復述有趣，不適於故事畫之用。

3. 不在知識或道德之注入。純文藝作品，與自然、歷史、公民等之記述，截然異趣。在讀文中參入此類成分，便易流於板重。但使事實不違反道德，即不求在便於文字學習之外，有何理解也。

(4) 忌平凡。因爲教育目的，重在合於實際生活，又須爲兒童所能了解，於是誤認者乃以淺近爲平凡，產生許多毫無意義之兒童讀物；或者徒驚新奇，毫無文學意味，不能於心情有所啓示。本課程主要學習，由環境認識而取得工具，字片教學即以此爲據者也。故事畫與兒歌，皆屬於想像生活之教材，俾於了解實際生活中，時有調節之學習，激發其濃厚興味。例如三隻熊故事，兒童對於椅牀碗均發生興趣者，正以此種日常用具，屬於非人之熊。故感覺新奇也。舉此一端可以類推。

前二者爲故事畫特有之點，後二者爲一般故事公同之點。準此四個理由，定故事必具之原素，亦有四項：

1. 短。故事既以圖畫表出，必由觀察而搜求內容，太長則費時過久，易損興趣。但所謂短者，非不具體或省略事實之謂。而生整個故事，節目不可太多；每個段落之內容，不過繁重。

2. 單純。事實與意義過於複雜，均不易由圖畫表出。單純雖對複雜而言，但所謂單純者，一係容易了解而非無甚意義之謂。一係情節不雜而非簡略之謂。

3. 連續演進。事實逐層演進，斯分幕描繪，各自其獨立之鮮明表現。惟須附帶說明者有二：

(1) 反復故事，亦適於初步，其主要之重復語句，非圖所能表出者，當然不選爲教材。不過演進故事之以言語傳達其動態之意義者，不在此限。

（2）單張之畫片，其內容表現，可爲兒童初步自編故事之憑藉者，亦當參用。

4. 有趣味。兒童有興味的故事，在含有童話或笑話之旨趣。取童話旨趣者，不僅屬兒童心理問題，抑以世人每誤以兒童所能理解者必爲淺近，所謂淺近者，必從通常或平凡之事情而產生，故以此矯正之也。取笑話旨趣者，在故事情節，必具刺激性，由其結果，可使人喜不自禁也。

（二）應爲如何圖畫。此以各雜誌上之漫畫最爲得解，如各課本之故事畫，專重色彩，不甚講究動作神情，僅有美感而缺乏刺激性，不易引致探索興趣。茲提出二點如下：

1. 圖畫須按進程段落而表出動態，凡無關於學習上之必要指示，不必繪入。

2. 圖畫之表出，在與加入文字兩相呼應，非如看圖識字以兩相對照爲主。

（三）如何加入文字。此亦以漫畫所加入者爲得體，惟語句較長或較多者，仍非故事畫所宜。茲提出三個原則，每圖惟用其一，加入文字時，可因應圖畫內容而適宜用之：

1. 可作搜求內容之啓示者，此種標題，等於一個教學階段之總問題。

2. 產生一個歷程的動作之主要語言，與圖上表出動態相呼應。

3. 標示一個歷程之中心動作或其結果。

（四）應如何作教學的準備。本課程以兒歌、故事畫二種，與認識環境之標示摘示，爲初步學習文字之基礎，亦即正式閱讀前之準備課程。其應用故事畫，自與各課本在卷首插入數幅者不同旨趣。因此應有預備，當如下所述。

1. 故事畫占準備課程之一部分，當數倍於其他課本所用。

2. 教材之預備，關於故事畫，應依據上之三種規定，就年來兒童畫報、兒童雜誌之連續畫，採取較合適者用之，或略加修正。其連續畫不以標明故事畫者爲限，蓋聞見之事物，凡有具體的活動或表象可述者，皆可名爲故事。原書標明故事外之連續畫，適用者亦較多也。惟擇取材料，須較需用者較多，應便選用。

關於畫片，就各書坊出版之美述畫、風景畫，或書籍上插圖，或地方古跡名勝之照片等選擇用之。

3. 教具之預備，故事畫不作兒童自讀課本，惟取爲教學上懸示掛圖。每一故事，製全圖一幅，備概覽及與分圖對照之用。視故事分段，製分圖若干幅，備分析觀察及與句片對照之用。每幅圖上加注文字，全圖分圖均同。照圖上加注文字，製句片、詞片，供文字練習之用。

（五）應如何而教學。分爲六步說明之。

第一步，概覽全圖。懸示預備本課教學之全圖，令兒童觀察，並板書本課課目文字使之認識，此文字亦可注於圖上。如其教材係選自其他出版物，可將原圖剪下，在課前置於教室陳列處，任其自由觀察，至懸示掛圖時，令其對照是否一致，如有異點，須暗示使之注意。

各課本教學法，皆有引起動機一項，此在吾國教學上久以習於形式誤用原理。夫所謂動機者，不外由事物之激引，使兒童觀聽，全傾向於所預備學習之功課上。動機之引起，自以從環境設置使之觀察爲最要。若應授教材，由所預備之掛圖，可使集中觀察，又無選擇餘地，而不從實際準備者啓示之，乃多方繞道取無謂問答爲動機，是之謂舍近就遠，舍實就虛，非真正動機也。況教材業經固定，乃由無謂問答後，作決定之空文，亦近虛僞。本論重在預備充分，教學則取單刀直入，一掃從來空虛裝飾之習弊。

第二步，分讀各圖。在概覽後，即取去全圖，懸示分圖第一幅，提出加注文字，令其認識，由此所指示者，分析觀察所表出狀態，而探取意義。隨就全體中選定或指定兒童說明之；如說明有誤或不足，則令其他兒童修正或補充之。以下各幅,均依此進行。惟開始教一二個故事,兒童對故事畫的觀察與說明之正確習慣,缺乏素養,不妨用問答式逐項發問,令其據圖說明,最後由教師綜合說明之,由此進於最後由兒童綜合說明,再進由兒童據文字所指示者,分析觀察,而說明圖幅之全部分。

此步驟有三個要旨:(1)由教師講故事移轉於兒童閱讀故事之文字,惟有拼音字之國語讀法,經數週準備即可從事。吾國文字教學而採此程序,在兒童能直接用書本閱讀,固無不可。若未識文字,聽講所得,不能助其自讀。所以本方案加注文字,不爲圖的內容之對照,而爲指示看圖之依據,則文字成爲了解其他事物的工具,自感覺其需要而必須認識。(2)依教師所講者復述,僅足以測知其記憶;加以表演,亦祇增進其想像;凡此皆不足以培養兒童用思考之習慣。蓋讀故事畫而以口語講授與指圖問答爲引線,則兒童惟反應於教師所講所問,以求其了解。故本方案由認識加注之文字,而觀察,而探索,而說明,正其在開始學習,啓示用思考之途徑,並以資綴文之準備。(3)故事畫印於課本上,兒童惟就所喜者而觀,或祇於泛覽,不能使其依當時學習目的物而集中注意。本方案示掛條,使兒童視線與思想,集注於正在讀看的目的之下,久之遂成習慣。

第三步,講述故事。首由教師講整個故事,次令兒童復述。除分段或分組講述外,並可視故事所含人物內容,略採表演形式,分配復述人數,用口述、啞述兩種方式行之。口述演故事中應有的語言,啞述演故事中應有的動作及其狀態。

此用講述之旨趣,係由分析觀察之結果,而整理其對故事畫之整個觀念與明確思想。並因範講而示以講演方式及態度,爲達到此後表演進程之準備。

第四步,對圖注練習文字。將全圖懸掛,並另以字袋分插所有句片,令其對照圖注,由文字辨認而進於讀音認字。

1. 對照文字。任指圖注之某一句子,使就插置句片,覓相同句子與之對照。或任取某一句片,令置於圖注相同之句上。對準以後,均須讀其文字，此爲認識文字最先之練習。

2. 讀音認字。任取圖注之某一句或逗句（即句中短語），其讀文字。或任讀某一句子，使就圖注用指引籤指出相同之句子。此種練習，須與前式接連，以便記憶。

當分圖觀察時，注重了解內容，雖有指示語句之認讀，不能阻遏其急欲探索之興趣，故其對於文字認識不限於取得深切印象。此爲新授文字之開始練習，以圖注對照而辨認文字形體，由認形而讀音。繼則離開形體對照，由讀音而認字。其歷程步步相關，推演而進。使回憶皆有聯想可憑。

第五步，句片練習。用一般之閃爍練習方式與本方案讀字片比賽式，視第四步練習所得結果，斟酌採用。雖方式宜於變換，但不取各方式在一個故事歷程中全用之也。

此爲離開圖片專從事於符號練習，在以有趣方式，彌補無意義的練習之缺陷。因而便讀音辨形，漸達於明確地位。

第六步，詞片練習。方式與第五步同，惟係從句中摘出可以獨立之詞，分析練習。

練習結束於此，不及單字分析者，獨立詞多係字與字相屬，有相互聯想，可以助其認識之交通，在初步爲較當，一也。機械練習不過重，則故事畫之興趣，可以始終維持，二也。練習減少一個獨立步驟，則單元教學時間縮短，因此可以達到多識文字之目的，三也。

單張畫片教學，適用讀故事畫之程序，稍得省略。惟故事畫係由確定事實而表出，教師暗示自有根據。畫片則純視觀察者之觀感何如，教師惟當就畫片所表出者，引起如何注意，不可有目的之暗示。但使兒童各個說明，可以由畫推想而得，其說明之語言與意義，不求一致。此爲以語言發表，作此後自由綴文之準備，不可忽也。

初小第一學期國語課程及方式，如上所論，應用之能事已畢。最後尚須申言者，即兒歌、故事畫二者與字片相互運用，不宜偏廢。其有因教師之興趣與才能，對兒歌或故事畫之教學，各有特長，即偏重某方面之教學，無施不可。不過上列認識環境之各個單元，不可因此而任意省略也。第二期以下方案，容再續論。

《兒童讀物審查》序[①]

在兒童生活裏面，由精神安慰方面和求知方面，相互發生功用，讀物是一種最要的工具。可是這個功用，專靠正式讀本授課，是不容易給予許多很好的機會哪。惟有學校依各級進行步驟，爲有目的的部署，使兒童從自然反應中自由閱讀，才能達到目的。

供給或採取這樣讀物，必須如下說的三個配置：

第一，讀物種類，必須從兒童活動各部分，以及必須知能各方面分別選擇，而不純是一種文藝讀物。然而任何讀物，必須具有文藝描寫的意味。

第二，讀物內容，每編至少必須具看的、讀的、聽的、唱的四種之一的功用。除聽的外，這三種都要用兒童口吻構成文字。

第三，讀物程度，必須分低級、中級、高級三種編配。

兒童讀物，近幾年來才爲國人所注意。但是注意的原因，未必是從兒童本身上着想，這是一般就作品可以想見的，現在且不討論這個問題。祇是所感覺的，最近出版千餘種，不是都可以作兒童讀物。然而各小學圖書館所陳列的，因經費限制不能遍購，所購的並不一定是優良作品。即如某某雜誌上所登載某某小學分年讀物，也不是從全部分的讀物經過了細心檢查來定的。本會所以做這很繁瑣的審查工作，不是甚麼文學批評的見解，也不是甚麼目錄學的方法，祇是爲各小學選用讀物，多少給予一點便利吧。

---

① 原載《開封實驗教育月刊》第 1 卷第 3、4 號合刊"兒童讀物審查專號"，1934 年 1 月。

對於憲法草案國民教育章之意見①

　　河南省政府討論憲法草案，分門研究，徵求鄙見，因就平日對於教育之見解，稍有貢獻，並以質諸國內之研究教育者。

　　一、第三十六條："教育應以培養高尚人格、增進生活技能及造成健全國民爲主要目的。"案本章開端之第三十四條定"三民主義爲中華國民教育之根本原則"，此在實施方面，各級教育應如何運用，已有待於推求，如果第三十六條能明確指示方向，自可爲運用第三十四條之指針。無如第三十六條所謂高尚、所謂生活、所謂健全，涵義並無一定之範圍與標准。教育科學用此類之詞，不覺含糊者，由其論述中分析闡明，可以了然。不過各種教育學説之主張，對於人格或知識技能或責任方面往往各有偏重，實由於出發點或觀點不同；而整個實施，此三者無不兼顧；惟其所傾向之人格或知識技能或責任，彼此意見殊不一致；必依其學説行之，始可達其目的。憲法條文若在本條文字中未表出明確意義，則主要目的空洞無所歸宿，徒爲贅文。況憲法條文所定主要目的，必須對國民教育，由本國歷史習慣，或世界傾向，示以途徑。如僅取教育科學上之普通的抽象言論，似覺無所取義。

　　二、第三十五條："中華民國人民受教育之機會一律平等。"第三十七條："已達學齡之兒童應一律受義務教育，未受義務之人民應一律受成年補習教育。"第四十三條："全國公私立學校應設置免費及獎金學額，以獎進品學俱優、無力升學之學生。"此三個條文互相矛盾。案第三十七條規定爲一律應受教育，第三十五條爲受教育之機會一律平等，既謂應一律受教育，即不得有所謂受教育之機會。受教育既視爲機會，即無所謂平等。蓋基本教育既未普遍設置，中等以上教育又非從全民之優秀兒童使之升學，則受教育之機會，完全爲各個境遇及經濟所限制。窮苦子

---

① 原載《開封實驗教育月刊》第 1 卷第 6 號，1934 年 3 月。

弟，根本無力受教育，是否自願放棄其機會？如第三十五條之規定，以機會二字掩蓋平等之真義，並抹殺第三十七條之規定，直爲有力有錢者張目，與三民主義平等之旨相違反。即如第三十七條之規定，表面雖極鄭重，而實際責任誰屬，未經明白規定，不啻形成政府不兌現之政策。此在事實上固已明白告訴，試觀義務教育之分年計畫，歷來政府均有明文，卒至教育日益衰落者，因爲法律上未以此事爲官吏之考成，所謂賢明政府，亦不過立幾個方案，即爲盡職已也。夫人民固有受教育義務，如何使人民及其子弟有教育可受，並且可以受教育，其責任實在政府。不規定政府如何使人民一律受教育之責成，而僅提出人民應一律受教育，必至空言無補。各先進國之國民教育，因爲政府能以實力爲普遍之設施，故法令有處罰人民不使子弟就學之規定。吾國則爲願受教育之人數，浮於設置之學額，以及願受教育而無力爲教育之供給。此非人民自身可以企圖解決，惟視政府對於所負此種責任之努力與規畫何如。假使官吏對此並無規畫，或分期規畫而並不切實施行，以及非主管機關不能襄助爲理，勿論官吏如何有能，均應予以最嚴之處罰，且不許因他項功勞而從末減，並且其他教育事業亦不得妨礙此事進行。爲此勵精圖治，一面從事於量之擴充，一面從事於質之改進，國家前途庶有希望。吾人所期望於憲法之規定者，其癥結惟在於此。至於免費及獎金，由設置學額以獎進無力升學者，即衡以第三十五條之規定，亦有矛盾之處。何也？此種學額，既由各校隨意限制，則無力升學者，即使品學同優，亦不能盡人享受教育之機會，且無力者必須品學俱優，始有爭競升學學額之機會。而有力者則無特別限制可以升學，機會如何平等？況因競爭學額，使學校當局爲操縱學生之工具，學生以作僞營求爲取得學額之途徑。種種不良現象，事實昭然。此種辦法，本資產社會市恩之舉，三民主義共和國而有如此條文，尤爲不合。

三、吾國今日學校教育，已瀕破產。其主要原因並非純係學非所用，實以學校在國家制度上應居如何地位爲唯一問題。吾國已往制度，書院與科舉對峙。書院爲講學之所，非爲取得資格而設，故易得積學篤行之士。科舉爲掄才之典，不以所受教育資格爲限制，故凡民俊秀者得一旦而躋於通顯，並且畢生皆有上進機會，故可以鼓勵向學進取之士。固然往時制度，不無缺點，且其求方學式，亦未必盡適用於今日，不過自效西法改辦學校，其始以學校代科舉，合講學與求名爲一事，學風更以不振。其後學校僅給資格，另舉行文官考試以取士。在學校方面，畢業既非盡有用途，而又皆以資格爲求用途之具；在考試方面，所試科目大率以學校課程爲例。一方未入學校者難以應試，一方所考試者又不必與實際需要相符，徒使入學校者與辦學校者日益彷徨，馴致成不可收拾之局。所以今日教育，吾人不可不注意於以下之問題：

第一，教育之先決問題勿論在整體或各級，養成學生致用能力，在摧毀以前個人主義之傾向，而以致力於國家或社會爲目標。因爲個人幸福，不由國家或社會中而取得，則受教育愈久，妨害國家或社會愈大。此決非一種訓育或公民課程或主義講授可以養成，而在入學、受業、畢業與國家社會之制度上種種關係，有明確規定。

第二，基本教育如何而能使一律受教育之事實確能實現？職業教育與人才教育，如何使整個民族皆不受經濟之限制，各能效用於社會？二者施設方式不同，要皆宜本一貫之精神而定。

第三，教育何者必須公立，何者可以私立，何者由中央政府設，何者由地方政府設，必須從整體設施上，構成確切不移之條件。

第四，教育設施與人才拔取如何相輔爲用，而各保持其獨立，應有明確規定，以打破現在一切塗飾與暌隔局面。

此三大問題如無適當解決，一切條文均無當於實際，且亦不能成三民主義共和國之國民教育，深盼規定憲法條文之當局，予以留意。

函復教育廳詳釋實施二部制疑難之點①

案準函開據省立小學校長呈述實施二部制情狀，請查照研究見復

---

① 原載《開封實驗教育月刊》第1卷第6號，1934年3月。

等由。

　　檢閱原呈，似爲開封教育之普通論議，初無關於二部制實施之研究。茲於評論困難六點之前，先從大體上表明幾個問題，庶觀點免有誤會：

　　一、各校所認爲"實施以來感遇困難"，究竟各校是否皆已實施，或偶有一二處實施，其實施實際如何，以及是否必爲各校同有之感遇？未經貴廳將各校實施班次與辦法見示，無從爲實際研究。

　　二、部令提倡之二部制，與本區建議之二重制不能混爲一談。二重制雖含有二部制之特點，但其編制形式與教學功用合而爲一。本區建議之目的，在打破書本教學之形式，各校以後增加班次，將例有之普通設備費，移用於特殊設備，一方每級獨占教室之浪費可以逐漸減除，一方不另籌特別教室設備費而自然次第設立。二部制則純屬於推廣班次而不多增經費問題。不過所謂不多增者，無須照加班之規定額而增，非限於以原有之一班經費而辦兩班也。

　　三、二部制之本身施用問題。如用半日制，須視環境之需要；如用全日制，則涉及教學及施設之整個問題。拘牽二部制形式以推行二部制，其實際殊未易言也。

　　大體既已闡明，各校所謂困難，除第三點係稱"經費原不敷用"不純屬於二部制添設問題，可不討論，其餘各點頗有異議，茲條答於後：

　　第一困難點可分爲三層論之，其一謂："各小校舍缺少。"質言之，即所有教室，僅敷每級專有一個普通教室之用也。查部定小學授課時數，低年級每週時數1140分鐘，平均每日僅有三時零十分；高年級每週時數1530分鐘，平均每日僅有四時零十五分。此總時數尚有體育、勞作、音樂完全不在專有教室以內，公民、訓練、衛生、自然、美術亦不限定在專有教室以內。是低年級之三時零十分，在專有教室授課不過二時。高年級之四時零十五分，在專有教室授課不過三時。而每一教室，每日當用六時至七時，是任何年級皆可以同一普通教室供二個年級之用，則所謂校舍缺少之困難感遇，似乎不至發生。其二謂："二部制無專有教室，學生東走西遊，擾亂秩序，遺失用品，精神散漫，發生不良習慣。"此當問者：1. 每一班級是否必須專有一個教室？即無課亦當令其閒置。2. 集中精神與矯正習慣，是否全係於專有教室以爲之約制。使 2 之條件而可以成立，雖如 1 之閒置，尚可承認其不爲浪費。無如有秩序不失物品等之良習慣，必須於繁複的變動的境況中覘之，若徒藉助於私有場所以爲防範，去教育之旨已遠矣。況授課有一定場所，課餘均在外遊散，並不視乎教室之專有與否。二謂部班學生無專有教室，便東走西遊，似乎不協事理。其三謂："二部班次藉用較高年級桌椅，障礙身體發育。"此當問者：1. 各校班次，並不缺少某個年級，何以不藉用同年級而藉用較高年級之桌椅？2. 各校所置桌椅並非每年級各有適當高度，其分低中高三級而適當配置者尚不完全，獨於二部制而以藉用較高年級之桌椅爲障礙發育，未免視二部制學生過重，視原有學生過輕矣。3. 各校每年級招生，報名之數大率多至十倍，即盡收實年相同者，亦有容納不盡之事實。然而各校現有各班學生，年齡相差數歲者頗屬不少，何以不聞有障礙發育之限制？獨於推行二部制而振振有詞，此不能無惑也。總之由一之證明，任何年級，皆可共用一個教室，二三已無討論之必要矣。

第二困難點謂："江浙各小學教員每週任課七八百分，本省則一千三百分，勞逸懸殊，難以增加負擔。"小學教師之困苦，誠當體念，惟原呈所云，似乎尚非事實。查每週七八百分鐘，平均爲每日時數，僅有二時，此在大學授課，尚有超過此時教者，小學授課時數而以每日二時爲例，是否適當？假使江浙小學教員確有擔任如此時數者，必其任有實驗研究之工作。然而實驗研究，必計月有一定工作之發表，或不致僅以開會、討論、讀書、參考之空言相抵也。至於小學教員應擔任若干時數，以及各校教師任課是否均在一千二百分鐘，此則涉及行政綜核，本區未便置辭也。

第三個難點，從略。

第四困難點謂："二部班次之功課各教員分擔，幾於每人一科。"查各科時數多少不等，各校班次亦多少不等，即教學實際置而不論，斷無有小學能行每人一科之制者。此在任何二部教授中，未聞如是。即二重制有便於分科擔任之説，亦係就高級實際而立言，從未嘗以分科擔任爲依據。至謂"如不此分擔，則必須原有科任教員多擔二部功課，原有級任教員換擔科任功課"，夫增加班次，負擔各科功課亦與之俱增。雖各科時數不盡相等，而綜合各班功課以支配，初不限於每一班級必須完全由一教師擔任之，即級任亦不限於以必擔任國語、算術全部爲原則，則酌盈劑虛，在課程自有變更餘地。是改擔換擔之説，純由拘牽於保持現有分擔狀況，以及離開各班之全體，而專就某個班級單獨發生之障礙以相非難也。

第五困難點謂："二部班均爲低年級，如續升至中高級困難愈多。"查本省規定，初級每四班加教員一人，六班加二人，十班加三人，高級每二班即加一人。初級如可以推行二部制，中級應爲同樣情形，高級較低中級更易支配。是原呈所謂困難愈多者，與事實殊未適合。不過現有若干班級，可以增加一班至二班以上，以及增加若干班級，必須增加教員，此則行政上應有適當之規畫也。

第六困難點謂："自實施二部後，家長方面對成績頗有懷疑，招考之時學生亦多裹足。"查二部制爲學校內部之編制問題，並非以此號召學生。其施全日制或半日制，完全視環境需要而定。如係半日制，必爲環境所要求。如係全日制，與現有班級無異。原呈所謂家長懷疑與學生裹足，不知何據而云然。果有其事，其咎與二部制本身無涉也。

各校長所陳困難六點，本無關於二部制本身之研究，其理由雖不充分，想必有言外之意存於其中，非本區所能揣測。惟就制度本身而言，在大貧之中國，以及教育亟須普及，二部制實有提倡必要。以日本之教育發達，近且由文農內三省通令提倡，兵庫縣幾於全縣皆行此制，可以深思矣。茲於評論之余，更陳意見二點，以當最後貢獻：

一、勵行部令，應將短期義務教育、民衆教育等，與二部制有同意義者，必須結合而推行，斯經濟效率，可由整體教育而表現。

二、對於各校以後增加班次，增加設備，以及現有同年期之班次與特別實驗費，應以一貫政策，使其普通設備不致虛設，移其應增經費於特殊教學設備，其特殊實驗費更不得有名無實。若例增之班次，與有名無實之事，仍舊支費，而對於二部制，勿論增加若何班次以及各生皮藏，皆不問現有經費能否支給，則推行適爲阻礙之驅也。

率陳所見，是否有當，維希裁奪。

此致 河南省教育廳廳長齊真如

常務委員李廉方　二十三年一月十六日

廢漢字改羅馬字拼音是否違背遺教[①]

《孫文學說》第三章："文字爲思想傳授之中介，必廢去中國文字，又何由得古代思想而研究之。"其說明中國文字之不當廢，理證甚多。吾人對於遺教，固不主張墨守，而注重闡發。惟遺教彰明否認者，苟欲變易其說，必不可率爾從事。政府與黨部，對於他種稍有出入之言論，取締不遺餘力，獨對於廢漢字改羅馬字之宣傳，默不一言，或且派代表參加會議。果真羅馬字拼音足以復興民族乎？吾人不能無疑。以用法繁簡而言，用羅馬字拼一漢字，三拼者多需六個羅馬字，二拼者多需四個羅馬字，孰爲繁簡，無待試驗。若謂羅馬字拼音係拼詞不拼字，則中國因各處方音之殊，猶得藉文字之統一而可傳達無訛。若改用拼詞，方音稍異，語言便生隔閡。似此辦法，直與廢中國語言無異。況中國語，源基於字，與外國文字之不爲語源者絕殊，羅馬字如經取用，勢必至將中國固有思想表現於文字者一掃無餘。

不佞於民元教育會議即提出改國文爲國語，固非守舊者流。不意今有人提倡廢漢字者，對當時改國文爲國語尚持異議，一旦而趨時至此，真可爲痛惜者也。至于國音符號，用代反切，與漢字並行，有利無弊，

[①] 原載《教育平話》第 1 卷第 1 期，1934 年 12 月。

且於統一語音,亦有功效,固不得而反對之也。方今學術界之言論,日趨龐雜,至有標榜大衆語,而以自身所在地之上海語爲國語,其理由則以滬音便於翻譯外國文字。此種亡國之音,其目的固不祇于醉心歐化已也。

《民衆讀物調查》序①

近三四年來,民衆問題和民衆教育問題,總算大家都很注意。如果談到教育方面,當然不是憑舊來學校方式,可以普及民間的。說到這裏,讀物就成了最先決的問題。假使這種準備不足,什麼設施,都沒有着落了。

往時雖沒有甚麼民衆教育的設施,可是民衆讀物卻也還不少。不過這種讀物,不是政府派員修撰的,也不是文章家著作家爲了沒世之名,或進呈御覽,才精心結撰的。所以往時的讀物,不列於經史子集的書目,並且文人學士們絕對不屑入目。然而一般民衆,沒有不受這些讀物的薰陶,因爲它的結構,不是好唱的,就是好聽的,而且文字沒有之乎焉哉,容易看得懂的。它的內容,不是說某人怎樣成家立業,就是說某人怎樣得一個好媳婦,那都是民衆夢想的事情哩。或者說怎樣打不平,怎樣在急難時遇著救星,使人們看過後可以得到一點安慰。又或者是說報復和報應的事情,使人驚心動魄。就是談到醫卜星相的雜書,也是社會一般的傾向。可以說一般民衆的思想和行動,由這些讀物引出來的,也不爲過。我們如果稍爲留意,試看那些勞苦大衆,在偶然得閒或高興的時候,唱的、講的、看的,沒有出過這些讀物的範圍。而且家境稍裕,只要不是真正讀書人家,也沒有不是這樣的。勿論這些讀物良善與否,可是普遍的事實如此。那極少數讀書人,除了靠讀書取得勢力,佔個重要位置

---

① 原載張履謙:《民衆讀物調查》,開封教育實驗區 1934 年 12 月初版。

外，哪裏有轉移整個社會風氣的力量。

現今對於民衆讀物，公家、商店、私人們，也曾出了幾部書，如《千字課》《平民讀本》《人人讀》《民衆教科書》之類。這種無意味的、不切實用的、不宜唱誦的教科書式，除了靠政府辦民衆學校的力量，強迫來學者不得不讀外，若比較往時《百家姓》《六言雜字》《增廣》之類，民衆還樂意採用，已經不可同日而語。然而民衆讀物的種類，決不是專作識字用的，也不能專靠講讀的。雖然也有某處編印此類讀物，出版倒不少，只是内容形式，均不合平民口胃，連送給人家看，且不樂意看，更不必說了。至於號稱領導民衆的人們，只時常喊口號、發宣言，一點不著邊際。還有最出風頭的人們，正在提倡改造漢字，試驗羅馬字，或者提倡大衆語。就使這些先生們功成名立，還是沒有什麽東西，供給民衆讀啦，唱啦，說談啦。那麼和他們的思想行動不發生什麽影響，目前正不必多此一舉，更生枝節。其實這些先生們，口口聲聲說爲民衆，心目中何曾有民衆，也不見得認識民衆，不過站在知識階級立場放空炮罷了。

所謂真正讀書人們和領導民衆人們，成了這樣趨向，於是讓那些下等書賈和下等文妖，整天地揣摩如何可以賺錢，繼續做那民間流行讀物的工作（參閱本書調查表）。政府和文人學者們，從不把這些讀物看在眼裏，也沒有想用什麽來替代這些讀物。其實引誘民衆的力量，比教育部所轄的任何教育，以及文人學者所讀的新舊書籍，不知大多少倍呢。

下走在這規模極小、力量極薄的實驗區裏，雖然負了指導小學和民衆教育的使命，因爲人事關係，將近一年，本學期才能夠在大花園小學貫徹了實驗主張；杏花園小學還須明春才能開始。民衆教育簡直沒做一點工作，這固然是很抱歉的事。不過自信没有偷懶，也不想敷衍粉飾，要做就徹底的做，這是可以向大家表白的。

因爲如是，所以我們對於民衆教育，開始想做一點準備工作，並且是準備初步的小小工作。恰好教材部編輯《相國寺特種調查報告》，想到相國寺各書攤出售和租借的讀物，在開封城佔中心位置。任何時候到相國寺遊覽，總見著許多鄉村老百姓在那裏買書，或者商店夥計和小學生們在那裏租借讀物。雖然他們生意，比不上幾家賣教科書的書店和賣舊書的書鋪，但是這些書店書鋪，民眾是不會到那裏面去的。我們不能立刻供給民眾以什麼讀物，又不願意編輯那教科書式和不合平民口胃的讀物，所以把調查相國寺民眾讀物，作爲一種準備工作，囑張履謙君主持其事。履謙費了數周工夫，報告始末，因囑整理成冊付印，貢獻有志民眾讀物研究者。（附帶報告，民眾娛樂和醫卜星相的事情①，仍由履謙繼續調查。）

京山李步青廉方二十三年十二月寫於開封教育實驗區

對王部長《中國教育的現狀》之探討②

中央廣播無線電台宣傳教育部部長王世杰演講，題爲《中國教育的現狀》，大上海《教育雜誌》特登卷首。原文開端稱現行的教育行政，分高等教育、中等教育、社會教育三種，其後說明現狀，則以小學教育與上三種並列爲四，從前通稱中小學校爲普通教育，此則標明中等教育，是否小學包括於中等教育內，在系統上中等與高等及社會分爲三種，在實施上中等與小學分立，是亦無關宏旨，可置而不論。茲惟就講演之論點，分爲三方而言之。

一、王部長表彰之事實

一曰二十年來數量進展。統覽全文，各種教育之說明，皆叙其數量增進。但是王部長惟提出高等教育，特別標題其數量進展，並且以"很大"二字表彰之。可見王部長祇以高等教育之數量進展爲最可貴，且爲

---

① 《民眾娛樂調查》和《民眾迷信調查》二書繼《民眾讀物調查》之後，於1936年8月由開封教育實驗區先後出版，並均由李廉方作序。
② 原載《教育平話》第1卷第1期，1934年12月。

教育方面最顯著之成績。據王部長言，去年較之民元時代增至五十倍，比中學祇增十倍，小學祇增五倍，是否爲良好現象。他姑不論，今日造成之人才既五十倍於民元時代，其由數量進展之貢獻於國家社會者究如何也？

二曰二年來學風轉變。轉變之學風，謂在學生必遵守學校紀律。所以使之轉變，歸功於政府當局嚴厲干涉。由前之言，僅責成必守學校紀律，而不問教職員能否樹之表率，是否能造成學風。由後之言，學校紀律，必須政府嚴厲干涉而後能守，是否有教育意義可言？

三曰近年來大多數學校教授頗稱優良。既曰近年來教授優良，則從前教授不盡優良可知。據王部長言，民國十二、十三年間起，至三年前九一八事變發生止，十年之間，紀律蕩然。王部長所指近年來，大多數之優良教授，不知指十年前畢業者，抑十年以來之畢業者。如指十年前畢業者，似乎在優良教授之下，不應有此紀律蕩然之風氣。如指十年以來之畢業者，何以在紀律蕩然之下，而公然造成畢業生之爲優良教授耶？

二、王部長認爲缺陷之事實

（一）大學生程度不齊影響於中小學教育的程度。教育之良否，當然屬於質的問題。質之良否，是否即爲程度問題？中小學如有間接受影響者，是否大學生程度不齊所致？因爲僅見其程度高，並不必即爲好教員也。

（二）自民國十二、十三年至三年前九一八事變發生止，風潮迭起，紀律蕩然。王部長以爲由於學校當局者，只知量的增加，忽略了質的選精，沒有嚴厲限制大量學生的招收。招生固重質不重量，惟學校之起風潮，是否即爲質不選精之學生所製造，今日之聞人達官，固不少當年起風潮之學生也。

（三）教育弱點由於高等偏重文法，中等少辦職業學校。教育弱點是否純在乎此，茲姑弗論。惟以前偏重文法少辦職業學校，然其由農理及職業畢業者，仍多無事可做，或所作者仍爲文法畢業生應做之事，此則教育當局所當考慮者也。

（四）小學都市過多而農村寥寥無幾。此關於治安問題甚大，不欲論及。惟都市小學去普及猶遠，王部長於高等教育比較中小學之數量進展則表彰之，而都市小學之比較農村進展則認爲病症，毋乃畸重畸輕乎？

三、爲王部長之補救及改進辦法

（一）培養師資。王部長關於此項提出意見有二點：其一，爲把高等教育整頓得嚴密與完備，養成一般良好師資。其二，不甚健全的師資在各大學、獨立學校、專科學校添設研究所，以供師資修養。由前之言，高等教育似非專爲師資準備，師資亦非僅學科優良而即勝任。以整頓高等教育即可得良好師資，王部長似乎認師資良否，祇屬於程度高下，然乎？否乎？由後之言，以各大學等添設研究所，即可補救不健全之師資，其見解仍屬於提高程度問題。似此供師資修養，而謂可以產生良好之中等教育與國民教育，非予所知也。

（二）採用現行考試制度，解決畢業生出路。此當問者：畢業生出路是否因未行考試制度而不得解決，抑考試後而出路依然難以解決？至於學生學業如何，終日在教師指示監督之下，是否必須加以考試而後能定？如慮教師徇情舞弊，而有待於官廳之會考，此則另成問題，然亦非解決出路之道也。如以現行制度，指文官考試而言，是設立學校，專爲取得官吏資格之準備，去教育之旨已遠矣。

（三）小學及職業學校擴大數量。王部長對於高等教育，以整頓得非常的嚴密與完備爲務，對此祇於擴大數量而止。如以二者辦理已臻完善，則師資業已優良，產生師資之高等教育，可無需整頓矣。如以二者祇重量不重質，則師資任人可爲，又何需乎修養耶！

總之，王部長之眼光，專在高等教育裏打回旋。其對於高等教育與中小教育之關係，亦純以己見推斷。教育爲民族復興關鍵，各種教育，各自有其本身功用，其學術高下亦不因教育等級而判別。年來任何專門學者，喜談教育，至有謂吾國教育之不良，責備專習教育者在刊物上發表意見。評王部長之演講畢，不禁於此類言論感慨係之。

河南省立教育實驗區①

一、本區事業之說明

1. 本區事業只限於開封地方上幾種事業，並不是以開封作整個的規劃。現有大花園教育村、杏花園教育鎮、兒童科學館、衛生委員會、教材測驗部等事業。每年經費四萬餘元，職員四十人。實驗之名，只是遵教育部之規定，其實所辦事業，並非完全實驗工作。

2. 本省教育廳將本區事業悉劃歸社教範圍，其實本區辦的事業，大部分屬於學校教育。

3. 本區各種事業，實施期間甚短，又因領導乏人，進行不免遲滯。

二、本區中心事業之主張

根據改造教育、推進社會之宗旨，本區實施工作，預定下列幾個原則：

（一）實施事業要一般經濟力所能及的；

（二）實施方式是普通教師們所能努力從事的；

（三）避免已往教育上的錯誤，由此新途徑認定方向進行。

三、本區事業之實施

（一）組織。以由事業產生組織為原則。現在有二種組織：

1. 由學校事業產生組織的，就是以學生家長組織的父兄會和母姊會為主體，推行到全村或全鎮的青年和成人。

2. 學校以外的事業產生組織的，又分臨時的與固定的兩種，如杏花

---

① 原載《中國社會教育社第三屆年會報告》，中國社會教育社 1934 年 12 月。

園手工業展覽會即臨時由有關係之民衆組織的，如杏花園合作社等等組織就是固定的了。

工作中之兩種感想：

（1）村鎮之保甲長仍含封建觀念，在進行新生活上，有種種困難。

（2）工作人員在固定活動中，不能有段落的與規律的行動，並且因責任心和研究心薄弱之故，實行時往往不免反復到傳統的觀念或形式上不自覺的錯誤。

（二）編制配置。注重效率，即以少數金錢收多數學生爲原則。

1. 二重制——從二部制、分團制、道爾頓制、葛雷制等融合演進的，適用於多級學校。辦法是將全校學生分爲甲乙二部，功課亦分爲符號的和非符號與自由作業的二種。二部調換上課，凡同性質的功課都是同時上課。能力分組和班級升降，可以適合各種情境，不感困難。實驗結果尚未明瞭，但最低限度可以減少一半普通教室，或加倍招收學生，不添教師，已是很明顯的事實。

2. 課程組織——以了解環境爲活動根據。確立單元，分期逐漸推進擴充。其主要分類如下：

（1）基本課程。在了解環境的原則之下，國語、常識、計算是合在一起的，用德可樂利觀察、聯想、發表的過程進行教學。我們以爲：能了解環境一切事物和動作及其關係，就是國民的基本知識；能將環境的事物和動作及其關係，用符號去讀去寫，以及能算能做，就是國民的基本工具。

（2）補助學習。以特殊練習補充環境所不足，以自動閱讀爲了解一切事物的工具。自動閱讀之指導分爲三期：

a. 由環境事物和動作之觀察，從視覺練習而使多識字；

b. 使認注音字母，查字典自讀反復故事；

c. 盡量給予適合程度的讀物，用指導作業方法使之自讀。

（三）編制。

1. 教材。分鄉土教材與有關季節的社會教材兩種，編制旨趣在：

（1）以本國歷史教學爲中心，而培養愛國心；

（2）用設計教學大單元的方式來組織，每一個題目，必須把有關的各方面都爲闡明。

（3）先供給教師以參考資料，而不先編兒童讀物。

2. 教具。現已製成二十餘種。其製作旨趣在：

（1）不作理科器械；

（2）不作僅供娛樂的玩具；

（3）必重自動，使於活動中發生滿足或不滿足的結果，藉以啓示智慧。

寫在本區教學實驗報告之前①

本區開始以實驗報告與社會相見，可說是對於兒童年的一點新貢獻。

杏花園鎮小學將於春季開始實驗，所報告的係籌備經過。大花園村小學業經實驗了三個多月，由同人分別報告，説得是很詳細的。現在所要説的，就是這兩個學校，一在城市，一在鄉村，教材出發點根本不同，但是都要貫澈我的實驗主張，達到同一的目的。

讀者若問我的目的是甚麽，我可把漢堡小學代表對美國教育參觀團的話作答："我們的國家前途，將來演變到如何地位，目前尚不可知，不能像美國現時社會那樣安定，想培養一定模型人物，卻是受過這裏教育改造的兒童，應付時變，一定有正確的判斷力。"我不願空説目的，可以把現在政治上有力的教育意見，作爲引子。這類的教育意見，最通行的要算"民族復興"的口號。其實口號雖新，仍是國民教育裏所含的意義。此外，如"生活教育"，如"訓教合一"，在位的人們也常有這樣表示，這在教育學説上本是數十年來常討論的問題，近來在我國政治方面卻是新提倡。不過提倡儘管提倡，談到實施，依然是不着邊際，或者旁皇歧

---

① 原載《開封實驗教育季刊》第 1 卷第 1 號，1935 年 1 月。

路。因爲教育是人類學習的整個問題，上面三個目標，也涉及人類學習的整個問題，決不是空談幾個原則，訂幾個規條，或只就某方面進行幾件事；像那知識技能的斷片學習，一有偏重，就得到顯著成績的。如果現行課程和方法的這種形式，不完全推翻，這問題便得不到解決。因此綜合這三個目標，拿德可樂利的教育見解，作一個總解決："學校如能在實際上使兒童接觸社會生活，那麼，學校這種準備就將成功。這種準備是什麼？就是必須使兒童懂得他所生活的、倚賴的和在這裏活動的自然環境、人類環境，得以實現他的需要、信仰、目的和理想。自然環境是關於個人的活動，人類環境是關於種族的活動。如果把這直接環境的事物，以及推及空間、時間稍遠的事物，儘量了解，並知道相互間應盡的責任，便可完成保全自己和種族的功用，也就是人生需要的學習活動。"

這次實驗，就是依據這樣見解。不過見解雖同，進行卻成問題。如果一味因襲，便要跑上走不通的路上去了。所以細心體驗，覺得開始學習，最要辨清的，是中國文字和外國文字根本不同，也就是一切學習先要解決的問題。必使文字學習，如何適合教育見解，然後課程綜合才有辦法。就這裏的相互關係，我來提出兩個原則：

1. 離開了一切學習活動，便不能產生切合實際需要的文字材料。
2. 文字是進行一切學習活動的工具，至少算術、常識是這樣的。

惟其如是，工具和知識技能，就須統一起來。而這種統一，又須建築到環境上面，教育見解才可以貫澈到底。所以這次實驗程序，分國語課程爲三期，也就是整個課程統一進行的根據。

第一期爲正式閱讀前準備期，可說是認字學習期，把常識、算術、遊戲等完全結合在觀察、聯想、發表三個階段裏面。

第二期爲取得自學應有技能期，可說是由認字過渡到讀書時期，常識、算術、遊戲還是統合學習，不過得有少許的特別練習時間。

第三期爲完成自學功用期，也可說是正式讀書期，就是使兒童個別盡量發展他的自學能力，如果離開學校，不再升學，隨時也有自修的力量。

第一、第二兩期，各約一個學期，第三期則看學習期限長短，來伸縮學習內容。在短期義務教育（必須一年半），可以決定我們的實驗，比較能得到適當的工具。如果將第三期延展爲三學期或四學期，可以希望減少部定小學年限一年或一年半，學完部定的課程標準，至低限度算術、常識、國語是能夠達到標准的，這不是一句臆斷的話，是可以拿事實來證明的。大花園村小學實驗僅三個多月，第三團學生原來學力比任何學校所學的還要差。經了這三個多月的新式教學，平均每人已熟讀四五萬字，計學完一個學期，當在六萬字以上。我想他校二、三年級學生，全學年所學的，也未必超過這個數量。

我爲貫澈實驗主張，看到各校試驗設計教學、道爾頓制、文納特卡制等失敗的癥結，因就我個人三十年來的經驗，把課程組織和教學方式，新闢一條大道。課程是依據上面教育見解來組織的，教學方式則依據課程進行來配置的，雖然採用新近出版書中的方式不少，但是統合在教育主張之下，分類歸納，適應進程，自成一個統系，卻是在任何中西教法的介紹內，都沒有這樣完整的形式。我的第一期方案早經出版，第二期方案現正付印，第三期方案則在整理中，詳細內容，沒法在這裏說明。雖然編造方案，失眠過好幾次，但是第一期方案，經大花園小學整個實驗，沒有甚麼破綻，並且教者偶爾未全照方案實施就發生缺陷（某一方式變換形式或補充自屬例外），竟和我所預料的一樣，這是稍可以自慰的。

課程組織在第一、第二兩期，是用同一單元，單元都依環境來分配，不過後期係從前期學習來推進的罷了。這裏要說明的，就是德氏單元以兒童爲出發點，我以環境爲出發點，不盡是理論上見地不同，至少在我國教師情況之下，這樣進行是不會發生很大的流弊。第三期以自由閱讀爲主，單元活動和特殊練習作補充，都有很詳細的規劃和準備，這是把設計教學、道爾頓制、文納特卡制、自學輔導課外作業種種優點，融納推演，而成爲我的課程組織。

還有一個問題，各國小學課程標准，都說要學得甚麼基本的知識技能。如果問甚麼是基本，世界教育家沒有一個人有明確答案。甚至越解釋，越使人迷在五里霧裏。我是拿環境作基礎，是以在應該學習的有了範圍，在可能學習的有了標准。如果兒童因學習所得，了解環境，因而適應環境、控制環境、建造環境，這就是應用他的基本知識技能，也就是應用他的工具。那由時間、空間而推廣的常識，如果不建築在環境上，以所直接感覺的爲出發點，那麼仍是紙上談兵，算不了真正的知識。

教學方式是太細碎了，這裏不能詳說，所要特別提出的，就是文字的基本學習。在主張廢漢字人看來，一定笑我白費心力。不過漢字一天不能廢，全國的兒童和民眾不當學習中斷，就要對於基本學習想出解決方法。我的方法是這樣：

1. 開始學習文字，是占在觀念視覺法之上。在用課本授課，除以誦習爲唯一途徑，別無方法。如果從事物觀察，取得工具，因而工具的基本練習，亦從觀察和動作得來。那麼，方式變換更多，則印象亦十分明確，由具體而進於抽象，自較適合。

2. 基本字練習，這又分爲二種：

(1) 全部文字的基本字。中國文字雖多，都是由音系字構成的。通用的音系字，即是攝字最多的音系字，不過數百字，如能盡量提出指示，一切字的形音義，都可以大體了解。像標榜科學法的選字，所謂通用，還是不能通用，實在徒勞罔功。

(2) 書寫練習的基本字。字要寫得敏速正確，筆畫、筆順、部位，必須安頓得當。像舊時逐字練習，未免浪費時間。這次實驗，對於這個問題得了一個適當解決，就是歸納筆畫和形體，選定若干書寫練習字（習字報告係根據初稿推演，和製定方案稍有出入處），開始練習一二個月，便完全達到應用目的。

現在還要説明的，就是我的課程和方式，打破了課本，打破了年級，打破了科目，打破了被動的猜謎的講廢話的啓發形式，卻又還能顧到普及教育最要的三點：

1. 普通教師都可照樣做。雖然同樣教法，在優良教師運用，成績便格外顯著。假使普通教師做不來的，方法雖好，仍是不能推行。不過教師腦筋裏，如果把平日所學的、所聽的、所見的一般情形看不破，或者祇圖照本宣科，不費一點心力，卻是不行。因為在這新試驗裏，完全是推翻誤盡蒼生的傳統教法。若是不肯用心，或拿傳統觀念來作形式改變，那就要根本失敗了。

2. 一般的經濟可能做到的。現在有許多新方式，花費太大，只有在資本社會裏才可以做，我是一概不用的。不過教學上必須設備，只要為普遍的使用，非奢侈的使用，卻是不可省儉的，因為現代的教育，不是專靠課本可以成功的。

3. 使天質不齊或斷續缺課的學生不致無法補習。前者係一般應有的情事，後者便是鄉村特殊情事，尤其是一般勞苦大眾的子弟必有的現狀。我是顧慮到這一點上，至少包含常識的國語課程，可以履行這個條件。

大花園學校第一團完全依方案實施，第二、第三兩團基礎不同，加以二期以下方案，都未整理完成，雖由我隨時指導，準備卻難周到。第一團也是初次試教，自難面面恰到好處。我因為區事較忙，不能時常到校參加工作，缺點當然不少。不過可以表明的，德氏所謂學校在實際上使兒童接觸社會生活，我們的教學卻已做到相當準備，而不是編讀本的先生們誇獎所編的課文，是切合實際生活的教材，那樣不兌現的紙票。至於使兒童在所生活的倚賴的，和在這裏活動的自然環境、人類環境中，實現自己的需要、信仰、目的和理想，本來不是一時就能期望成功的。假使河南省政府能把這實驗事業，延展一二年，我想這最後的希望，至少可以實現到相當地位。就是學校中同事，再繼續一二年的努力，也可脫離我的指導，更進一步的做實驗事業。

本區照章每年要編報告，現在打算即以本期季刊作報告，這篇文章作為報告的引言。我很感謝齊廳長幫助我，各委員先生諒解我，使我的初步實驗，毫無阻礙的完成了一個學期。回想我十多年前在河南教育廳任内,最後一年,辦了五個義務學校實驗,不到一個學期,我辭了職,實驗完全廢止,僅在河南小學教育界留了一個空紀念。所以,我對這次實驗,經許多曲折後,畢竟成功,感到無上的欣慰。

末了,在這裏將《德可樂利新教育法》的導言所引浮利亞在《改革學校》一書內所説的,作爲本文結論吧。他説:"讀者啊,今後你如果還遇見這些箱子——舊式的學校,你必須鑽進去,把坐在裏面的教師,用力搖動。告訴他,現在是新的時代,他還繼續他的時代錯誤,若不立刻改變方向,就須離開這裏。這樣,你或者於他有益,勿論如何,這總是有益於今日的千萬兒童,因爲他們正在奮興着,渴望着生存。"

吳稚暉先生的改革教育創議是三民主義下應該有的政策嗎[①]

在未發表我的意見以前,有兩個聲明:第一,我沒有看見吳先生演講原文,是據《兒童教育》第五號摘載來批評的,不知是否不失原意。我留心小學和民衆教育的中外論説,三十年來沒有間斷,卻只偏重專家系統研究和實際者報告,或少留心大人先生的議論,這是我的一點偏見,要請閲者原諒。第二,我沒有絲毫攻擊吳先生的意思,只是討論教育問題。並且在前清光緒二十七年,我在日本也曾隨同吳先生去鬧過公使館,爲認識吳先生很早的一人,當然不會有攻擊的意思。

吳先生在去年十月二十一日有一個演講,題目是《改革教育和自衛道德》,就是關於改革教育,説的範圍也很廣。現在只就小學制度來討論。

吳先生説:"權在二十年內,把小學劃出義教(義務教育之縮語),一承接中學,一承接産教(生産教育之縮語)。而把義教劃入民衆教育,一成年民衆教育,一兒童民衆教育。"《兒童教育》的編者因此定名爲小

[①] 原載《教育平話》第 1 卷,第 5 期,1935 年 3 月。

學多軌制，並分兒童教育爲三條路：一是預備升學的小學，一是不升學或升入生產中學的小學，一是兒童民衆教育即義務教育。吳先生又說："汰去學生一半，則教員待遇改良，設備完善，可開成良好的升學小學。"《兒童教育》編者並申演其意，謂是以原有經費大部分爲升學小學及產教小學之經費，而把省下來的錢作爲義教經費及民教補助費。

我要問吳先生，小學分成三條路，哪一條路讓哪樣的兒童走呢？我想人們入學，不外於境遇、質性、志願三個方面。論到質性，必須從種種不同的學習，才能發現。像中國現在的教育，沒有適當學習的發展，一直升到大學，還發現不了真正的質性。他們初入小學，怎能夠確定他應走的一條路呢？志願也是初入學的兒童還說不上的，若是以他們的父母志願而定，可憐中國一般民衆，哪裏有決定子女志願的能力。結果只有憑藉境遇來定兒童的前途，當然是有力有錢的人家，他們的子女，才可以入承接中學的小學；小資產和小公務人員他們的子女，大概可以入承接產教的小學；義務教育，就是爲窮苦人們和前兩部分擠下的兒童的收容所。這樣顯然區分，湊成全民政治的教育，究竟合適不合適呢？

我又要問吳先生，每條路各應該規定怎樣不同的教育？吳先生把義教說了很詳，是非姑且不管。就是承接中學和承接產教的兩種小學，究竟怎樣施教呢？先從承接中學說，這在各國行多軌制已有成例，那般鍍金的專門學者，平常侈談其專門預備，自然有很好專門的見解。不過小學還是承接中學，談不上專門預備，是不是就把現行的小學教育，就算承接中學的教育呢？果然如此，我才曉得中國的小學，是爲造就學問家的基礎，也可說是一種貴族教育，這豈不是吳先生所說的現在的教育造出一批上等人嗎？吳先生既不贊成這樣教育，爲甚麼要鄭重的保留這條路呢？若說這是造學問的基礎，未必學問家只是有力有錢的專利品嗎？這樣路徑，很像中國古代世子之學，吳先生想不至如此主張吧？

談到承接產教的小學，吳先生理想的產教，是走資產國家的實業教育或職業教育的路，抑是走共產國家的勞動教育的路，我不能猜測得到。只是初等和中等銜接，現今惟有蘇俄的統一勞動學校，有這樣成例。不過蘇俄雖合初等中等而統稱勞動學校，其實初等教育和各國小學教育無甚區別。吳先生更進一步要把初等爲產教預備，那就要把普通所謂小學應給予的基本知識技能，變換一個方向才行。這樣課程，是要教育學者製定，還是農工商的專門學者製定呢？並且是農工商分別製定呢？吳先生是否曾經考慮過呀？

最後我要問吳先生，是三條路並重，還是有偏重呢？照吳先生演講，對於義教說得很多，似乎把義教看得很重。照吳先生主張，是要使將來的主人翁現在受初等教育的小孩子走上生產的道路，似乎把產教的預備看得很重。然而照吳先生辦法，產教的預備，既是單走一條路，那麼承接中學和義教的兒童，都走不上生產的道路，又當如何呢？吳先生又主張汰去學生一半，開成良好的升學小學。這就要發生三個問題：一是升學小學要良好，那麼學生雖汰去一半，經費不能省去一半，義教的經費更微乎其微了。第二，照現在學生人數，河南是部所稱爲年來推廣較多者，然而開封招小學生，取來的只十分之一。若再減一半，地位較低者便無力使他的子女升學了。第三，升學的小學，成爲一般大小官吏的子女專利場，那義教便成了一個非教育主要的事業。各國政治傾向於民治，凡舊時的多軌小學制，都改爲單軌制。其主要原因，不外於一是顯示教育不分階段，二是統一國民意志，就是總理所謂真平等是打破人爲的不平等。吳先生想改革教育，而提出這樣創議，未免矛盾。我還記得民初開國語統一會，某省人要把閩音加入國音，吳先生出來解圍，力言閩音雄壯，在主席臺上，大唱其弋陽調。這次講演，似乎有點唱弋陽的意味。

吳先生爲黨國元老，言爲世範，我爲了重視教育問題，大胆的批評，罪甚罪甚。

教育法令只是官樣的文章嗎①

常聽説各校呈請和督學批評，每以執行法令爲言，明明是應該變通，偏以礙於法令，不許通融。然而法令明白規定，各校毫不理會，反不聽到有何責言。現舉一個最小的例子，部定課程標准"初學習字應用鉛筆，至二年級開始注意毛筆的訓練"，卻是有些小學校，一年級學生，竟有指定在課外用習字簿寫中小楷的。並且限定寫兩面，如果只寫一面，還要挨打，開封像這樣的事很多。如果部令應該變通，即應提請修正或聲叙理由。如其不然，部督學和省督學們，以及主管科何以無一個人注意及此。法令呀，你只是官樣文章嗎？

一堆新名詞的中國教育發明家②

民五以前，是單級教學、分團教學、自學輔導等最時髦的時期。民十左右，是設計教學、道爾頓制等最時髦的時期。這兩個時期，雖然實施不澈底，只成了一個時髦的形式，做不出真正的成績來，然而提倡的人，尚負販一點外國的方法，爲實施者的仿效標准。近來更妙不可言，只提出一個口號，或説出一點意義，勿論這口號是本來有的，或只換了字面；以及意義本是舊有學説或制度所包含的，一經大人物提倡，便成了創見。創不創且不管，果然由所創見，演繹應行實施的程式，也算不錯。無奈最近盛稱教育上的發明，像"徵學制""生產教育""民族復興""教學合一""權利教育"等，除説明這類名詞的意義外，別無系統的方式和規畫。這樣的發明家，究竟於實際上有甚麽益處呢？

---

① 原載《教育平話》第1卷第5期，1935年3月。
② 原載《教育平話》第1卷第7期，1935年4月。

本期季刊所有實驗資料的旨趣①

這期季刊內容，因為本學期實驗報告尚未到期，沒有完整地新貢獻。如果國人覺得一般學校的教學太無生趣，而且浪費時間；或者想到一般實驗工作，只是枝節的抄襲的形式點綴；那麼這些推翻一切陳腐的不澈底的實驗紀錄，認定創造一條路上走，來改進小學的整個課程，也許足以促進人們反省。最顯明的一點，就是縮短義務年限，一年或一年半，可以得到一般學校的四年成績，然而兒童們在任何學習時間裏，都是充滿了生動和快樂的空氣；我想參觀過本區創設的實驗學校，總可證明這句話沒有加油哩。

現在把本季刊各篇可資研究的旨趣，分別約略說明如下：

一、大花園學校乙團（即第二團）教學報告和前期甲團（即第一團）教學報告，同是實施第一期改造方案的，但有些微不同之點，就是乙團學生大概曾受過舊式教學約一個學期，或者實年超過學齡的。當時第二期方案尚未發表，教者想縮短閱讀前準備期限，因而在第一期方案的方式中，儘量認識詞片並參入了許多句片。結果是識字成績很不壞，計一個學期認識了九百餘字。但進到本期開始，自由閱讀，卻引起了嚴重問題；然而不是不能閱讀的問題，是寫筆記和教師處理的困難問題，這是值得閱者注意的。

在前面報告裏，附有習字報告，是接續前期到本期才告結束的。習字初步工作，經過這次實驗，先後不過三個多月，確已粗立根基，似乎已往的習字教學，尚未有這樣簡易而明顯的成效。

二、大花園學校甲團結束報告，這裏有兩點值得注意：一是第一學期識字數量，比用任何課本超過很大，並且開學遲了一個月。一是認識難易標準，只在舊經驗裏音近、形似、義近的範圍裏兜圈子，和艾險舟

---

① 原載《開封實驗教育季刊》第 1 卷第 2 號，1935 年 4 月。

先生漢字學習的試驗結果幾乎完全不同。乙團也有同樣情形。這一點，似可以提醒心理學家用科學方法作漢字學習的研究，不要忘掉了教學本義和文字本身的問題。

三、杏花園學校丙團試讀報告，本是很微末的過程，但是前期大花園學校丙團開始自由閱讀，因爲方案尚未發表，僅依我的口述大體計畫來做，沒有經過試讀，教者便應接不暇了。固然在開始閱讀一二週，多少是有一點麻煩的。不過要減少麻煩，並引起兒童開始閱讀十分有趣，在未依方案初步實施的學級，中途進行自由閱讀，這個報告，或者不無小小貢獻哩。

四、兒童習算興趣養成之途徑，是規畫算術方案的一章說明，因規畫尚未完成，特別提出來發表的。文中五個途徑，可說是兒童習算的基本建設。由此可見本區實驗的教育見解，任在如何科目上，都是統一於根本思想，重新建設，而不是枝枝節節來拼湊的。尤其是搜集、調查二項，必須和國語練習相結合，才達到工具和知識統一起來的目的。

五、國語、算術課程標准，因爲各團同時並進，改造方案尚未完成，不能不先立標准。參觀者頗多問及整個課程的概要，所以把草擬標准在本期發表，藉便參考。常識課程本統合於各種學習進程以內，另定標准，尚未以文字發表。至於地理之範圍與進程，只是預製用圖和選取教材的一點意見，並未規定爲實驗標准。

本區主要各篇的旨趣，止如上面所說。目前實驗工作，只有文藝比較有具體的完整方案，算術略有具體的次第規畫，當然多有未盡的地方。不過稍可引以自慰的，我們的教師，如果確已了解方案，完全打破一般教學的錯誤觀念，他的工作，是很有樂趣的，自然有辦法的。他愈會運用方案，兒童的活動和快樂就愈大，而且獲得的有用知識技能愈多，速率亦愈快，連道德培養也表現出顯明的效驗來。這樣事實，歷來的教育理論，早已告訴我們了。可是現今一般學校，依然靠課本，做苦工，進行那填鴨的蛙叫的教學。所謂改良的，介紹種種新方式，也是支離破碎的點綴，拌糖面來哄哄兒童罷了，或者和正會裏面餘興一樣。唉，不問甚麼才算教育，怎樣學習才算經濟，完成一個整個系統。儘管盡心授課，還是徒勞罔功；儘管試用科學方式，只是枝節的花樣；儘管推進社會，終不能使教育的兒童，比以往學業有甚麼特別進步。本區這點小小實驗，是專想改進小學整個課程，向復興民族這條創造的路上走呀！

《開封童報》創刊號題辭[①]

大塊的肉，味道多麼濃厚，可是小妞咽不下肚裏去；如果咽下了，馬上就會害病。這樣經驗，誰也知道。然而有學問的先生們，教導兒童，簡直把大塊的肉，整天向他的口裏塞，若是塞不進去，還要罵道"這樣不中用的蠢貨"哩！可憐的中國兒童，不知被這大塊的肉，塞病了多少，弄得個個骨瘦如柴，這是誰的錯呀？

這幾年的出版，兒童讀物很不少了，兒童報也有許多種。這些書報，漸漸沒有大塊的肉味，也不是媽媽餵兒的乳；怕是商家為了賺錢，自造些童子精、肥兒粉，難得貨真價實哩。那沒乳吃的小妞，沒法養活，就不得不買來餵餵啦。

編輯兒童讀物，必須注意的有三個要點：第一兒童言語，第二兒童生活，第三兒童想像。關於第一點，中外專家也曾說到，卻找不出具體公式來。只有我作了一點小試驗，提出了四個標準。教育部頒佈課程標准，附載小學國語科教學法，專引我的話作根據，卻是舉的例子，稍有一點錯誤。第二點、第三點，在翻譯的書報上，有些理論還可以參考，要編輯的東西，恰合兒童口胃。上面這三個要點，是缺一不可的原則哩。

開封省立各小學，在兒童年快到的時候，合出一種童報，由各校輪流擔任。編輯人都是從事兒童教育的，編成的讀物，當然是貨真價實的

[①] 原載《開封童報》創刊號，1935年4月。選自《開封實驗教育季刊》第1卷第2號，1935年4月。

童子精、肥兒粉。現在第一期發刊，我是樂於寫題辭的，不像胡蝶、陳燕燕等，替力士香皂作廣告。

本區實驗小學國語課程實驗標准①

第一期——正式閱讀前準備期

（一）標准

1. 對環境事物及其動作與關係，能由符號認識之，且有適應其能力之理解而陳述之。
2. 就所誦習兒歌之文，能分辨句讀及其詞。
3. 能觀察較簡易之連續故事畫而說其內容。
4. 培養正式閱讀前應準備之習慣。

（二）達到標准應取之方向

達 1 標准應取之方向：

1. 由教學活動，就環境觀察與學習動作，以有目的之組織，或機會之指引，使於領取常識中，由事物之實體及有象動作，認識其主要文字。
2. 確固前項之認識印象，用圖片、字片、句片等，爲有程序之分布練習。
3. 由所觀察與所動作，爲有規則之談話，並能用擬勢語之動作，輔助言語。以及通常說話之基本習慣，如問答時離席起立；發言先舉手或報號數；不得許可，不得發言；不攪在他人說話未完時而發言；應對常用之敬語等，皆成爲自然態度。

達 2 標准應取之方向：

1. 由唱誦至表演，進而認識其文字。
2. 由讀文練習，而表現其玩味與愉快之心情。

---

① 原載《開封實驗教育季刊》第 1 卷第 2 號，1935 年 4 月。

3. 文之句讀與音節，由文字認識之練習，而自然體會。

達 3 標準應取之方向：

1. 忌用圖文對照之故事畫，而在用簡要文字，啓示看圖之鎖鑰，使知認識文字，爲了解其他事物之工具。

2. 由看畫中故事，培養其了解內容必用思想爲自修進程。

3. 選用教材及指導觀察，注意於擴張想像之心情。

達 4 標準應取之方向：

1. 使在準備期由學習之用具，培養其取攜、使用、保存、整理等等應有習慣。

2. 使讀文集注於指示點以及行列字句，培養其眼動習慣，並預防不對準文字而信口亂讀之習弊。

3. 使由指引或練習，暗誦所示文字，養成默讀習慣。並注意於朗讀文字，須有輕重疾徐之律動音調，以預防無調節之蛙鳴讀法。

2、3 兩項在本區各校習弊已深，本期應於一個月內多方禁絕之。

4. 使由字片、句片之練習，養成正確而敏速之適當習慣。

第二期——取得自學應有技能期

(一) 標准

1. 繼續前期未完成之工作。

2. 熟習注音字母，能用之以拼音，限於上課開始，早日完成。

大花園一團可於本期後半期酌習，二團上課開始學習，三團於極短日期內，整理練習。

3. 於熟習注音字母後，習得用部首查字典，或等於用部首查字典之能力。

4. 由教師輔導，自讀反復故事，進而自讀低級之一般讀物。並就已讀者，能表述之。

5. 能分析單字，迅速認識之，且能由音系及部首而類推生字之字音字義。

6. 能用鉛筆書寫熟字，兼了解其筆畫、筆順，並綴屬而成語句。

（二）達標准應取之方向

達 1 標准應取之方向：

1. 擴充前期範圍。

2. 增高前期進程。

達 2 標准應取之方向：

1. 由學習活動之教材，認識生字，預計聲符、韻符、介符之分布而練習之。

2. 於拼音時，注意於口腔與舌、齒、唇之運用。

達 3 標准應取之方向：

1. 在未檢字前之一二月中，對字之冠腳、偏旁、形體獨立者，遇有同部首之若干字，即分別提出冠腳、偏旁，使爲集字之練習，並示以變形之例（如水爲氵、心爲忄）。

2. 檢字應注意之點：（1）部首筆畫之序列；（2）疑難字之檢查；（3）本字筆畫之序列。

3. 檢出字後應注意之點：（1）拼成音讀；（2）依本文之聊詞與上下文語氣而求字典所注之義。

達 4 標准應取之方向：

1. 讀本係公用，先概覽一遍，復閱時見有未識之字及難解之字義，逐一記於筆記簿上，每詞或每句空若干格，以便檢字時補書所查音義。讀本係自有，凡未識及難解之字，均於字旁作記號，依此逐一檢字，記明音義於筆記簿。此外，文有未解以及先生所指示者亦須記入，但對先生指示者，應劃一線於所記之下。

2. 在未習檢字前，凡生字難義，得問先生而記入之。習檢字則須自己先查，非真查不出，或查出而仍不解者，不得輕問。

3. 由故事之講述與表演，使言語與動作得到適當之練習。

達 5 標准應取之方向：

1. 用閃爍片練習，並於測驗認字，而分別計其誤數與速度。

2. 凡新字之部首或音系，已見於所識之字體中者，先使揣想其字義當爲如何性質或如何品類，字音當近於何聲。

達 6 標准應取之方向：

1. 新識之字，不必逐字書寫，多費時間。惟就同部首與同音系之各構成同所在位置者，選取之而爲適當之分布練習，勿太重復，亦勿遺漏。

2. 先取字體較簡單者，詳示以筆畫筆順。次及於一切部首及音系之各別字，示以筆畫、筆順，尤注意於形似之字。由此進而用集字法，使自由依同部首、同音系而書寫其字。

3. 遇有發表機會，而使之自綴語句。或在調節練習之活動，而使之綴字。

第三期——完成自學功用時

此視學習期限長短而伸縮其學習內容。

（一）標准

1. 能自讀普通刊物及文告。
2. 能作環境普通需要之應用文，並有條理的發表自己意見。
3. 能寫環境之日用文字，不查字典，不誤筆畫，不錯款式。

（二）達標准應取之方向

達 1 標准應取之方向：

1. 搜集文藝、自然、社會各種兒童讀物，使盡量依序自讀，並作筆記。

2. 分類選文，每週至少一次由教師指導其精讀。

3. 適應環境活動，使之看文告，述揭示新聞，參閱應用文集。

4. 標點符號之練習。

達 2 標准應取之方向：

1. 在環境活動幾個大單元歷程中，使之致力於報告記述，及練習單據、書牘之法。尤其以開會、旅行、紀念三個時機爲進行最要根據。

2. 注意於問答討論中言語及姿勢之矯正。

3. 定期表述講演，交互批評。

4. 鼓勵在家轉教他人及作宣傳運動。

達 3 標准應取之方向：

1. 毛筆書寫之姿勢與執筆法，以及字之運筆結構位置，領會帖意，均於規定時間內指導練習。初寫用毛筆習大字，漸進而兼習小字。

2. 適應時機作布告、標識、書信、柬帖等之書寫練習，並書寫揭示新聞。

3. 設代書處，指導其代人書寫。

4. 工整與速度，另作測驗。

上之規定，系統與步驟之分明，以及凡一種重要工作，皆先有適當準備。達到無師自讀，有一定途徑。自信在今日已往國語課程標准，在大體上無有如此精當簡明者。即民眾教育，稍加增損，亦可適用。盼同人努力依此實施，必能於教學上新闢紀元。並盼於實施中，將方向各項，多所闡發，更求完整，無任企幸。惟另有一事須注意者，國語功課以外之作業，如勞作、算術、圖畫、音樂、遊戲等課，關於活動之名稱動作，有須教師說明，等於文字解釋者，教師應就所在之地書示文字使認識之。但以不妨其本身活動為限，且不得以文字講解，代替本身活動（從前勞作課即有此病）。因此，運動場、農場均應懸置小黑板便於書示。該課畢，其教師另紙以書示文字，通知國語教師。算術課亦應如是。

大杏兩校測驗結果與新舊法比較[①]

大花園學校依方案實驗業於去秋開始，在本學期之始，曾由本區教材部來校將國語、算術兩科作了一個測驗。杏花園學校在上學期，與普

---

① 原載《開封實驗教育季刊》第 1 卷第 2 號，1935 年 4 月。李廉方與趙作安、李秉德等合著。

通學校教法同，因爲要在今春作實驗方案的準備，也曾經舉行了一個測驗。兩校所作測驗方法及材料，大致相同，不過兩校以前所用教學方法不同（大花園用新法，杏花園用舊法），於是兩校測驗結果便表示出來很大的差異。茲將測驗結果，表列於後，並作比較。

兩校甲團國語測驗係就兒童已學得之詞類選擇若干個（在大花園爲二十八個，杏花園爲二十五個）令其認識，測驗結果可以圖示附後。

杏花園學校甲團受測驗學生爲二十四，大花園則爲二十二，杏花園所用詞片爲二十五，大花園則爲二十八。測驗結果，杏花園學生認識詞片量數總計爲四百三十一（此數係將每詞片認識人數相加而成），佔總額百分之七十二弱。大花園學生認識詞片量數總計爲五百一十二，佔總額百分之八十三強。那就是說兩校甲團學生識字能力爲八十三與七十二之比。

兩校乙團國語測驗係就兒童習見事物製成圖形三十方，命兒童看圖填字。茲將測驗結果表列於後：

若將兩表中做對一項，作圖比較，附圖於後。

表一　大花園

類別　數量　姓名	形誤	音誤	字誤	未答	做對
王汝蘭	0	3	3	1	23
張花枝	1	3	7	0	19
李玉海	0	3	6	2	19
梁治安	1	5	6	0	18
李耀曾	1	2	3	9	15
張芝田	0	3	6	6	15
王錫運	1	2	13	0	14
宋藍章	1	1	12	2	14
吳玉梅	1	3	12	0	14

續表

類別 數量 姓名	形誤	音誤	字誤	未答	做對
劉立法	2	3	8	2	13
朱鴻亮	0	0	6	14	10
王春山	0	4	5	13	8
王鴻賓	1	0	7	15	7
陳景芳	3	1	8	12	6
周忠德	0	8	11	6	5
郜鼎宸	1	2	12	10	5
總計	13	43	123	92	215
	179		92		215

表二　杏花園

類別 數量 姓名	形誤	音誤	字誤	未答	做對
劉桂芬	1	2	0	10	17
楊文軒	3	1	0	13	13
何德全	3	2	0	12	13
于德法	1	2	2	12	13
劉恩林	2	5	1	13	9
范順然	1	1	5	15	8
古德潤	2	1	6	14	7
胡芳	4	2	0	17	7
李書捷	1	2	3	19	5
張淑敏	2	1	3	19	5
傅照光	2	0	3	20	5

續表

類別\數量\姓名	形誤	音誤	字誤	未答	做對
楊峻嶺	1	1	3	20	5
楊文明	3	0	1	22	4
徐德祥	1	0	1	25	3
高翠生	1	2	9	14	3
鞠淑潤	3	1	1	22	3
鞠金生	1	1	1	25	2
石金生	1	2	8	17	2
劉渭濱	1	0	0	28	1
胡運生	3	1	1	26	0
徐秀花	1	1	9	19	0
總計	38	28	57	382	125
		123		382	125

　　大花園乙團受測驗人數爲十六，杏花園則爲二十一；大花園學生做對總數爲二百一十五，佔總額百分之四十四強，平均每人做對數目爲十三強。而杏花做對總數則爲一百二十五，佔總額百分之十九強，平均每人做對數目爲六弱。

　　再大花園學生未答數目爲九十二；而杏花園便有三百八十二。這便表示着大花園學生對於環境上習見事物辨認能力比杏花園的強得多。不過，大花園的乙團學生開始習字僅有一個多月，所以寫錯的數目則較杏花園爲多罷了。

　　兩校丙團國語測驗係就兒童已習單字，排列十八個，各具一種部首，令兒童利用字典注音解釋，藉以考察兒童注音及檢字注釋之能力。茲將雙方測驗結果列表比較如次：

表三　大杏兩校園國語測驗結果比較表

類別 數量 姓名	注音			解釋		
	答對總數	答錯總數	未答部數	答對總數	答錯總數	未答總數
杏花園	287	156	79	139	166	277
（29人）	55%	30%	15%	26%	20%	54%
大花園	203	10	39	206	4	42
（14人）	80%	4%	15%	82%	2%	16%

由上表，可知大花園和杏花園兩校丙團學生注音能力為八十與五十五之比；注釋能力則為八十二與二十六之比。平均每人能做對注音題數在大花園為一四‧五；在杏花園則為九‧三。平均每人能做對解釋題數在大花園為一四‧七；在杏花園則只為四‧七。而且還有一件事情，就是大花園的學生在注音解釋兩方面的能力差不多是平衡的；而杏花園的學生在這兩方面的能力卻幾乎要相差一倍，這可以說是一種畸形現象。

算術測驗兩校均用相同的材料，加減乘除各小題共八十題，由淺入深依次排列。茲將測驗結果整理列表如次：

表四　大杏兩校算術測驗結果比較表

園別 數項 量目 校別	注音				解釋			
	最低數	最高數	平均數	中點數	最低數	最高數	平均數	中點數
大	12	36	22.7	22	28	64	41.7	39.5
杏	9	34	17.6	15	16	54	35.4	35

就上表論，無論從那方面看來，大花園學生的計算能力都比杏花園的高。

從以上各種情形看來，足見大花園實驗學校所用新法不但在理論上有其強有力的基礎，而且在鐵般的事實上也得到了顯然明證。